DESENVOLVIMENTO E ESTAGNAÇÃO

O debate entre desenvolvimentistas
e liberais neoclássicos

CONTRACORRENTE

André Nassif

DESENVOLVIMENTO E ESTAGNAÇÃO

O debate entre desenvolvimentistas
e liberais neoclássicos

SÃO PAULO

2023

Copyright © EDITORA CONTRACORRENTE
Alameda Itu, 852 | 1º andar |
CEP 01421 002
www.loja-editoracontracorrente.com.br
contato@editoracontracorrente.com.br

EDITORES
Camila Almeida Janela Valim
Gustavo Marinho de Carvalho
Rafael Valim
Walfrido Warde
Silvio Almeida

EQUIPE EDITORIAL
COORDENAÇÃO DE PROJETO: Juliana Daglio
REVISÃO: Ayla Cardoso
PREPARAÇÃO DE TEXTO E REVISÃO TÉCNICA: Amanda Dorth
DIAGRAMAÇÃO: Gisely Fernandes
OBRA DA CAPA: Luiz Dolino
DESIGNER DE CAPA: Maikon Nery

EQUIPE DE APOIO
Fabiana Celli
Carla Vasconcellos
Regina Gomes
Nathalia Oliveira

Dados Internacionais de Catalogação na Publicação (CIP)
(Câmara Brasileira do Livro, SP, Brasil)

Nassif, André
  Desenvolvimento e estagnação : o debate entre desenvolvimentistas e liberais clássicos / André Nassif. -- São Paulo, SP : Editora Contracorrente, 2023.

  Bibliografia.
  ISBN 978-65-5396-109-8

  1. Desenvolvimento econômico 2. Estagnação econômica 3. Neoliberalismo I. Título.

23-154716   CDD-320.51

Índices para catálogo sistemático:

1. Neoliberalismo : Ciência política   320.51
Tábata Alves da Silva - Bibliotecária - CRB-8/9253

@editoracontracorrente
Editora Contracorrente
@ContraEditora

À memória de meus pais, Morena e Alfredo, e de meu irmão, José Luiz: todos bem vivos em mim.

O propósito de estudar economia não é obter um conjunto de respostas prontas para as questões econômicas, mas aprender como evitar ser enganado por economistas.[1]

---

[1] ROBINSON, Joan. *Contributions to Modern Economics*. Trad. livre. Nova York: Academic Press, 1978, p. 75.

SUMÁRIO

APRESENTAÇÃO ... 13

PREFÁCIO ... 21

INTRODUÇÃO – DESENVOLVIMENTO ECONÔMICO E ESTAGNAÇÃO: AS DIFERENTES VISÕES TEÓRICAS ... 25

PARTE I – A CORRENTE DESENVOLVIMENTISTA ... 55

PRÓLOGO À PARTE I ... 57

CAPÍTULO I – RAÍZES CONCEITUAIS DO DESENVOLVIMENTISMO ... 59

    1.1 Smith e os retornos crescentes ... 62

    1.2 Marx e a acumulação de capital ... 68

        1.2.1 Dinâmica capitalista e desemprego estrutural ... 75

        1.2.2 Tendência à queda da taxa de lucro ... 77

    1.3 Schumpeter e o progresso tecnológico como processo de "destruição criativa" ... 86

        1.3.1 O processo de destruição criativa ... 93

        1.3.2 Desenvolvimento e ciclos econômicos ... 95

CAPÍTULO II – O DESENVOLVIMENTISMO CLÁSSICO E DESDOBRAMENTOS RECENTES ... 101

    2.1 Desenvolvimento econômico como mudança estrutural: o modelo de Lewis com oferta ilimitada de mão de obra 103

    2.2 Modelo de *"big push"* e desenvolvimento como processo equilibrado 112

    2.3 Encadeamentos produtivos e desenvolvimento como processo desequilibrado 118

    2.4 Industrialização, desindustrialização e estagnação 128

        2.4.1 Industrialização e as leis de crescimento de Kaldor 128

        2.4.2 Desindustrialização "natural" e desindustrialização prematura 140

        2.4.3 *"Catching up"* e regressão econômica: de Kaldor à lei de Thirlwall 144

CAPÍTULO III – O MODELO CENTRO-PERIFERIA E A ECONOMIA POLÍTICA DA CEPAL: ONTEM E HOJE 155

    3.1 O modelo centro-periferia como base teórica do estruturalismo-desenvolvimentista latino-americano 157

    3.2 A economia política da Cepal e o Estado nacional-desenvolvimentista 170

    3.3 O neoestruturalismo cepalino e o modelo centro-periferia hoje 193

CAPÍTULO IV – SUBDESENVOLVIMENTO, DESENVOLVIMENTO E ESTAGNAÇÃO: A ATUALIDADE TEÓRICA DE CELSO FURTADO 205

    4.1 Subdesenvolvimento, desenvolvimento e estagnação em Furtado 207

    4.2 Doença holandesa e maldição dos recursos naturais: a análise seminal de Furtado 219

CAPÍTULO V – PRÓLOGO AO NOVO DESENVOLVIMENTISMO: NOTAS SOBRE O REGIME DE METAS DE INFLAÇÃO E AUSTERIDADE FISCAL 231

5.1 Regime de metas de inflação ... 232
   5.1.1 Regime de metas de inflação: antecedentes ... 232
   5.1.2 O regime de metas de inflação na prática ... 239
   5.1.3 Regimes de meta de inflação: crítica ... 247
5.2 Austeridade fiscal ... 257

CAPÍTULO VI – O NOVO DESENVOLVIMENTISMO: INTEGRANDO A MACROECONOMIA À TEORIA DO DESENVOLVIMENTO ... 263

6.1 As teses centrais do novo desenvolvimentismo ... 266
   6.1.1 Crescimento com poupança externa ... 277
   6.1.2 Doença holandesa e sua neutralização ... 282
6.2 Pontos críticos da teoria novo-desenvolvimentista ... 291

CAPÍTULO VII – IMPLICAÇÕES DE POLÍTICA À GUISA DE CONCLUSÃO: EM DEFESA DO RETORNO DOS PLANOS NACIONAIS DE DESENVOLVIMENTO ... 299

PARTE II – A CORRENTE LIBERAL NEOCLÁSSICA ... 315

PRÓLOGO À PARTE II ... 317

CAPÍTULO VIII – TEORIAS DO COMÉRCIO INTERNACIONAL E A DEFESA DO LIVRE COMÉRCIO ... 321

8.1 As novas teorias de comércio internacional e a reafirmação da defesa do livre comércio ... 322
   8.1.1 Vantagem comparativa *versus* concorrência imperfeita: novos argumentos teóricos para o livre comércio ... 322
   8.1.2 Cadeias globais de valor e o viés ideológico liberal ... 331

CAPÍTULO IX – A MACROECONOMIA NEOCLÁSSICA DO CRESCIMENTO ... 341

9.1 Modelos de crescimento em economias fechadas ... 343

9.1.1 Antecedentes keynesianos … 343

9.1.2 Modelos neoclássicos de crescimento em economias fechadas … 346

9.2 Modelos neoclássicos de crescimento em economias abertas … 358

9.2.1 Fundamentos dos modelos: inovações, "spillovers" tecnológicos e variedade de produtos … 358

9.2.2 Comércio e crescimento em economias abertas: impactos do livre fluxo de bens, serviços e conhecimento … 363

9.3 Modelos neoclássicos de crescimento: a crítica desenvolvimentista … 368

CAPÍTULO X – O CONSENSO DE WASHINGTON E A IDEOLOGIA DO NEOLIBERALISMO … 383

10.1 A era de Bretton Woods e o liberalismo regulado … 387

10.2 O Consenso de Washington e a difusão do neoliberalismo … 393

10.2.1 O Consenso de Washington original e ampliado … 393

10.2.2 As principais fragilidades do Consenso de Washington … 399

CAPÍTULO XI – IMPLICAÇÕES DE POLÍTICA À GUISA DE CONCLUSÃO: FALHAS DE MERCADO COMO CRITÉRIO PARA ADOÇÃO DE POLÍTICAS PÚBLICAS – UMA CRÍTICA AO ARGUMENTO LIBERAL NEOCLÁSSICO … 417

11.1 Falhas de mercado como critério para adoção de políticas públicas: o argumento liberal neoclássico … 417

11.1.1 Falhas de mercado: uma crítica ao argumento liberal neoclássico … 422

CONCLUSÃO … 427

REFERÊNCIAS BIBLIOGRÁFICAS … 441

APRESENTAÇÃO

O livro que você está começando a ler é uma notável análise e discussão da teoria do desenvolvimento econômico e das causas da estagnação econômica. É um livro teórico que nos auxilia a compreender por que os países tendem a se desenvolver e por que países como o Brasil, que cresceram de maneira extraordinária após a Segunda Guerra Mundial e estavam alcançando o nível de padrão de vida dos países ricos, nos anos 1980 entraram em um interminável período de estagnação econômica. Passaram então a crescer lentamente e ficaram para trás dos países ricos.

Este não é um livro sobre a economia brasileira, nem um livro com uma única teoria do desenvolvimento, mas um livro no qual vemos como evoluíram as teorias heterodoxas, keynesiano-desenvolvimentistas, e como essas teorias se comparam com a teoria neoliberal neoclássica – a teoria dominante ensinada nas universidades dos países centrais, que desde os anos 1980 as adotam e praticamente as impõem aos países da periferia do capitalismo.

Ao invés de complicar a teoria econômica, este livro a simplifica. Mostra que, no fundo, há duas estratégias, ou duas formas de organização econômica do capitalismo – a forma desenvolvimentista, que supõe uma intervenção moderada do Estado na economia e o nacionalismo econômico, e uma forma liberal, que limita a ação do

Estado à garantia da propriedade e dos contratos e à responsabilidade pelo equilíbrio fiscal, enquanto rejeita o nacionalismo econômico quando este é praticado pelos países periféricos.

Tanto para os economistas desenvolvimentistas como para os liberais, o desenvolvimento econômico depende do investimento e este, da taxa de lucro esperada. A diferença está no fato de que os liberais acreditam que, havendo liberdade de mercado, a taxa de lucro será satisfatória, a taxa de investimento será elevada e a alocação dos fatores será eficiente, de forma que "viveremos no melhor dos mundos possíveis". Os desenvolvimentistas pensam de forma diferente. Defendem a liberdade de mercado, mas não esperam dele mais do que ele pode dar.

A teoria econômica é a ciência que estuda a coordenação das economias pelo mercado e pelo Estado. Portanto, estuda o capitalismo de um ponto de vista econômico. Nessa forma de organização social é importante distinguir o centro da periferia do capitalismo. No capitalismo, não são apenas as empresas, mas também os estados-nação que competem entre si. Por isso, é necessário que cada país, sem negar a importância da cooperação internacional, defenda seus interesses, seja nacionalista econômico.

Em segundo lugar, é preciso compreender que, ao contrário do que pensam os liberais, os setores econômicos não são equivalentes. O desenvolvimento econômico está associado ao aumento da produtividade que, por sua vez, aumenta não apenas conforme aumenta a capacidade produtiva de cada trabalhador, mas também com a transformação de mão de obra de setores com baixo valor adicionado por pessoa, que são pouco sofisticados e pagam salários baixos, para setores com alto valor adicionado por pessoa, que são mais sofisticados e pagam salários mais altos. Por isso, os desenvolvimentistas dizem que desenvolvimento econômico é industrialização, ou, mais amplamente, é sofisticação produtiva.

Para os países centrais, não interessa que os países da periferia do capitalismo se industrializem. Não querem ter mais competição

APRESENTAÇÃO

do que já têm. Por isso, procuram impedir sua industrialização, e usam como instrumento de dominação o liberalismo econômico – mais especificamente, a lei das vantagens comparativas do comércio internacional. Essa é uma lei absurda, que ignora que os países podem aprender e, assim, as vantagens se modificam. No século XIX, os ingleses diziam aos alemães que seu país era "essencialmente agrícola", mas a Alemanha se tornou uma potência industrial. Essa lei supõe ainda o pleno emprego – o que permite aos economistas liberais afirmarem que, para se industrializar, os países da periferia precisam diminuir sua produção agrícola ou mineral – não obstante, o pleno emprego seja a exceção, não a regra.

Para discutir as teorias desenvolvimentistas, André Nassif dividiu seu livro em duas partes. Na primeira, discute as teorias desenvolvimentistas estruturalistas; na segunda, trata da teoria liberal neoclássica. E dedicou sete capítulos às teorias desenvolvimentistas, com as quais se identifica, incluindo um capítulo sobre as raízes conceituais e outro sobre as implicações de políticas públicas.

No Capítulo I estão as ideias básicas sobre o desenvolvimento econômico – as ideias de Adam Smith, Karl Marx, Joseph Schumpeter e, em algumas passagens, John Maynard Keynes. Smith explicou a riqueza das nações pelo investimento e a divisão do trabalho; Marx deu ênfase à taxa de lucro esperada, à taxa de juros, e à acumulação de capital. Schumpeter mostrou que, na competição perfeita suposta pelos liberais, a taxa de lucro é muito baixa; só a inovação pode criar uma vantagem competitiva que cria demanda para a empresa, aumenta sua taxa de lucro esperada, e a leva a investir; Keynes, finalmente, criticou a liberal teoria neoclássica ao mostrar que a oferta não cria automaticamente a demanda, mostrou que nas economias capitalistas os capitalistas podem entesourar dinheiro, em vez de investir, e argumentou que só a administração da demanda agregada pode assegurar às empresas competentes taxas de juros baixas e taxas de lucro satisfatórias que as levem a investir.

No Capítulo II, André discute a corrente estruturalista-desenvolvimentista, ou teoria desenvolvimentista clássica, que surge conjuntamente com os primeiros economistas desenvolvimentistas. É uma teoria crítica do liberalismo neoclássico, uma teoria abstrata e a-histórica. Com os desenvolvimentistas clássicos, o desenvolvimento econômico passa a ser visto como um fenômeno histórico que se identifica com a industrialização. E surgem os primeiros modelos críticos da teoria liberal neoclássica: o modelo do *big-push* de Rosenstein-Rodan, o modelo centro-periferia e o modelo da restrição externa de Raúl Prebisch, o modelo do deslocamento de mão de obra para a indústria de Arthur Lewis e o modelo dos rendimentos crescentes de Nicholas Kaldor. Todos foram economistas keynesianos, que salientaram o papel da demanda. André salienta que, nos anos 1960, Kaldor formulou as "leis do crescimento", entre as quais a mais importante, ou original, foi a defesa da industrialização, devido ao fato de que na economia existem rendimentos crescentes de escala.

No Capítulo III, temos as ideias cepalinas, a versão latino-americana, estruturalista, do desenvolvimentismo clássico. Raúl Prebisch foi o principal economista dessa corrente, que ele construiu no âmbito da Cepal – a Comissão Econômica para a América Latina das Nações Unidas – com a ajuda de muitos economistas, particularmente, de Celso Furtado. Como dirigia uma agência internacional, Prebisch não falou em imperialismo, mas em centro e periferia. Mostrou que desenvolvimento econômico era mudança estrutural ou industrialização e criticou o centro por defender uma troca desigual – uma troca de bens sofisticados por bens simples. Mostrou, por outro lado, como os países em desenvolvimento estão sujeitos a uma restrição externa – a permanente "falta" de dólares: enquanto nos países ricos a elasticidades-renda das importações é menor do que um, nos países periféricos a elasticidade-renda das importações de bens manufaturados é maior do que um. Um problema para o qual só há uma solução: a industrialização.

No Capítulo IV, o foco é a contribuição de Celso Furtado, que pensou o desenvolvimento e o subdesenvolvimento como expressões do

APRESENTAÇÃO

centro e da periferia. O subdesenvolvimento não é um estágio anterior à industrialização e ao desenvolvimento, mas é uma configuração histórica criada pelo centro ao se impor à periferia, é uma forma que assume a divisão internacional do trabalho, na qual o centro se industrializa enquanto cabe à periferia produzir bens agrícolas e minerais. Furtado usou sempre o método histórico-estrutural ou histórico-dedutivo para construir sua teoria do desenvolvimento e a localizou sempre no quadro da interdependência entre as nações. No capítulo sobre Furtado, André lembra que, ainda nos anos 1950, o grande economista brasileiro praticamente identificou a doença holandesa ao analisar a economia da Venezuela. Pena que depois não tenha levado adiante essa ideia.

André define o Capítulo V como "um prólogo ao novo desenvolvimentismo: notas sobre o regime de metas de inflação e austeridade fiscal". Nesse capítulo, ele comenta que o desenvolvimentismo clássico deu relativamente pouca importância à teoria macroeconômica e afirma que Bresser-Pereira, com sua teoria novo-desenvolvimentista, procurou preencher essa lacuna. Observa também que eu me dei conta de que as políticas industriais e tecnológicas, necessárias para o desenvolvimento, tornavam-se inefetivas se não fossem acompanhadas por políticas macroeconômicas, principalmente política cambial e política monetária que criem o ambiente para que aquelas políticas microeconômicas tenham efeito. André discute então a política de metas de inflação, que os bancos centrais adotaram quando, ainda nos anos 1980, viram que as políticas monetaristas propostas por Milton Friedman, que foram por um breve momento dominantes, não os ajudavam a controlar a inflação. E nesse capítulo ele ressalta a importância da teoria da inflação inercial, que, em São Paulo, Yoshiaki Nakano e eu, e no Rio de Janeiro, os economistas da PUC (Pontifícia Universidade Católica) desenvolveram. Acho interessante André ter visto a teoria da inflação como um prólogo para o novo desenvolvimentismo, porque, para mim, essa teoria, e particularmente o "paper" "Fatores aceleradores, mantenedores e sancionadores da inflação",[2] teve tal papel. Depois desse prólogo, André dedica o Capítulo VI à teoria novo-desenvolvimentista – que um grupo de economistas brasileiros e eu vêm construindo desde os anos 2000. Naturalmente, me senti muito lisonjeado e feliz ao ser colocado ao lado dos pioneiros do desenvolvimento. Até o final dos anos 1990, eu era um macroeconomista pós-keynesiano e um desenvolvimentista clássico. Entretanto, no final dessa década, depois de 20 anos de quase-estagnação dos países latino-americanos, me dei conta de que eram necessários modelos teóricos adicionais para compreender o problema do desenvolvimento e da estagnação. Começamos pela crítica da taxa de juros alta e da taxa de câmbio apreciada no longo prazo. Embora os economistas liberais nos governos afirmassem que os preços eram determinados pelo mercado, vimos que a taxa de juros era muito mais alta do que a taxa de juros internacional mais o risco Brasil, e que a taxa de câmbio se mantinha tendencialmente apreciada no longo prazo. Em consequência, as empresas capazes deixavam de ser competitivas e não investiam, enquanto o poder aquisitivo e o consumo de trabalhadores e de rentistas eram artificialmente elevados. Vimos também que, ao contrário do que afirma a teoria convencional, a taxa de câmbio é uma variável determinante do investimento. Podíamos afirmar isto porque também afirmávamos que a taxa de câmbio não é meramente volátil em torno do equilíbrio corrente, mas tende a permanecer apreciada no longo prazo. Por duas razões: porque a política de crescimento com endividamento externo aprecia a moeda nacional no longo prazo e porque uma doença holandesa não neutralizada mantém a taxa de câmbio apreciada para a indústria, não para as *"commodities"*. Finalmente, afirmamos que a macroeconomia que interessa é uma macroeconomia e uma política macroeconômica do desenvolvimento na qual o Estado deve ser responsável por cerca de 20 por cento do investimento total e o governo deve garantir as condições gerais

---

2 BRESSER-PEREIRA, Luiz Carlos; NAKANO, Yoshiaki. "Fatores aceleradores, mantedores e sancionadores da inflação". *Brazilian Journal of Political Economy*, vol. 4, n° 1, 1984.

APRESENTAÇÃO

da acumulação de capital, ou seja, investir em educação, ciência e tecnologia, investir na infraestrutura, manter instituições que garantam o bom funcionamento do mercado, garantir a existência de um sistema financeiro local capaz de financiar os investimentos e manter os cinco preços macroeconômicos no lugar certo: a taxa de juros real deve ser relativamente baixa; a taxa de câmbio real, competitiva; a taxa de lucro, satisfatória para as empresas industriais investirem; a taxa de salários crescendo com o aumento da produtividade, e a taxa de inflação em um nível baixo.

André Nassif discute o novo desenvolvimentismo com grande competência, porque ele é um dos mais notáveis economistas desenvolvimentistas brasileiros. Quando, porém, eu o conheci, em 2008, ele acabara de publicar na revista que edito, *Brazilian Journal of Political Economy*, um artigo em que negava a tese que eu então estava começando a defender, a partir da teoria que estava desenvolvendo, de que o Brasil estava sofrendo um grave processo de desindustrialização. André, porém, é um economista que pensa com autonomia e clareza. Com o passar do tempo, ele mudou sua opinião sobre a desindustrialização e se tornou um dos economistas que mais têm feito contribuições para o novo-desenvolvimentismo.

O Capítulo VII é uma conclusão da análise realizada. Nela, André enfatiza que o desenvolvimento econômico só é bem-sucedido quando resulta de um projeto nacional. E aproveita para falar de contribuições recentes para a teoria do desenvolvimento. Cita, então, autores como Ha-Joon Chang, Erik Reinert e Mariana Mazzucato, que mostraram que todos os países exitosos no processo de *catching up* se guiaram pelos princípios desenvolvimentistas, e não pelos preceitos neoclássicos (herdados de David Ricardo) de adesão incondicional a práticas de *laissez-faire* e livre comércio; Alice Amsden e Robert Wade, desenvolvimentistas voltados para os países do Leste da Ásia; autores neoschumpeterianos, como Mario Cimoli, Giovanni Dosi e Gabriel Porcile; e autores neoclássicos, mas desenvolvimentistas, como Dani Rodrik.

A segunda parte do livro é dedicada à teoria liberal neoclássica do desenvolvimento. No Capítulo VIII, André discute as teorias liberais de comércio internacional; no Capítulo IX, a teoria neoclássica do crescimento; e no Capítulo X, o Consenso de Washington e a ideologia neoliberal. São capítulos muito interessantes, mas confesso não ter paciência com o que os liberais neoclássicos chamam de teoria do desenvolvimento. Como dizia Celso Furtado, não passa de ideologia. Ideologia que aparece não disfarçada de teoria no Capítulo X. O Capítulo XI é a crítica de André Nassif a essas teorias.

Temos, assim, um belo livro. Uma brilhante análise das teorias do desenvolvimento de um economista desenvolvimentista engajado na luta pelo desenvolvimento – uma luta difícil, que só será vencida quando o desenvolvimentismo voltar a ser a forma de organização econômica do capitalismo dominante no Brasil e na América Latina e soubermos rejeitar a política de crescimento com endividamento externo, decidirmos neutralizar a doença holandesa e devolvermos ao Estado o papel de investir em setores estratégicos da economia.

LUIZ CARLOS BRESSER-PEREIRA
Professor Emérito da Escola de Economia de
São Paulo (FGV-EESP)

PREFÁCIO

A discussão teórica sobre os principais fatores e estratégias de política econômica que levam países subdesenvolvidos ou em desenvolvimento a se transformarem em países desenvolvidos sempre foi campo de disputa entre economistas liberais e desenvolvimentistas. Essa divergência ficou explícita, na teoria e na prática de políticas econômicas, entre o final do século XVIII e início do século XIX, quando Alexander Hamilton, o primeiro secretário do Tesouro dos Estados Unidos após a independência, e Friedrich List, o economista nacionalista alemão, rechaçaram as recomendações liberais dos economistas políticos clássicos, que apontavam o livre-comércio como a melhor estratégia para que os países atingissem elevado nível de riqueza material e social. O tema continua sendo um dos pomos da discórdia entre liberais neoclássicos e desenvolvimentistas: enquanto os primeiros são defensores das estratégias de *laissez-faire* e livre-comércio internacional, ou, na melhor das hipóteses, de grau mínimo de intervenção do Estado, os desenvolvimentistas advogam a intervenção ativa do Estado em prol do desenvolvimento econômico.

No Brasil, essa discussão surge frequentemente nas mídias tradicionais (imprensa, televisão e rádio) e digitais (as redes sociais como Facebook, Twitter, Instagram, dentre outras) de forma fragmentada, apaixonada e fortemente ideologizada. Mas o viés fortemente ideológico embutido nesse debate não é privilégio do

Brasil. Ele também ocorre na maioria dos países. Não que as teorias econômicas sejam livres de ideologia. Como argumento num dos capítulos do livro, nem mesmo as teorias que se "vendem" como "puras" estão livres de ideologias inerentes aos conflitos de classes sociais, aos posicionamentos políticos, aos interesses econômicos, às influências culturais etc.

Entretanto, penso que o economista, ao formular, analisar teorias ou propor soluções para as questões econômicas, deve se esforçar para separar a aparência e o discurso fácil (ou ideologicamente enviesado) da essência ("teoria"), além de privilegiar a regularidade dos fatos observados (as chamadas regularidades empíricas) e levar em conta o contexto histórico, político e social. Também será indispensável respeitar evidências empíricas e experiências históricas dos países no mundo capitalista.

Meu principal objetivo neste livro é apresentar o debate teórico sobre desenvolvimento e estagnação da forma mais organizada e clara possível, num texto cujo entendimento não fique restrito a economistas e estudantes de economia, mas que seja também acessível a todos os interessados no tema. Desde cedo, nós, economistas, aprendemos que a teoria econômica é extremamente abstrata, porque se desenvolve num mundo real bastante complexo, em interação com grande diversidade de agentes (empresas, famílias, governo, bancos etc.), que operam em mercados distintos e com interesses muitas vezes conflitantes. No entanto, penso que, com algum esforço didático, teorias, inclusive a econômica de maior complexidade, podem ser acessíveis a públicos não especializados. Procurei, então, escrever em linguagem clara, mas sem descuidar do rigor acadêmico na explicação das teorias. Mantive os termos técnicos familiares aos economistas, mas acrescentando os respectivos conceitos em rodapés (alguns relativamente longos), para facilitar o entendimento de não economistas. A unificação, num mesmo volume, dos principais fundamentos teóricos do desenvolvimento econômico, incluindo a contribuição das teorias construídas na América Latina, torna o

PREFÁCIO

material útil como manual de estudo por estudantes de graduação, pós-graduação e outros profissionais.

A discussão apresentada no livro é eminentemente teórica. Isso não impede que eu faça alusão, de maneira ilustrativa, a casos específicos de países, exitosos ou não no processo de desenvolvimento. O Brasil é o exemplo que aparece com maior frequência, porque é onde, no mundo periférico, registram-se, de forma bastante clara, duas fases distintas: a primeira, entre 1950 e 1980, em que as políticas econômicas foram fortemente influenciadas pelos desenvolvimentistas. A segunda, de 1990 até o presente, em que as políticas econômicas são marcadas pelas ideias liberais neoclássicas, notadamente as neoliberais. Não terá sido por mero acaso que, enquanto no período 1950-1980, o Brasil seguiu trajetória relativamente sustentada de crescimento econômico, desde 1980 – quando se iniciou uma década marcada pela crise da dívida externa, alta inflação e transição para a adoção de estratégias neoliberais – até o presente, ainda não conseguimos nos livrar da estagnação.

Pude contar com a leitura atenta de amigos do meio acadêmico, que fizeram comentários e sugestões ao texto original. Meus agradecimentos a Alfredo Saad Filho, André Lara Resende, Carlos Aguiar de Medeiros, Carmem Feijó, Cyro Andrade, Eliane Araújo, Fábio Terra, Gabriel Porcile, José Márcio Rego, Luiz Carlos Bresser-Pereira, Luiz Gonzaga Belluzzo e Patrícia Cunha. Rosa Freire D'Aguiar leu o capítulo alusivo à contribuição de Furtado e fez alguns comentários que ajudaram a refinar o texto final. Merecem um duplo e especial agradecimento Cyro Andrade e Fábio Terra, que, além dos comentários técnicos, fizeram também sugestões para aprimoramento de estilo e linguagem. Imperfeições remanescentes são, evidentemente, de minha responsabilidade.

Desejo a vocês uma boa leitura!

ANDRÉ NASSIF

INTRODUÇÃO

DESENVOLVIMENTO ECONÔMICO E ESTAGNAÇÃO: AS DIFERENTES VISÕES TEÓRICAS

O desenvolvimento econômico é um dos temas mais relevantes da ciência econômica porque determina, ainda que não exclusivamente, o progresso material e o nível de bem-estar das sociedades. Sendo assim, pretendo, com este livro, apresentar e analisar o fenômeno do desenvolvimento, confrontando as diferentes visões teóricas, bem como as respectivas recomendações de política econômica das duas principais correntes *lato sensu* responsáveis pelo desenvolvimento da economia como disciplina integrante das ciências sociais: a estruturalista-desenvolvimentista, doravante denominada desenvolvimentista, e a liberal neoclássica.

Embora o foco do livro seja o desenvolvimento, em diversas passagens farei incursões ao fenômeno antagônico ao desenvolvimento: a estagnação. A literatura teórica e empírica oferece enorme material bibliográfico sobre os múltiplos fatores que levam ao desenvolvimento econômico de uma nação, mas constitui referencial relativamente mais escasso sobre as fontes causadoras de um processo longo de estagnação. Há, pelo menos, uma razão que justifica esse desbalanceamento: um dos objetivos mais importantes da economia é compreender, mediante a elaboração de teorias e a busca de evidências empíricas, como se processa o desenvolvimento econômico e o que leva uma nação pobre (ou em desenvolvimento) a se tornar rica (ou desenvolvida). Portanto, a maioria dos economistas está mais interessada em identificar as forças motoras do desenvolvimento do que em buscar explicações para a estagnação econômica, embora seja intuitivo deduzir que esta paralisia ocorre quando se travam aquelas forças motoras.

Desde Adam Smith, existe relativo consenso de que o desenvolvimento se processa por meio do aumento sustentado da produtividade do trabalho (medida pelo valor adicionado por trabalhador na produção de bens e serviços) ao longo do tempo.[3] Como nos países pobres o nível médio da produtividade da economia como um todo é baixo, comparado ao dos países ricos, o desenvolvimento é considerado bem-sucedido quando os níveis médios da produtividade e do produto per capita (o produto interno bruto dividido pelo total da população) daqueles alcançarem (*catch up*, para usar o consagrado anglicismo) níveis similares à média atingida pelos países desenvolvidos.

---

[3] A produtividade do trabalho em determinada atividade produtiva é mensurada pela razão entre o valor adicionado e o total de trabalhadores empregados (ou, alternativamente, o total de horas trabalhadas) nessa mesma atividade. Entende-se por valor adicionado o acréscimo de valor novo (medido em unidades monetárias) gerado por cada trabalhador na produção de um bem ou serviço. Por exemplo, o valor adicionado gerado na produção de um automóvel é medido pela diferença entre o valor unitário do automóvel (expresso em unidades monetárias) e o valor de todos os insumos (partes, peças e demais componentes) necessários à sua produção. Em outras palavras, o valor adicionado é o valor novo acrescido pelos trabalhadores ao valor dos insumos utilizados na produção de um bem ou serviço. Para a economia como um todo, o produto interno bruto (PIB) é calculado pela soma de todos os valores adicionados setoriais, ao passo que a produtividade do trabalho médio agregada resulta do PIB por trabalhador.

De antemão, é bom que se distingam dois indicadores relevantes: os **níveis** da produtividade média e da renda per capita, de um lado, e as **taxas de variação** destes mesmos níveis ao longo do tempo, de outro. Se o desenvolvimento econômico sucede quando ocorre o emparelhamento (*catching up*) daqueles níveis com os dos países desenvolvidos, fica fácil deduzir que a condição necessária para que este se efetive é que as taxas de variação da produtividade ao longo do tempo sejam positivas, sustentáveis e superiores às taxas de variação deste mesmo indicador nos países ricos. Se num país pobre, com renda per capita ainda diminuta, ou num país em desenvolvimento, cuja renda per capita tenha alcançado o nível médio observado na economia mundial, as taxas de incremento da produtividade forem extremamente baixas e muito inferiores às médias observadas na economia mundial durante longo período, constata-se naquele país um processo de estagnação econômica. Se tal processo se estender por décadas, pode levar a uma regressão econômica (*falling behind*). Em outras palavras, o processo de estagnação pode ser entendido como a antítese do processo de desenvolvimento econômico.

No plano teórico, desde os clássicos, os economistas procuram analisar e apontar as principais forças motoras que sustentam as taxas expressivas de variação da produtividade e o processo de desenvolvimento econômico num determinado país, proporcionando-lhe o *catching up* no longo prazo. Praticamente todas as correntes teóricas identificam a acumulação de capital e o progresso tecnológico – ambos induzidos pelos investimentos físicos (máquinas, equipamentos e infraestrutura) e em inovações – como essas forças motoras fundamentais. Entretanto, como diz o ditado popular, o diabo está nos detalhes. *Grosso modo*, enquanto os arcabouços teóricos de Smith, Marx, Schumpeter e toda a tradição clássico-estruturalista-desenvolvimentista (ou, simplesmente, desenvolvimentista) que se lhes seguiu entre as décadas de 1940 e 1960, identificam o aumento sustentado da produtividade como o **canal condutor** pelo qual se processa o desenvolvimento econômico, a tradição liberal ricardiano-neoclássica (ou, simplesmente, liberal neoclássica) atribui ao referido indicador a **causa principal** desse mesmo processo.

Com efeito, no arcabouço liberal neoclássico, o avanço econômico depende fundamentalmente da eficiência com que os recursos produtivos (capital, trabalho, recursos naturais e outros) são mobilizados, combinados e alocados na produção de bens e serviços. Não por acaso, essa concepção alcança o auge de prestígio em meados da década de 1950, quando o modelo[4] neoclássico padrão demonstra que, embora o crescimento econômico só possa ser sustentado se, no longo prazo, o progresso tecnológico continuar operante, este é entendido, porém, como a combinação mais eficiente possível com que os recursos produtivos são incorporados, intrassetorial e intersetorialmente, na produção de bens e serviços. Como na concepção liberal neoclássica essa combinação define justamente o progresso tecnológico – ou, para usar a expressão consagrada pela corrente, a produtividade total dos fatores (PTF) –, deduz-se que o crescimento econômico depende fundamentalmente da *performance* da produtividade ao longo do tempo. Ou seja, para essa corrente, a variação da produtividade é **causa** do desenvolvimento econômico.

Já na tradição desenvolvimentista, o processo de desenvolvimento econômico se processa mediante o avanço da produtividade do trabalho ao longo do tempo, mas este, por sua vez, depende de outras forças motoras, cujas raízes mais profundas haviam sido claramente expostas por Adam Smith,[5] em sua *A Riqueza das Nações*. Embora este autor concordasse que o desenvolvimento econômico das nações fosse consubstanciado pelo incremento da produtividade do trabalho, este, por sua vez, dependia preponderantemente do avanço da divisão social do trabalho e do tamanho do mercado.

---

[4] As teorias econômicas costumam ser apresentadas como "modelos", que consistem em representar a realidade de forma simplificada, elegendo as variáveis mais relevantes para o entendimento dos problemas econômicos que emergem num mundo real bem mais complexo. Um modelo contém, geralmente, pressuposições, hipóteses e conclusões relacionadas aos referidos problemas.

[5] SMITH, Adam. *A riqueza das nações*. vol. I e II. (Série Os Economistas). São Paulo: Abril Cultural, [1776] 1983.

INTRODUÇÃO – DESENVOLVIMENTO ECONÔMICO E ESTAGNAÇÃO...

Trocando em miúdos, Smith defendia a hipótese de que, quanto maior a divisão social do trabalho, maior o incremento da produtividade. Porém, como a divisão social do trabalho é limitada pela extensão do mercado, o avanço da produtividade depende, no final das contas, do tamanho do mercado. Toda a tradição desenvolvimentista que floresce a partir de 1940 retoma e desenvolve, com diferentes nuances, a referida hipótese smithiana. De forma simplificada, ressalta-se o papel fundamental do tamanho e da expansão da demanda no longo prazo como a fonte da qual emana o avanço da produtividade do trabalho e, portanto, o desenvolvimento econômico.

Ao comparar as duas abordagens teóricas, é de se notar que se na concepção liberal neoclássica o desenvolvimento econômico depende da eficiência relativa com que são combinados os recursos produtivos disponíveis, é irrelevante que a riqueza social seja impulsionada pela agropecuária, indústria ou serviços. O incremento de R$1,00 proveniente do setor primário equivale a igual incremento de R$1,00 resultante dos setores secundário ou terciário. Na linguagem dos economistas, a concepção liberal neoclássica pressupõe que todos os setores produtivos estão sujeitos a retornos constantes de escala. Isso significa que se uma empresa, um setor produtivo ou mesmo a economia como um todo duplicarem todos os recursos necessários à geração de um produto em particular ou do produto agregado, a produção resultante variará na mesma proporção (isto é, apenas duplicará). Portanto, a produtividade média manter-se-á constante. Traduzindo essa mesma hipótese em termos monetários, se assumirmos que os preços dos recursos produtivos se mantêm constantes, os custos unitários do produto também seguirão constantes no longo prazo.

A tradição desenvolvimentista rechaça a ideia de que todos os setores da economia operem com retornos constantes de escala. Embora as tecnologias de produção da agricultura tradicional, por não contar com máquinas e equipamentos modernos, estejam sujeitas a retornos constantes ou até mesmo decrescentes de escala,[6] na indústria de transformação (*manufacturing*, para usar o termo consagrado em inglês) não impera essa condição. O ponto comum ressaltado pelos economistas dessa corrente é que a maior parte da indústria manufatureira conta com três peculiaridades que a tornam especial: i) é a principal fonte geradora e difusora de progresso tecnológico para todos os setores da economia; ii) opera sob retornos crescentes de escala **estáticos**, haja vista que os efeitos cumulativos das revoluções tecnológicas e do progresso técnico ao longo do tempo fazem com que a produção, na maioria de seus segmentos, seja predominantemente intensiva em capital fixo e caracterizada por indivisibilidades tecnológicas.[7] Consequentemente, se os empresários efetivarem novos investimentos que acarretem a duplicação dos fatores produtivos utilizados nesses segmentos, a produção resultante mais do que duplicará, fazendo com que a produtividade média aumente e os custos unitários caiam, caso permaneçam inalterados os preços desses fatores; e iii) funciona sob condições de retornos crescentes de escala **dinâmicos**, já que os efeitos cumulativos do progresso técnico-científico, ao ampliarem a capacitação inovadora, o estoque de conhecimento e a experiência acumulada no processo de aprendizado (o chamado *learning-by-doing*), fazem com os custos unitários das empresas ou mesmo de segmentos inteiros declinem à medida que aumenta a produção total acumulada ao longo do tempo. Por conta dessas peculiaridades conjuntas, a tradição desenvolvimentista atribui à indústria de transformação o potencial de operar como o motor de crescimento econômico no longo prazo.

---

[6] Seguindo o mesmo raciocínio anterior, sob retornos decrescentes de escala, se forem duplicados todos os *inputs* necessários à produção de um determinado produto agrícola, a produção resultante variará em menor proporção que o dobro e, portanto, a produtividade média dessa atividade reduzir-se-á.

[7] Neste caso, o sistema de máquinas e equipamentos que compõem uma planta siderúrgica, automotiva, ou de papel e celulose não pode ser fragmentado quando caem as vendas e os produtores são forçados a reduzirem a produção.

INTRODUÇÃO – DESENVOLVIMENTO ECONÔMICO E ESTAGNAÇÃO...

Além disso, para a corrente desenvolvimentista, em contraste com a escola liberal neoclássica, o desenvolvimento não se restringe apenas à sustentação do crescimento econômico no longo prazo. Além desta, ele é também concebido como um processo que envolve profundas mudanças estruturais, especialmente o aumento da participação (medida em valores adicionados) dos segmentos tecnologicamente mais sofisticados no produto interno bruto (PIB), como veremos a seguir. Mas não apenas isso. Abarca também o aprimoramento da infraestrutura física (ferrovias, rodovias, portos, saneamento etc.) e humana (educação, saúde, cultura e lazer), redução da desigualdade social e garantia dos direitos de cidadania. Como defende, enfaticamente, Amartya Sen,[8] o desenvolvimento envolve direitos que transcendem o campo da economia, como o exercício pleno da liberdade. Para isso, é necessário que se removam "a pobreza, a tirania, a carência de oportunidades econômicas, a destituição social sistemática, a negligência dos serviços públicos e a intolerância ou interferência excessiva de Estados repressivos".

Com base nas experiências históricas posteriores à Revolução Industrial (1750-1850),[9] a corrente desenvolvimentista destaca que

---

[8] SEN, Amartya. *Desenvolvimento econômico como liberdade*. São Paulo: Companhia das Letras, 2000, p. 18.

[9] Ao longo deste texto, o leitor irá perceber a utilização do termo "revolução industrial" com letras maiúsculas ou minúsculas. Estamos seguindo o convincente argumento de David Landes (LANDES, David. *The Unbound prometheus*: technological change and industrial development in Western Europe from 1750 to the present. Cambridge: Cambridge University Press, 1969) segundo o qual as maiúsculas devem ser usadas apenas para a Revolução Industrial inglesa, que significou não apenas a deflagração de mudanças tecnológicas radicais, com impactos expressivos sobre a sociedade e a cultura - como as demais revoluções industriais que se lhe seguiram –, mas também a consolidação do capitalismo como modo de produção hegemônico na economia mundial. As demais revoluções industriais foram originadas apenas por transformações tecnológicas radicais e provocaram mudanças nos hábitos sociais e culturais, mas introduzidas no contexto do sistema capitalista já difundido na economia global.

o processo de desenvolvimento econômico replica os seguintes fatos estilizados, ou regularidades empíricas:[10]

i   No processo de transição de uma economia subdesenvolvida para desenvolvida, os recursos produtivos, notadamente trabalho, são paulatinamente realocados do setor agrário tradicional, de baixa produtividade, para o setor industrial que, em virtude de sua elevada intensidade capital-trabalho e maior poder gerador e difusor de progresso tecnológico, é considerado o de maior produtividade da economia. Isso implica que o desenvolvimento econômico se consubstancia num processo de contínua diversificação e mudança estrutural direcionadas aos segmentos industriais de maior produtividade e sofisticação tecnológica.[11] Não por acaso, a corrente desenvolvimentista prefere o termo "desenvolvimento econômico" a "crescimento econômico", porque o primeiro significa crescimento com mudança estrutural;

ii) Como a indústria de transformação no seu conjunto está sujeita a economias de escala estáticas e dinâmicas, à medida que ela cresce e se diversifica, absorvendo recursos do setor de baixa produtividade, tende a comandar e sustentar o aumento das taxas médias de produtividade da economia como um todo enquanto persistirem diferenciais (*gaps*) expressivos de produtividade intersetoriais;[12]

---

[10] Ver MCCOMBIE, John S. L.; THIRLWALL, Anthony P. *Economic growth and the balance-of-payments constraint*. Londres: St Martin's Press, 1994; ROS, Jaime. *Rethinking economic development, growth, and institutions*. Oxford: Oxford University Press, 2013.

[11] LEWIS, William Arthur. "Economic development with unlimited supplies of labor". *The Manchester School*, vol. 22, n° 2, mai. 1954.

[12] Essa é a chamada lei de Kaldor-Verdoorn, segundo a qual quanto maior a taxa de crescimento do produto industrial (em valor adicionado), maior a taxa de crescimento da produtividade industrial. Como o incremento da produtividade dos demais setores depende do crescimento da produtividade do setor industrial, este é, no final das contas,

INTRODUÇÃO – DESENVOLVIMENTO ECONÔMICO E ESTAGNAÇÃO...

iii) Mesmo quando um país já tenha logrado atingir um nível de renda per capita próximo à média mundial, alcançando com isso o *status* de economia de renda média ou "emergente", seguem persistindo os *gaps* de produtividade entre a agricultura, indústria e serviços. Por isso, Kaldor[13] conceitua o desenvolvimento econômico como um processo mediante o qual uma economia transita de um estágio de "imaturidade" para o de "maturidade" industrial;[14]

iv) Somente quando um país alcança o estágio de maturidade industrial, a tendência de realocação de recursos dos setores agrícola e industrial para o de serviços refletiria um processo de desindustrialização que poderia ser entendido como benéfico e natural. A essa altura, com o setor agrícola já mecanizado e com níveis de produtividade significativamente maiores do que na fase tradicional ou intermediária, os *gaps* de produtividade intersetoriais terão sido reduzidos substancialmente;[15]

---

o principal determinante do ritmo de variação da produtividade média de uma economia. Ver KALDOR, Nicholas. "Causes of the slow rate of economic growth of the United Kingdom: an inaugural lecture". *In*: _____. *Further Essays on Economic Theory*. Londres: Duckworth, [1966] 1978; MCCOMBIE, John S. L.; THIRLWALL, Anthony P. *Economic growth and the balance-of-payments constraint*. Londres: St Martin's Press, 1994, cap. 2.

13 KALDOR, Nicholas. "Causes of the slow rate of economic growth of the United Kingdom: an inaugural lecture". *In*: _____. *Further Essays on Economic Theory*. Londres: Duckworth, [1966] 1978.

14 Neste livro, utilizo o termo "maturidade" industrial de forma ligeiramente diferente de KALDOR, Nicholas. *Strategic Factors in Economic Development*. Nova York: Cornell University, 1967. Embora este argumente que mesmo países desenvolvidos podem não ter necessariamente atingido tal fase se persistirem *gaps* intersetoriais significativos, identifico a maturidade como o estágio em que determinado país já se encontre plenamente industrializado.

15 Ver KALDOR, Nicholas. "Causes of the slow rate of economic growth of the United Kingdom: an inaugural lecture". *In*: _____. *Further Essays on Economic Theory*. Londres: Duckworth, [1966] 1978.

v) Caso o processo de desenvolvimento seja interrompido pela desindustrialização prematura, antes que o estágio de maturidade industrial tenha sido alcançado, a economia perde tração estrutural para continuar crescendo com avanços positivos e sustentáveis da produtividade no longo prazo;[16]

vi) A difusão assimétrica do progresso técnico no espaço geoeconômico global é um dos fatores explicativos da persistência de gaps tecnológicos significativos entre países em desenvolvimento e emergentes ("periféricos") e desenvolvidos ("centrais").[17]

E o setor de serviços? Este, como o setor primário tradicional, era historicamente avaliado como de reduzido grau de sofisticação tecnológica e baixa produtividade. No entanto, desde a chamada terceira revolução industrial – iniciada lentamente após a Segunda Guerra Mundial e acelerada pela difusão da microeletrônica e das indústrias de tecnologia da informação e comunicação (*TICs*) a partir dos anos 1980 –, diversos segmentos novos do setor de serviços, como a automação bancária, *softwares* e aplicativos digitais, *internet* e demais redes de informações (*networks*), dentre outros, destacaram-se pela maior intensidade tecnológica e peculiar capacidade de operar sob retornos crescentes estáticos e dinâmicos de escala. Mais recentemente, com o advento da quarta revolução industrial, capitaneada pela robótica, inteligência artificial, *big data*, *internet* das coisas (ou *IoT*, no acrônimo em inglês, de *internet of things*), e diversas tecnologias digitais avançadas, têm surgido novos segmentos no setor de serviços caracterizados pelos referidos traços distintivos com que só a indústria de transformação contava no passado.

---

[16] PALMA, José Gabriel. "Four sources of de-industrialisation and a new concept of the Dutch disease". *In*: OCAMPO, José Antonio (Coord.). *Beyond Reforms*. Palo Alto: Stanford University Press, 2005.

[17] DOSI, Giovanni; PAVITT, Keith; SOETE, Luc. *The economics of technical change and international trade*. Londres: Harvester Wheastsheaf, 1990.

INTRODUÇÃO – DESENVOLVIMENTO ECONÔMICO E ESTAGNAÇÃO...

Para os teóricos do desenvolvimento econômico e formuladores de política econômica (*policy-makers*), a pergunta relevante é: essas rápidas mudanças tecnológicas acarretarão a diminuição ou eliminação do papel da indústria de transformação como motor do crescimento nas economias em desenvolvimento? A resposta é negativa, mas com uma condicionante: a julgar pelas mudanças em curso, o setor manufatureiro tradicional vem se tornando cada vez mais imbricado com as diversas atividades de serviços intensivas em tecnologia digital.

De acordo com Zysman *et al.*,[18] a revolução tecnológica comandada pelos novos segmentos de serviços tem sido tão avassaladora que "a distinção entre produtos industrializados e serviços se confunde, já que os primeiros embutem cada vez mais serviços em seu valor de produção". Os exemplos são numerosos: vão desde os automóveis que incorporam diversos itens de eletrônica embarcada e comandos digitais, passando pelos produtos da Apple, como o i-pad, o i-phone e o i-pod, cujo sucesso competitivo depende da oferta adicional de serviços avançados, como a apple-store e o i-tunes, até os bens de consumo industrializados operados por comandos totalmente automatizados e digitais (*IoT*). Além disso, no que concerne ao setor de serviços propriamente dito, a revolução digital delimitará, de forma muito mais acentuada, a distinção entre os segmentos intensivos em conhecimento, caracterizados por elevada produtividade, e os serviços tradicionais (comércio, varejo, serviços pessoais de baixa qualificação etc.), de baixa produtividade.

As revoluções tecnológicas recentes e em curso têm provocado diversas tendências na organização da produção mundial, a saber: i) enorme fragmentação da produção em escala global – e

---

[18] ZYSMAN, John *et al.* "Services with everything: the ICT-enabled digital transformation of services". *In*: BREZNITZ, Dan; ZYSMAN, Jhon (Coord.). *The third globalization:* can wealth nations stay rich in the twenty-first century? Nova York: Oxford University Press, 2013, p. 100.

consequente transformação nas chamadas "cadeias globais de valor" –, induzida concomitantemente pelo acirramento da concorrência e maiores requerimentos de economias de escala como uma das condições necessárias para a sustentação da competitividade dos principais *players*;[19] ii) maior criação e apropriação de valor nas etapas iniciais (pesquisa e desenvolvimento, P&D) e finais do ciclo de produção e comercialização dos produtos (logística, marketing e serviços adicionais); iii) queda dramática dos *inputs* de trabalho direto e, consequentemente, dos custos médios de produção, induzida pela incorporação crescente de robôs no processo de produção; e iv) transformação radical do processo manufatureiro ("Indústria 4.0"), impulsionada pela incorporação conjunta das inovações radicais mencionadas anteriormente (robótica, inteligência artificial, *IoT* etc.). Com respeito a essa última tendência, Bianchi e Labory[20] observam que "a quarta revolução industrial em curso representará uma integração real entre a ciência e o sistema produtivo, e não apenas uma mera interação, como ocorreu nas revoluções industriais precedentes".

No conjunto, as tendências atuais reforçam o argumento desenvolvimentista de que a indústria de transformação continuará

---

[19] Entre meados de 1990 e o final de 2010, essa tendência provocou a mudança de estratégia das grandes empresas multinacionais. Com o objetivo de reduzir custos fabris, particularmente de mão de obra, elas deslocaram plantas industriais para os países asiáticos (especialmente para a China), delegando, muitas vezes, a outras empresas a produção de bens de consumo duráveis projetados nos laboratórios de P&D de seus países de origem, mediante contratos de fabricação (*outsourcing*). Ainda não está claro se essa tendência será revertida nas próximas décadas, haja vista a crescente incorporação de robótica nos processos de produção em grande escala e a redefinição das políticas industriais nos países desenvolvidos, em resposta aos impactos de longo prazo da crise da Covid-19, em 2020.

[20] BIANCHI, Patrizio; LABORY, Sandrine. *Industrial policy for the manufacturing revolution*: perspectives on digital globalization. Cheltenham: Edward Elgar, 2018, p. 51.

INTRODUÇÃO – DESENVOLVIMENTO ECONÔMICO E ESTAGNAÇÃO...

atuando como *engine of growth* nos países em desenvolvimento que almejam se aproximar da fronteira tecnológica internacional e realizar o *catching up*. Mas, as estratégias de desenvolvimento econômico, inclusive dos países mais pobres, não poderão prescindir das tecnologias radicais da Indústria 4.0 nem dos serviços oriundos das *TICs*. Do contrário, esses países estarão fora do jogo competitivo internacional. Além disso, a indústria de transformação, cada vez mais imbricada com os serviços digitais, deverá atuar como parte integrante do ecossistema de tecnologias complexas que se irradiam para o sistema econômico como um todo.

As divergências teóricas se refletem também, mas com maior intensidade, no plano normativo. Grosso modo, a corrente liberal neoclássica defende políticas de *laissez-faire* doméstico e internacional (isto é, livre-comércio). Como discutiremos no Capítulo XI, no arcabouço liberal neoclássico, as políticas econômicas sugeridas derivam rigorosamente dos modelos teóricos, cujas marcas distintivas são o elevado nível de abstração e o uso frequente, embora não generalizado, de pressuposições e hipóteses irrealistas. Por exemplo, a defesa do *laissez-faire* e do livre-comércio ampara-se na hipótese de que as economias capitalistas funcionam em condições ideais de concorrência perfeita em todos os mercados (bens, fatores de produção e de capitais).[21] Se forem satisfeitas tais condições, os referidos

---

[21] A teoria microeconômica das diferentes estruturas de mercado e padrões de concorrência contrapõe dois padrões de competição: a concorrência perfeita e o monopólio. Além destes, existe ainda um terceiro padrão intermediário: o oligopólio. A concorrência perfeita é uma estrutura abstrata e idealizada caracterizada por hipóteses bem irrealistas, tais como a atomização de microempresários e muitos consumidores no mercado (de tal sorte que nenhum deles individualmente tenha poder de determinar o preço), a perfeita substituição entre os bens produzidos (considerados totalmente homogêneos), a incapacidade de operar com tecnologias sujeitas a economias de escala e a total ausência de barreiras à entrada de produtores concorrentes, dentre outras. Com tais hipóteses, o resultado principal é que as empresas concorrentes têm de aceitar os preços determinados pelo mercado, só conseguem vender a preços

modelos teóricos garantem que a modificação dos preços relativos será capaz de eliminar qualquer excesso de oferta ou demanda nos diferentes mercados, proporcionando alocação ótima dos recursos produtivos e distribuição socialmente ótima da produção econômica.

Sendo assim, na esfera normativa não haveria qualquer justificativa teórica para a intervenção governamental. Como o livre funcionamento dos mercados assegura o alcance do chamado "ótimo de Pareto" (ótimo social), qualquer intervenção governamental seria inócua para melhorar as condições gerais de bem-estar, a não ser piorando a situação de, pelo menos, um indivíduo. Na linguagem rebuscada dos economistas, o *laissez-faire* e o livre-comércio figurariam como regimes de política econômica maximizadoras do bem-estar social (*first-best*), seja porque assegurariam a máxima eficiência relativa na alocação dos recursos e na distribuição do produto social, seja porque viabilizariam o desenvolvimento econômico.

---

iguais aos custos marginais, e devido à total inexistência de barreiras à entrada, no longo prazo, só obtêm lucros econômicos normais, ou seja, lucros que refletem apenas o custo de oportunidade do capital. Já no monopólio, como as hipóteses são praticamente a antítese da concorrência perfeita, a empresa monopolista consegue determinar seu *mark-up* (isto é, as margens de lucro sobre os custos diretos de produção), detém poder sobre os preços praticados no mercado e, devido à total barreira à entrada de concorrentes potenciais, é capaz de obter lucros econômicos positivos (ou extraordinários, também chamados de "lucros de monopólio"). No oligopólio, os resultados são mais diversificados, ficando próximos aos resultados de monopólio, se o grau de barreiras à entrada for muito elevado, ou à concorrência perfeita, se o grau de barreiras à entrada for muito baixo ou inexistente (caso da "concorrência monopolística"). Assim, a concorrência monopolística é um caso *sui generis* de oligopólio em que, a despeito da presença de economias de escala e diferenciação de produtos, a ausência de barreiras à entrada (pelo menos como hipótese teórica) faz com que a forte concorrência entre grandes, pequenas e médias empresas só lhes possibilite auferir lucros econômicos normais no longo prazo. Para detalhes, ver PINDYCK, Robert; RUBINFELD, Daniel. *Microeconomia*. 8ª ed. São Paulo: Pearson Education, 2014.

Apesar disso, a corrente liberal neoclássica não é ingênua a ponto de descartar a possibilidade de que os mercados se afastem, na prática, das condições ideais de concorrência perfeita. Se isso ocorrer, a evidência de "falhas de mercado" (*market failures*) justificaria a intervenção dos governos. A propósito, a aceitação liberal neoclássica de intervenções governamentais para corrigir falhas de mercado decorre justamente do reconhecimento de que, no mundo real, a existência de diversas imperfeições no funcionamento dos mercados (concorrência imperfeita, rigidez de preços, externalidades etc.) faz com que haja divergência entre benefícios marginais privados e sociais, impedindo que se alcance a situação máxima de bem-estar consistente com o ótimo de Pareto.

Dessa forma, a intervenção do governo é aceita apenas perante o argumento de que, embora o *laissez-faire*, no plano doméstico, e o livre-comércio, no plano internacional, continuem sendo as políticas ótimas recomendadas (*"first best"*), as interferências do governo mediante o uso de instrumentos da política econômica doméstica (subsídios à produção, incentivos à pesquisa e desenvolvimento – P&D etc.) ou externa (tarifas de importação, taxas anti*dumping* etc.) são justificadas e aceitas somente para cumprirem o objetivo de corrigir falhas de mercado, compensando eventuais perdas de bem-estar para a sociedade como um todo. Porém, mesmo que o instrumento de intervenção atenda ao objetivo de sanar tais falhas, sempre será avaliado como um mecanismo do tipo segundo melhor (*"second best"*), comparativamente ao *first best* inerente ao livre funcionamento dos mercados.[22] Além disso, como mostrarei no Capítulo XI, a corrente liberal neoclássica restringe ao máximo a defesa dos mecanismos de intervenção, sob o argumento de que as "falhas de governo" podem ser superiores às de mercado.

Já a corrente desenvolvimentista apresenta argumentos teóricos e empíricos para amparar a defesa da intervenção do Estado

---

[22] Ver CORDEN, W. Max. *Trade policy and economic welfare*. Oxford: Oxford University Press, 1974.

mediante adoção de políticas orientadas para o desenvolvimento econômico. Para além dos argumentos teóricos e empíricos, que serão analisados no Capítulo VII, advogam também em favor dessa corrente as incontestáveis evidências históricas: de acordo com o livro clássico de Amsden,[23] salvo Hong Kong e Suíça, casos, aliás, muito discutíveis, pois tiveram peculiaridades específicas associadas ao desenvolvimento científico e tecnológico, não há qualquer outra experiência histórica de nação, inclusive a Inglaterra ao longo de sua Revolução Industrial, que tenha logrado *status* de economia desenvolvida sem a adoção de políticas industriais e outros mecanismos de proteção do Estado.

Em outras palavras, o processo de *catching up* depende da adoção de política industrial, que, na visão desenvolvimentista, não deve ser reduzida à mera correção de falhas de mercado, sejam elas falhas de mercado propriamente ditas, falhas de coordenação ou de informação. Como ressaltam Nassif, Bresser-Pereira e Feijó,[24] a abordagem desenvolvimentista concebe a política industrial como

> a combinação de incentivos governamentais em nível setorial (tarifas de importação, subsídios permitidos pelos acordos multilaterais balizados pela Organização Mundial do Comércio – OMC –, créditos públicos de longo prazo para projetos de investimentos estratégicos, dentre outros) com políticas horizontais (notadamente infraestrutura, educação e incentivos públicos à P&D).

Ressaltam também que,

---

[23] AMSDEN, Alice H. *The rise of "the Rest"*: challenges to the west from late-industrializing economies. Oxford: Oxford University Press, 2001.
[24] NASSIF, André; BRESSER-PEREIRA, Luiz Carlos; FEIJÓ, Carmem. "The case for reindustrialisation in developing countries: towards the connection between the macroeconomic regime and the industrial policy in Brazil". *Cambridge Journal of Economics*, vol. 42, nº 2, mar. 2018, p. 364.

quando a política industrial focaliza alguns segmentos específicos da economia, os incentivos devem recair prioritariamente naqueles com maior capacidade de gerar e difundir ganhos de produtividade para a economia como um todo.

Numa palavra, mais do que a eficiência estática, a política industrial deve buscar a eficiência dinâmica, traduzida por taxas de variação expressivas da produtividade e pelo crescimento econômico sustentável no longo prazo.

É preciso reconhecer que, embora seja relativamente trivial a concepção de políticas industriais engenhosas, o mais difícil é implementá-las de maneira consistente. Como diz o ditado popular, falar é fácil, fazer é que são elas! Embora não haja uma regra de bolso, as experiências dos países bem-sucedidos no Leste da Ásia, em especial, Coreia do Sul e Taiwan,[25] ensinam que o sucesso da política industrial depende simultaneamente da combinação de diversos fatores, a saber:[26] i) seletividade das atividades, segmentos e setores prioritários, de tal sorte que é importante respeitar a principal lição do princípio ricardiano das vantagens comparativas de que nenhum país é capaz de ser eficiente em todas as atividades; ii) foco em atividades, segmentos e setores com potencial de desencadear e difundir inovações tecnológicas; iii) criação de mecanismos que capacitem as empresas dos setores manufatureiro e de serviços sujeitos a economias de escala a se tornarem competitivas para alcançar o mercado global; iv) cobrança permanente de resultados às empresas que contem com proteção tarifária ou recebam benefícios públicos; v) limitação dos prazos para a concessão de proteção aduaneira e

---

[25] Ver WADE, Robert Hunter. *Governing the market*: economic theory and the role of government in East Asian industrialization. 2ª ed. Princeton: Princeton University Press, [1990] 2004.

[26] NASSIF, André. "Política industrial e desenvolvimento econômico: teoria e propostas para o Brasil na era da economia digital". *In*: FEIJO, Carmem; ARAÚJO Eliana (Coord.). *Macroeconomia moderna*: lições de Keynes para economias em desenvolvimento. Rio de Janeiro: Elsevier, 2019.

outras formas de incentivo à produção local ao mínimo necessário para a obtenção de condições adequadas de competitividade; vi) priorização **permanente** dos investimentos governamentais em infraestrutura física (modal diversificado de transportes, planejamento e mobilidade urbana, saneamento etc.) e humana (sistema adequado de saúde, educação, ciência, tecnologia e treinamento técnico e digital em todos os níveis, do ensino infantil ao superior); vii) políticas de atração de investimento direto estrangeiro (IDE) que incorporem incentivos para que as empresas multinacionais transfiram ou transbordem tecnologia para as firmas locais; e viii) talvez mais importante, a contínua coordenação e harmonização entre a política industrial e a política macroeconômica do país, o que requer dos *policy-makers* esforços para que os mecanismos da política macroeconômica, normalmente manejados com o objetivo de assegurar o crescimento e a estabilidade monetária, sirvam também para ancorar os objetivos esperados da política industrial, em especial o aumento da produtividade e a persecução da trajetória de *catching up*. Como mostraremos no Capítulo VII, nenhum programa de política industrial, por mais bem desenhado que seja, será capaz de render resultados alvissareiros num ambiente quase permanente de alta inflação, taxas de juros reais elevadas, e moeda nacional sobrevalorizada em relação a uma cesta de moedas dos parceiros internacionais relevantes.

Brasil como um caso ilustrativo: do desenvolvimento econômico à estagnação

Embora este livro não analise a economia brasileira, vale a pena sintetizar a experiência do Brasil como caso ilustrativo de país em que o processo de desenvolvimento foi interrompido no início da década de 1980 e, desde então, acumula, em 2020, quatro décadas de estagnação econômica, como mostra o Gráfico 1. A significativa redução da linha de tendência do PIB após 1981 (a linha pontilhada menos inclinada), comparativamente à prevalecente no período 1950-1980, demarca um extenso período de estagnação

INTRODUÇÃO – DESENVOLVIMENTO ECONÔMICO E ESTAGNAÇÃO...

econômica que, em perspectiva de longo prazo, jamais foi revertido nas décadas seguintes.

Gráfico 1: Evolução do PIB real no Brasil
(1950-2020, PIB real em escala logarítmica)

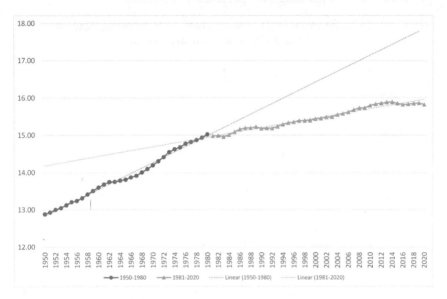

Fonte: Instituto Brasileiro de Geografia e Estatística – IBGE

O quadro de estagnação observado no período pós-1980 pode ser confirmado pela comparação das taxas de crescimento médias anuais do PIB real e da produtividade do trabalho. O expressivo crescimento econômico observado entre 1950 e 1980, em que se registraram taxas médias anuais de variação do PIB real de 7,4%, foi acompanhado pelo avanço da produtividade do trabalho, que cresceu à taxa média anual de 4,5%, como ilustra o Gráfico 2. Já entre 1981 e 2020, o Brasil registrou taxas de crescimento médias anuais da ordem de apenas 2,0%, bem inferiores ao crescimento médio mundial, de 2,7% a.a., observado em igual período.[27] No Gráfico

---

27 Cálculos do autor com base em Ipeadata, para o Brasil, e em The World Bank, World Development Indicators, para o mundo. A variação do

2, constata-se que a taxa de variação média anual da produtividade foi negativa na década de 1980 (a "década perdida"), mas, mesmo nas três décadas seguintes, o comportamento pífio desse indicador de eficiência econômica fez com que a variação média anual ficasse próxima de zero ao longo do período 1980-2020.

Gráfico 2: Taxas de variação da produtividade do trabalho agregada no Brasil (1950-2020; médias anuais, em %)

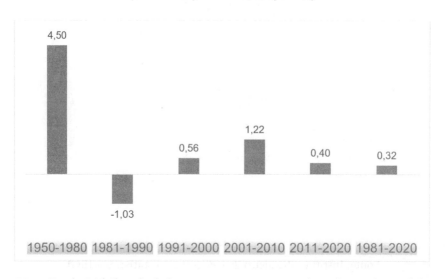

Nota: Produtividade calculada como a razão entre o valor adicionado total da economia e o pessoal ocupado; valores adicionados transformados para valores constantes pelas respectivas fontes.[28]

PIB real mundial em 2020 consta no documento do Fundo Monetário Internacional: IMF. *World Economic Outlook*: a Survey by the Staff of the International Monetary Fund. Washington: International Monetary Fund, 1994, p. 9. Disponível em: https://www.elibrary.imf.org/doc/IMF081/08001-9781557753854/08001-9781557753854/Other_formats/Source_PDF/08001-9781455279876.pdf. Acessado em: 29.03.2023.

[28] Groningen Growth and Development Centre, https://www.rug.nl/ggdc/productivity/, para o período 1950-1980; e FGV-IBRE, para o período 1981-2020, https://ibre.fgv.br/observatorio-produtividade/artigos/nota-metodologica-dos-indicadores-anuais-de-produtividade-do-0. Acessados em: 29.05.2023.

INTRODUÇÃO – DESENVOLVIMENTO ECONÔMICO E ESTAGNAÇÃO...

O quadro de estagnação da produtividade do trabalho no Brasil, observado após a década de 1980, não teria como não se refletir no atraso relativo do país em relação ao resto do mundo. O Gráfico 3 ilustra a evolução da produtividade do trabalho agregada no Brasil e em alguns países selecionados em relação à dos Estados Unidos. *Grosso modo*, este indicador oferece uma medida aproximada do hiato (*gap*) tecnológico relativo das economias comparativamente à fronteira internacional, supondo-se, simplificadamente, que, na média, os Estados Unidos ainda comandam a vanguarda tecnológica mundial.

Gráfico 3: Produtividade do trabalho agregada no Brasil e em países selecionados em relação à dos Estados Unidos (1950-2018) (em números-índices; produtividade do trabalho nos Estados Unidos = 100)

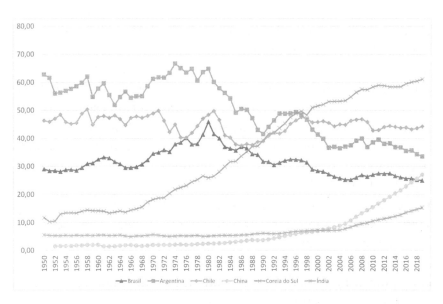

Nota: Produtividade calculada como a razão entre o PIB real (lado da oferta) e o total de empregados. PIB real calculado em paridade do poder de compra, em US$ milhões de 2018; para a China, dados disponíveis a partir de 1952.

Fonte: The Conference Board Total Economy Database (Adjusted version, April 2019).

A comparação do Brasil com a Coreia do Sul é a que mais faz sentido. Ambos os países iniciaram suas estratégias de política industrial orientadas para o desenvolvimento econômico e a promoção do *catching up* em períodos relativamente próximos: o Brasil, no limiar da década de 1950, e a Coreia do Sul, a partir da década seguinte. Note-se que a Coreia do Sul detinha um atraso significativo em relação ao Brasil até pouco mais da metade da década de 1960, quando os dois países já se encontravam em processo de acelerado crescimento econômico e redução do *gap* tecnológico relativo com os Estados Unidos.

No entanto, enquanto a Coreia do Sul manteve tendência praticamente ininterrupta de redução do *gap* tecnológico até hoje, o Brasil só conseguiu sustentar essa tendência até o final de 1970. Desde o início dos anos 1980, o declínio do Brasil foi tão expressivo que em 2019 seu *gap* de produtividade em relação à economia norte-americana, de 75%, já era superior ao de 1950, de 71%. Para usar o anglicismo dos economistas, o Brasil entrou em *falling-behind*. As economias argentina e chilena já contavam com estruturas econômicas relativamente mais eficientes do que o Brasil no início dos anos 1950, e só mantiveram tal superioridade no restante do período devido ao significativo declínio da produtividade relativa brasileira a partir de 1980. A China e a Índia vêm conseguindo sustentar o processo de *catching up* com os Estados Unidos desde o início dos 2000. Porém, dado o tamanho gigantesco de suas populações, os *gaps* relativos de ambas as economias são ainda significativos. De todo modo, cabe notar que no final da década de 2010, a China já conseguia atingir um distanciamento de produtividade relativa com os Estados Unidos inferior ao do Brasil.

As trajetórias de crescimento (1950-1980) e de estagnação (1981-2020) da economia brasileira envolvem nuances que, mesmo incorrendo-se no risco de excesso de simplificação, podem assim ser resumidas: o período 1950-1980 foi marcado por estratégias de substituição de importações em que o Estado, mediante programas distintos de política industrial ("Planos Nacionais de Desenvolvimento"), concedeu proteção aduaneira e diversos benefícios públicos a empresas nacionais e estrangeiras, com o objetivo de promover o desenvolvimento econômico pela via da industrialização. Houve também enorme esforço por diversificar as exportações brasileiras, mediante a ampliação da participação dos bens manufaturados no total exportado.

Não foram poucos os problemas dessa estratégia de desenvolvimento. Por exemplo, a falta de seletividade na definição dos segmentos prioritários, os elevados custos relativos decorrentes dos esquemas de proteção, os reduzidos esforços para promover saltos no padrão educacional do país, a baixa *performance* em inovações tecnológicas autóctones e o aumento expressivo da concentração da renda nacional justamente durante o maior crescimento econômico (entre 1970 e 1973, os anos do falso "milagre" econômico). E não foram somente esses: no plano macroeconômico, houve, desde meados da década de 1950, inegável complacência com taxas de inflação elevadas e aumento do endividamento externo. No entanto, é lícito afirmar que a significativa ineficiência estática na alocação dos recursos produtivos foi largamente compensada pela expressiva eficiência dinâmica, traduzida nas elevadas taxas de crescimento médias anuais do PIB real e da produtividade do trabalho, mencionadas anteriormente.

Já o período 1981-2020, com exceção da "década perdida" de 1980 – assolada pelas crises da dívida externa e da alta inflação –, correspondeu às reformas econômicas liberalizantes nas esferas domésticas, de comércio exterior e financeira externa, bem como à adesão do Brasil a regimes de política econômica alinhados com o chamado Consenso de Washington. Este Consenso, que representou o marco do alinhamento da periferia latino-americana ao neoliberalismo, será analisado detalhadamente no Capítulo X. Diferentemente do período 1950-1980, a melhoria da eficiência estática na alocação de recursos, consubstanciada no maior acesso dos consumidores brasileiros a produtos importados relativamente mais baratos após a liberalização comercial (1990-1994), não foi acompanhada, porém, pela eficiência dinâmica da economia brasileira, haja vista o pífio crescimento do PIB real e as taxas de variação praticamente nulas da produtividade do trabalho, além do acelerado processo de desindustrialização prematura que se verificou desde os anos 1980.[29]

O que se deve esperar deste livro

Pois bem, o objetivo deste livro é apresentar e analisar, com razoável detalhamento, as teorias do desenvolvimento, confrontando as distintas abordagens teóricas e recomendações de políticas públicas dos desenvolvimentistas e dos liberais neoclássicos.

Minha intenção é que o leitor encontre três contribuições originais neste livro: a primeira é a inclusão, na parte concernente ao pensamento econômico desenvolvimentista, das teorias elaboradas na América Latina, com destaque para o modelo centro-periferia de Prebisch, as teorias de subdesenvolvimento e desenvolvimento de Celso Furtado e as teorias novo-desenvolvimentistas, elaboradas por Luiz Carlos Bresser-Pereira e outros autores; a segunda é a incorporação, na parte relacionada à visão liberal neoclássica, da gênese e difusão do neoliberalismo, assunto que é raramente discutido nos livros-textos dedicados ao estudo das teorias do desenvolvimento e da estagnação; a terceira é a tentativa de fazer com que o conteúdo integral do livro não fique restrito ao público especializado em economia, mas seja também acessível aos leitores de outras áreas de conhecimento interessados nos temas aqui tratados. Para isso, fiz o máximo esforço didático para que a leitura seja compreensível

---

[29] De acordo com os cálculos de Morceiro e Guilhoto (2019), entre 1980 e 2018, a participação do valor adicionado da indústria de transformação no PIB brasileiro recuou de 19,7% para 11,3%, em valores constantes de 2018. (MORCEIRO, Paulo; GUILHOTO, Joaquim. *Desindustrialização setorial no Brasil*. São Paulo: Instituto de Estudos para o Desenvolvimento Industrial (IEDI), 2019. Disponível em: https://iedi.org.br/media/site/artigos/20190418_desindustrializacao_t3rPaHz.pdf. Acessado em: 05.04.2023).

INTRODUÇÃO – DESENVOLVIMENTO ECONÔMICO E ESTAGNAÇÃO...

e proveitosa, evitando, sempre que possível, o uso de matemática. Nos poucos casos em que foi necessário utilizar equações simples, procurei interpretá-las da forma mais clara possível, para facilitar seu entendimento.

Ao fim da leitura, será possível perceber que as abordagens teóricas e implicações normativas de ambas as correntes são quase totalmente irreconciliáveis. Dentre as diversas razões que explicam a impossibilidade de conciliação, apenas uma não será explorada ao longo dos diversos capítulos do livro: os métodos usados pelas duas perspectivas. No método desenvolvimentista, a abordagem dos fenômenos econômicos é fortemente baseada nas peculiaridades histórico-sociais e as hipóteses são fundadas predominantemente em regularidades empíricas; no método liberal neoclássico, a abordagem é hipotético-dedutiva, mais típica das ciências exatas, em que, independentemente do realismo das hipóteses e da contextualização histórica e social, prioriza-se a articulação lógica entre pressupostos, hipóteses e conclusões, bem como o rigor matemático e formal.[30]

Em tempo, cabem quatro advertências. A primeira é que a discussão teórica não pretende esgotar a vasta literatura existente sobre o tema, ficando restrita, especialmente no caso liberal neoclássico, aos autores que o abordaram em perspectiva de economias abertas ao comércio de bens e serviços (e, quando for o caso, ao fluxo de capitais) com o resto do mundo; já no caso desenvolvimentista, a análise focará os autores que conceberam o desenvolvimento como um processo de mudanças estruturais em direção ao maior protagonismo exercido pelos setores sujeitos a retornos crescentes de escala estáticos e dinâmicos.

---

[30] Para o leitor interessado nessa questão, vale a pena ler o artigo de Bresser-Pereira (BRESSER-PEREIRA, Luiz Carlos. *Globalização e competição*: por que alguns países emergentes têm sucesso e outros não. Rio de Janeiro: Elsevier, 2009).

A segunda é que, diferentemente da maioria dos livros que tratam do problema do desenvolvimento econômico, eu optei por apresentar a visão teórica desenvolvimentista antes da liberal neoclássica. Há uma justificativa para essa escolha: a ruptura do longo período de desenvolvimento econômico, que marcara a trajetória dos países periféricos latino-americanos (Brasil, particularmente) entre 1950 e 1980, coincidiu com o abandono da maioria das recomendações de política econômica emanadas da teoria desenvolvimentista. A partir de meados da década de 1980, justamente quando as políticas públicas passaram a ser fortemente influenciadas pelos preceitos liberais neoclássicos, esses países continuaram prolongado processo de estagnação, do qual não conseguiram se livrar até o presente momento (2022). Assim, a precedência editorial que dou à teoria desenvolvimentista é uma forma de evidenciar a importância de, em face da inoperância demonstrada pelas opções neoclássicas, considerar alternativas de suficiente fundamentação teórica e empírica.

A terceira é que, embora a discussão tratada no livro seja predominantemente teórica, farei alusão, sempre que necessário, a casos específicos. Entretanto, o leitor perceberá que, em diversas passagens, o Brasil é a referência ilustrativa mais frequente. Isso ocorre porque o Brasil é, no mundo periférico, um dos países em que as recomendações de política liberal-neoclássicas (sobretudo neoliberais) mais têm influenciado os *policy-makers* nas últimas três décadas.

A quarta é que, como notará o leitor, eu me alinho, explicitamente, à visão desenvolvimentista, segundo a qual políticas de *laissez-faire* e livre-comércio incondicionais, bem como mecanismos de intervenção governamental orientados preponderantemente para a correção de falhas de mercados são incapazes de superar a estagnação e restaurar o desenvolvimento econômico em bases sustentáveis. Isso implica que, embora sejam os mercados (de bens e serviços, fatores de produção e de capitais) agentes importantes no processo de desenvolvimento econômico, a intervenção governamental é essencial para induzir a alocação de recursos na direção dos setores produtivos responsáveis pela eficiência da economia em termos dinâmicos.

Organização do livro

Além desta Introdução, o livro divide o debate teórico sobre desenvolvimento e estagnação em duas partes: a primeira abarca a corrente desenvolvimentista; e a segunda, a liberal neoclássica.

Começo pela organização da Parte 1 (Capítulos I a VII), dedicada à corrente desenvolvimentista. O Capítulo I apresenta as raízes conceituais que influenciaram a corrente desenvolvimentista. Neste capítulo, revisaremos as proposições teóricas de Smith,[31] Marx[32] e Schumpeter,[33] segundo as quais o desenvolvimento econômico depende da expansão da demanda no longo prazo ("a divisão social do trabalho é limitada pelo tamanho do mercado"), da acumulação de capital e da incorporação de atividades, segmentos e setores sujeitos a retornos crescentes de escala e disseminadores de progresso técnico.

Os Capítulos II a VII analisam, respectivamente, as proposições teóricas e normativas dos principais grupos que formam a corrente desenvolvimentista, a saber: o chamado desenvolvimentismo clássico dos anos 1940, 1950 e 1960, bem como seus desdobramentos recentes (Capítulo II); a corrente cepalina, responsável pela formulação do modelo centro-periferia, que constitui a base teórica das teses da Cepal (Comissão Econômica para a América Latina e o Caribe) sobre desenvolvimento na América Latina e das políticas nacional-desenvolvimentistas adotadas no continente, entre 1950 e

---

[31] SMITH, Adam. *A riqueza das nações*. vol. I e II. (Série Os Economistas). São Paulo: Abril Cultural, [1776] 1983.

[32] MARX, Karl. *O Capital*: crítica da economia política – o processo de produção do capital. Livro I. São Paulo: Boitempo, [1867] 2011; MARX, Karl. *O Capital*: crítica da economia política – o processo global da produção capitalista. Livro III. São Paulo: Boitempo, [1894] 2017.

[33] SCHUMPETER, Joseph. *A Teoria do Desenvolvimento Econômico*: uma Investigação sobre Lucros, Capital, Crédito, Juro e o Ciclo Econômico. São Paulo: Abril Cultural, [1911] 1982; SCHUMPETER, Joseph. *Capitalismo, socialismo e democracia*. Rio de Janeiro: Zahar, [1942] 1984.

1980 (Capítulo III);[34] a contribuição de Furtado, que, ao incorporar, de forma original, as especificidades econômicas, históricas e sociais dos países latino-americanos (especialmente, do Brasil) na análise teórica do subdesenvolvimento, desenvolvimento e estagnação criou, na prática, uma escola de pensamento própria, conferindo, a exemplo da Cepal, maior destaque ao papel das políticas públicas na superação do subdesenvolvimento (Capítulo IV); e a teoria novo-desenvolvimentista, decorrente dos esforços do brasileiro Luiz Carlos Bresser-Pereira, que, ao trazer o regime macroeconômico para o centro da análise teórica sobre desenvolvimento e estagnação, atualiza e complementa as contribuições do desenvolvimentismo clássico e do nacional-desenvolvimentismo da Cepal (Capítulos V e VI). O Capítulo VII, à guisa de conclusão, analisa as implicações normativas das teorias desenvolvimentistas, defende o retorno dos planos nacionais, desenvolvimento na periferia latino-americana e outros países em desenvolvimento que padecem de estagnação econômica, bem como analisa os argumentos teóricos em prol de políticas públicas orientadas para a retomada do desenvolvimento e superação do longo processo de estagnação das economias latino-americanas nas últimas quatro décadas.

A Parte II (Capítulos VIII a XI) discute as proposições teóricas e normativas da corrente liberal neoclássica. O Capítulo VIII centra-se nas proposições elaboradas em contexto de economias abertas ao comércio de bens, serviços e conhecimento, destrinchando os argumentos em favor da prática de *laissez-faire* e livre-comércio internacional. O Capítulo IX analisa a macroeconomia neoclássica do crescimento econômico. O capítulo finaliza com a crítica heterodoxa (neo-schumpeteriana) sobre a análise do crescimento econômico neoclássico em contexto de economias "abertas" ao livre-comércio internacional de bens, serviços e conhecimento. No

---

[34] A Cepal é uma instituição das Nações Unidas, criada em 1948, sediada em Santiago do Chile, da qual Raúl Prebisch foi o segundo secretário-executivo (1950-1963).

geral, as teorias neoclássicas apresentadas nos Capítulos VIII e IX têm alguma afinidade com a proposição ricardiana de que o desenvolvimento econômico é um fenômeno que se desdobra da livre e mais eficiente alocação de recursos nas economias capitalistas. O Capítulo X discute, criticamente, as proposições do Consenso de Washington, que levaram à radicalização as práticas de *laissez-faire*, livre-comércio e liberalização dos fluxos de capitais na economia global, isto é: ao "neoliberalismo". O Capítulo XI, à guisa de conclusão, analisa as implicações normativas das teses liberal-neoclássicas sobre desenvolvimento, argumentando porque políticas de intervenção governamental, baseadas no conceito neoclássico de falhas de mercado, não são suficientes nem para a superação da estagnação, nem para recolocar os países periféricos na rota do desenvolvimento econômico sustentável.

O livro finaliza com uma Conclusão, em que se destacam os principais aspectos das correntes desenvolvimentistas e liberais neoclássicas. Nela também se demarcam as razões fundamentais porque ambas as correntes se pautam por abordagens teóricas e normativas quase totalmente irreconciliáveis.

PARTE I

A CORRENTE DESENVOLVIMENTISTA

PRÓLOGO À PARTE I

Nesta Parte I, analisarei os principais fatores subjacentes à deflagração e à sustentação de processos exitosos de desenvolvimento econômico, segundo a corrente desenvolvimentista. Esta corrente pauta-se por dois objetivos teóricos principais: entender os mecanismos pelos quais economias atrasadas ("subdesenvolvidas") conseguem alcançar níveis de renda per capita e padrões de vida similares aos das adiantadas ("desenvolvidas"); e elucidar os fatores que levam diversos países a caírem em processos crônicos de estagnação e regressão econômicas (*falling-behind*), depois de terem exibido, por algumas décadas, taxas expressivas de crescimento da produtividade do trabalho e percorrido trajetórias relativamente bem-sucedidas de crescimento econômico e *catching up*.

As teorias desenvolvimentistas baseiam-se nos fatores da estrutura econômico-produtiva responsáveis pela transição de uma economia subdesenvolvida para desenvolvida – por causa disso, essas teorias são denominadas "estruturalistas" –, bem como nos eventuais problemas que podem levar uma economia em desenvolvimento a cair na armadilha da estagnação.

Inicialmente, mostro como as raízes conceituais do desenvolvimentismo estão presentes nas teorias de Smith, Marx e Schumpeter, autores que, não por mera coincidência, tinham como foco comum a análise das forças motoras do desenvolvimento econômico. Em seguida, analiso as teorias desenvolvimentistas, das "clássicas" às mais recentes, destacando também a contribuição das teorias elaboradas na América Latina, notadamente o modelo centro-periferia de Prebisch, as teorias de desenvolvimento, subdesenvolvimento e estagnação de Furtado e as teorias novo-desenvolvimentistas, elaboradas por Luiz Carlos Bresser-Pereira e outros autores brasileiros. Uma vez que as teorias desenvolvimentistas apresentam argumentos sólidos em favor da intervenção do Estado em prol do desenvolvimento, a Parte I finaliza com um capítulo em que apresento justificativas teóricas, assim como evidências empíricas e históricas em favor da concepção e implementação de planos nacionais de desenvolvimento por parte dos governos nacionais.

CAPÍTULO I
RAÍZES CONCEITUAIS DO DESENVOLVIMENTISMO

Introdução

As teorias do desenvolvimento não têm como eixo central a análise do comportamento da economia no dia a dia, no curto prazo, ou mesmo no médio prazo. Seu objetivo principal é a dinâmica da economia no longo prazo. Assim, os teóricos do desenvolvimento, ao invés de se preocuparem com as flutuações do PIB, da renda, ou do emprego em intervalos curtos, ou médios, por exemplo, num período de um a cinco anos, concentram-se no comportamento tendencial dessas variáveis ao longo do tempo. Assim tem sido desde que a economia adquiriu *status* de ciência com Adam Smith em seu *A Riqueza das Nações*, de 1776.

Para os autores estruturalistas-desenvolvimentistas em particular, a questão central é conceber as leis que levam um país pobre a superar seu subdesenvolvimento e alcançar o *status* de país desenvolvido, situação em que sua renda per capita se iguala ao nível dos países mais ricos.[35] Para isso, essa corrente procura entender a complexidade inerente às estruturas produtivas e sociais dos países subdesenvolvidos (daí o termo estruturalismo), bem como analisar as condições para que esses países consigam percorrer, satisfatoriamente, a trajetória de *catching up* no longo prazo. Esta perspectiva investiga ainda por que países de renda média, como o Brasil, permanecem estagnados há décadas, depois de haverem sustentado crescimento com tendência de *catching up* por longo período.

A obsessão da corrente desenvolvimentista com a superação do subdesenvolvimento foi tal que, a partir da década de 1940, começou a se formar um campo específico da análise teórica que passou a ser denominado "economia do desenvolvimento". Não que as leis que regem as tendências de longo prazo das economias capitalistas não estivessem no radar principal da ciência econômica, desde os economistas políticos clássicos. Muito pelo contrário, também estes, assim como mais tarde, Marx e Schumpeter, concentraram-se fundamentalmente nos problemas do desenvolvimento econômico. Mas se o leitor examinar mais de perto a produção teórica de Smith, Marx e Schumpeter, concluirá que a preocupação principal desses autores consistia em estabelecer leis gerais que explicassem as tendências de longo prazo, quer de uma economia com estruturas produtivas tecnologicamente próximas às de uma economia madura, quer de uma economia capitalista já desenvolvida. Embora Smith e Marx fizessem alusão, até com certa frequência, aos países muito pobres da

---

[35] Na prática, as instituições multilaterais do pós-guerra mantiveram durante certo tempo a tradição de classificar os países em subdesenvolvidos (de renda per capita baixa), em desenvolvimento (de renda per capita média) e desenvolvidos (de renda per capita alta). Nas décadas recentes, entretanto, as Nações Unidas e o Banco Mundial reduziram esses grupos a apenas dois: o dos países em desenvolvimento, que inclui os países mais pobres, e os desenvolvidos. Para tornar a taxonomia ainda menos precisa, o Fundo Monetário Internacional (FMI) enquadra, atualmente, os países em avançados (de renda per capita alta), em desenvolvimento (de renda per capita baixa), e emergentes (de renda per capita média e média-alta).

CAPÍTULO I – RAÍZES CONCEITUAIS DO DESENVOLVIMENTISMO

periferia do capitalismo, o cenário que embasava suas investigações teóricas era o da economia inglesa pós-Revolução Industrial, que já contava com uma estrutura técnico-produtiva quase (no caso de Smith) ou plenamente (no caso de Marx) madura.

Em que pese ao eixo analítico dos desenvolvimentistas ter-se deslocado para a investigação da dicotomia subdesenvolvimento *versus* desenvolvimento, três forças características de economias que já se encontravam em franco processo de desenvolvimento foram, implícita ou explicitamente, incorporadas a suas abordagens, como veremos: (i) os retornos crescentes de escala estáticos e dinâmicos,[36] típicos das tecnologias de produção manufatureira, e que nortearam a visão de Smith;[37] (ii) a acumulação de capital, pioneiramente concebida por Marx[38] como o sustentáculo principal do desenvolvimento capitalista; e (iii) o progresso tecnológico que, conquanto também estivesse presente de forma sutil nas ideias de Smith, e explicitamente na abordagem de Marx, viria a ser aprofundado por Schumpeter[39] como o motor fundamental da mudança econômica. Haja vista a enorme influência desses autores na formulação dos modelos teóricos desenvolvimentistas, este capítulo consiste em sintetizar suas ideias relacionadas àquelas três forças principais.

O capítulo está estruturado em três seções: a primeira apresenta as ideias pioneiras de Smith acerca do papel dos retornos crescentes

---

[36] Sugiro ao leitor se lembrar destes conceitos que já foram expostos na Introdução, pois eles serão úteis para entender melhor o conteúdo deste livro.

[37] SMITH, Adam. *A riqueza das nações.* vol. I e II. (Série Os Economistas). São Paulo: Abril Cultural, [1776] 1983.

[38] MARX, Karl. *O Capital*: crítica da economia política – o processo de produção do capital. Livro I. São Paulo: Boitempo, [1867] 2011.

[39] SCHUMPETER, Joseph. *A Teoria do Desenvolvimento Econômico*: uma Investigação sobre Lucros, Capital, Crédito, Juro e o Ciclo Econômico. São Paulo: Abril Cultural, [1911] 1982; SCHUMPETER, Joseph. *Capitalismo, socialismo e democracia.* Rio de Janeiro: Zahar, [1942] 1984.

de escala e da expansão da demanda doméstica e externa (isto é, das exportações) como fontes propulsoras do desenvolvimento econômico dos países capitalistas. A segunda seção analisa a teoria de Marx, que enfatiza a acumulação de capital e a mudança da base tecnológica como os elementos principais do desenvolvimento capitalista. A terceira seção discute os fundamentos da teoria de Schumpeter, que realça o papel das inovações tecnológicas em suas diversas dimensões (de processo, de produto e outras) como o fator explicativo central do desenvolvimento econômico.

1.1 Smith e os retornos crescentes

Smith[40] foi um dos pioneiros na concepção do capitalismo como um sistema evolucionário que não se direciona, necessariamente, para posições de "equilíbrio geral",[41] embora postulasse que a livre flutuação dos preços relativos, a famosa "mão invisível", contribuía para que a economia funcionasse de maneira harmônica. Em sua formulação, o desenvolvimento econômico é entendido como um processo que se sustenta mediante taxas positivas de variação da produtividade do trabalho. Tendo como cenário a economia inglesa em plena Revolução Industrial, ele registrou o notável incremento da produtividade, resultante não apenas da deflagração de inovações radicais, como a incorporação de máquinas no processo produtivo

---

[40] SMITH, Adam. *A riqueza das nações*. vol. I e II. (Série Os Economistas). São Paulo: Abril Cultural, [1776] 1983.

[41] A teoria do equilíbrio geral foi concebida pelo economista Léon Walras (1874). De acordo com sua formulação, considerando uma economia em que a oferta e demanda em todos os mercados operam de forma interdependente e sob condições estritas de concorrência perfeita, a "mão invisível" (isto é, o mecanismo dos preços relativos em regime de *laissez-faire*) fará com que cada mercado alcance uma única posição de equilíbrio entre oferta, demanda e preços, resultando, em última instância, no equilíbrio geral do sistema econômico. Para uma apresentação didática, ver PINDYCK, Robert; RUBINFELD, Daniel. *Microeconomia*. 8ª ed. São Paulo: Pearson Education, 2014, cap. 16.

CAPÍTULO I – RAÍZES CONCEITUAIS DO DESENVOLVIMENTISMO

e a disseminação do sistema fabril, como também do aumento acelerado da divisão social do trabalho.[42] Ao ramificar as atividades econômicas em processos produtivos distintos, a divisão social do trabalho se estendeu também para o processo de produção de mercadorias, revolucionando a organização interna das atividades fabris.

Logo, o que Henry Ford faria quase um século e meio mais tarde, introduzindo nas décadas de 1910 e 1920 uma rígida divisão de tarefas e a produção em série na indústria automobilística americana, já havia sido preconizado por Smith,[43] ao ilustrar a divisão interna do trabalho numa "manufatura muito pequena", a fábrica de alfinetes. Nas palavras de Smith,

> um operário desenrola o arame, um outro o endireita, um terceiro o corta, um quarto faz as pontas, um quinto o afia nas pontas para a colocação da cabeça do alfinete; para fazer uma cabeça de alfinete requerem-se três ou quatro operações diferentes; montar a cabeça já é uma atividade diferente, e alvejar os alfinetes é outra; a própria embalagem dos alfinetes também constitui uma atividade independente.

A percepção de que as indústrias nascentes na Revolução Industrial contassem com tecnologias sujeitas a retornos crescentes de escala estava implícita no argumento smithiano de que a divisão

---

[42] As inovações radicais são aquelas que provocam grandes rupturas com as tecnologias prevalecentes, ao passo que as inovações incrementais são as que provocam mudanças contínuas nos processos produtivos e produtos já existentes. Exemplos das primeiras são a máquina a vapor e o tear mecânico no século XVIII; a eletricidade, a química, e a indústria automobilística entre o final do século XIX e início do XX; o computador e a *internet* no final do século XX; e as tecnologias digitais (inteligência artificial, *internet* das coisas etc.), no século XXI. Já a inovação incremental, por exemplo, é a evolução dos aparelhos celulares, dos analógicos aos *smartphones*.

[43] SMITH, Adam. *A riqueza das nações*. vol. I e II. (Série Os Economistas). São Paulo: Abril Cultural, [1776] 1983, pp. 41/42.

social do trabalho é limitada pela extensão do mercado. Assim, Smith concebe o desenvolvimento econômico como resultado de uma sequência de fatores causais, que deve ser entendido como reflexo do incremento da produtividade. Este, por sua vez, depende do avanço da especialização, proporcionado pela maior divisão social do trabalho. Mas, no final das contas, é a dimensão do mercado (ou, como se diz hoje, a demanda agregada) o fator mais relevante para impulsionar a produtividade do trabalho e, portanto, o desenvolvimento. Com a palavra novamente, o próprio autor:[44]

> Como é o poder de troca que leva à divisão do trabalho, assim a extensão dessa divisão deve sempre ser limitada pela extensão desse poder, ou, em outros termos, pela extensão do mercado. Quando o mercado é muito reduzido, ninguém pode sentir-se estimulado a dedicar-se inteiramente a uma ocupação, porque não poderá permutar toda a parcela excedente de sua produção que ultrapassa seu consumo pessoal pela parcela de produção do trabalho alheio, da qual tem necessidade.

Perceba-se que Smith argumenta em favor das vantagens da especialização, não porque elas proporcionem maior eficiência relativa na alocação de recursos – como postularia Ricardo,[45] que será discutido no Capítulo III – mas porque, ao **diversificarem** a estrutura produtiva nas atividades do setor manufatureiro e **ampliarem** as escalas de produção, compatibilizando-as com as dimensões da demanda, os países poderiam reduzir custos unitários absolutos de produção com o avanço da produtividade. Para Smith, a concorrência entre produtores independentes no interior de cada segmento produtivo faz com que os preços das mercadorias produzidas caiam para níveis próximos aos custos unitários. Além disso, ao pressupor

---

[44] SMITH, Adam. *A riqueza das nações*. vol. I e II. (Série Os Economistas). São Paulo: Abril Cultural, [1776] 1983, p. 53.

[45] RICARDO, David. *Princípios de economia política e tributação*. São Paulo: Abril Cultural, [1817] 1982.

CAPÍTULO I – RAÍZES CONCEITUAIS DO DESENVOLVIMENTISMO

reduzidas barreiras à entrada nos diversos setores, Smith concluía – como também a economia política clássica e mesmo a marxiana – que as taxas de lucro tenderiam a convergir, no longo prazo, para um nível médio observado na economia como um todo.

Convém deixar claro que no aparato teórico de Smith, e também da economia política clássica, havia o pressuposto de forte concorrência intra e intersetorial, mas não a concepção neoclássica de "concorrência perfeita".[46] Se assim fosse, como querem as hipóteses um tanto quanto forçosas da economia neoclássica, difíceis de serem conferidas na realidade (número infinito de produtores e compradores, produtos homogêneos, ausência total de barreiras à entrada de qualquer tipo, inclusive tecnológicas etc.), os preços se igualariam aos custos unitários, proporcionando aos capitalistas apenas lucros "normais", compatíveis com o custo de oportunidade e risco do capital investido. Já nos conceitos clássico e marxiano de concorrência, entretanto, não haveria, no contexto histórico vigente, lucros extraordinariamente elevados de monopólio, mas apenas lucros compatíveis com a média dos diferentes mercados, determinada pela competição intercapitalista.

Smith é considerado o pai do liberalismo econômico, por causa de seus argumentos em defesa das práticas de *laissez-faire*, no plano interno, e do livre-comércio internacional, bem como de sua posição radicalmente contrária às práticas mercantilistas que vigoraram nos Estados absolutistas europeus entre os séculos XV e XVIII. Smith[47] argumentava que,

---

[46] Para o leitor interessado no modelo de concorrência perfeita, ver Pindyck e Rubinfeld (PINDYCK, Robert; RUBINFELD, Daniel. *Microeconomia*. 8ª ed. São Paulo: Pearson Education, 2014, cap. 8 e 9) e Koutsoyannis (KOUTSOYIANNIS, Anna. *Modern microeconomics*. 2ª ed. Londres: MacMillan Education, 1979, cap. 5).

[47] SMITH, Adam. *A riqueza das nações*. vol. I e II. (Série Os Economistas). São Paulo: Abril Cultural, [1776] 1983, p. 381.

> sob este aspecto, não interessa se as vantagens que um país leva sobre outro são naturais ou adquiridas. Enquanto um dos países tiver estas vantagens [isto é, conseguir produzir a preços mais baratos que o parceiro], e outro desejar partilhar delas, sempre será mais vantajoso para este último comprar do que fabricar ele mesmo.

Essa posição é particularmente curiosa porque, como será mostrado no Capítulo VII, dificilmente um país consegue ganhar competitividade para produzir e vender bens manufaturados nos mercados doméstico e mundial, sem que algum esquema de proteção temporária seja concedido, com o devido critério, aos empresários locais, como, por exemplo, subsídios à produção ou taxas alfandegárias na importação. Os entraves à obtenção de condições competitivas no setor industrial são ainda maiores quando já existem outros países que, por terem conseguido antes maior avanço tecnológico, já se situem no ranking superior de competitividade.

O fato é que esse era justamente o caso da Inglaterra no último quartel do século XVIII. Nesse período, o monopólio da mecanização com que contavam os capitalistas ingleses na indústria manufatureira conferia-lhes o privilégio de operar com economias de escala suficientes para produzir bens industrializados que suprissem, em condições competitivas, a demanda doméstica e ainda gerassem excedentes exportáveis para praticamente todo o mundo. Então, a defesa do liberalismo era ideologicamente cômoda para Smith e os demais economistas de primeira linha da economia política clássica, como Ricardo e Mill.

É verdade que, particularmente para Smith, o argumento geral é que o comércio exterior tem o duplo benefício de ampliar mercados adicionais para os produtos exportáveis do país sob condições competitivas (isto é, mais baratos do que os seus parceiros estrangeiros) e possibilitar a importação dos demais bens cujos preços internos sejam mais caros do que no mercado internacional. No entanto, Smith é taxativo ao atribuir à ampliação das exportações para o resto

CAPÍTULO I – RAÍZES CONCEITUAIS DO DESENVOLVIMENTISMO

do mundo a fonte dinâmica mais importante para alargar a divisão social (inclusive internacional) do trabalho, promover o avanço da produtividade e, por conseguinte, acelerar o desenvolvimento econômico do país. E, sobretudo, para escoar o excedente do produto sobre o consumo interno. Diz Smith[48] que,

> devido ao comércio exterior, a estreiteza do mercado interno não impede que a divisão do trabalho seja efetuada até à perfeição máxima em qualquer ramo do artesanato e da manufatura. Ao abrir um mercado mais vasto para qualquer parcela de produção de sua mão de obra que possa ultrapassar o consumo interno, o comércio exterior estimula essa mão de obra a melhorar suas forças produtivas e a aumentar sua produção ao máximo, aumentando assim a renda e a riqueza reais da sociedade.

Aliás, cabe ressaltar que as vozes uníssonas dos economistas políticos clássicos em prol de regimes de *laissez-faire* e livre-comércio internacional tinham maior ressonância no plano teórico do que na prática da política comercial inglesa. List,[49] economista alemão, grande crítico das recomendações liberais propagadas pelos economistas políticos clássicos, lembrava que no período imediatamente anterior à Revolução Industrial os monarcas britânicos

> perceberam que seu sistema manufatureiro nascente jamais teria condições de enfrentar, sob livre-concorrência, as "velhas", mas tradicionalmente consolidadas, indústrias estrangeiras italianas, belgas e holandesas. Consequentemente, mediante um sistema de restrições externas, privilégios e estímulos domésticos, elas procuraram transplantar para o interior do

---

[48] SMITH, Adam. *A riqueza das nações*. vol. I e II. (Série Os Economistas). São Paulo: Abril Cultural, [1776] 1983, p. 372.
[49] LIST, Friedrich. *Sistema nacional de economia política*. São Paulo: Abril Cultural, [1841] 1983, p. 111.

território nacional os talentos, a riqueza e o espírito empresarial daqueles estrangeiros.

Além disso, os mecanismos de proteção foram fortalecidos e se estenderam por um período relativamente longo à fase inicial da Revolução Industrial. Chang[50] documenta que, em 1820, as tarifas médias de importação da indústria manufatureira britânica figuravam ainda como as mais elevadas do mundo (entre 45 e 55%!), não obstante a indústria do Reino Unido já contasse, majoritariamente, com tecnologias no estado da arte. Essas tarifas alfandegárias só convergiram para zero em 1875, quando a indústria de transformação britânica já havia consolidado sua hegemonia tecnológica, competitiva, e econômica na arena internacional.

1.2 Marx e a acumulação de capital

Marx é o primeiro autor que concebe o capitalismo como um sistema (modo de produção) dinâmico, regido por leis imanentes a sua própria lógica de funcionamento, mas especialmente sujeito a uma lei geral de acumulação do capital. Embora o principal tratado do autor, O Capital, cuja primeira edição alemã é de 1867, contenha filosofia, história, sociologia e economia, e se ampare na metodologia do materialismo histórico-dialético, limitei-me à síntese de suas teorias mais diretamente associadas ao desenvolvimento econômico.

Marx entende o desenvolvimento econômico capitalista como um processo resultante da acumulação de capital. No entanto, como o capital é o resultado do trabalho social num sistema em que a riqueza aparente se expressa numa "enorme coleção de mercadorias",[51]

---

[50] CHANG, Ha-Joon. *Kicking Away the Ladder*: Development Strategy in Historical Perspective. Londres: Anthem Press, 2003, p. 17.

[51] MARX, Karl. *O Capital*: crítica da economia política – o processo de produção do capital. Livro I. São Paulo: Boitempo, [1867] 2011, cap. 1.

CAPÍTULO I – RAÍZES CONCEITUAIS DO DESENVOLVIMENTISMO

a gênese do desenvolvimento é a produção de valor que, medido em trabalho social ("trabalho abstrato"), se decompõe em trabalho pago, correspondente ao custo de reprodução da força de trabalho, o que é na terminologia de Marx, o salário real ou o capital variável, acrescido do trabalho não pago, equivalente à parcela do valor gerado pelo trabalho que é apropriado pela classe capitalista, isto é, a mais-valia.[52]

Considerando a produção de uma mercadoria particular qualquer (digamos, um fio de algodão), a mais-valia é a diferença entre o valor-trabalho total da mercadoria (expressa como trabalho social) e o valor-trabalho expresso nas duas formas de capital que compõem o referido produto: (i) o capital constante, entendido por Marx como trabalho passado ou trabalho morto, e associado aos custos (sempre medidos em trabalho) de todos os meios de produção envolvidos na produção do fio (o valor do desgaste das máquinas e equipamentos, de todas as matérias-primas incorporadas, dos insumos auxiliares etc.), e (ii) o capital variável, correspondente ao salário real pago como o valor da reprodução da força de trabalho, concebido por Marx como trabalho pago ou trabalho vivo. Argumenta Marx[53] que

> a parte do capital constituída de força de trabalho modifica seu valor no processo de produção, [já que] não só reproduz o equivalente de seu próprio valor, como produz um excedente, a mais-valia, que pode variar, sendo maior ou menor de acordo com as circunstâncias.[54]

---

[52] MARX, Karl. *O Capital*: crítica da economia política – o processo de produção do capital. Livro I. São Paulo: Boitempo, [1867] 2011, cap. 6.

[53] MARX, Karl. *O Capital*: crítica da economia política – o processo de produção do capital. Livro I. São Paulo: Boitempo, [1867] 2011, p. 286.

[54] Para detalhes, ver, especialmente, Marx (MARX, Karl. *O Capital*: crítica da economia política – o processo de produção do capital. Livro I. São Paulo: Boitempo, [1867] 2011, cap. 6 e 7).

O conceito de mais-valia é relevante na concepção marxiana do desenvolvimento capitalista, porque é a fonte da qual emanam os lucros e a acumulação de capital. Nas palavras de Marx,[55] "a aplicação de mais-valia como capital ou a reconversão de mais-valia em capital se chama acumulação de capital". É importante lembrar que, como o autor pressupõe que a classe dos capitalistas atua, simultaneamente, como proprietária dos meios de produção privados e gerente de seus próprios negócios, parte da renda oriunda da mais-valia é utilizada para seu próprio consumo, enquanto a outra parte é transformada em investimentos em expansão de capacidade produtiva, destinados à acumulação de capital futuro.[56] Então, na concepção de Marx, o que move o capitalista a investir para acumular capital é a busca de lucros futuros, como concebido por autores das mais distintas escolas de pensamento, como Smith, Keynes e Schumpeter.

No caso de Marx, porém, os fluxos de lucros gerados e apropriados pela classe capitalista correspondem, justamente, ao excedente criado no processo de produção social, a mais-valia, e constituem a base de financiamento do processo de reprodução do capital em escala ampliada, isto é, dos investimentos em capacidade produtiva adicional. Além disso, como os lucros são também parte constitutiva da variável-chave para o processo de decisão de investimentos dos capitalistas, qual seja, a taxa de lucros a longo prazo, correspondente à razão massa de lucros/capital total empregado, eles atuam como determinantes indiretos da acumulação de capital, segundo a formulação teórica de Marx.

Assim, se na concepção marxiana os lucros formam a base para o financiamento do desenvolvimento econômico e da acumulação de capital, eles podem ser considerados equivalentes à poupança social,

---

[55] MARX, Karl. *O Capital*: crítica da economia política – o processo de produção do capital. Livro I. São Paulo: Boitempo, [1867] 2011, p. 655.
[56] Ainda assim, é importante frisar que a função da mais-valia é financiar a acumulação de capital, e não o consumo dos capitalistas.

CAPÍTULO I – RAÍZES CONCEITUAIS DO DESENVOLVIMENTISMO

já que representam o excedente do produto social (equivalente ao valor-trabalho agregado social, ou em termos mais fáceis, o PIB) sobre os gastos totais expressos pela soma do valor-trabalho passado, incorporado nos meios de produção, e o valor-trabalho de reprodução da força de trabalho propriamente dita. No entanto, diferentemente da concepção liberal neoclássica, que viria a identificar a poupança social com a ideia de abstinência ou renúncia ao consumo social, em Marx ela é entendida como fruto da apropriação do excedente social pela classe capitalista. Essa distinção é essencial, porque na abordagem neoclássica, os investimentos futuros dependem de maiores restrições ao consumo agregado na sociedade, ou seja, de poupança prévia. Já no arcabouço marxiano, se bem os lucros (vindos da mais-valia) formem a base para o financiamento da acumulação de capital, eles não devem ser confundidos com poupança prévia ou algo equivalente. Isso porque, como Marx sempre enfatiza, uma vez que o *locus* onde os lucros são gerados (no processo de produção do capital) difere de onde os mesmos são realizados (no processo de circulação do capital), tal dessintonia opera como foco gerador potencial das crises econômicas de superprodução e não realização da mais-valia.

Diferentemente dos clássicos (Smith, Ricardo e Mill), para Marx, a dinâmica capitalista não se processa de forma harmônica. Seu raciocínio analítico pode ser resumido da seguinte forma.[57] No curto prazo, consideram-se dadas a capacidade produtiva e as tecnologias adotadas. Na busca de oportunidades lucrativas, os capitalistas realizam investimentos produtivos através da mobilização de capital constante (compra de máquinas e equipamentos, matérias-primas e outros insumos produtivos) e variável (compra de força de trabalho adicional). Como todos os custos são expressos em valor-trabalho, Marx conjectura que esse movimento poderia levar,

---

[57] Ver MARX, Karl. *O Capital*: crítica da economia política – o processo de produção do capital. Livro I. São Paulo: Boitempo, [1867] 2011, cap. 22 e 23.

em princípio, ao aumento dos salários reais e, por conseguinte, à redução da parcela apropriada como lucros (mais-valia). No limite, esse movimento poderia redundar no esgotamento da força de trabalho disponível. No entanto, a lei geral da acumulação capitalista tende a impedir essa tendência, pois ao constatar que os lucros estão sendo comprimidos pelo aumento da participação dos salários na renda gerada, os capitalistas introduzem novas técnicas produtivas, através da substituição de trabalho por máquinas e equipamentos mais eficientes.

Ou seja, no longo prazo, o ritmo de acumulação de capital tende a ser retroalimentado pelo progresso tecnológico, cujo efeito tendencial é não apenas incrementar a produtividade do trabalho, mas também mudar a composição técnica do capital total, mediante aumento do capital constante relativamente ao capital variável – vale dizer, aumentar a composição orgânica do capital, para usar a expressão do autor sobre a distribuição do capital entre suas naturezas constante e variável. Em outras palavras, na concepção de Marx, o progresso tecnológico acelera o desenvolvimento econômico em virtude de duas razões principais: a primeira é que, ao se consubstanciar em investimentos incrementais em máquinas e equipamentos que embutem técnicas mais eficientes, ele induz ao aumento da produtividade do trabalho, permitindo, consequentemente, ampliar o fluxo de mercadorias produzidas por trabalhador empregado e reduzir os custos unitários. A segunda é que eventuais impactos adversos, decorrentes dos aumentos dos salários reais, sobre a participação dos lucros dos capitalistas na renda só se efetivariam no curto prazo, já que, no longo prazo, eles tendem a ser totalmente dissipados pelos efeitos positivos do progresso tecnológico sobre os lucros. De fato, o progresso tecnológico acarreta a redução do capital variável, expressa pela diminuição relativa do total de trabalhadores empregados e, portanto, da massa de trabalho incorporada, em relação ao capital constante, representado pelo acréscimo de máquinas e equipamentos mais produtivos, bem como de matérias-primas e demais insumos adicionais requeridos. Isso faz com que a parcela dos lucros dos

CAPÍTULO I – RAÍZES CONCEITUAIS DO DESENVOLVIMENTISMO

capitalistas seja incrementada pelos impactos emanados da mecanização do processo de produção, a qual, para usar a terminologia de Marx, aumenta a mais-valia relativa, ou seja, decorrente da redução do trabalho pago relativamente à produção de trabalho não-pago (a mais-valia) por via da maior produtividade.[58]

Além disso, esse último efeito do progresso tecnológico provoca também transformações na apropriação do capital social, já que à medida que se amplia a composição orgânica do capital, ou seja, a razão capital constante/capital variável, o acirramento da concorrência capitalista, intra e intersetorialmente, intensifica as tendências de concentração e centralização do capital. Enquanto a primeira tendência acarreta a eliminação de empresas e de capitais de menor porte por outras de maior porte, a segunda implica a virtual captura e centralização pelo sistema financeiro de todos os excedentes pulverizados e oriundos dos capitais de todos os tamanhos, micro, pequenos, médios e grandes.[59]

Marx foi pioneiro ao apontar, com relativa precisão, o papel da industrialização (a que chamou de indústria mecanizada) no processo de desenvolvimento dos países capitalistas, bem como o impacto do progresso tecnológico na tendência à concentração industrial. Nesse sentido, ele exerceu enorme influência em pensadores não marxistas que, posteriormente, vieram a apresentar novas teorias de desenvolvimento, como Schumpeter e diversos economistas desenvolvimentistas, como o Capítulo II discutirá. No que tange à inter-relação entre industrialização, diversificação da estrutura produtiva, progresso tecnológico, desenvolvimento econômico e

---

[58] MARX, Karl. *O Capital*: crítica da economia política – o processo de produção do capital. Livro I. São Paulo: Boitempo, [1867] 2011, cap. 10.

[59] Atente-se para o fato de que, sendo o juro bancário, tal como concebido por Marx, uma categoria de renda originária do excedente social (ou seja, dos lucros capitalistas), o autor o considera, portanto, uma renda totalmente improdutiva.

desemprego estrutural, vale a pena reproduzir esse longo e, em certos aspectos, quase profético, trecho de Marx,[60]

> À medida que a indústria mecanizada, com um número de trabalhadores relativamente menor, fornece uma massa cada vez maior de matérias-primas, produtos semiacabados, instrumentos de trabalho etc., a elaboração dessas matérias-primas e produtos intermediários se divide em inúmeras subespécies e incrementa, assim, a diversidade dos ramos da produção social. A indústria mecanizada impulsiona a divisão social do trabalho muito mais do que a manufatura [entendida, pelo autor, como produção manual] pois amplia em grau incomparavelmente maior a força produtiva [isto é, a interação entre meios de produção e progresso técnico] dos setores de que se apodera (...).
>
> A indústria moderna jamais considera nem trata como definitiva a forma existente de um processo de produção. Sua base técnica é, por isso, revolucionária, ao passo que a de todos os modos de produção anteriores era essencialmente conservadora. Por meio da maquinaria, de processos químicos e outros métodos, ela revoluciona continuamente, com a base técnica da produção, as funções dos trabalhadores e as combinações sociais do processo de trabalho. Desse modo, ela revoluciona de modo igualmente constante a divisão do trabalho no interior da sociedade e não cessa de lançar massas de capital e massas de trabalhadores de um ramo de produção a outro. A natureza da grande indústria condiciona, assim, a variação do trabalho, a fluidez da função, a mobilidade pluridimensional do trabalhador. Por outro lado, ela reproduz, em sua forma capitalista, a velha divisão do trabalho com suas particularidades ossificadas. Vimos como essa contradição absoluta suprime toda tranquilidade, solidez e segurança na condição de vida do trabalhador, a quem ela ameaça constantemente

---

[60] MARX, Karl. O *Capital*: crítica da economia política – o processo de produção do capital. Livro I. São Paulo: Boitempo, [1867] 2011, pp. 516 e 557.

CAPÍTULO I – RAÍZES CONCEITUAIS DO DESENVOLVIMENTISMO

com privar-lhe, juntamente, com o meio de trabalho, de seu meio de subsistência; como, juntamente com sua função parcial, ela torna supérfluo o próprio trabalhador.

1.2.1 Dinâmica capitalista e desemprego estrutural

A controvertida tese de Marx de que a dinâmica capitalista tenderia a gerar desemprego estrutural, dispondo aos capitalistas um exército industrial de reserva que lhes asseguraria uma oferta de mão de obra quase infinitamente elástica no longo prazo, deve ser interpretada de forma menos dogmática, isolando-se as tendências reais das perspectivas fatalistas de Marx sobre o desenvolvimento do capitalismo. Com efeito, essa tese significa que, no longo prazo, se houver fatores do lado da oferta que impeçam o curso normal do desenvolvimento econômico, eles podem estar relacionados a quaisquer outros (por exemplo, a debilidade da infraestrutura física, as condições de saúde da população, dentre outros), mas não à indisponibilidade da oferta de trabalho. Isso ocorre por causa dos efeitos do progresso tecnológico no longo prazo, os quais, embora impliquem aumento absoluto do capital constante (máquinas, equipamentos, robôs, matérias-primas e demais insumos produtivos) e do capital variável (força de trabalho), este último tende a cair relativamente como proporção do capital total empregado. Em suma, Marx corretamente sugere que no *longo prazo* é impossível alcançar-se o pleno-emprego,[61] devido aos impactos decorrentes da mecanização da produção.[62]

---

[61] Uma situação de pleno-emprego ocorre quando todos os trabalhadores com idade ativa encontram oportunidades de emprego ao salário de mercado vigente. Nessa situação, rara no capitalismo, segundo Keynes (KEYNES, John Maynard. *The general theory of employment, interest, and money*. San Diego: Harcourt Brace Jovanovich, Publishers, [1936] 1964), só haveria desemprego voluntário, correspondente à parcela de trabalhadores que prefiram o ócio e o lazer ao trabalho.

[62] Vale lembrar que a análise de Marx está relacionada aos problemas tendenciais do capitalismo no longo prazo, e não, como em Keynes

De fato, Marx estava ciente de que as grandes revoluções tecnológicas, ao modificarem a base técnico-científica do sistema econômico, trazem consigo a abertura de novos ramos produtivos, especialmente na indústria de transformação, bem como ampliam as oportunidades de emprego para a classe trabalhadora. No entanto, como notava também que no longo prazo os impactos cumulativos do progresso tecnológico tornavam as atividades produtivas mais intensivas em capital, Marx[63] era levado a concluir – a meu juízo, corretamente –, que

> a acumulação capitalista produz constantemente, e na proporção de sua energia e seu volume, uma população trabalhadora adicional relativamente excedente, isto é, excessiva para as necessidades médias de valorização do capital e, portanto, supérflua; [e que] à produção capitalista não basta de modo algum a quantidade de força de trabalho disponível fornecida pelo crescimento natural da população. Ela necessita, para assegurar sua liberdade de ação, de um exército industrial de reserva independente dessa barreira natural.

Cabe ressaltar que ambas as conclusões somente são aceitáveis se estiverem relacionadas às tendências do processo de desenvolvimento no longo prazo. De fato, ao contrário do argumento de Marx, nos ciclos de expansão acelerada é possível ocorrer eventual crescimento dos salários reais médios acima da taxa de variação da produtividade média da economia. Entretanto, esse movimento não se sustenta porque a concorrência intercapitalista pressiona os empresários a adotarem inovações tecnológicas de processo, permitindo-lhes aumentar a intensidade de capital e a liberar mão de obra. Com isso,

---

(KEYNES, John Maynard. *The general theory of employment, interest, and money*. San Diego: Harcourt Brace Jovanovich, Publishers, [1936] 1964), às suas flutuações cíclicas de curto prazo.

[63] MARX, Karl. *O Capital*: crítica da economia política – o processo de produção do capital. Livro I. São Paulo: Boitempo, [1867] 2011, pp. 705 e 710.

CAPÍTULO I – RAÍZES CONCEITUAIS DO DESENVOLVIMENTISMO

os custos unitários são reduzidos, seja porque podem operar com maiores economias de escala, seja porque reduzem custos relativos associados à força de trabalho.[64]

Supostamente, teria sido sua visão determinística acerca da inter-relação entre progresso tecnológico e movimentos no mercado de trabalho que levou Marx à equivocada tese da pauperização da mão de obra, ou seja, de que os salários reais médios tenderiam a se manter permanentemente no nível mínimo necessário para a subsistência da classe trabalhadora.[65] De fato, embora as evidências empíricas confirmem que sob *laissez-faire* o desenvolvimento capitalista tende a aumentar a concentração da renda nacional nas camadas superiores da pirâmide social, a tese de Marx de que "a lei geral, absoluta, da acumulação capitalista é fazer com que o exército industrial de reserva produza o pauperismo oficial" revelou-se, historicamente, equivocada.

1.2.2 Tendência à queda da taxa de lucro

Mais controvertida ainda é a hipótese de Marx de que as taxas de lucro médias tendem à queda contínua no longo prazo, em virtude do aumento da composição orgânica do capital. Essa hipótese é relevante, porque levou o autor a sugerir, ainda que não enfaticamente, como se verá adiante, que o capitalismo poderia

---

[64] Esse mesmo argumento é usado por Kaldor (KALDOR, Nicholas. "Causes of the slow rate of economic growth of the United Kingdom: an inaugural lecture". In: _____. *Further Essays on Economic Theory*. Londres: Duckworth, [1966] 1978), ao justificar porque o desenvolvimento capitalista não enfrenta restrições relacionadas à inelasticidade da oferta de mão de obra no longo prazo.

[65] O salário de subsistência corresponde à quantidade de bens e serviços necessários à manutenção da classe trabalhadora e de sua família ao longo da vida. Essa remuneração real varia com a mudança das condições históricas, sociais e culturais. Assim, o salário de subsistência do trabalhador inglês hoje é, evidentemente, maior do que o observado no fim do século XIX.

ser suprimido pelas suas próprias contradições. Marx racionava da seguinte forma: deixando de lado as complicações inerentes ao problema da transformação dos valores em preços de produção, estes entendidos como a magnitude de valores efetivamente apropriados no processo de circulação do capital, ele considera que as massas de mais-valia se igualam às massas de lucro.[66]

As taxas de mais-valia (também denominadas por Marx de taxas de exploração e expressas pela razão massa de mais-valia/capital variável) não são, necessariamente, iguais às taxas de lucros, porque estas são calculadas pela razão massa de lucros/capital total, ou seja, massa de lucros/capital constante mais capital variável.[67] Assim, supondo, por mera simplificação, taxas de mais-valia iguais em todos os ramos (digamos 100%), ele conjecturava que o desenvolvimento econômico capitalista, por acarretar aumento progressivo da composição orgânica do capital (isto é, da relação capital constante/capital variável), faz com que as taxas de retorno declinem, tendencialmente, no longo prazo. Como Marx esclarece,[68]

---

[66] Para Marx, o lucro total da economia é umbilicalmente associado à mais-valia, independentemente do fato de que aquele se desdobra nas categorias diversas de lucro industrial, lucro comercial, juros e renda da terra. Daí sua afirmação de que "a queda da taxa de lucro expressa, pois, a proporção decrescente entre a própria mais-valia e o capital total adiantado, razão pela qual é independente de toda e qualquer distribuição dessa mais-valia entre diversas categorias". Ver MARX, Karl. *O Capital*: crítica da economia política – o processo global da produção capitalista. Livro III. São Paulo: Boitempo, [1894] 2017, p. 252.

[67] Nos exemplos numéricos apresentados por Marx, ele apresenta diferentes taxas de lucros em ramos produtivos hipotéticos, mas uma vez que a concorrência ativa força a migração dos capitais dos ramos menos lucrativos para os mais lucrativos, a "taxa geral de lucro (ou "taxa média de lucro") da economia resulta das médias das taxas de lucros vigentes em cada um daqueles ramos. Ver Marx (MARX, Karl. *O Capital*: crítica da economia política – o processo global da produção capitalista. Livro III. São Paulo: Boitempo, [1894] 2017, cap. 10).

[68] MARX, Karl. *O Capital*: crítica da economia política – o processo global da produção capitalista. Livro III. São Paulo: Boitempo, [1894]

CAPÍTULO I – RAÍZES CONCEITUAIS DO DESENVOLVIMENTISMO

"a queda da taxa de lucro não deriva de uma diminuição absoluta, mas apenas de uma diminuição relativa do componente variável do capital total, de seu decréscimo comparado com o do capital constante". Embora sejam os movimentos observados nas taxas de lucro que orientam as decisões dos capitalistas com respeito às decisões de investimento adicional, a queda tendencial da taxa de lucro aparece como resultado do próprio processo de acumulação de capital. Marx[69] argumenta que

> à medida que se desenvolve o processo de produção e acumulação, tem de aumentar, do mesmo modo, a massa de trabalho excedente [isto é, a mais-valia] suscetível de apropriação e, por conseguinte, a massa absoluta do lucro apropriada pelo capital da sociedade. Mas as mesmas leis de produção e acumulação fazem com que, juntamente com a massa, também o valor do capital constante aumente em progressão crescente e mais rapidamente que a parte variável do capital, que é aquela que se troca por trabalho vivo. Desse modo, as mesmas leis produzem para o capital da sociedade uma massa crescente e absoluta de lucro e uma taxa de lucro decrescente.

O trecho anterior sugere que as forças que impulsionam o sistema capitalista são as mesmas responsáveis por sua contração no longo prazo. Isso ocorre porque o progresso tecnológico e a acumulação de capital, ao mobilizar cada vez maior montante de capital constante (máquinas, equipamentos, matérias-primas e insumos) em relação ao capital variável (força de trabalho viva), induzem ao aumento da produtividade média e, consequentemente, à baixa dos preços da economia. Estes caem por causa do ajuste do lado da oferta no longo prazo: como resultado do avanço da produtividade, a quantidade

---

2017, p. 255.
[69] MARX, Karl. *O Capital*: crítica da economia política – o processo global da produção capitalista. Livro III. São Paulo: Boitempo, [1894] 2017, p. 256.

total de mercadorias produzidas aumenta por unidade de tempo, enquanto os custos por unidade produzida diminuem. Isso ocorre porque cada mercadoria individual incorpora uma menor quantidade de trabalho morto, proveniente do desgaste das máquinas e equipamentos, assim como do fluxo relativo menor de matérias-primas incorporadas, além de uma quantidade relativa menor de trabalho vivo. A massa de lucros absoluta aumenta porque escalas de produção gigantescas, proporcionadas pelo avanço da produtividade, mais que compensam a queda dos preços. No entanto, se a taxa de lucros é expressa pela razão massa de lucros/capital total mobilizado, o aumento mais do que proporcional do denominador em relação ao numerador conduz ao declínio daquela taxa no longo prazo.[70] Além disso, Marx[71] argumenta que, no longo prazo, os proprietários dos meios de produção que operam com métodos produtivos obsoletos e com preços mais altos são pressionados, pela concorrência com os inovadores, a replicar as novas técnicas produtivas, o que faz com que a tendência à queda da taxa de lucros não dependa "absolutamente da vontade dos capitalistas", já que se trata de uma "lei geral", relacionada à dinâmica competitiva e inerente ao desenvolvimento do sistema.

A despeito de conferir à queda da taxa de lucro uma lei geral irrevogável, intrinsecamente inerente ao processo de desenvolvimento

---

[70] O denominador aumenta mais que proporcionalmente, porque, como lembra Marx (MARX, Karl. *O Capital*: crítica da economia política – o processo global da produção capitalista. Livro III. São Paulo: Boitempo, [1894] 2017, pp. 266/267), a taxa de lucros deve ser calculada pela divisão da massa de lucros realizada (isto é, depois que as mercadorias são vendidas) pelo capital total empregado na produção (isto é, pelo capital consumido em cada mercadoria, acrescido do capital não consumido). Isso porque o preço de custo do capital total mobilizado não se recupera num único período de rotação produtiva.

[71] MARX, Karl. *O Capital*: crítica da economia política – o processo global da produção capitalista. Livro III. São Paulo: Boitempo, [1894] 2017, p. 303.

CAPÍTULO I – RAÍZES CONCEITUAIS DO DESENVOLVIMENTISMO

capitalista, Marx[72] aponta também diversos fatores que poderiam neutralizá-la, as chamadas leis de contratendência. Como exemplos, estão o aumento da taxa de exploração pelo prolongamento das jornadas de trabalho a fim de extrair maior massa de mais-valia absoluta; a queda dos preços dos bens de capital que entram na formação do valor do capital constante; a liberalização de importações que barateia os preços domésticos dos bens de produção e dos bens essenciais que constituem a cesta de consumo dos trabalhadores, dentre outros. Por isso, a presença desses "fatores contrários à lei" fez com que Marx[73] qualificasse a queda da taxa de lucro apenas como uma "lei de tendência" que, apesar de imanente ao modo de produção capitalista, poderia ser, recorrentemente, anulada por válvulas de escape criadas pela dinâmica desse mesmo sistema.

De todo modo, um problema teórico na formulação das leis de tendência à queda da taxa de lucro é a ausência de maior atenção à dinâmica da demanda no longo prazo. Embora o lado da procura estivesse presente no Capítulo XXI, do Livro II, d'*O Capital*, dedicado ao esquema de reprodução ampliada, em que Marx[74] demonstra que o capitalismo está sujeito a crises de superprodução devidas ao problema da realização da demanda, esse aspecto é praticamente inexistente quando Marx analisa a tendência à queda da taxa de lucro.[75]

---

[72] MARX, Karl. *O Capital*: crítica da economia política – o processo global da produção capitalista. Livro III. São Paulo: Boitempo, [1894] 2017, cap. 14.

[73] MARX, Karl. *O Capital*: crítica da economia política – o processo global da produção capitalista. Livro III. São Paulo: Boitempo, [1894] 2017, p. 271.

[74] MARX, Karl. *O Capital*: crítica da economia política – o processo de circulação do capital. Livro II. São Paulo: Boitempo, [1885] 2014, cap. 21.

[75] (MARX, Karl. *O Capital*: crítica da economia política – o processo global da produção capitalista. Livro III. São Paulo: Boitempo, [1894] 2017, cap. 13). A crítica contundente de Possas (POSSAS, Mario Luiz. *Dinâmica e concorrência capitalista*: uma Interpretação a partir de

É preciso descontar o fato de que, na época de Marx, não eram conhecidos os fundamentos analíticos marshallianos sobre o comportamento da demanda de mercado, em que a maior parte dos bens produzidos na economia tem elevada elasticidade-preço da demanda, ou seja, as quantidades de mercadorias procuradas pelos consumidores crescem em proporção maior que o declínio dos preços. Embora esta seja uma hipótese realista, distante das categorias analiticamente abstratas conjecturadas por Marx, ela é bastante plausível, já que em países que experimentaram rápido processo de acumulação de capital, uma parcela expressiva do produto agregado diz respeito a bens industrializados de média e alta sofisticação tecnológica, produzidos com métodos mecanizados ou automatizados, cuja demanda é, em geral, bastante elástica aos preços de mercado.

Com isso, se do lado da oferta as forças motoras da produtividade provocam aumento da composição orgânica e queda dos preços, como pensava Marx, a demanda agregada pode se expandir e ficar aquecida por período de tempo razoavelmente considerável, a ponto de manter níveis de utilização da capacidade produtiva suficientemente elevados e fazer com que os fluxos de lucros realizados mais do que compensem o aumento do estoque de capital mobilizado, evitando a queda das taxas de lucro médias da economia. É verdade que a hipótese aqui levantada, inerente à dinâmica da demanda no longo prazo, poderia ser também interpretada como uma lei de

---

Marx. São Paulo: Hucitec, 1989, p. 48) à lei de tendência à queda da taxa de lucros é também de ordem teórica, mas, para realçar as inconsistências dos argumentos de Marx, mantém o foco no lado da oferta. Para Possas, "a lei de tendência ao declínio da taxa de lucros em Marx, mesmo como 'lei do limite' do movimento econômico capitalista, *não tem fundamento*". Dentre outras razões, porque, segundo Possas (POSSAS, Mario Luiz. *Dinâmica e concorrência capitalista*: uma Interpretação a partir de Marx. São Paulo: Hucitec, 1989, pp. 46/47 itálico no original), "sendo a produtividade do trabalho em geral crescente no capitalismo, e não o contrário, a taxa de lucro só tenderá a cair se ocorrerem rendimentos decrescentes na utilização dos meios de produção de forma significativa e sistemática".

CAPÍTULO I – RAÍZES CONCEITUAIS DO DESENVOLVIMENTISMO

contratendência. Mas todos os fatores contratendenciais aventados por Marx são associados à dinâmica da oferta, sem qualquer relação com o comportamento da demanda no longo prazo.[76]

É possível que a ênfase do autor no lado da oferta tenha relação com o contexto histórico vigente, em que a existência de massa expressiva de trabalhadores desempregados nos centros ingleses e a ausência de organizações sindicais limitavam os salários reais ao nível mínimo de subsistência, restringindo, portanto, o dinamismo da demanda interna de bens e serviços. Há quem interprete essa lei de tendência como a formulação marxiana das crises cíclicas a que está sujeito o processo de acumulação capitalista, em que se alternam períodos curtos ou longos de expansão e contração, seguidos por eventuais períodos de estagnação, mas mediados pelas rupturas cíclicas de crise e retomada.[77]

De fato, embora Marx[78] tivesse deixado claro em diversas passagens do Livro III d'*O Capital* que a queda da taxa de lucro é essencialmente um problema tendencial de longo prazo, é, todavia, forçoso reconhecer que ele estava ciente de que o processo de reprodução do capital é frequentemente acompanhado de "paralisações

---

[76] Além dos fatores já mencionados, MARX, Karl. *O Capital*: crítica da economia política – o processo global da produção capitalista. Livro III. São Paulo: Boitempo, [1894] 2017, cap. 14, pp. 271-279. Aponta as seguintes causas "contra-arrestantes: compressão do salário abaixo de seu valor; superpopulação relativa, que diz respeito à grande quantidade de trabalhadores disponíveis ou liberados e é mais evidente em países onde o modo de produção capitalista é mais desenvolvido; e a ampliação do capital acionário, do qual emanam dividendos que não entram na equalização da taxa de lucro, porquanto geram uma taxa de lucro menor que a taxa média".

[77] Essa é a interpretação de Marcelo Dias Carcanholo, na Apresentação da edição brasileira mais recente do Livro III d'*O Capital*: MARX, Karl. *O Capital*: crítica da economia política – o processo global da produção capitalista. Livro III. São Paulo: Boitempo, [1894] 2017, p. 17.

[78] MARX, Karl. *O Capital*: crítica da economia política – o processo global da produção capitalista. Livro III. São Paulo: Boitempo, [1894] 2017.

súbitas e crises do processo de produção"[79] e que a "queda [da taxa de lucro] promove a superprodução, a especulação, as crises e o capital supérfluo, além da população supérflua [isto é, os trabalhadores desempregados]".[80] Assim, não obstante, a advertência de Possas[81] de que "a lei da queda tendencial da taxa de lucro (...) constitua para Marx a expressão máxima da sujeição do capitalismo a leis econômicas internas de movimento", ela pode, sim, ser associada ao processo de desenvolvimento e crises cíclicas do capitalismo.

Não fica claro se dessa lei geral de tendência à queda da taxa de lucros, Marx também deduz que o capitalismo esteja fadado a ser suprimido por suas próprias contradições internas. Também no Capítulo XV, ele comenta que a queda da taxa de lucro "torna mais lenta a formação de novos capitais independentes e, assim, aparece como ameaça ao desenvolvimento do processo de produção capitalista". Mas ameaça implica possibilidade, não tendência à extinção. É verdade que, nesse mesmo capítulo,[82] encontra-se a afirmação de que

> a missão histórica do modo de produção capitalista é o desenvolvimento implacável, em progressão geométrica, da produtividade do trabalho humano. Mas ele trai essa missão histórica quando, como nesse caso [isto é, pelos efeitos de tendência à queda da taxa de lucros], opõe-se ao desenvolvimento da produtividade, freando-a. Com isso, ele só demonstra

---

[79] MARX, Karl. *O Capital*: crítica da economia política – o processo global da produção capitalista. Livro III. São Paulo: Boitempo, [1894] 2017, p. 289.

[80] MARX, Karl. *O Capital*: crítica da economia política – o processo global da produção capitalista. Livro III. São Paulo: Boitempo, [1894] 2017, p. 282.

[81] POSSAS, Mario Luiz. *Dinâmica e concorrência capitalista*: uma Interpretação a partir de Marx. São Paulo: Hucitec, 1989, pp. 29/30.

[82] MARX, Karl. *O Capital*: crítica da economia política – o processo global da produção capitalista. Livro III. São Paulo: Boitempo, [1894] 2017, pp. 301/302.

CAPÍTULO I – RAÍZES CONCEITUAIS DO DESENVOLVIMENTISMO

que esse modo de produção está decrépito e cada vez mais próximo de desaparecer.

No entanto, essa referência deve ser lida com cautela, posto que foi retirada e adaptada dos manuscritos de Marx por Friedrich Engels, o editor do Livro III, d'*O Capital*". Aliás, Engels adverte, em nota de rodapé, que o trecho citado, embora redigido "na base do manuscrito do autor, se estende em alguns pontos além do original".[83] De qualquer forma, como salienta Schumpeter,[84] com respeito à interessante questão de se o capitalismo sobreviverá, o "sim" ou o "não" opinativo de qualquer economista com respeito ao "resumo dos fatos e argumentos" relacionados a tentativas de elaborar prognósticos sociais é o que menos importa. Para Schumpeter, "o que conta são os fatos e argumentos em si. Estes contêm tudo o que é científico no resultado final. Tudo mais não é ciência, mas profecia".

Se é assim, podemos concluir que Marx não estava deduzindo peremptoriamente de suas leis de tendência à queda da taxa de lucros que o capitalismo estaria sujeito a um fim. Ele analisava o que poderia acontecer se fatores novos não se opusessem àquelas tendências. Paradoxalmente, figuram como principais fatores novos as revoluções tecnológicas radicais, efetivadas no final do século XIX e nos séculos seguintes, tais como a mecânica/eletricidade/química/automotiva, entre o final dos séculos XIX e início do XX;

---

[83] Como se sabe, os Livros II e III, d'*O Capital*, foram editados por Engels, após a morte de Marx, com base nos manuscritos deixados por ele. Engels afirma no prefácio do Livro III (MARX, Karl. *O Capital*: crítica da economia política – o processo global da produção capitalista. Livro III. São Paulo: Boitempo, [1894] 2017, p. 33) que teve que "reelaborar o material fático fornecido por Marx, para dele extrair conclusões próprias, ainda que, o mais possível, no espírito marxiano, toda a passagem foi colocada entre chaves e assinalada com minhas iniciais [isto é, F.E.]". O trecho citado é um dos que aparecem, no Livro III, editado entre chaves.

[84] SCHUMPETER, Joseph. *Capitalismo, socialismo e democracia*. Rio de Janeiro: Zahar, [1942] 1984, p. 87.

a da microeletrônica/computação/*internet*, no final do século XX; e a da chamada Indústria 4.0 (robótica/inteligência artificial/Internet das coisas/*big data*) no século atual.

Essas revoluções tecnológicas não corroboraram a lei geral marxiana de tendência à queda das taxas de lucros e muito menos à uniformização das taxas de lucros entre os diversos ramos produtivos numa taxa geral de lucro. Se o capitalismo estiver fadado à supressão no longo prazo, será por razões distintas das relacionadas à tendência à queda da taxa de lucro.

Por fim, cabe reconhecer que a relevância do autor para entender a dinâmica do sistema capitalista em geral é indiscutível. Possas[85] tem razão ao afirmar que "as demais leis econômicas de tendência e movimento de Marx se mantêm sólidas, e devem ser consideradas seriamente em qualquer teoria da dinâmica capitalista". Não é preciso ser marxista para reconhecer não somente a solidez de seus argumentos concernentes à importância da acumulação de capital e do progresso tecnológico – a que Marx se referia como "mudança da base técnica" – para o desenvolvimento econômico capitalista, mas também a validade de suas leis gerais de tendência à concentração industrial e de persistência do desemprego estrutural no longo prazo.

1.3 Schumpeter e o progresso tecnológico como processo de "destruição criativa"

O entendimento de Marx acerca do capitalismo como um sistema evolucionário que revoluciona de modo contínuo, mas não linear, a base técnico-produtiva exerceu enorme influência em Schumpeter, um autor declaradamente não marxista. Sua principal contribuição consistiu na elaboração de um aparato teórico em que as inovações e o progresso tecnológico se destacam como o fator explicativo

---

[85] POSSAS, Mario Luiz. *Dinâmica e concorrência capitalista*: uma Interpretação a partir de Marx. São Paulo: Hucitec, 1989, p. 53.

CAPÍTULO I – RAÍZES CONCEITUAIS DO DESENVOLVIMENTISMO

mais importante do desenvolvimento econômico capitalista. Sua visão sobre o tema, elaborada originalmente no livro *Teoria do Desenvolvimento Econômico*, publicado em alemão em 1911, foi aprimorada em *Capitalismo, Socialismo e Democracia*, de 1942.

Na *Teoria do Desenvolvimento Econômico*, Schumpeter apresenta um modelo de desenvolvimento com elevado grau de abstração. O principal objetivo do autor é demonstrar teoricamente que o funcionamento das economias capitalistas não é compatível com o sistema idealizado pela teoria neoclássica-padrão, segundo a qual todos os mercados (de bens, trabalho e de capitais), operando em condições ideais de concorrência perfeita, são levados a um estado permanente de equilíbrio geral. Nesse caso, não se poderia falar de desenvolvimento econômico, mas, na melhor das hipóteses, de um sistema cujo padrão de crescimento seria compatível com o equilíbrio estacionário. Em seu modelo, Schumpeter concebe as condições gerais de funcionamento deste sistema em equilíbrio para, posteriormente, demarcar as características essenciais que o diferenciam de uma economia plenamente capitalista.

O ponto de partida do modelo schumpeteriano é a concepção de um sistema econômico que, embora contenha alguns elementos genéricos de uma economia de mercado, tais como propriedade privada, livre iniciativa e livre concorrência, não é ainda confrontado com fatores fundamentais que podem levá-lo a operar, na prática, como uma economia capitalista. Assim, nesse sistema inicialmente idealizado, pressupõe-se a existência de unidades produtivas, porém ainda não empresas capitalistas, que, mediante a combinação de apenas dois fatores, trabalho e terra, mas não capital, geram em cada período fluxos de produção destinados a satisfazer continuamente as necessidades dos consumidores. Note-se que, nessa economia, como não há capitalistas, tampouco se pode falar na existência de capital.

Como as unidades produtivas utilizam apenas trabalho e terra, a renda nacional se decompõe em salários e renda da terra. Como no aparato schumpeteriano os proprietários das unidades produtivas não são considerados nem capitalistas e nem mesmo empresários, eles são remunerados com salários gerenciais e eventuais ganhos temporários (*windfall gains*). Rigorosamente, como não há excedente produtivo, tampouco existe apropriação de rendas diretas ou indiretas decorrentes da propriedade do capital, tais como lucros, juros etc. Nas palavras de Schumpeter,[86] nesse sistema idealizado,

> os preços totais devem sempre se igualar aos custos totais de produção dos bens e serviços [incluindo os esforços pessoais do proprietário das unidades produtivas], e estes, às receitas obtidas pelos produtos. Nessa medida, a produção deve fluir essencialmente sem lucro. É um paradoxo que o sistema econômico, em sua situação mais perfeita, deva operar sem lucro.

Além disso, como o futuro é totalmente previsível, as decisões são tomadas sem qualquer tipo de incerteza. Com isso, a moeda funciona apenas como unidade de conta e meio de troca dos bens e serviços produzidos, não havendo também qualquer papel para o sistema de crédito. As unidades produtivas se limitam a replicar os métodos produtivos já existentes para bens tradicionalmente procurados, de sorte que nesse sistema idealizado, segundo o autor,[87] "a lógica econômica [voltada meramente para as necessidades humanas] prevalece sobre a tecnológica". O objetivo da produção é o consumo e não há nenhuma possibilidade de superprodução, de modo que a totalidade dos fluxos produzidos sempre encontra compradores no mercado. Sobre esse sistema imaginário que se autorreproduz

---

[86] SCHUMPETER, Joseph. *A Teoria do Desenvolvimento Econômico*: uma Investigação sobre Lucros, Capital, Crédito, Juro e o Ciclo Econômico. São Paulo: Abril Cultural, [1911] 1982.

[87] SCHUMPETER, Joseph. *A Teoria do Desenvolvimento Econômico*: uma Investigação sobre Lucros, Capital, Crédito, Juro e o Ciclo Econômico. São Paulo: Abril Cultural, [1911] 1982, p. 16.

CAPÍTULO I - RAÍZES CONCEITUAIS DO DESENVOLVIMENTISMO

rotineiramente no tempo, ao qual denomina *fluxo circular*, afirma Schumpeter[88] que

> em qualquer lugar do sistema econômico, uma demanda está, por assim dizer, esperando solicitamente cada oferta (...). Do fato de que todas os bens encontram um mercado, segue-se novamente que o fluxo circular da vida econômica é fechado; em outras palavras, os vendedores de todas as mercadorias aparecem como compradores em medida suficiente para adquirir os bens que manterão seu consumo e seu equipamento produtivo no período econômico seguinte e no nível obtido até então, e vice-versa.

Apesar do alto grau de abstração teórica, a intenção de Schumpeter é sugerir que é esse o sistema idealizado pela teoria neoclássica-padrão, isto é, o equilíbrio geral, para conceber e analisar o comportamento das economias capitalistas. Mas esses dois sistemas econômicos, o imaginário do fluxo circular, e o real, capitalista, são essencialmente incompatíveis entre si. Então, quais os fatores que, inseridos no primeiro sistema, rotineiro e autorreprodutivo, provocariam sua ruptura, deflagrando um processo de desenvolvimento como tipicamente observado nas economias capitalistas? Schumpeter introduz, na economia do fluxo circular, três elementos centrais e simultâneos: inovações tecnológicas, empresário e crédito.

Esses três fatores são suficientes para romper o marasmo do fluxo circular e desencadear um processo de desenvolvimento compatível com o funcionamento real das economias capitalistas. Entretanto, diferentemente da análise de Smith e Marx, o modelo

---

[88] SCHUMPETER, Joseph. *A Teoria do Desenvolvimento Econômico*: uma Investigação sobre Lucros, Capital, Crédito, Juro e o Ciclo Econômico. São Paulo: Abril Cultural, [1911] 1982, p. 12.

schumpeteriano é totalmente abstrato e a-histórico. Schumpeter[89] recorre a esse procedimento metodológico com a justificativa de que

> todo processo de desenvolvimento repousa finalmente sobre o desenvolvimento precedente. Mas. para ver claramente a essência da coisa, faremos abstração disso e admitiremos que o desenvolvimento surge de uma situação sem desenvolvimento.

Embora à primeira vista pareçam fatores exógenos, as inserções das inovações tecnológicas, do empresário e do crédito provocam uma ruptura endógena do processo do fluxo circular. Isso ocorre porque, em perspectiva microeconômica, o processo de desenvolvimento capitalista é, por sua própria natureza, retroalimentado pela concorrência, pela busca de lucros, e pelo esforço das empresas em ter posições privilegiadas, preferencialmente de monopólio, nos mercados em que atuam.[90] Daí porque o desenvolvimento econômico é concebido por Schumpeter[91] como

---

[89] SCHUMPETER, Joseph. *A Teoria do Desenvolvimento Econômico*: uma Investigação sobre Lucros, Capital, Crédito, Juro e o Ciclo Econômico. São Paulo: Abril Cultural, [1911] 1982, p. 47.

[90] A teoria neoclássica tradicional sempre incorpora a hipótese de que o objetivo da empresa capitalista é a maximização de lucros. No entanto, na prática, como acentuam outras teorias microeconômicas da firma, essa meta pode ser abdicada em favor de outros objetivos, como ampliar a participação no mercado mediante a obtenção de economias de escala que lhe permita praticar preços menores do que os concorrentes, aumentar o porte, alcançar posições de monopólio etc. Penrose (PENROSE, Edith. *The theory of the growth of the firm*. Oxford: Oxford University Press, 1959), seguindo implicitamente a tradição marxista, mostra que o objetivo principal da empresa capitalista é crescer, e tal objetivo pode ser alcançado sem necessariamente praticar o lucro máximo no curto prazo.

[91] SCHUMPETER, Joseph. *A Teoria do Desenvolvimento Econômico*: uma Investigação sobre Lucros, Capital, Crédito, Juro e o Ciclo Econômico. São Paulo: Abril Cultural, [1911] 1982, p. 47 (grifo do autor).

CAPÍTULO I – RAÍZES CONCEITUAIS DO DESENVOLVIMENTISMO

apenas as mudanças da vida econômica que não lhe forem impostas de fora, mas que surjam de dentro, por sua própria iniciativa (...). O desenvolvimento, no sentido que o tomamos, é um fenômeno distinto, inteiramente estranho ao que pode ser observado no fluxo circular ou na tendência para o equilíbrio. É uma mudança espontânea e descontínua nos canais do fluxo, perturbação do equilíbrio, que altera e desloca para **sempre** o estado de equilíbrio previamente existente.

Isto posto, as inovações tecnológicas, que figuram como o "fenômeno fundamental do desenvolvimento", segundo o autor,[92] dele receberam a conceituação que se tornou, na prática, definitiva e amplamente aceita. São elas:[93] i) um novo processo produtivo, a exemplo da mecanização e automação da produção automotiva, ou da robotização da fabricação de aparelhos celulares; ii) o lançamento e difusão de um novo produto, como o automóvel ou o aparelho celular tipo *smartphone*; iii) novas formas de organização interna dos sistemas produtivos, a exemplo da produção em série, sob o fordismo, ou a produção *just-in-time*, com economia de estoques, sob o toyotismo; iv) a conquista de novas fontes de matérias-primas, como o aço de baixo carbono para a fabricação de automóveis, ou os *wafers* de silício para a fabricação dos chips dos celulares; e v) a abertura de um novo mercado, como a globalização da produção pelas empresas multinacionais. Além disso, Schumpeter distingue a inovação, que implica o lançamento e difusão de novos processos e novos produtos nos mercados, da invenção, que resulta da pesquisa básica e aplicada pelas instituições públicas e privadas.

Já o papel preponderante do empresário schumpeteriano é lançar inovações, dispondo-se a enfrentar a incerteza e o risco de

---

[92] SCHUMPETER, Joseph. *A Teoria do Desenvolvimento Econômico*: uma Investigação sobre Lucros, Capital, Crédito, Juro e o Ciclo Econômico. São Paulo: Abril Cultural, [1911] 1982, cap. 2.

[93] SCHUMPETER, Joseph. *A Teoria do Desenvolvimento Econômico*: uma Investigação sobre Lucros, Capital, Crédito, Juro e o Ciclo Econômico. São Paulo: Abril Cultural, [1911] 1982, pp. 48/49.

sucesso ou fracasso daí decorrentes. Assim sendo, o que move o empresário ao esforço inovativo é a busca de lucros e de posições de monopólio, definitivas ou transitórias. Como lembra Possas,[94] o empresário schumpeteriano, que

> não se confunde com a classe capitalista, embora esta seja nutrida por empresários bem-sucedidos, é definido por sua função – a de pôr em prática inovações, podendo acumular outras funções econômicas enquanto indivíduo.

O papel do crédito, por sua vez, é adiantar recursos ao empresário para o financiamento dos investimentos requeridos pelo processo inovativo, que pode abarcar desde os esforços de pesquisa e desenvolvimento (P&D) dos projetos e protótipos aos investimentos necessários ao lançamento das inovações propriamente ditas. Ao inserir o sistema bancário e creditício como um fator adicional em seu esquema analítico, Schumpeter objetiva mostrar que o financiamento do desenvolvimento econômico nas economias capitalistas não depende de poupança prévia, que é, aliás, inexistente no fluxo circular. Assim, o papel dos bancos é adiantar capital para o financiamento dos investimentos em inovações.

À medida que os frutos das inovações bem-sucedidas são colhidos na forma de lucros, os débitos contraídos pelos empresários podem ser saldados na forma de juros. Ou seja, ainda que por razões totalmente distintas, Schumpeter, como Marx, concebe os juros bancários como derivados dos lucros empresariais. Mas, invertendo completamente a perspectiva marxiana – e não poderia deixar de ser, posto que Schumpeter era notoriamente não marxista – o capital, para ele, é reduzido ao fluxo de fundos emprestáveis dos bancos aos empresários inovadores, mas desaparece tão logo estes últimos o transformam em fluxos de pagamentos para a aquisição de todos os meios necessários ao fluxo inovativo – compra de bens de capital

---

[94] POSSAS, Mario Luiz. *Dinâmica e concorrência capitalista*: uma Interpretação a partir de Marx. São Paulo: Brasiliense, 1987, p. 175.

e insumos produtivos, pagamentos de salários, dentre outros. Como salienta Possas,[95] na perspectiva schumpeteriana, "o capitalista, por sua vez, é definido pela função do capital, e seu único papel é o de correr o risco associado ao empréstimo dos fundos necessários ao investimento que contém a inovação". Em síntese, enquanto o capitalista corre o risco de crédito associado ao financiamento das inovações, o empresário schumpeteriano corre o risco de sucesso ou fracasso destas últimas.

1.3.1 O processo de destruição criativa

A concepção de Schumpeter sobre o papel das inovações tecnológicas como fonte explicativa fundamental do desenvolvimento é tão peculiar que, tal como os economistas clássicos, neoclássicos e marxistas, ele é senhor de uma escola própria, a neo-schumpeteriana. Sua marca principal ficou registrada na célebre passagem de sua obra, *Capitalismo, Socialismo e Democracia*,[96] na qual o desenvolvimento econômico capitalista é concebido como um processo de "destruição criativa", através do qual a criação, lançamento e difusão de inovações radicais e incrementais acarretam o desaparecimento de tecnologias e empresas que, sob a pressão da concorrência, tornam-se obsoletas:

> O capitalismo, então, é, pela própria natureza, uma forma ou método de mudança econômica, e não apenas nunca está, mas nunca pode estar, estacionário. O impulso fundamental que inicia e mantém o movimento da máquina capitalista decorre dos novos bens de consumo, dos novos métodos de produção ou transporte, dos novos mercados, das novas formas de organização industrial que a empresa capitalista cria (...). [As mudanças tecnológicas] ilustram o mesmo processo de mutação industrial – se me permitem o uso do termo biológico – que

---

[95] POSSAS, Mario Luiz. *Dinâmica e concorrência capitalista*: uma Interpretação a partir de Marx. São Paulo: Brasiliense, 1987, p. 177.
[96] SCHUMPETER, Joseph. *Capitalismo, socialismo e democracia*. Rio de Janeiro: Zahar, [1942] 1984, pp. 112/113.

incessantemente revoluciona a estrutura econômica a partir de dentro, incessantemente destruindo a velha, incessantemente criando uma nova. Esse processo de destruição criativa é o fato essencial acerca do capitalismo.

O *modus operandi* desse processo é intermediado pela concorrência potencial e efetiva que se trava dentro e fora de determinado segmento produtivo, no espaço geoeconômico nacional e global. Mas o embate competitivo a que se refere Schumpeter não é a concorrência em preços, típica dos modelos de concorrência perfeita. Neste tipo de concorrência, uma infinidade de microempresas produzindo bens homogêneos e perfeitamente substitutos entre si, operando em segmentos desprovidos de quaisquer barreiras à entrada de competidores potenciais, é forçada a vender a preços que lhes proporcionam margens de lucro praticamente nulas.[97] Para Schumpeter,[98] entretanto,

> na realidade capitalista, diferentemente de sua descrição de livro-texto, não é esse tipo de concorrência [isto é, via

---

[97] A teoria da concorrência perfeita pressupõe que, no longo prazo, as empresas operam, de fato, com margens de lucro **econômicas** nulas, o que significa que, embora suas margens de lucro **contábeis** sejam positivas (resultantes da diferença entre as receitas unitárias e os custos unitários explícitos), ao descontar o custo implícito dos usos alternativos (ou seja, o custo de oportunidade) dos recursos financeiros associados aos investimentos em capital, os lucros econômicos por unidade produzida são zerados. Em termos práticos, caso se pressupusesse que todos os setores produtivos funcionassem em condições de concorrência perfeita, as empresas não vislumbrariam nenhuma oportunidade mais lucrativa fora do próprio setor em que atuam. Como define Koutsoyiannis (KOUTSOYIANNIS, Anna. *Modern microeconomics*. 2ª ed. Londres: MacMillan Education, 1979, p. 154), a concorrência perfeita é uma estrutura de mercado caracterizada pela completa ausência de rivalidade [portanto, paradoxalmente, pela inexistência de concorrência] entre as empresas que ali operam. Para detalhes, ver também PINDYCK, Robert; RUBINFELD, Daniel. *Microeconomia*. 8ª ed. São Paulo: Pearson Education, 2014, cap. 8).

[98] SCHUMPETER, Joseph. *Capitalismo, socialismo e democracia*. Rio de Janeiro: Zahar, [1942] 1984, p. 114.

CAPÍTULO I – RAÍZES CONCEITUAIS DO DESENVOLVIMENTISMO

preços] que conta, mas a concorrência através de novas mercadorias, novas tecnologias, novas fontes de oferta, novos tipos de organização (a grande unidade de controle em larga escala) – concorrência que comanda uma vantagem decisiva de custo ou qualidade e que atinge não a fímbria dos lucros e das produções das firmas existentes, mas suas fundações e suas próprias vidas.

1.3.2 Desenvolvimento e ciclos econômicos

Para Schumpeter, as inovações tecnológicas atuam não apenas como a fonte propulsora preponderante do desenvolvimento econômico capitalista, mas também como o principal fator explicativo dos ciclos econômicos. Sua teoria acerca da interação entre desenvolvimento e ciclos pode ser assim resumida: ao introduzir um conjunto de inovações tecnológicas, concretizado em novos produtos e novos processos produtivos em um ou mais ramos industriais, e realizar investimentos adicionais em capital produtivo requeridos para a sua consecução, as empresas inovadoras, ao romperem o fluxo circular, deflagram um ciclo de prosperidade. Segundo Schumpeter, para que o processo inovativo desencadeie um ciclo de *boom*, é preciso que as inovações ocorram em vários ramos produtivos. Na fase de *boom*, as empresas inovadoras exitosas extraem lucros extraordinariamente mais elevados do que suas concorrentes, seja porque ampliam as fatias de mercado (*market share*) decorrentes da difusão de novos produtos, mesmo fixando temporariamente preços de monopólio, seja porque reduzem custos unitários resultantes da incorporação de novos processos produtivos. Assim, a fase de prosperidade ou boom econômico é caracterizada pela ampliação dos investimentos em capital físico necessários à introdução das inovações, declínio do desemprego e elevação dos salários e preços.

Para Schumpeter, como a primeira onda inovadora surge de dentro do fluxo circular que, por hipótese, opera sob pleno emprego, segue-se uma inflação temporária decorrente tanto do deslocamento de fatores para os setores inovadores, quanto da expansão do crédito que financia os novos investimentos. No entanto, essa inflação temporária tende a ser dissipada tão logo se observem, no *boom*, a expansão da oferta de novos produtos e a retração de preços proporcionada pelas técnicas produtivas mais eficientes. Isso significa que a inflação e a deflação são, ambas, fenômenos estruturais de longo prazo inerentes ao próprio processo de desenvolvimento.

Ainda na fase de *boom*, as empresas não inovadoras, diante da pressão da concorrência, são impelidas a reagir, geralmente se engajando em estratégias de imitação, por engenharia reversa, dos produtos lançados no mercado e/ou replicando os novos métodos de produção. O processo de difusão das inovações ocorre à medida que as empresas imitadoras alcançam êxito nessa estratégia, e esse movimento, ou onda secundária, para usar a expressão do autor, é acompanhado pela expansão da oferta agregada e pela tendência à queda de preços. No entanto, à medida que a demanda dos consumidores se desloca para os produtos oriundos da inovação, muitas empresas sem condições de acompanhar o ritmo de progresso tecnológico, são eliminadas pelo processo de destruição criativa.

A fase de reversão do *boom* inicia-se quando se esgotam os impulsos inovativos que ainda podiam ser registrados na onda secundária. O embate competitivo deflagra um movimento de queda de preços, que Schumpeter considera a principal razão explicativa para a eclosão da fase recessiva do ciclo. Mais do que isso, a recessão é concebida como uma luta concorrencial por meio da qual o sistema econômico procura uma nova posição de equilíbrio. Nas palavras do autor, "a natureza econômica da recessão reside na difusão das conquistas do *boom* por todo o sistema econômico, por meio do mecanismo da luta pelo equilíbrio".

Podem-se extrair algumas conclusões sobre a teoria do desenvolvimento de Schumpeter. A primeira é que os ciclos são parte indissociável das tendências de longo prazo do desenvolvimento econômico capitalista. Assim, diferentemente da teoria de Keynes,

CAPÍTULO I – RAÍZES CONCEITUAIS DO DESENVOLVIMENTISMO

para quem as flutuações econômicas são explicadas pelo comportamento volátil da demanda efetiva ao longo do tempo, para Schumpeter os ciclos econômicos são mais associados às grandes ondas de prosperidade e contração que acompanham a introdução, difusão e maturação das inovações tecnológicas. Nessa perspectiva, os ciclos schumpeterianos mais se assemelham às tendências de longo prazo do que aos ciclos propriamente ditos.

A segunda conclusão é que a prosperidade e a recessão são entendidas, respectivamente, como o afastamento e retorno à posição do equilíbrio *do fluxo circular*. Embora Schumpeter procure mostrar que o desenvolvimento capitalista é incompatível com a permanência do sistema em posições de equilíbrio, ele não consegue livrar sua teoria da influência da concepção neoclássica de equilíbrio geral. Tanto é assim que só considera finda a recessão quando uma nova posição de equilíbrio é alcançada. Além disso, se a contração ultrapassar a posição de equilíbrio original, a economia cairia num processo depressivo. A esse respeito, como resume Possas,[99] "tem-se então o *ciclo completo* de quatro fases: prosperidade, recessão, depressão e recuperação, onde cada qual tem sua lógica própria".

A última conclusão é que, na concepção de Schumpeter, as inovações tecnológicas são quase exclusivamente o fator responsável pelo dinamismo das economias capitalistas. Embora reconheça que a proliferação de novas tecnologias requer investimentos adicionais em capital físico, a principal falha da teoria de Schumpeter, diferentemente da de Marx, consiste em conferir pouca relevância ao processo de acumulação de capital. Por isso, Celso Furtado[100] tem razão ao reclamar que a principal debilidade do modelo schumpeteriano provém dos seus caracteres extremamente abstratos e a-históricos, e

---

[99] POSSAS, Mario Luiz. *Dinâmica e concorrência capitalista*: uma Interpretação a partir de Marx. São Paulo: Brasiliense, 1987, p. 188, (itálico no original).

[100] FURTADO, Celso. "Formação de capital e desenvolvimento econômico". *Revista Brasileira de Economia*, vol. 6, n° 3, set. 1952, p. 13.

ao enfatizar que "o problema do desenvolvimento econômico é um aspecto do problema geral de mudança social em nossa sociedade, e não poderá ser totalmente compreendido se não se lhe devolve o conteúdo histórico".

Ainda assim, Furtado[101] exagera ao sentenciar que "a simplificação schumpeteriana, por um lado, nos afasta do verdadeiro problema econômico do desenvolvimento, e, por outro, de muito pouco nos serve como explicação geral do fenômeno". Afinal de contas, a teoria do desenvolvimento econômico se enriquece e aumenta o potencial explicativo dos fenômenos do mundo real justamente quando seus elementos cruciais, abstratos e históricos, são combinados de forma criativa, permitindo entender a dinâmica das economias capitalistas, sejam desenvolvidas ou em processo de desenvolvimento.

Considerações finais

As teorias de Smith, Marx e Schumpeter demonstram que o processo de desenvolvimento capitalista decorre de três forças motoras principais: da expansão da demanda doméstica e internacional (isto é, das exportações, líquidas das importações), de tal sorte a propiciar o escoamento da produção dos setores sujeitos a retornos crescentes de escala, notadamente da indústria manufatureira; da acumulação de capital, induzida pela sustentação da taxa de investimento da economia; e do progresso tecnológico, que permite que o desenvolvimento se sustente, ainda que sob a forma de destruição criativa.

Embora os três autores ofereçam ferramentas poderosas para entender o processo de desenvolvimento, suas teorias não contemplam a análise dos fatores que levam um determinado país a superar sua condição de economia subdesenvolvida, bem como a alcançar níveis de renda per capita e padrões de bem-estar material compatíveis

---

[101] FURTADO, Celso. "Formação de capital e desenvolvimento econômico". *Revista Brasileira de Economia*, vol. 6, nº 3, set. 1952, p. 13.

CAPÍTULO I – RAÍZES CONCEITUAIS DO DESENVOLVIMENTISMO

com o nível médio das economias desenvolvidas. Apesar disso, os retornos crescentes de escala, a acumulação de capital e o progresso tecnológico como destruição criativa, elaborados, respectivamente, por Smith, Marx e Schumpeter, figuram como os ingredientes fundamentais da formulação das teorias desenvolvimentistas. Como se verá no próximo capítulo, a principal tarefa desta corrente consistiu em analisar teoricamente não apenas os fatores que permitem a transição do subdesenvolvimento para o desenvolvimento, como também eventuais pedras no caminho que possam levar à interrupção da trajetória de *caching up*, fazendo com que países em desenvolvimento enfrentem longos períodos de estagnação.

CAPÍTULO II

O DESENVOLVIMENTISMO CLÁSSICO E DESDOBRAMENTOS RECENTES

Introdução

Este capítulo é dedicado à análise do desenvolvimentismo clássico. As teorias do desenvolvimento que proliferaram entre as décadas de 1940 e 1970 receberam a alcunha de desenvolvimentismo clássico porque trouxeram para o centro da análise econômica a discussão dos fatores que impedem a superação do subdesenvolvimento nos países pobres. Seus principais objetivos são, então, explicar por que muitos países tendem a perpetuar as condições de atraso econômico, prescrever os mecanismos pelos quais eles poderiam percorrer trajetórias exitosas de *catching up* com os países desenvolvidos e analisar os eventuais problemas que podem levar economias em desenvolvimento a caírem na armadilha da estagnação. Fatores fundamentais que deflagram e sustentam o desenvolvimento econômico, já discutidos no Capítulo I, como os retornos crescentes, as dimensões do mercado, a acumulação de capital via industrialização e o progresso tecnológico, foram aceitos, combinados e incorporados pelo desenvolvimentismo clássico. Foram, porém, adaptados às peculiaridades da estrutura produtiva e às condições gerais vigentes nas economias subdesenvolvidas.

Embora o desenvolvimentismo clássico foque predominantemente o longo prazo, alguns autores (especialmente Hirschman e Kaldor) foram notoriamente influenciados pelo princípio da demanda efetiva de Keynes,[102] segundo o qual o crescimento e as flutuações econômicas (isto é, as alternâncias entre ciclos de expansão, desaceleração, recessão e recuperação) são determinados, fundamentalmente, pelo comportamento da demanda agregada. Assim sendo, o princípio keynesiano atribui à insuficiência de demanda efetiva (seja de consumo, investimento ou exportações) a principal causa das crises econômicas capitalistas. Nesses casos, o incremento da demanda do governo é essencial para induzir a retomada da demanda privada e a recuperação econômica no curto prazo.

A originalidade das ideias do desenvolvimentismo clássico foi tamanha que Paul Krugman[103] considera que as teorias propostas para entender a dicotomia subdesenvolvimento-desenvolvimento teriam alcançado elevado nível de sofisticação no período (*"high development theory"*, na expressão do autor). Embora a corrente tenha abrigado uma diversidade de autores, como Paul Rosenstein-Rodan, Arthur Lewis, Albert Hirschman, Ragnar Nurkse, Tibor Scitovsky, Gunnar Myrdal, Nicholas Kaldor, Raúl Prebisch[104] e outros, vou me limitar

---

[102] KEYNES, John Maynard. *The general theory of employment, interest, and money*. San Diego: Harcourt Brace Jovanovich, Publishers, [1936] 1964.

[103] KRUGMAN, Paul Robin. *Toward a counter-counterrevolution in development theory*. Washington: The World Bank, 1993, p. 16.

[104] Bresser-Pereira (BRESSER-PEREIRA. "New developmentalism: development macroeconomics for middle-income countries". *Cambridge Journal of Economics*, vol. 44, nº 3, mai. 2020) lembra que Prebisch, teórico responsável pela concepção original do modelo centro-periferia, é considerado um desenvolvimentista clássico. Como, porém, esse modelo concentra-se nas especificidades históricas e na heterogeneidade

aos modelos teóricos que julgo mais relevantes para compreender a complexidade da superação das condições de subdesenvolvimento, embora adicionando, quando conveniente, a discussão teórica recente sobre os fatores que podem levar uma economia em desenvolvimento a cair em processo crônico de estagnação.

2.1 Desenvolvimento econômico como mudança estrutural: o modelo de Lewis com oferta ilimitada de mão de obra

O modelo de desenvolvimento de Lewis[105] tornou-se clássico porque seus pressupostos básicos retratam as condições estruturais que caracterizam uma economia que ainda se encontra em estágio subdesenvolvido: um nível muito reduzido de renda per capita, com a maior parte da população ativa desempregada ou subempregada, mas com chances de ser empregada apenas na agricultura, que, por ser o setor de menor produtividade na economia, pelo menos nas fases iniciais do desenvolvimento, é considerado "atrasado". Fica fácil deduzir que, dada a taxa de crescimento da população desse país hipotético, geralmente elevada por causa das próprias condições de subdesenvolvimento,[106] o setor agrário é incapaz de absorver o

---

estrutural dos países subdesenvolvidos (a "periferia"), notadamente os da América-Latina, quando inseridos no contexto da divisão internacional do trabalho, ele será discutido no próximo capítulo, dedicado ao estruturalismo-desenvolvimentista latino-americano.

[105] LEWIS, William Arthur. "Economic development with unlimited supplies of labor". *The Manchester School*, vol. 22, n° 2, mai. 1954.

[106] Após a Revolução Industrial, a despeito da queda das taxas de mortalidade, os países pobres tenderam a registrar taxas de natalidade bem superiores às dos países desenvolvidos, devido à falta de planejamento familiar e ao escasso acesso a métodos anticoncepcionais. De acordo com o economista e demógrafo Iraci Del Nero da Costa (DA COSTA, Iraci Del Nero. "História e demografia". *Revista de História*, vol. 55, n° 109, 1977, p. 201. Disponível em: https://www.revistas.usp.br/revhistoria/issue/view/5929. Acessado em: 23.03.2023), muitos países pobres mantiveram "uma taxa de natalidade agrícola e uma taxa de

excedente de mão de obra em idade ativa de trabalho. Mantido esse estado de coisas, o destino dessa economia seria perpetuar as condições de pobreza e estagnação.

A despeito do elevado grau de abstração teórica, muitas experiências de desenvolvimento, exitosas ou não, podem ser analisadas, pelo menos parcialmente, à luz do modelo de Lewis, inclusive a incrível trajetória de *catching up* percorrida, mas ainda não concluída, pela China desde o início dos anos 1980. O modelo parte de três pressupostos básicos: i) as economias subdesenvolvidas, especialmente as superpovoadas, como Egito, China e Índia na década de 1940, dispõem de enorme contingente de mão de obra desempregada (daí o termo "oferta ilimitada") na agricultura tradicional ou subempregada nos principais centros urbanos; ii) existe uma dualidade estrutural em que a agricultura tradicional (o "setor de subsistência"), por adotar técnicas de produção rudimentares nos estágios iniciais de desenvolvimento, opera com níveis de produtividade muito reduzidos. Já a indústria de transformação ("o setor capitalista"), por utilizar "capital reprodutível" e técnicas mais sofisticadas, exibe maiores diferenciais de produtividade; e iii) os salários reais[107] refletem as produtividades marginais do trabalho em cada setor, de sorte que os trabalhadores rurais são remunerados pelo mínimo necessário a sua subsistência.[108] Mas, em virtude da oferta ilimitada de mão

---

mortalidade industrial", o que fez com que a explosão demográfica nesses países tendesse a assumir níveis alarmantes".

[107] As variáveis em economia são expressas em termos nominais (ou a preços correntes), quando incorporam os preços observados ao longo de determinado período, ou reais (ou a preços constantes) quando, dos preços nominais, é expurgada a inflação do período (por isso, diz-se que os preços foram deflacionados). Sendo assim, os salários reais, ao desconsiderar as variações de preços ocorridas em determinado período, expressam o poder real de compra dos salários em termos de bens e serviços (daí a razão do termo 'real') adquiridos no mercado.

[108] É interessante notar que, não obstante, o modelo de Lewis seja implicitamente influenciado por Smith e Marx, isso não acontece com respeito ao comportamento dos salários reais, que são determinados

de obra, os salários reais do setor industrial, bem como os salários reais médios da economia, são também determinados pelo setor de subsistência. Na prática, o setor capitalista também paga um salário real baixo, ainda que marginalmente superior ao de subsistência, como forma de atração dos trabalhadores para os centros urbanos. Assim, Lewis considera que os custos iniciais relativamente baixos funcionam como um estímulo à consecução dos investimentos no setor industrial.

Conforme o modelo de Lewis, o processo de desenvolvimento econômico segue um percurso lógico. Antes de analisar os desdobramentos no longo prazo, cabe enfatizar que o autor – como, de resto, a maioria dos economistas que formulam teorias econômicas – está preocupado em especular, estritamente, a mecânica do desenvolvimento econômico no campo teórico. Logo, desconsideram-se os diversos entraves que possam interferir nas predições lógicas do modelo, como os conflitos políticos, os embates de classes sociais, o poder dos *lobbies* econômicos, a pressão da mídia etc.

---

pela teoria ricardiano-neoclássica da produtividade marginal. Esta concepção considera que, caso sejam mantidos fixos determinados fatores de produção, como a terra e os equipamentos de capital, à medida que são incorporados trabalhadores adicionais para aumentar a produção total, o acréscimo de produto proporcionado por cada um deles (ou seja, sua produtividade marginal) aumenta, porém, com taxas decrescentes. Devido a essa "lei dos rendimentos decrescentes", elaborada originalmente por Ricardo (RICARDO, David. "An essay on lhe influence of a low price of corn on the profits of stock". *In*: RICARDO, David. editado por P. Sraffa e M. Dobb. *Works and correspondence of David Ricardo*. vol. 4. Cambridge: Cambridge University Press, [1815] 1951-1973) e aceita como um mantra pelos neoclássicos, os salários reais pagos em cada setor dependem das respectivas produtividades marginais. No modelo de Lewis (LEWIS, William Arthur. "Economic development with unlimited supplies of labor". *The Manchester School*, vol. 22, nº 2, mai. 1954, p. 416), no entanto, enquanto a oferta total de trabalho ao nível do salário de subsistência exceder sua demanda, os salários reais médios da economia serão determinados pela reduzida produtividade marginal do setor tradicional.

Com os estímulos ao setor industrial, os investimentos aí efetivados deflagram um processo de expansão em que os trabalhadores do setor de subsistência se transferem paulatinamente para o setor capitalista, à medida que avança a acumulação de capital e o desenvolvimento econômico. A despeito do aumento da demanda de trabalho pelo setor industrial, os salários reais médios da economia permanecem deprimidos até que seja eliminado todo o excesso de mão de obra oriunda do setor atrasado. Enquanto isso não acontece, Lewis argumenta que os investimentos adicionais que engrenam a acumulação de capital e sustentam o desenvolvimento econômico são financiados pela ampliação dos lucros do setor industrial. Seguindo a tradição dos economistas clássicos, Lewis[109] assegura que

> a principal fonte de poupança são os lucros e se constatamos que a poupança está aumentando em proporção à renda nacional, podemos ter a certeza de que isso se dá porque está aumentando a participação dos lucros na renda nacional.

Lewis[110] não descarta a possibilidade de que, à semelhança do modelo de Schumpeter, os investimentos iniciais sejam financiados por crédito, do que pode resultar um período transitório de inflação, pois crédito pode criar poder de compra em velocidade mais rápida do que a expansão da oferta. Ainda assim, a expansão econômica nos períodos seguintes permitiria a eliminação das dívidas contraídas e da inflação. A partir daí, o crescimento econômico passaria a ser financiado, predominantemente, pela ampliação da participação dos lucros na renda nacional. Enquanto houver oferta ilimitada de mão de obra, os lucros permanecem como a fonte principal de

---

[109] LEWIS, William Arthur. "Economic development with unlimited supplies of labor". *The Manchester School*, vol. 22, n° 2, mai. 1954, p. 430.

[110] LEWIS, William Arthur. "Economic development with unlimited supplies of labor". *The Manchester School*, vol. 22, n° 2, mai. 1954, p. 438.

financiamento dos investimentos. Logo, é possível e desejável que a maior parte dos recursos financeiros necessários ao financiamento do desenvolvimento provenha de poupança doméstica, em vez de poupança externa, cujos lucros (e outras formas de renda) podem não se manter no país. Mais que isso, como assevera Lewis,[111] os países pobres não poupam pouco "porque são muito pobres, mas porque seu setor capitalista [ou seja, o setor industrial, que comanda a acumulação de capital] é muito pequeno".

Além disso, como o nível de produtividade do setor de subsistência é muito menor do que o do setor industrial, quando o desenvolvimento se traduz no deslocamento de recursos produtivos (notadamente o trabalho) do primeiro para o segundo setor, a produtividade média da economia passa a exibir taxas de variação positivas e sustentáveis. Isso quer dizer que o desenvolvimento econômico é um processo que envolve **mudança estrutural**, por meio da qual os fatores de produção (mormente o trabalho) se deslocam do setor de baixa produtividade (a agricultura na fase de subdesenvolvimento) para os de alta produtividade (a indústria de transformação). Influenciado por Smith e Marx, Lewis identifica o setor manufatureiro como motor da acumulação de capital e principal fonte geradora e disseminadora de progresso tecnológico. Ele é, assim, um dos pioneiros em destacar o papel da industrialização como canal dinâmico para a superação do subdesenvolvimento.

O leitor deve ter percebido que os salários reais médios da economia, porque ditados pelo setor de subsistência, permanecem em níveis baixos ao longo do período em que os países transitam de economias subdesenvolvidas, com reduzido nível de renda per capita, para em desenvolvimento, quando a renda per capita atinge níveis próximos à média mundial. Nessa fase, o modelo de Lewis prevê forte concentração da renda nacional em favor dos lucros.

---

[111] LEWIS, William Arthur. "Economic development with unlimited supplies of labor". *The Manchester School*, vol. 22, nº 2, mai. 1954, p. 431.

Cabe, então, perguntar: seria a estagnação dos salários reais um preço permanente a ser cobrado aos trabalhadores?

A resposta é "não". No longo prazo, o esgotamento do excedente de mão de obra proveniente do setor atrasado provoca dois efeitos imediatos: i) os salários reais pagos no setor industrial aumentam, e suas variações daí em diante acompanham os ganhos de produtividade desse setor, descolando-se, definitivamente, das remunerações reais pagas no setor de subsistência; quando isso ocorrer, a economia atinge o chamado "Lewis *turning point*", o momento a partir do qual os salários reais médios da economia passam a acompanhar a variação da produtividade média agregada, reduzindo, por conseguinte, a participação dos lucros na renda nacional; e ii) o desenvolvimento econômico posterior terá de lidar com os problemas decorrentes da escassez de mão de obra e a pressão dos incrementos dos salários reais sobre os lucros capitalistas que, como em Marx, deveriam seguir atuando como a fonte de financiamento principal da acumulação de capital.

A principal contribuição do modelo de Lewis consistiu na demonstração teórica de que uma das principais fontes de expansão e sustentação da produtividade ao longo da trajetória inicial de *catching up* – isto é, até que as economias, antes subdesenvolvidas, alcancem níveis médios de renda per capita –, emana das forças associadas à **mudança estrutural**. Alcançado o Lewis *turning point,* é necessário que os capitalistas busquem alternativas para driblar o problema do esgotamento do excedente de mão de obra e sustentar a preservação dos lucros e a acumulação de capital. Lewis aponta duas possibilidades para a consecução desse objetivo no longo prazo: a abertura do país à imigração e/ou a busca de novas oportunidades de lucros pela exportação de capitais, mediante a transformação das maiores companhias domésticas em empresas multinacionais, que se localizariam, preferencialmente, nos países em desenvolvimento que contassem com excedente de mão de obra e salários reais relativamente mais baixos.

CAPÍTULO II – O DESENVOLVIMENTISMO CLÁSSICO E...

Essas duas possibilidades são insuficientes, a meu juízo, pois só propiciariam as condições para reverter temporariamente, mas não definitivamente, a tendência à queda da participação dos lucros na renda nacional quando se esgota o excedente de mão de obra. Uma terceira alternativa, mais eficaz para retomar a tendência de expansão dos lucros capitalistas, seria a introdução de inovações que acelerassem o progresso tecnológico poupador de mão de obra. Este fator é, no entanto, totalmente negligenciado no modelo de Lewis, como discutirei mais adiante.

Não há dúvida de que o autor conseguiu demonstrar teoricamente que o avanço da produtividade média da economia resulta de um processo de transformação da estrutura produtiva (isto é, da mudança estrutural), mediante o qual recursos (especialmente força de trabalho) migram do setor agrícola tradicional, sujeito a retornos constantes (quando não decrescentes) de escala, para o setor industrial, sujeito a retornos crescentes.

Apesar disso, o modelo de Lewis contém, pelo menos, duas falhas. A primeira é considerar que, na ausência de intervenção e estímulos governamentais, a reduzida dimensão do mercado num país pobre tenha tração suficiente para induzir e sustentar investimentos e acumulação de capital na fase inicial de superação do subdesenvolvimento. Ainda que o excedente de mão de obra no setor tradicional e o potencial de expansão dos lucros no setor industrial sejam condição necessária, não são, porém, suficientes para que os empresários industriais concretizem investimentos e, consequentemente, sustentem a acumulação de capital, sem a perspectiva de ampliação da demanda potencial do mercado. São as dimensões reduzidas dos mercados internos o principal obstáculo inicial para que as economias rompam a situação de subdesenvolvimento. Logo, é pouco convincente que capitalistas industriais sejam inclinados a efetivar investimentos induzidos apenas por estímulos do lado da oferta, como custos inicialmente baixos da força de trabalho, sem que haja forças motoras emanadas da perspectiva de expansão da demanda no longo prazo.

Essa falha teria sido descartada caso Lewis considerasse explicitamente uma política de proteção aduaneira à indústria doméstica.[112] Com tarifas aduaneiras *ad valorem* e outras medidas protecionistas ao setor industrial nascente, os preços relativos (expressos em moeda doméstica) dos produtos manufaturados provenientes do exterior subiriam, acarretando a substituição da demanda de bens importados por bens produzidos no país. Haveria um estímulo efetivo à demanda de bens manufaturados e aos investimentos no setor industrial. Como esse estímulo não aparece explicitamente no modelo, conclui-se que Lewis incorpora a lei de Say,[113] aceita por Ricardo, Mill e os liberais neoclássicos, mas rejeitada por Keynes,[114] segundo a qual é a oferta que gera sua própria demanda, e não o contrário.[115] Com efeito,

---

[112] Curiosamente, Lewis (LEWIS, William Arthur. "Economic development with unlimited supplies of labor". *The Manchester School*, vol. 22, nº 2, mai. 1954, p. 462) conclui seu ensaio de forma lacônica, afirmando que a lei ricardiana dos custos comparativos, que fundamenta teoricamente a defesa do livre-comércio, representa, no entanto, "uma fundamentação igualmente válida para os argumentos protecionistas nos países com excedente de trabalho", isto é, nos países pobres. Entretanto, o instrumento protecionista não aparecera, antes, em qualquer passagem de seu modelo.

[113] A lei de Say alude ao economista francês Jean Baptiste Say, que a formulou originalmente em seu *Traité d'Économie Politique*, publicado em 1803.

[114] KEYNES, John Maynard. *The general theory of employment, interest, and money*. San Diego: Harcourt Brace Jovanovich, Publishers, [1936] 1964.

[115] Aliás, a incorporação implícita do pressuposto da lei de Say não se restringe apenas ao modelo de Lewis, mas também aos modelos teóricos de outros desenvolvimentistas clássicos, como Rosenstein-Rodan (ROSENSTEIN-RODAN, Paul Narcyz. "Problemas de industrialização da Europa do Leste e do Sudeste". *In*: AGARWALA, Amar Narain; SINGH, Sampat Paul (Coord.). *A economia do subdesenvolvimento*. 2ª ed. Rio de Janeiro: Contraponto, [1943] 2010) e Nurkse (NURKSE, Ragnar. "Formação de capital e desenvolvimento econômico". *Revista Brasileira de Economia*, vol. 5, nº 4, dez. 1951; NURKSE, Ragnar. "Problemas da formação de capitais em países subdesenvolvidos". *Revista Brasileira de Economia*, vol. 5, nº 5, 1951).

CAPÍTULO II – O DESENVOLVIMENTISMO CLÁSSICO E...

embora seja aceitável a hipótese de que o **financiamento** dos investimentos depende dos lucros dos capitalistas, tal como postulavam os clássicos e Marx, a **decisão** de investimentos *per se* não depende da poupança, tal como pressupõe, equivocadamente, Lewis, mas da expectativa de incremento da demanda potencial.

    A segunda falha do modelo de Lewis é que o progresso tecnológico não assume relevância como fator explicativo complementar do processo de desenvolvimento, nem imediatamente após o impulso inicial deflagrado pela diversificação industrial via absorção de mão de obra do setor tradicional, tampouco quando o setor manufatureiro se defronta com a escassez absoluta de força de trabalho, o que é surpreendente! O papel do progresso tecnológico não é completamente negligenciado, mas aparece no modelo embutido na formação de capital físico, isto é, no maior potencial produtivo das máquinas e equipamentos industriais. O problema é que o modo como a formação de capital é tratada no modelo deixa a impressão de que a trajetória de *catching up* observada na fase em que as economias superam o subdesenvolvimento é permanentemente concretizada pela diversificação da estrutura industrial em segmentos intensivos em trabalho de baixa ou média qualificação, quando, já nessa etapa inicial, a aceleração e a sustentação do desenvolvimento econômico dependem da internalização de segmentos intensivos em capital, como a própria indústria de máquinas e equipamentos e diversos segmentos produtores de bens de consumo duráveis industrializados. Assim, Lewis não confere grande importância ao fato de que, à medida que o processo de desenvolvimento se retroalimenta pela realocação de trabalhadores excedentes do setor agrícola para o industrial, a acumulação de capital e o progresso tecnológico tendem a atuar como motores endógenos do ritmo de crescimento da produtividade média e do emprego na economia.

    Não por acaso, quando se esgota o excedente de mão de obra, Lewis aponta a abertura à imigração e a decisão de realizar investimentos diretos no exterior como fatores que permitem contornar a tendência de compressão dos lucros pelo incremento dos salários reais, mas não a introdução de inovações tecnológicas poupadoras de trabalho. Estas são os determinantes que, segundo a tradição teórica neoschumpeteriana e evidências empíricas, permitem que os capitalistas se antecipem ao surgimento da escassez de força de trabalho. Como salientam Dosi e Orsenigo,[116] autores influenciados por Schumpeter, quando se avaliam os impactos dinâmicos proporcionados pelo progresso tecnológico no longo prazo, verifica-se que "sua natureza dual tende a produzir maior economia de insumos produtivos, inclusive trabalho, do que a geração de demanda líquida adicional desses mesmos recursos". Ou seja, como já argumentei no capítulo anterior, a concorrência capitalista força os empresários a introduzir novas tecnologias poupadoras de mão de obra antes que o sistema econômico evidencie a escassez absoluta de força de trabalho.

2.2 Modelo de *"big push"* e desenvolvimento como processo equilibrado

Embora escrito dez anos antes do ensaio de Lewis, o modelo de *big push* (grande impulso), de Rosenstein-Rodan,[117] destaca que o principal fator inibidor da decolagem para o desenvolvimento econômico nas economias atrasadas com grande excedente de força de trabalho desempregada ou subempregada no setor rural é a reduzida dimensão inicial de seus mercados internos. Mesmo que o processo de industrialização seja comandado por indústrias leves, intensivas em trabalho, as empresas têm de contar com uma demanda potencialmente elevada para seus produtos, de tal sorte que possam

---

[116] DOSI, Giovanni; ORSENIGO, Luigi. "Coordination and transformation: an overview of structures, behaviour and change in evolutionary environments". *In*: DOSI, Giovanni *et al*. *Technical Change and Economic Theory*. Londres: Pinter Publishers, 1988, p. 30.

[117] ROSENSTEIN-RODAN, Paul Narcyz. "Problemas de industrialização da Europa do Leste e do Sudeste". *In*: AGARWALA, Amar Narain; SINGH, Sampat Paul (Coord.). *A economia do subdesenvolvimento*. 2ª ed. Rio de Janeiro: Contraponto, [1943] 2010.

CAPÍTULO II – O DESENVOLVIMENTISMO CLÁSSICO E...

alcançar escalas de produção suficientes para minimizar seus custos unitários de produção e se manterem rentáveis frente aos potenciais concorrentes. Com isso, o autor resgata a principal tese clássica: se o desenvolvimento depende de industrialização, acumulação de capital e progresso tecnológico, superar o problema do tamanho reduzido do mercado é condição *sine qua non* para que um país pobre se afaste do estado de estagnação e sustente uma trajetória de *catching up*.

Por não contar com demanda expressiva, o modelo de *big push* inclui o argumento de que o processo de desenvolvimento numa economia subdesenvolvida não engrena se os investimentos industriais forem introduzidos por etapas e em montantes reduzidos (*"bit by bit"*).[118] Pelo contrário, promover a industrialização através da instalação, passo a passo, dos setores industriais poderia acarretar enorme desperdício de recursos, já que as oportunidades de investimento seriam frustradas pela insuficiência de demanda. O resultado seriam prejuízos econômicos e falências das empresas que se aventuraram em tal empreitada.

Em seu modelo clássico, Rosenstein-Rodan[119] propõe uma saída engenhosa para superar a dimensão reduzida do mercado: que os investimentos sejam realizados em grande escala, num bloco de indústrias complementares. Tão logo comecem a operar, gerando produção, emprego e renda, elas passam a sustentar, reciprocamente, a demanda uma das outras, retroalimentando o processo de crescimento econômico ao longo do tempo.

---

[118] Ver ROSENSTEIN-RODAN, P. N. "Notes on the Theory of the Big Push". *In*: ELLIS, Howard; WALLICH, Henry (Coord.). *Economic of Development for Latin America*. Nova York: Saint-Martin's Press, 1961.

[119] ROSENSTEIN-RODAN, Paul Narcyz. "Problemas de industrialização da Europa do Leste e do Sudeste". *In*: AGARWALA, Amar Narain; SINGH, Sampat Paul (Coord.). *A economia do subdesenvolvimento*. 2ª ed. Rio de Janeiro: Contraponto, [1943] 2010.

Uma vez que o objetivo é promover e sustentar o desenvolvimento com a máxima absorção possível da mão de obra desempregada ou subempregada, geralmente de baixa qualificação, os investimentos devem acontecer prioritariamente num conjunto de indústrias intensivas em trabalho e em atividades destinadas à formação de capital social (educação, saúde e infraestrutura). No caso da educação e treinamento da mão de obra, particularmente, o autor é enfático na defesa de que os investimentos devem ficar a cargo do Estado, já que o *"laissez-faire* nunca funcionou adequadamente nesse campo".[120] Isso ocorre porque não é do interesse do setor privado incorrer em investimentos cujos custos são largamente irrecuperáveis, dada a possibilidade de perda do capital humano formado pela transferência de trabalhadores treinados para as empresas concorrentes.

A justificativa para que investimentos em blocos de indústrias formem o *big push* é ilustrada pelo famoso exemplo da fábrica de sapatos.

> Admitamos que 20 mil trabalhadores desempregados da Europa Oriental são retirados do campo e transferidos para trabalhar numa grande fábrica de sapatos. Recebem salários consideravelmente superiores à escassa renda *in natura* de que dispunham anteriormente (...). Se esses trabalhadores gastassem todo o seu salário em sapatos, surgiria um mercado para os produtos de sua empresa e, assim, 90% do problema (admitindo 10% de lucros) estariam resolvidos. A dificuldade é que os trabalhadores não vão gastar todo o seu salário na compra de sapatos. Se, ao contrário, 1 milhão de trabalhadores desempregados fossem retirados do campo e colocados não numa indústria, mas em toda uma série de indústrias que produziriam o grosso dos produtos em cuja compra eles

---

[120] ROSENSTEIN-RODAN, Paul Narcyz. "Problemas de industrialização da Europa do Leste e do Sudeste". *In*: AGARWALA, Amar Narain; SINGH, Sampat Paul (Coord.). *A economia do subdesenvolvimento.* 2ª ed. Rio de Janeiro: Contraponto, [1943] 2010, p. 268.

CAPÍTULO II – O DESENVOLVIMENTISMO CLÁSSICO E...

gastariam seus salários, o que não valia para um fábrica de sapatos seria válido no caso de um sistema de indústrias: seria criado o próprio mercado adicional, ocorrendo uma expansão da produção mundial com um mínimo de perturbação internacional.[121]

Fica claro que o principal desafio à superação do subdesenvolvimento é criar demanda suficientemente grande para viabilizar escalas de produção eficientes e rentáveis, reduzindo o risco de fracasso do impulso inicial deflagrado pela industrialização. A questão crucial é saber como um país pobre, com tecnologias industriais, capital e sistema financeiro insuficientes para ativar a demanda em blocos industriais complementares, consegue atrair investidores com apetite ao risco para tal empreitada. A resposta de Rosenstein-Rodan vem sem subterfúgios: o grosso dos investimentos seria financiado diretamente por capitais externos, sob coordenação do Estado, que se encarregaria de prover os mecanismos de estímulo à entrada de empresas estrangeiras.

Na verdade, no modelo proposto pelo autor, o papel do Estado vai além da mera coordenação, já que só será possível diminuir substancialmente o risco de insuficiência de demanda se houver um planejamento desenhado e implementado pelo governo "compreendendo o planejamento simultâneo de diversas indústrias complementares".[122] Mais que isso,

---

[121] ROSENSTEIN-RODAN, Paul Narcyz. "Problemas de industrialização da Europa do Leste e do Sudeste". *In*: AGARWALA, Amar Narain; SINGH, Sampat Paul (Coord.). *A economia do subdesenvolvimento*. 2ª ed. Rio de Janeiro: Contraponto, [1943] 2010, p. 269.

[122] ROSENSTEIN-RODAN, Paul Narcyz. "Problemas de industrialização da Europa do Leste e do Sudeste". *In*: AGARWALA, Amar Narain; SINGH, Sampat Paul (Coord.). *A economia do subdesenvolvimento*. 2ª ed. Rio de Janeiro: Contraponto, [1943] 2010, p. 267.

a supervisão e a garantia do Estado podem, portanto, reduzir substancialmente os riscos e, por esse motivo, representam conditio sine qua non para o investimento internacional na ampla escala necessária.[123]

O modelo de *big push* contém também a premissa da existência de oferta ilimitada de mão de obra. Mas tem uma vantagem em relação ao modelo de Lewis: o reconhecimento de que o desenvolvimento econômico pode ser alavancado pelo poder indutor das economias externas, ou seja, pela maximização dos benefícios mútuos proporcionados pela expansão da demanda recíproca de equipamentos, insumos, e bens finais, quando os investimentos são realizados simultaneamente num agrupamento de indústrias complementares entre si, em vez de apenas em um ou outro segmento industrial. Além dessa vantagem, o modelo sugere, a meu juízo acertadamente, que a política de desenvolvimento deve guiar-se por duas linhas centrais: i) a prioridade deve ser atribuída, ao menos no ponto de partida do desenvolvimento, às indústrias intensivas em trabalho, como caminho mais seguro para eliminar o desemprego estrutural; e ii) o desenvolvimento econômico deve ser planejado como um processo integrado, em que a acumulação de capital, comandada pela indústria de transformação, seja acompanhada, simultaneamente, de investimentos maciços em educação e treinamento técnico, saúde, infraestrutura de transporte, energia e logística.

Apesar disso, conquanto seja de grande utilidade prática, o modelo de *big push* contém implicações teóricas e normativas exageradamente irrealistas. A primeira está relacionada ao que o Estado pode fazer numa economia capitalista. É indubitável que dificilmente o desenvolvimento deslancha e se sustenta sob regimes

---

[123] ROSENSTEIN-RODAN, Paul Narcyz. "Problemas de industrialização da Europa do Leste e do Sudeste". *In*: AGARWALA, Amar Narain; SINGH, Sampat Paul (Coord.). *A economia do subdesenvolvimento*. 2ª ed. Rio de Janeiro: Contraponto, [1943] 2010, p. 267.

de *laissez-faire*, sendo essencial a intervenção estatal no desenho e coordenação dos mecanismos de estímulo à industrialização, inclusive mediante participação direta, através da criação de empresas públicas em indústrias básicas (por exemplo, transporte e energia), quando os investimentos não forem atrativos ao setor privado. No entanto, o Estado idealizado por Rosenstein-Rodan, cujo papel é planejar e tratar o conjunto industrial que deflagra o *big push* como "grande empresa ou truste", parece mais assemelhado às experiências socialistas pregressas do que às dos países capitalistas em desenvolvimento. Mesmo nas experiências de desenvolvimento da Coreia do Sul, entre 1960 e 1990,[124] e da China, desde a década de 1980,[125] a "mão visível e pesada" do Estado regendo e coordenando as decisões dos setores estratégicos para o desenvolvimento não se assemelha ao Estado propugnado por Rosenstein-Rodan.[126]

A segunda implicação irrealista é de ordem teórica. Apesar de identificar com precisão que o principal entrave a ser superado para que a trajetória de desenvolvimento alcance velocidade de cruzeiro é a escassez de demanda por bens industrializados, o modelo tem conclusões lógicas contraditórias. Na essência, ao desenhar uma

---

[124] AMSDEM, Alice H. *Asia's next giant*: South Korea and late industrialization. Oxford: Oxford University Press, 1989.

[125] Ver INTER-AMERICAN DEVELOPMENT BANK. *The emergence of China*: opportunities and challenges for Latin America and the Caribbean. Washington: Inter-American Development Bank, 2004; CESARIN, Sergio. "Ejes y Estrategias del Desarrollo Económico Chino: Enfoques para América Latina y el Caribe". *In*: MONETA, Carlos; CESARIN, Sergio (Coord.). *China y America Latina*: Nuevos Enfoques Sobre Cooperación y Desarrollo – ¿Una Segunda Ruta de la Seda? Buenos Aires: BID-INTAL, 2005.

[126] A meu juízo, a expressão "capitalismo de Estado" é preconceituosa com os países capitalistas que pautam sua política de desenvolvimento pela forte intervenção estatal. Na prática, os mecanismos de intervenção do Estado são acionados por todos os países capitalistas, diferindo, em cada um deles, apenas de um mais baixo ao mais elevado grau de intervenção.

estratégia de investimentos simultâneos em diversos setores industriais, o desenvolvimento é concebido como um processo que, ao criar demanda, tende a engendrar e realizar, de forma intermitente, a oferta que, por sua vez, forja mecanicamente as forças responsáveis pela realimentação da demanda no longo prazo. Os frutos do progresso se consubstanciam em incremento do produto, emprego e renda, mas não há lugar para os impactos das mudanças tecnológicas sobre a produtividade.

Além disso, ao tratar desenvolvimento como um processo de equilíbrio geral, o modelo de Rosenstein-Rodan, assim como o de Lewis, não consegue se livrar do vício ricardiano clássico de conceber o funcionamento das economias capitalistas subordinado à lógica da lei de Say, de que a oferta cria sua própria demanda. Com isso, o modelo leva à conclusão de que o equilíbrio geral entre oferta e demanda permanece eternamente garantido. O problema está em que a lei de Say é incompatível com a formação econômica capitalista, em que as decisões são movidas pelas expectativas de lucro e incerteza futura. Por causa de todas essas implicações, o modelo de *big push* foi contundentemente criticado por Hirschman, como se verá a seguir.

2.3 Encadeamentos produtivos e desenvolvimento como processo desequilibrado

Em seu livro clássico *The Strategy of Economic Development*, de 1958, Hirschman formula uma teoria para guiar os *policy-makers* dos países que se encontram nos estágios iniciais de desenvolvimento. O autor segue a principal pressuposição do desenvolvimentismo clássico, segundo a qual o grande obstáculo para a superação do subdesenvolvimento é o tamanho reduzido dos mercados domésticos dos países atrasados. Mesmo reconhecendo as escassezes de capital, tecnologia e poupança nesses países, nenhum desses fatores constituiriam empecilhos para que se instale um processo de desenvolvimento sustentável no longo prazo. Particularmente em relação à poupança, o autor, seguindo Keynes,[127] sustenta que, seja qual for sua disponibilidade inicial, os investimentos não se efetivam se não forem abertas aos empresários oportunidades para que se lancem ao risco (*animal spirits*).[128]

De onde adviria o impulso inicial ao desenvolvimento nesses países? Para Hirschman, em que pese a exiguidade de seus mercados efetivos, muitos contam com um mercado potencialmente amplo para atrair investimentos privados suficientemente expressivos, capazes de impulsionar o desenvolvimento por meio da industrialização. Para o

---

[127] KEYNES, John Maynard. *The general theory of employment, interest, and money*. San Diego: Harcourt Brace Jovanovich, Publishers, [1936] 1964.

[128] O papel da poupança continua sendo objeto dos mais controversos em economia. Na visão neoclássica de Wicksell (WICKSELL, Knut. *Interest and Prices*. Londres: Macmillan, [1898] 1936), embora seja gerada no setor real da economia e entendida como a parcela da renda não consumida em bens e serviços (poupança real), a poupança flui para o mercado financeiro (poupança financeira), para daí ser canalizada novamente para o setor real sob a forma de "fundos emprestáveis" requeridos pelos empresários para fins de investimento. Nessa concepção, as taxas de juros reais resultam do equilíbrio entre poupança (fundos emprestáveis) e investimento (demanda por fundos emprestáveis). Uma vez que as taxas de juros reais influenciam (embora não unicamente) as decisões de investimento em curso, essa teoria conclui que estas dependem da poupança. Ou seja, ao defenderem a tese de que para fomentar investimentos é preciso que a sociedade faça sacrifícios por renunciar à parte do consumo presente, os neoclássicos negligenciam que o crédito possa ser criado endogenamente pelos bancos, como fonte de financiamento sem necessidade de poupança prévia. Keynes (KEYNES, John Maynard. *The general theory of employment, interest, and money*. San Diego: Harcourt Brace Jovanovich, Publishers, [1936] 1964, p. 53) rejeita veementemente a teoria neoclássica, argumentando que as decisões de investimento dependem não apenas das taxas de juros reais, mas principalmente das expectativas incertas dos empresários quanto à lucratividade futura. Sua crítica principal é que o investimento em curso precede a poupança, ao afirmar que "nenhum ato de investimento, por si, pode deixar de determinar que o resíduo ou margem, a que chamamos poupança, aumente numa quantidade equivalente".

autor, o fato de que parcelas expressivas dos fluxos de renda dos países pré-industrializados sejam gastas em bens de consumo importados é o sinalizador principal de que essas economias contam com uma demanda energicamente capaz de atrair investidores domésticos e/ ou estrangeiros dispostos a dar o impulso inicial à industrialização.

Assim, para Hirschman, o principal fator escasso que deveria ser contornado para detonar o impulso inicial para o desenvolvimento econômico é a vontade política de remover os obstáculos que impedem a ativação dos investimentos privados e o aproveitamento das oportunidades econômicas existentes. A instituição legitimamente apta a coordenar esse processo é o Estado, que deve nortear sua política concentrando-se em três frentes principais: i) priorizar investimentos públicos na formação de capital de *overhead* social, ou seja, em serviços essenciais, como educação, saúde pública, transporte, saneamento, energia, comunicações e logística, sem os quais se inviabilizam investimentos nas atividades dos setores primário, secundário, e terciário; ii) estimular a modernização institucional, notadamente da estrutura de tributação e do sistema financeiro, permitindo, de um lado, que parcela do excedente apropriado pelas classes abastadas, gasta tradicionalmente em produtos importados de luxo, seja retida pelo Estado sob a forma de impostos e, de outro, que o crédito seja alocado preferencialmente no financiamento dos investimentos e do consumo de bens de consumo duráveis; e iii) forjar os incentivos necessários para que a demanda doméstica potencialmente existente, porém inativa numa economia subdesenvolvida e estagnada, impulsione os investimentos privados nos setores estratégicos para o desenvolvimento.

A principal contribuição de Hirschman consiste na definição e identificação dos setores estratégicos: são aqueles que, uma vez estabelecidos, detêm maior propensão a estimular a demanda e os investimentos em outros setores, inexistentes ou já em operação, fazendo com que o incremento intersetorial do produto, emprego e renda sustente o crescimento econômico no longo prazo. Assim, é na indústria de transformação que, por operar sob retornos crescentes de

CAPÍTULO II – O DESENVOLVIMENTISMO CLÁSSICO E...

escala e assim ditar o ritmo de crescimento da produtividade média da economia, estão localizados os principais segmentos estratégicos do desenvolvimento econômico.

Hirschman concorda, em tese, com Rosenstein-Rodan: investimentos simultaneamente efetivados em diversas indústrias capazes de propagar economias externas seriam mais eficazes para afastar as economias subdesenvolvidas do estado de estagnação. No entanto, tem razão em discordar não somente da viabilidade econômica dessa estratégia, mas também da ideia de que o processo de desenvolvimento gera resultados contínuos de equilíbrio entre oferta e demanda intra e intersetoriais. Com efeito, países pobres não contam com a disponibilidade inicial de recursos tecnológicos, financeiros e institucionais para dar conta da magnitude dos investimentos requeridos pela "doutrina do desenvolvimento equilibrado", expressão usada por Hirschman[129] em alusão à teoria do *big push*.

Como o processo de desenvolvimento envolve rupturas contínuas deflagradas pela acumulação de capital e pelo progresso técnico, com ele emerge toda sorte de desequilíbrios, como a destruição criativa de empresas, tecnologias e hábitos culturais, gargalos de oferta de insumos demandados pelas indústrias recém-instaladas, pressão sobre o balanço de pagamentos provocada pela aceleração de importações de bens de capital e bens intermediários etc. Ou seja, diferentemente de Rosenstein-Rodan, o autor[130] concebe o desenvolvimento como um processo desequilibrado.

Segundo Hirschman,[131] a estratégia do desenvolvimento econômico pode ser sintetizada como segue. O Estado coordena a

---

[129] HIRSCHMAN, Albert. *The strategy of economic development*. New Haven: Yale University Press, 1958, p. 50.

[130] HIRSCHMAN, Albert. *The strategy of economic development*. New Haven: Yale University Press, 1958, pp. 62-65.

[131] HIRSCHMAN, Albert. *The strategy of economic development*. New Haven: Yale University Press, 1958.

consecução dos investimentos, visando aliviar as pressões em curso, e se encarrega daqueles destinados à criação de capital de *overhead* social (educação, saúde e infraestrutura básica). Ao antecipar investimentos nessa área, raciocina o autor,[132] o Estado impulsiona, simultaneamente, o produto e a renda e, consequentemente, a demanda nas "atividades produtivas diretas", ou seja, nas atividades comandadas pelo setor privado, especialmente no setor industrial. Admite-se a criação de empresas estatais em algumas indústrias de insumos básicos, caso necessário.

Dessa forma, o Estado contribui também para a atração de capitais estrangeiros nas principais indústrias nascentes, cujos investimentos diretos, quer pela maior intensidade de capital e sofisticação tecnológica, quer pelas elevadas escalas de produção inicialmente requeridas para tornar os empreendimentos economicamente rentáveis, afugentam o capital local nessa fase inicial. Assim, bem na linha do desenvolvimentismo clássico, o autor dá suporte a uma estratégia de desenvolvimento nos países capitalistas periféricos associada aos países capitalistas centrais.

Hirschman adverte, no entanto, que o capital estrangeiro não deve substituir, mas complementar e coadjuvar os esforços do capital nacional em absorver tecnologias que possibilitem ao país percorrer exitosamente a trajetória de *catching up*. Assim, como que antecipando a estratégia chinesa de tratamento do investimento externo direto a partir da década de 1980, o autor sugere que o Estado introduza mecanismos por meio dos quais as empresas estrangeiras sejam estimuladas a transferir tecnologias para empresas locais e a dispersar seus investimentos em diversas áreas do espaço geográfico nacional, com o objetivo de reduzir a concentração econômica regional.

Para evitar desequilíbrios no balanço de pagamentos, as importações devem se concentrar em bens de capital e insumos industriais

---

[132] HIRSCHMAN, Albert. *The strategy of economic development*. New Haven: Yale University Press, 1958, p. 83.

tecnologicamente mais sofisticados. Tão logo os investimentos em capital de *overhead* social impulsionem as atividades diretas no mercado interno, é dada a largada para o processo de desenvolvimento via industrialização. O modelo de Hirschman nada mais é do que a fundamentação teórica do desenvolvimento econômico por substituição de importações. Perceba o leitor que sua concepção sobre o processo de substituição de importações é predominantemente teórica, o que a distingue das teorias cepalinas centro-periferia, cujas abordagens contêm também condicionantes históricos, como será discutido no próximo capítulo.

Embora claramente favorável à proteção da indústria nacional em sua fase infante, Hirschman acertadamente alerta que as tarifas aduaneiras de importação não devem ser fixadas em níveis muito elevados. Os percentuais devem ser tais que as empresas locais alcancem escalas suficientes para virem a competir internacionalmente no longo prazo. O autor parece também compartilhar o argumento clássico de Baumol[133] de que níveis baixos de proteção aduaneira pressionam as empresas tecnologicamente mais atrasadas dos países em desenvolvimento a perseguirem o esforço inovativo, ainda que por imitação, empreendido pelas concorrentes que adotam tecnologias no estado da arte nos países desenvolvidos. Uma vez que as importações exercem o papel dual de estimular, mas ao mesmo tempo inibir o progresso técnico,[134] o grande desafio do Estado,

---

[133] BAUMOL, William. "Productivity growth, convergence, and welfare: what the long-run data show". *American Economic Review*, vol. 76, nº 5, dez. 1986.

[134] Isso ocorre porque a pressão competitiva das importações induz os empresários locais a adotarem métodos de produção mais eficientes e a buscarem inovações de produtos, inclusive via imitação. Mas, se a proteção contra a concorrência externa for insuficiente, tais esforços inovativos podem ser abortados pela entrada excessiva de bens importados substitutos que, a essa altura, contam com preços mais competitivos que os dos produtores domésticos.

lembra Hirschman, é dançar e se equilibrar na corda bamba entre proteção e livre-comércio.

A estratégia de substituir paulatinamente produtos importados por domésticos justifica-se por duas razões principais: primeiro, porque o abastecimento da maior parte do consumo local por meio de importações não é sustentável economicamente, haja vista que um país pobre, exportador de produtos primários, teria enorme dificuldade de gerar as divisas necessárias para financiá-las. O provável é que o país ficasse vulnerável a crises recorrentes de balanço de pagamentos. Segundo, porque a internalização da produção de bens com elevado valor agregado por trabalhador, isto é, com expressivo grau de transformação industrial, enseja efeitos encadeados de demanda para trás (*backward linkage effects*), mediante a expansão da oferta local dos insumos produtivos necessários à sua produção, e para a frente (*forward linkage effects*), através da propagação de novas atividades produtivas induzidas pelo incremento da renda agregada.

Embora a identificação desses efeitos já tivesse sido elaborada empiricamente por Chenery e Watanabe,[135] bem como por Rasmussen,[136] a principal contribuição de Hirschman[137] consistiu na formulação de um modelo teórico que permite justificar, com argumentos econômicos convincentes, o processo de desenvolvimento por substituição de importações nos países periféricos.[138] Na essên-

---

[135] CHENERY, Hollis B.; WATANABE, Tsunehiko. "International comparisons of the structure of production". *Econometrica*, vol. 26, n° 4, out. 1958.

[136] RASMUSSEN, Poul Norregaard. *Studies in Inter-sectoral relations*. Amsterdã: Einar Harcks, 1957.

[137] HIRSCHMAN, Albert. *The strategy of economic development*. New Haven: Yale University Press, 1958.

[138] Como veremos no próximo capítulo, na análise de Prebisch (PREBISCH, Raúl. *El desarrollo económico de la América Latina y algunos de sus principales problemas*. Santiago: Naciones Unidas; Cepal, 1949; PREBISCH, Raúl. *Problemas teóricos y prácticos del crecimiento económico*. Santiago: Naciones Unidas; Cepal, [1952] 1973) e Singer

cia, no modelo de Hirschman, a superação do subdesenvolvimento tende a ser bem-sucedida quanto maior e sustentável for, no longo prazo, o poder de indução para trás e para a frente proporcionado por um conjunto de atividades econômicas. Como a produção no setor primário acarreta reduzida agregação de valor por trabalhador, depreende-se que é na indústria de transformação que estão localizadas as atividades com maior potencial de gerar demanda e renda adicional dentro e fora das cadeias produtivas correlacionadas.

Para dar ao leitor uma ideia intuitiva dos efeitos de encadeamento, admitamos que o governo de um país subdesenvolvido, por meio de incentivos públicos, consiga atrair empresas para efetivarem investimentos iniciais na montagem de plantas produtivas nos setores de processamento de alimentos, têxtil, vestuário, calçados e equipamentos de transporte (automóveis, caminhões e ônibus). Esse bloco de investimentos desencadeia incremento da demanda de bens intermediários (insumos, partes, peças e componentes) que serão utilizados no processo de fabricação dos produtos daquelas indústrias. Assim, há efeitos de encadeamento para trás quando o aumento da produção num conjunto de setores incrementa a demanda em outros setores que lhes fornecem bens intermediários, impulsionando o crescimento do produto, emprego e renda intersetorialmente. Já o avanço da renda produz efeitos de encadeamento para a frente, mediante o fomento da demanda de bens e serviços nos setores primários (por exemplo, alimentos *in natura*), secundário (por exemplo, bens de consumo) e terciário (serviços diversos).

Segundo Hirschman, os setores com maior potencial de indução da demanda para a frente e para trás são considerados estratégicos

---

(SINGER, Hans Wolfgang. "The distribution of gains between investing and borrowing countries". *The American Economic Review*, vol. 40, nº 2, mai. 1950), a substituição de importações nos países periféricos latino-americanos é analisada como um modelo teórico condicionado historicamente pelas crises externas experimentadas por esses países após a Grande Depressão dos anos 1930.

para o desenvolvimento, podendo ser estimados pelas técnicas estatísticas da matriz insumo-produto. O autor sugere usar o chamado Índice de Rasmussen,[139] que consiste em mensurar os efeitos diretos e indiretos emanados da expansão da produção de determinado setor sobre a cadeia produtiva dos demais setores por ele impactados.

Embora o modelo ampare teoricamente o desenvolvimento por substituição de importações, o autor faz as seguintes ressalvas: i) ainda que os encadeamentos sejam causa e efeito do próprio processo de crescimento do produto e da renda, os impactos relevantes estão associados aos efeitos de encadeamento para trás. Isso significa que o desenvolvimento econômico deve ser impulsionado pela expansão das indústrias de bens finais com maior potencial propulsor de indústrias de bens intermediários (por exemplo, pela indústria automotiva em direção às indústrias de autopeças, e não o contrário). Somente quando o país já estiver próximo da fronteira tecnológica internacional, torna-se irrelevante respeitar essa sequência (por exemplo, tanto faz priorizar a produção de aparelhos celulares ou chips); ii) embora as indústrias de bens intermediários estejam, geralmente, sujeitas a expressivas economias de escala, é natural que produzam abaixo da escala minimamente eficiente logo após sua implantação; à medida, porém, que a procura por seus produtos seja impactada positivamente pelos efeitos de encadeamento para a frente, sua produção tende a convergir para a escala ótima no longo prazo; iii) o fato de deter elevado poder de encadeamento é condição necessária, mas não suficiente, para priorizar o estabelecimento de determinada indústria no país. A condição suficiente é que ela conte com elevado potencial de absorver as tecnologias e alcançar as escalas de produção eficientes no longo prazo, o que depende do ritmo de crescimento da renda per capita e do padrão de distribuição de renda; iv) como o modelo também sugere crescimento acelerado da demanda em segmentos industriais que operam com escalas técnicas extremamente elevadas

---

[139] RASMUSSEN, Poul Norregaard. *Studies in Inter-sectoral relations*. Amsterdã: Einar Harcks, 1957.

CAPÍTULO II – O DESENVOLVIMENTISMO CLÁSSICO E...

e tecnologias altamente sofisticadas (notadamente máquinas, equipamentos e bens intermediários sofisticados), essa produção deverá ser abastecida prioritariamente por importações; v) por conseguinte, a promoção de exportações deve ser permanentemente estimulada como estratégia de gerar as divisas necessárias ao pagamento das compras externas, minorando os riscos de crise do balanço de pagamentos; vi) para evitar que as economias em desenvolvimento sejam convulsionadas por crises periódicas ou entrem em processo de estagnação, cabe ao governo lidar com as duas fontes de pressões: a inflação estrutural, decorrente de eventuais atrasos na consecução de investimentos nas indústrias de bens intermediários e insumos básicos para atender às demandas dos setores de bens finais; e os desequilíbrios do balanço de pagamentos, causados essencialmente pela aceleração das importações de máquinas, equipamentos e bens intermediários de tecnologia de ponta.

O modelo de Hirschman seria praticamente irretocável não fosse a quase negligência do papel do progresso técnico como força motora dinâmica associada ao processo de desenvolvimento induzido por mudanças estruturais. Como o autor atribui os principais impactos dinâmicos aos incrementos de quantidades demandadas e ofertadas intra e intersetorialmente, o modelo deixa a impressão, a meu juízo equivocada, de que o desenvolvimento econômico se materializa apenas como processo de acumulação de capital, mediante expansão do produto, emprego e renda, quando, na linha das análises de Marx e Schumpeter, envolve também mudanças tecnológicas que provocam transformações políticas, culturais e sociais.

2.4 Industrialização, desindustrialização e estagnação

2.4.1 Industrialização e as leis de crescimento de Kaldor

Diferentemente da maioria dos desenvolvimentistas clássicos, Kaldor não foca seu trabalho teórico na análise da dicotomia subdesenvolvimento *versus* desenvolvimento, mas nas causas das diferentes taxas de crescimento entre os países, nas forças que levam uma economia a sustentar o processo de desenvolvimento e nos fatores que podem conduzi-la à estagnação. Ainda assim, ao retomar as teses centrais de Marx e Schumpeter, ele demonstra que a acumulação de capital e o progresso técnico constituem-se no motor do desenvolvimento econômico, e a industrialização, o canal por meio do qual uma economia subdesenvolvida pode lograr o *catching up* de seus níveis de renda e padrões de bem-estar para os observados nos países desenvolvidos. Mas vai além: Kaldor é o desenvolvimentista clássico que demonstra, com maior precisão, de que forma o setor industrial atua como núcleo endógeno da acumulação de capital e do progresso técnico na economia. Se, nos modelos neoclássicos formulados por Solow,[140] Romer[141] e Lucas,[142] cada valor adicionado (digamos, cada real) nos setores primário, secundário e terciário teria o mesmo peso no ritmo de crescimento do PIB no longo prazo, nos modelos kaldorianos, ao contrário, o setor industrial, comparado aos demais, apresenta características intrínsecas que o tornam central na determinação do ritmo de crescimento econômico: comanda a acumulação de capital, gera e propaga progresso técnico, amplifica

---

[140] SOLOW, Robert Merton. "A contribution to the theory of economic growth". *Quarterly Journal of Economics*, vol. 70, n° 1, fev. 1956.

[141] ROMER, Paul M. "Increasing returns and long-run growth". *Journal of Political Economy*, vol. 94, n° 5, out. 1986.

[142] LUCAS JUNIOR, Robert E. "On the mechanics of economic development". *Journal of Monetary Economics*, vol. 22, n° 1, jul. 1988.

economias de escala estáticas e dinâmicas, determina o avanço da produtividade e, no final das contas, acelera a trajetória de *catching up*. Até o final da década de 1950, a produção teórica de Kaldor analisava as questões concernentes ao desenvolvimento como "modelos de crescimento econômico", seguindo a tradição dos modelos dinâmicos keynesianos iniciada por Harrod e Domar.[143] E com as vantagens de renunciar ao uso de uma função de produção agregada[144] e rejeitar a tese de que o crescimento econômico no longo prazo é induzido pelo lado da oferta, ambos elementos centrais nos modelos neoclássicos. Não por acaso, em 1957, Kaldor formulou

---

[143] Diferentemente dos modelos de desenvolvimento, em que as hipóteses são baseadas nas regularidades empíricas observadas no funcionamento das economias capitalistas e a análise contém maior contextualização da realidade, os modelos de crescimento se desdobram em análise mais pura e formalizada, em que a interação entre os pressupostos, hipóteses e conclusões resultam de abstrações do mundo real.

[144] Uma função de produção nada mais é que uma expressão matemática que relaciona a quantidade de produto obtenível por uma empresa ao combinar fatores em um processo produtivo (capital, trabalho e recursos naturais). O problema dos modelos de crescimento neoclássicos está em estender um conceito que, embora seja válido para expressar a produção individual de uma empresa, não faz sentido para a análise do produto agregado da economia. A principal crítica a esse procedimento metodológico é que resulta equivocado e não confiável agregar o estoque de capital da economia, já que, no plano das empresas e indústrias específicas, ele se expressa em conteúdos tecnológicos distintos, ademais de seu valor flutuar continuamente de acordo com as próprias mudanças tecnológicas observadas ao longo do tempo. Para críticas sobre essa metodologia, ver Nelson (NELSON, Richard R. "Research on productivity growth and productivity differences: dead ends and new departures". *Journal of Economic Literature*, vol. 19, n° 3, set. [1981] 2020) e Felipe e McCombie (FELIPE, Jesus; MCCOMBIE, John S. L. *The aggregate production function and the measurement of technical change*: "Not Even Wrong". Northampton: Edward Elgar Publishing, 2013). Num artigo para o jornal *Valor Econômico*, Delfim Netto (DELFIM NETTO, Antonio. "Réquiem para a função de produção agregada". *Valor Econômico*, fev. 2016. Disponível em: https://valor.globo.com/brasil/coluna/requiem-para-a-funcao-de-producao-agregada-1.ghtml. Acessado em: 29.03.2023) resume os pontos centrais da controvérsia.

um modelo teórico que teve enorme repercussão acadêmica. Nele, o progresso técnico age como força motora endógena do crescimento econômico no longo prazo *à la* Schumpeter, mas é induzido pelos fluxos de demanda adicionais de investimento em relação ao estoque de capital da economia.

    A principal justificativa para tanto é que, ainda que parte do progresso técnico resulte dos esforços inovativos de P&D das empresas (a chamada tecnologia não incorporada, tratada como variável autônoma nesse modelo), uma parcela mais expressiva dele fica embutida nas máquinas e equipamentos em que se transformam os fluxos de investimentos produtivos (a chamada tecnologia incorporada). Assim, sem desconsiderar que parcela das inovações decorre dos esforços de P&D das empresas, o fato é que o processo inovativo se traduz na ampliação de investimentos físicos, seja para introduzir novos processos produtivos, seja para lançar novos produtos no mercado. Daí por que, no modelo teórico kaldoriano, os investimentos e a acumulação de capital, ambos induzidos pela demanda, são o *leitmotiv* pelo qual se consubstanciam o progresso técnico e o crescimento econômico no longo prazo. Numa guinada teórica a partir da década de 1960, Kaldor abandona os "modelos de crescimento" para, em seu lugar, incorporar e aprimorar, a meu juízo de forma mais completa, a perspectiva teórica dos desenvolvimentistas clássicos, na qual o desenvolvimento econômico se concretiza como um processo de profundas mudanças estruturais. Nos artigos seminais de 1966, 1967 e 1970, ao identificar diversas regularidades empíricas observadas no processo de desenvolvimento, ele formula uma série de proposições que a literatura econômica posterior passou a taxar de leis de crescimento de Kaldor. No geral, essas leis de longo prazo corroboram a tese de que a indústria de transformação é o principal motor do desenvolvimento econômico. Permitem, ainda, isolar os fatores que determinam o comportamento da produtividade, cujos resultados podem tanto levar um país em desenvolvimento a completar seu *catching up* como conduzi-lo a

CAPÍTULO II – O DESENVOLVIMENTISMO CLÁSSICO E...

longo período de estagnação econômica. Para o que nos interessa, vou me limitar às quatro leis fundamentais.[145]

A primeira lei de Kaldor assevera que as taxas de crescimento do PIB e do setor manufatureiro são fortemente correlacionadas no longo prazo. Isso significa que, quanto maior o crescimento do produto da indústria de transformação, mais expressivo e sustentável é o crescimento econômico no longo prazo. A justificativa é a mesma do desenvolvimentismo clássico: nas fases iniciais e intermediárias do desenvolvimento, à medida que os recursos produtivos são deslocados dos setores de baixa produtividade e sujeitos a retornos constantes ou decrescentes de escala (os setores agrícola e de serviços tradicionais) para a indústria de transformação, que conta com elevada produtividade, retornos crescentes de escala e maior poder de encadeamento produtivo para a frente e para trás, o produto agregado tende a aumentar e a se sustentar no longo prazo. Na ausência da indústria como motor de crescimento, a economia estaria fadada à estagnação secular. Quando o setor manufatureiro passa, no entanto, a atuar como força indutora do crescimento, o transbordamento dos seus ganhos de produtividade para o restante da economia faz com que a queda paulatina do emprego nos setores de menor produtividade em relação ao emprego total não afete adversamente o crescimento do produto nesses setores. Em outras palavras, o crescimento do produto industrial assegura e sustenta o crescimento do PIB no longo prazo.

---

[145] As três primeiras leis são extraídas de Kaldor (KALDOR, Nicholas. "Causes of the slow rate of economic growth of the United Kingdom: an inaugural lecture". *In*: _____. *Further Essays on Economic Theory*. Londres: Duckworth, [1966] 1978), ao passo que a quarta lei, de Kaldor (KALDOR, Nicholas. "The case for regional policies". *In*: _____. *Further Essays on Economic Theory*. Londres: Duckworth, [1970] 1978). Thirlwall (THIRLWALL, Anthony Phillips. "A plain man's guide to Kaldor's growth laws". *Journal of Post Keynesian Economics*, vol. 5, nº 3, 1983) analisa, com maiores detalhes, as leis kaldorianas.

A segunda lei, também conhecida como lei de Kaldor-Verdoorn, justifica e complementa a anterior.[146] Ela estabelece uma forte correlação empírica entre as taxas de crescimento da indústria de transformação e da produtividade média do trabalho nesse setor. Ressalte-se que essa correlação diz respeito às respectivas **taxas de variação**, e não à **escala** produzida ou ao **valor** da produtividade por trabalhador. A razão principal, bastante enfatizada por Kaldor, é que a indústria manufatureira, por operar sob retornos crescentes estáticos e dinâmicos de escala, à medida que cresce, diversifica e amplia sua participação (medida em valor agregado) no PIB, faz, assim, avançar o desenvolvimento econômico.

Como ressalta o autor, os retornos crescentes estáticos e dinâmicos de escala atuam como força motora do crescimento econômico, embora não estejam associados à ação de empresas individuais, mas aos efeitos cumulativos macroeconômicos emanados da formação bruta de capital e do progresso técnico – a maior parte dos quais provenientes do setor manufatureiro –, cuja principal implicação é a diversificação da estrutura produtiva, bem como o aparecimento, sob a forma de destruição criativa, de novos processos e novos setores industriais. Tudo isso faz com que as taxas de variação da produtividade do trabalho no setor manufatureiro respondam positivamente às taxas de crescimento do produto desse setor, e não o contrário. Note que, em linha com os *insights* seminais de Smith, Young, Marx e Schumpeter, já analisados no capítulo anterior, Kaldor não concebe a indústria de transformação como um agrupamento de segmentos de produção desintegrados, mas como uma diversidade de cadeias produtivas interrelacionadas que, ao operar como um "macrossetor", produzem *feedbacks* dinâmicos umas com as outras, de tal sorte que o progresso tecnológico daí emanado irradia-se, endogenamente,

---

[146] No artigo de 1966, Kaldor reconhece que foi Verdoorn (VERDOORN, Petrus Johannes "Fattori che regolano lo sviluppo della produttivitá del lavoro". *L'Industria*, n° 1, 1949), um economista italiano pouco conhecido nos círculos acadêmicos, quem mostrou empiricamente a validade dessa lei.

CAPÍTULO II – O DESENVOLVIMENTISMO CLÁSSICO E...

para a totalidade do sistema produtivo, acelerando e sustentando o desenvolvimento econômico.

Dada a importância da lei de Kaldor-Verdoorn para o desenvolvimento, McCombie e Thirlwall[147] detalham os resultados dos diversos testes empíricos que foram feitos para corroborar ou não sua validade. Muitos confirmam a relação de causalidade proposta pela lei. Como a maioria dos resultados depende das especificações das variáveis contidas nos testes econométricos,[148] os autores[149] concluem que o debate a respeito da lei "daria um bom livro-texto exemplificando os problemas que afetam a confiabilidade da inferência estatística!" E arrematam: "a despeito dos diversos testes alternativos, não há consenso quanto à seriedade das várias críticas existentes" à validade da lei de Kaldor-Verdoorn.

---

[147] MCCOMBIE, John S. L.; THIRLWALL, Anthony P. *Economic growth and the balance-of-payments constraint*. Londres: St Martin's Press, 1994.

[148] Embora seja uma controvérsia teoricamente complicada, vale a pena informar ao leitor que ela surgiu após a crítica de Rowthorn (ROWTHORN, Robert. "What remains of Kaldor's laws?" *The Economic Journal*, vol. 85, n° 337, mar. 1975). Para este autor, a maioria das regressões econométricas especifica a taxa de crescimento da produtividade do trabalho como variável explicada ("endógena"), que depende da taxa de crescimento do produto manufatureiro (em valor adicionado). No entanto, como a primeira variável nada mais é do que a diferença entre a segunda e a taxa de crescimento do emprego no setor manufatureiro, emerge um problema estatístico de endogeneidade. De acordo com Rowthorn (ROWTHORN, Robert. "What remains of Kaldor's laws?" *The Economic Journal*, vol. 85, n° 337, mar. 1975), o correto seria usar a taxa de crescimento da produtividade do trabalho como variável endógena, tendo como variável explicativa a taxa de crescimento do emprego. Para detalhes, ver MCCOMBIE, John S. L.; THIRLWALL, Anthony P. *Economic growth and the balance-of-payments constraint*. Londres: St Martin's Press, 1994, pp. 181-184.

[149] MCCOMBIE, John S. L.; THIRLWALL, Anthony P. *Economic growth and the balance-of-payments constraint*. Londres: St Martin's Press, 1994, p. 167.

Assim, em termos práticos, ao postular que a expansão e diversificação do setor industrial tende a irradiar suas taxas de incremento da produtividade para todo o sistema, com isso sustentando o ritmo de crescimento no longo prazo, a lei de Kaldor-Verdoorn corrobora o papel central da industrialização no desenvolvimento econômico. Baseando-se em evidências empíricas, Kaldor mostra como a sustentação de taxas significativas de investimento (expressas pela razão investimento/PIB) é fator responsável por taxas mais substanciais e sustentáveis de crescimento do PIB no longo prazo. Aliás, como é o setor manufatureiro o *locus* principal da acumulação de capital e da geração-difusão de progresso técnico, o efeito cumulativo dinâmico dessas duas forças conjuntas é a elevação da produtividade média agregada, a redução dos custos unitários de produção e a sustentação do crescimento econômico.

As duas leis de crescimento mencionadas acima são umbilicalmente interconectadas. Diz Kaldor,[150] apoiando-se em autores que destacaram o papel dos retornos crescentes estáticos e dinâmicos de escala, desde Adam Smith:

> Adam Smith, como Marshall e Allyn Young depois dele, enfatizou a interconexão entre os fatores estáticos [isto é, a produtividade avança e os custos unitários caem à medida que aumenta o tamanho da escala produzida] e dinâmicos [ou seja, a produtividade avança e os custos unitários caem à medida que maior nível de produto se **acumula** no tempo com maior estoque de conhecimento e capacitação tecnológica] como causas de maiores retornos, à medida que aumenta a escala das atividades industriais. A maior divisão social do trabalho acarreta maior produtividade, em parte porque gera maior habilidade e conhecimento técnico (*know-how*),

---

[150] KALDOR, Nicholas. "Causes of the slow rate of economic growth of the United Kingdom: an inaugural lecture". *In*: _____. *Further Essays on Economic Theory*. Londres: Duckworth, [1966] 1978, pp. 105/106 (destaques, entre colchetes, do autor).

e também porque maior *"expertise"* tende a gerar e difundir mais inovações. O aprendizado é produto da experiência (*learning-by-doing*), o que significa, como demonstrou Arrow, que a produtividade tende a crescer aceleradamente quanto maior o crescimento do PIB.[151]

A terceira lei de Kaldor, já prenunciada por Lewis, assegura que, quanto maior a taxa de crescimento do produto industrial, maior o ritmo de transferência, para o setor manufatureiro, de trabalhadores desempregados ou subempregados nos setores que operam sob retornos decrescentes (agricultura e serviços nas etapas iniciais do desenvolvimento). Com isso, a eliminação paulatina do excedente de trabalhadores improdutivos nesses setores induz ao incremento da produtividade média dos que ali permanecem empregados. Os impactos simultâneos desse resultado, combinados com os associados à lei de Kaldor-Verdoorn, tendem a acelerar e sustentar taxas expressivas de crescimento da produtividade na economia como um todo.

Ao longo da fase de "imaturidade" tecnológica, observam-se níveis significativos de disparidade entre os setores de produtividade baixa (agricultura e serviços tradicionais) e alta (indústria de transformação, incluídos os serviços de utilidade pública, construção pesada, e serviços *high tech*). Ao alcançar a "maturidade" e *status* de economia desenvolvida, os diferenciais intersetoriais de produtividade reduzem-se expressivamente. A essa altura, a incorporação de progresso técnico passa a ser a principal fonte geradora dos ganhos de produtividade, inclusive na agricultura, mediante a absorção de máquinas, equipamentos e outros insumos provenientes do setor industrial.

A quarta lei de Kaldor resulta de uma adaptação do princípio da "causação cumulativa e circular", proposto pelo também

---

[151] Note o leitor que, segundo Kaldor (e a maioria dos desenvolvimentistas), a principal força motora da produtividade provém da demanda agregada, e não da oferta agregada, como advogam os liberais neoclássicos.

desenvolvimentista clássico Gunnar Myrdal,[152] que o formulou para analisar o problema da disparidade econômica e social entre as regiões subdesenvolvidas e desenvolvidas. Ao recusar a abordagem do equilíbrio geral para investigar fenômenos complexos que operam em trajetórias de **longo prazo**, como o desenvolvimento econômico e social, Myrdal[153] incorpora a perspectiva mais realista de que, uma vez que

> o sistema se afaste de uma posição de repouso [digamos, um estado de subdesenvolvimento ou de estagnação], as **mudanças** que permitiram tal choque tendem a produzir variações que se autorreforçam na mesma direção.

Ele acrescenta ainda que,

> em virtude da causação circular, as variáveis econômicas são tão interrelacionadas que a mudança em uma delas provoca variações similares nas demais, reforçando, de forma cumulativa, as mudanças ocorridas nas variáveis originais e nas demais que foram afetadas por elas.

Pois bem, Kaldor toma emprestado o princípio myrdaliano da causação cumulativa e circular para formular sua quarta lei, que, em última instância, resulta da interação dos efeitos simultâneos das três leis já mencionadas: se o sistema produtivo de um país passa a se beneficiar dos avanços de produtividade proporcionados por mudanças estruturais que forjam a criação e diversificação de uma indústria manufatureira, maiores taxas de crescimento do produto desse "macrossetor" implicam taxas positivas e sustentadas de variação da produtividade média agregada e de crescimento. Como esse

---

[152] MYRDAL, Gunnar. *Teoria económica y regiones subdesarrolladas*. México: Fondo de Cultura Económica, [1957] 1959.

[153] MYRDAL, Gunnar. *Teoria económica y regiones subdesarrolladas*. México: Fondo de Cultura Económica, [1957] 1959, p. 29.

CAPÍTULO II – O DESENVOLVIMENTISMO CLÁSSICO E...

processo de mudanças estruturais no sistema produtivo doméstico é acompanhado de queda dos preços relativos dos bens manufaturados, observa-se simultaneamente uma expansão do volume e diversificação das exportações desses bens, cujo dinamismo nos mercados globais passa a atuar como um componente autônomo da demanda agregada, que acaba por sustentar maiores taxas de crescimento do PIB e da produtividade. No final das contas, ter-se-ia um processo cumulativo virtuoso, através do qual maior crescimento econômico acarreta maior produtividade, que sustenta maior crescimento econômico, e assim por diante.[154]

Essa causação cumulativa e circular não deve ser interpretada como uma tendência linear e sempre virtuosa. Isso significa não apenas que há fatores de curto prazo que operam na direção contrária, como os que deflagram ciclos econômicos recessivos, mas também que pode haver forças suficientemente capazes de gerar círculos viciosos de causalidade cumulativa, como estados de subdesenvolvimento ou longa estagnação econômica. Assim, pode-se afirmar que economias ricas, pobres ou que enfrentem décadas de estagnação – como a experiência brasileira desde 1980 – tendem a autorreforçar tais condições por causa do princípio da causalidade cumulativa e circular.

Embora já tenha sido antecipado na Introdução, é preciso lembrar que o surgimento e a diversificação de diversos segmentos *high tech* no setor de serviços desde a década de 1980, englobados no que se convencionou chamar de indústria da informação e comunicação (TIC), bem como a erupção em curso da quarta revolução industrial (ou Indústria 4.0), capitaneada pelas tecnologias digitais e de automação (robótica, inteligência artificial, *IoT, big data* etc.), poderão

---

[154] Para o leitor interessado, ver Dixon e Thirlwall (DIXON, Robert; THIRLWALL, Anthony P. "A model of regional growth-rate differences on Kaldorian Lines". *Oxford Economic Papers*, vol. 27, nº 2, jul. 1975), que formalizaram matematicamente o modelo kaldoriano de causalidade cumulativa e circular.

modificar, mas não eliminar o papel da indústria de transformação como motor que permite que economias pobres e ainda em estágios intermediários de desenvolvimento percorram o difícil caminho em direção à convergência tecnológica relativa e ao desenvolvimento.

Algumas razões me levam a alimentar tal perspectiva. A primeira é que, como argumentam Bianchi e Labory,[155] a nova revolução tecnológica em curso aponta para forte integração da indústria manufatureira com os serviços provenientes da economia digital, de tal sorte que é mais apropriado projetar a difusão de um ecossistema de tecnologias complexas para o conjunto do sistema econômico. Com isso, pode se esperar enorme expansão da produtividade nas atividades produtivas nos três setores da economia, decorrente não somente da absorção passiva dessas novas tecnologias irradiadas dos serviços *high tech*, mas também dos *feedbacks* dinâmicos que emergirão da integração das atividades produtivas com o referido ecossistema de tecnologias digitais. Além disso, segundo Kaldor,[156] como os retornos de escala dinâmicos operam predominantemente como um "macrofenômeno", não há qualquer razão para duvidar de que a "economia do conhecimento", impulsionada por essa integração, tenda a potencializá-los. Comenta Kaldor,[157] baseando-se no artigo clássico de Young:[158]

As economias de escala não resultam apenas da expansão de uma indústria específica, mas, sobretudo, da expansão industrial geral [inclusive dos segmentos *high tech* do setor de serviços sujeitos

---

[155] BIANCHI, Patrizio; LABORY, Sandrine. *Industrial policy for the manufacturing revolution*: perspectives on digital globalization. Cheltenham: Edward Elgar, 2018.

[156] KALDOR, Nicholas. *Strategic Factors in Economic Development*. Nova York: Cornell University, 1967.

[157] KALDOR, Nicholas. *Strategic Factors in Economic Development*. Nova York: Cornell University, 1967, p. 14 (grifo do autor).

[158] YOUNG, Allyn Abbot. "Increasing returns and economic progress". *The Economic Journal*, vol. XXXVIII, nº 152, dez. 1928.

a retornos crescentes, eu acrescentaria] que deve ser vista, como já proposto por Young, como *um todo interrelacionado*.

A segunda razão que me leva a acreditar que a indústria de transformação continuará jogando um papel fundamental na dura travessia dos países de renda baixa e média para padrões de países desenvolvidos é que os primeiros não podem simplesmente saltar para segmentos *high tech* da economia digital sem contar com um setor manufatureiro relativamente diversificado e pujante. Isso significa que países em desenvolvimento que sofreram intenso processo de regressão econômica nas últimas décadas – caso também do Brasil –, terão necessariamente que reciclar sua indústria velha como condição complementar para avançar tecnologicamente nos setores industriais e nas novas tecnologias da economia digital. Mas devem substituir tecnologias emissoras de gases de efeito estufa por tecnologias de baixo carbono, aproveitando tal oportunidade para, simultaneamente, promover inovações no campo energético e contribuir para a redução do aquecimento global.

Assim, nos idos de 1967, Kaldor[159] sentenciava que aos países pobres "não resta outra alternativa para o desenvolvimento econômico que envolva o domínio de modernas tecnologias e o incremento da renda per capita ao longo do tempo senão o caminho da industrialização". Nos tempos atuais, esse diagnóstico continua sendo compartilhado por autores como Aiginger e Rodrik,[160] segundo os quais "o setor manufatureiro continua crucial para o desenvolvimento e melhora do bem-estar de países de todas as faixas de renda per capita, já que constitui a principal fonte de progresso tecnológico".

---

[159] KALDOR, Nicholas. *Strategic Factors in Economic Development*. Nova York: Cornell University, 1967, p. 54.
[160] AIGINGER, Karl; RODRIK, Dani. "Rebirth of industrial policy and an agenda for the twenty-first century". *Journal of Industry, Competition and Trade*, vol. 20, nº 2, jun. 2020, p. 200.

2.4.2 Desindustrialização "natural" e desindustrialização prematura

Em suas contribuições teóricas nas décadas de 1960 e 1970, Kaldor reafirma que, no longo prazo, o desenvolvimento econômico depende fundamentalmente do crescimento da demanda de bens e serviços, bem como da capacidade de engendrar transformações estruturais que levem à expansão e diversificação de macrossetores produtivos com maior potencial de lograr retornos crescentes de escala dinâmicos. São esses dois fatores principais que, submetidos ao mecanismo da causalidade cumulativa e circular, explicam a diferença entre as taxas de crescimento entre os países e regiões geográficas. Argumenta Kaldor[161] que

> faz todo sentido afirmar que a acumulação de capital [e o progresso técnico, eu acrescentaria] é não apenas resultado (talvez mais), como também causa do desenvolvimento econômico. De qualquer forma, as inter-relações operam lado a lado. A acumulação de capital é predominantemente financiada pelos lucros das companhias empresariais; o crescimento da demanda, por sua vez, é responsável tanto por incrementar novos investimentos de capital na indústria, como por criar os meios para financiá-los (...).
> Além disso, algumas regiões são altamente industrializadas, em detrimento de outras, por conta do princípio da causalidade cumulativa e circular, que nada mais é do que a existência de retornos crescentes de escala nas atividades de processo industrial. Tais benefícios dizem respeito não apenas às economias dinâmicas inerentes à produção em larga escala, mas também às vantagens cumulativas proporcionadas pelo crescimento da indústria propriamente dita, como o aprimoramento do *know-how* e da qualificação técnica, o aumento do fluxo de

---

[161] KALDOR, Nicholas. "The case for regional policies". In: _____. *Further Essays on Economic Theory*. Londres: Duckworth, [1970] 1978, pp. 142-144.

CAPÍTULO II – O DESENVOLVIMENTISMO CLÁSSICO E...

ideias e aprendizado decorrente do avanço das comunicações, bem como a maior diferenciação dos processos produtivos e da especialização das atividades humanas (...). Com tudo isso, se os canais de comunicação e transporte entre duas regiões forem ampliados, a região mais desenvolvida pode obter maiores ganhos com a abertura comercial recíproca do que a menos desenvolvida, cujo processo de desenvolvimento pode, inclusive, ser inibido por ela.

A última advertência contida na citação anterior é particularmente importante, porque Kaldor[162] foi o autor que, pioneiramente, identificou uma tendência à retração do emprego no setor industrial em relação ao emprego total, fenômeno conhecido como desindustrialização. Na concepção de Kaldor, se um país alcançar nível de renda per capita em torno da média mundial e continuar perseguindo sua trajetória de *catching up*, o emprego excedente na agricultura tende a ser eliminado, fazendo com que a absorção de progresso técnico neste setor passe a ser sua principal fonte propulsora de produtividade. Em contrapartida, a participação do emprego relativo no setor industrial tende a se estabilizar, ao passo que o setor de serviços passa a ser a principal fonte geradora de emprego em termos absolutos e relativos. Já quando o país alcança *status* de desenvolvido e elevado nível de renda per capita, as transformações tecnológicas capitaneadas pela indústria manufatureira tendem a contrair expressivamente o emprego relativo no setor e a deflagar um processo de desindustrialização que, a essa altura, deve ser avaliado como um fenômeno "natural", porque resultante do efeito do progresso técnico no longo prazo.

---

[162] KALDOR, Nicholas. "Causes of the slow rate of economic growth of the United Kingdom: an inaugural lecture". In: _____. *Further Essays on Economic Theory*. Londres: Duckworth, [1966] 1978; KALDOR, Nicholas. *Strategic Factors in Economic Development*. Nova York: Cornell University, 1967.

Posteriormente, com base em evidências empíricas, Rowthorn e Ramaswamy[163] sugeriram que a desindustrialização poderia ser expressa por um U invertido. Nele, a participação do emprego no setor manufatureiro em relação ao emprego total cresce à medida que avança a renda per capita, alcança um nível máximo e, a partir de determinado nível de inflexão da renda per capita, contrai-se expressivamente. No caso dos países desenvolvidos, a desindustrialização tem se manifestado menos pela queda da participação da indústria de transformação no PIB (medida em valor adicionado a preços constantes) e mais pela retração relativa do emprego industrial. As estimações de Rowthorn e Ramaswamy indicam que a elasticidade-renda da demanda dos produtos manufaturados é significativamente maior do que 1 quando países pobres deflagram e sustentam o processo de industrialização (ou seja, cada aumento de 1% na renda per capita acarreta incremento de mais de 1% na demanda desses produtos), mas é significativamente menor do que a unidade a partir da renda per capita de *turning point*, quando a elasticidade-renda dos serviços ultrapassa a dos produtos industrializados.[164] No entanto, esse efeito dinâmico adverso na demanda de bens manufaturados tende a ser compensado pela queda de seus preços relativos, bem como pela expansão e diversificação de suas exportações, ambos reflexos do aumento da competitividade induzida pelo progresso tecnológico.

---

[163] ROWTHORN, Robert; RAMASWAMY, Ramana. "Growth, trade and deindustrialization". *IMF Staff Papers*, vol. 46, n° 1, mar. 1999, p. 30.

[164] Generalizando, a elasticidade-renda da demanda mede o efeito proporcional da quantidade demandada de um bem, serviço, ou grupo de produtos, decorrente da variação percentual ocorrida na renda dos consumidores. Embora só seja possível estimá-la empiricamente, ela tende a ser baixa (menor do que a unidade) para produtos essenciais, como alimentos, e mais elevada (superior à unidade) para produtos sofisticados, como uma ampla gama de bens de consumo duráveis e serviços.

Se a desindustrialização nos países desenvolvidos costuma ser avaliada como um fenômeno "natural" não necessariamente ruim, o mesmo não se pode dizer da chamada "desindustrialização prematura", pioneiramente concebida por Palma[165] para se referir ao fenômeno que tem acometido os países latino-americanos nas últimas décadas. Ancorando-se também em evidências empíricas, Palma observa que a renda per capita média de *turning point* a partir da qual os países têm entrado em processo de desindustrialização diminuiu drasticamente de US$20.645 para US$8.691 entre 1980 e 1998 (em US$ a preços de paridade do poder de compra de 1985). Ou seja, segundo o autor, muitos países em desenvolvimento, especialmente na América Latina, têm sofrido desindustrialização prematura, não por causa do avanço tecnológico nas três últimas décadas, mas devido ao impacto adverso das reformas excessivamente liberalizantes sobre o ritmo de crescimento, a estrutura produtiva e a composição das exportações. O autor acrescenta que tais reformas representaram a substituição de uma agenda em prol da industrialização por outra concentrada apenas na estabilização de preços.

No Brasil, por exemplo, um dos países mais afetados pelo processo de desindustrialização prematura desde meados dos anos 1980, o fenômeno consubstanciou-se predominantemente na queda relativa da participação do valor adicionado da indústria no PIB e no aumento dramático da especialização internacional em *commodities*, isto é, produtos primários e industrializados intensivos em recursos naturais, cujos preços são altamente voláteis e flutuam ao sabor dos descompassos entre a oferta e demanda globais.[166] A de-

---

[165] PALMA, José Gabriel. "Four sources of de-industrialisation and a new concept of the Dutch disease". *In*: OCAMPO, José Antonio (Coord.). *Beyond Reforms*. Palo Alto: Stanford University Press, 2005.

[166] De acordo com Nassif e Castilho (NASSIF, André; CASTILHO, Marta. "Trade patterns in a globalised world: Brazil as a case of regressive specialization". *Cambridge Journal of Economics*, vol. 44, nº 3, mai. 2020), a participação de bens primários e produtos industrializados intensivos em recursos naturais ("*commodities*") no total das exportações

sindustrialização prematura é particularmente grave, porque a perda relativa de musculatura do tecido manufatureiro, antes que o país tenha logrado alcançar a renda per capita média dos países ricos, acaba por sacrificar o potencial de desenvolvimento tecnológico, de crescimento econômico e de geração de empregos qualificados com salários elevados no futuro.

2.4.3 "Catching up" e regressão econômica: de Kaldor à lei de Thirlwall

Na teoria formulada por Kaldor,[167] o desenvolvimento econômico "resulta de um complexo de interações e *feedbacks* dinâmicos associados à expansão da oferta e demanda", mas é o ritmo de crescimento da demanda, seja de bens de consumo de elevada elasticidade-renda, bens de investimento ou exportações, que **governa** a dinâmica do crescimento no longo prazo. Ainda assim, Kaldor[168] conjectura se gargalos do lado da oferta potencial, especialmente a escassez de força de trabalho, poderiam reduzir o crescimento das economias no longo prazo. Inicialmente, o autor imaginava que sim. Seu argumento era que a escassez absoluta de trabalhadores poderia atuar como barreira ao crescimento em economias avançadas que,

---

brasileiras aumentou, em média, de 49,6% para 66,3% entre 1990-1995 e 2011-2016. Nas palavras dos autores (NASSIF, André; CASTILHO, Marta. "Trade patterns in a globalised world: Brazil as a case of regressive specialization". *Cambridge Journal of Economics*, vol. 44, nº 3, mai. 2020, p. 696), esses resultados revelam inequívoca reprimarização da cesta de exportações e "especialização regressiva" do comércio exterior brasileiro.

[167] KALDOR, Nicholas. "Causes of the slow rate of economic growth of the United Kingdom: an inaugural lecture". In: _____. *Further Essays on Economic Theory*. Londres: Duckworth, [1966] 1978, p. 112.

[168] KALDOR, Nicholas. "Causes of the slow rate of economic growth of the United Kingdom: an inaugural lecture". In: _____. *Further Essays on Economic Theory*. Londres: Duckworth, [1966] 1978; KALDOR, Nicholas. *Strategic Factors in Economic Development*. Nova York: Cornell University, 1967.

além de terem atingido níveis elevados de produtividade média agregada e de renda per capita, já tivessem também alcançado *status* de economias "maduras".

A partir daí, as diferenças intersetoriais de produtividade por trabalhador passariam a ser praticamente insignificantes e todo o excedente da força de trabalho já teria migrado da agricultura para os setores industrial e de serviços. Nessas circunstâncias, o eventual esgotamento do excedente de trabalho no setor agrícola, ao fazer com que a única saída para a expansão da produtividade nessa área seja a absorção de progresso técnico, elimina a elasticidade da oferta estrutural de mão de obra para o setor industrial. Com isso, economias que tivessem atingido tal maturidade tecnológica enfrentariam taxas de crescimento mais baixas. O autor advertia, no entanto, que a maioria dos países ditos avançados, conquanto tenha logrado atingir elevados níveis de renda per capita, não alcançou necessariamente a condição de economias maduras.

Posteriormente, Kaldor[169] abandona esse argumento, ao reconhecer que o esgotamento do excesso de trabalhadores na agricultura, no sentido proposto pioneiramente por Lewis, significa apenas que as economias maduras não poderiam mais contar com a possibilidade de crescer com oferta ilimitada de mão de obra proveniente desse setor, mas que havia possibilidades de superação dessa barreira por outras vias. Uma das brechas já havia sido claramente aventada por Kaldor em seu artigo original de 1966, ao sustentar *à la* Marx, que os empresários, pressionados pela concorrência intercapitalista, podem se antecipar, introduzindo técnicas produtivas poupadoras dos recursos escassos, especialmente de mão de obra.

---

[169] KALDOR, Nicholas. "Productivity and growth in manufacturing industry: a reply". *Economica*, vol. 35, nº 140, nov. 1968.

Não por acaso, frente aos indícios de inovações radicais em curso, Kaldor[170] comenta que

> uma nova revolução tecnológica – eletrônica e automação – reduzirá radicalmente a necessidade de trabalho na indústria, de modo que será possível combinar crescimento acelerado com queda **relativa** do emprego.

Em suma, segundo a teoria kaldoriana, fatores do lado da oferta podem eventualmente antepor limitações conjunturais, mas dificilmente atuam como empecilhos **estruturais** à sustentação do crescimento no longo prazo.

Se a demanda é o motor dinâmico do crescimento, há limites a sua expansão no longo prazo? Para Kaldor, sim, mas apenas quando as economias alcançam a maturidade tecnológica. Em economias pobres, com níveis reduzidos de renda per capita, o padrão de crescimento da demanda é muito pouco dinâmico, porque parte expressiva dela concentra-se em bens essenciais (especialmente alimentos), com reduzida elasticidade-renda. Quando o processo de desenvolvimento decola e essas economias conseguem alcançar faixas médias de renda per capita, caso dos países em desenvolvimento como o Brasil, o ritmo de incremento da demanda aumenta e se diversifica expressivamente para bens de elevada elasticidade-renda, notadamente manufaturados. Nessa fase, abrem-se enormes oportunidades para sustentar o processo de industrialização e o crescimento econômico, mediante a combinação de substituição de importações e promoção das exportações de produtos com maior dinamismo nos mercados globais.

Historicamente, os processos exitosos de desenvolvimento mostram que, nessa fase, ocorrem profundas mudanças estruturais, em que o protagonismo relativo da agropecuária é substituído

---

[170] KALDOR, Nicholas. "Productivity and growth in manufacturing industry: a reply". *Economica*, vol. 35, nº 140, nov. 1968, p. 121 (grifo do autor).

pela maior participação relativa do setor manufatureiro, tanto na estrutura produtiva quanto na cesta de exportações totais do país. Já quando as economias transitam para faixas elevadas de renda per capita, o ritmo de crescimento da demanda doméstica de bens manufaturados arrefece, refletindo a queda na elasticidade-renda da demanda desses produtos relativamente aos serviços, na linha do que comprovariam mais tarde Rowthorn e Ramaswamy,[171] como ilustrado anteriormente.

Kaldor adverte que, dentre os componentes domésticos (consumo e investimento) e externo (exportações) da demanda, a expansão de exportações em ritmo superior às importações figura como o canal mais importante para se tornar exitoso o *catching up*, bem como para, a partir daí, evitar uma desaceleração muito acentuada do crescimento econômico no longo prazo. Isso ocorre porque um grande dinamismo das exportações exerce três funções simultâneas: i) opera como um componente autônomo que influencia o ritmo de crescimento dos demais componentes da demanda agregada, inclusive o investimento; ii) facilita o aprendizado tecnológico, o *learning-by-doing*, e os ganhos de escala, reforçando a competitividade da economia; e, talvez o mais importante: iii) se mantiver um ritmo de crescimento superior ao das importações, permite a geração de divisas necessárias ao pagamento destas últimas, evitando que o crescimento econômico seja frequentemente abortado por excesso de endividamento externo e crises de balanço de pagamentos. Para evitar confusão, cabe ressaltar que a perspectiva kaldoriana realça o papel do dinamismo das exportações líquidas não como motor do crescimento no longo prazo *per se* (*export-led growth*), já que em países de dimensões continentais como os Estados Unidos e Brasil os componentes do mercado doméstico (investimento e consumo) tendem a exercer esse papel, mas como motor autônomo que poderá

---

[171] ROWTHORN, Robert; RAMASWAMY, Ramana. "Growth, trade and deindustrialization". *IMF Staff Papers*, vol. 46, n° 1, mar. 1999.

assegurar crescimento econômico sem a emergência de desequilíbrios estruturais no balanço de pagamentos.[172]

Baseado na premissa kaldoriana de que o ritmo de crescimento econômico no longo prazo é ditado pela expansão das exportações líquidas, Thirlwall[173] formulou uma das mais simples, conhecidas, e robustas leis explicativas do diferencial de crescimento relativo

---

[172] O balanço de pagamentos computa os fluxos de receitas e despesas em divisas (normalmente, dólares) relativos às operações comerciais (exportações, importações, serviços comercializáveis etc.) e financeiras (fluxos de investimento direto, empréstimos e financiamentos, amortizações de dívidas e outras modalidades de capitais financeiros) realizadas entre o país e o resto do mundo. O saldo do balanço de pagamentos será superavitário, se o resultado tiver ensejado maiores receitas que pagamentos em divisas; ou deficitário, se ocorrer o contrário. Além de uma conta de erros e omissões (item residual, apenas para assegurar o fechamento contábil do resultado), o saldo total do balanço de pagamentos resulta dos saldos de duas contas principais: a conta-corrente (ou transações correntes) e a conta capital e financeira. O saldo em conta-corrente inclui os saldos da balança comercial, de serviços, de rendas primárias (decorrentes de recebimentos e pagamentos relativos a serviços de fatores de produção, como os lucros, dividendos etc.) e de rendas secundárias (transferências unilaterais e donativos). O saldo da conta capital e financeira resulta dos saldos de investimento direto, de empréstimos e financiamentos, de amortizações de dívidas e de capital para aplicações financeiras em portfólio de títulos e bônus. Para um país em desenvolvimento, a conta mais estratégica é a conta-corrente, já que, se mostrar tendência de déficits crescentes ao longo do tempo, revela crescente dependência do país a capitais estrangeiros ("poupança externa"). Numa palavra, países que amparam sua estratégia de crescimento de longo prazo em déficits crescentes em conta-corrente tendem a aumentar o nível de endividamento externo que, no limite, acaba por se revelar insustentável, levando-os a enfrentar crises cambiais (crises de balanço de pagamentos) e recessões severas. Para maiores detalhes, sugere-se a excelente exposição do tema feita por Simonsen e Cysne (SIMONSEN, Mário Henrique; CYSNE, Rubens Penha. *Macroeconomia*. 4ª ed. São Paulo: Atlas, 2009, cap. 2).

[173] THIRLWALL, Anthony Philipe. "The balance of payments constraint as an explanation of international growth rate differences". *PSL Quarterly Review*, vol. 64, nº 259, [1979] 2011.

CAPÍTULO II – O DESENVOLVIMENTISMO CLÁSSICO E...

entre os países na economia global. Denominada lei de Thirlwall, ela é expressa por uma equação bastante simples:

$$\frac{PIB\,País_{BP}}{PIB\,Mundial} = \frac{Elasticidade-renda\ da\ demanda\ de\ exportações\ do\ país}{Elasticidade-renda\ da\ demanda\ de\ importações\ do\ país} \quad (2.1)$$

Em que é a taxa de crescimento média anual **estimada** do PIB do país compatível com o equilíbrio de seu balanço de pagamentos no longo prazo, e é a taxa de crescimento média anual do PIB mundial.[174] Como se trata de uma lei de tendência de longuíssimo prazo, a interpretação da equação é tão singela quanto sua fórmula: a taxa de crescimento econômico de um país em relação à média mundial depende da razão entre as elasticidades-renda da demanda das exportações e importações desse mesmo país. Confirmada por vários estudos empíricos,[175] a lei de Thirlwall oferece dois importantes *insights* sobre as condições requeridas para que a trajetória de desenvolvimento econômico e *catching up* de um país seja bem-sucedida: Se um país mantiver, de forma permanente, um ritmo de crescimento em que a elasticidade-renda da demanda dos produtos exportados (isto é, o impacto percentual sobre as exportações decorrente de cada variação percentual na renda mundial) supere a elasticidade-renda da demanda dos produtos importados (isto é, o impacto percentual sobre as importações decorrente de cada variação percentual na renda doméstica), será possível sustentar crescimento compatível

---

[174] Os detalhes da demonstração teórica da lei podem ser verificados em Thirlwall (THIRLWALL, Anthony Philipe. "The balance of payments constraint as an explanation of international growth rate differences". *PSL Quarterly Review*, vol. 64, n° 259, [1979] 2011), ao passo que as influências teóricas que o levaram a formulá-la estão descritas em Thirlwall (THIRLWALL, Anthony Philipe. "Balance of Payments Constrained Growth Models: History and Overview". *PSL Quarterly Review*, vol. 64, n° 259, 2011).

[175] O próprio Thirlwall (THIRLWALL, Anthony Philipe. "The balance of payments constraint as an explanation of international growth rate differences". *PSL Quarterly Review*, vol. 64, n° 259, [1979] 2011) faz um resumo dos principais estudos empíricos que corroboram a referida lei.

com equilíbrio do balanço de pagamentos e uma trajetória exitosa de *catching up*;

i) O padrão de especialização internacional importa, o que significa que o grande desafio dos países em desenvolvimento é sustentar um ritmo de crescimento caracterizado, simultaneamente, por mudanças estruturais que ampliem o volume e a participação das exportações de bens manufaturados e serviços de maior sofisticação tecnológica no total exportado, os quais detêm maiores elasticidades-renda da demanda nos mercados globais. A melhor alternativa para os países em desenvolvimento é escapar da armadilha da excessiva dependência da exportação de *commodities*, pois, como argumentam McCombie e Thirlwall,[176]

> para países que combinam baixas taxas de crescimento das exportações com elevada elasticidade-renda da demanda de importações, a mensagem é clara: a maior parte dos bens produzidos será pouco atrativa, tanto nos mercados domésticos como externos.

Esse estado de coisas torna anêmicos os respectivos ritmos de crescimento econômico desses países, sujeitando-os à excessiva dependência de financiamento externo e a frequentes crises estruturais do balanço de pagamentos. Por isso, não importa apenas **quanto** os países exportam, mas também **o que** exportam. Não por acaso, desde que Pavitt[177] propôs uma metodologia associando cada tipo de tecnologia ao fator preponderante que molda o posicionamento competitivo das empresas e setores nos curto e longo prazos, diversos indicadores do grau de sofisticação tecnológica foram elaborados

---

[176] MCCOMBIE, John S. L.; THIRLWALL, Anthony P. *Economic growth and the balance-of-payments constraint.* Londres: St Martin's Press, 1994, p. 244.

[177] PAVITT, Keith. "Sectoral patterns of technical change: towards a taxonomy and a theory". *Research Policy*, vol. 13, n° 6, dez. 1984.

CAPÍTULO II – O DESENVOLVIMENTISMO CLÁSSICO E...

e passaram a ser largamente utilizados em estudos empíricos. Merecem menção os indicadores que medem o grau de intensidade tecnológica de cada setor propostos por Lall;[178] os que associam a estrutura qualitativa da pauta de exportação ao crescimento do PIB no longo prazo, elaborados por Hausmann, Hwang e Rodrik;[179] e os de complexidade tecnológica, que consistem em mensurar a estrutura qualitativa das exportações de acordo com o maior número de capacitações tecnológicas (*"capabilities"*) sob domínio das empresas de um determinado país, desenvolvidos por Hausmann e Hidalgo.[180]

A equação (2.1) anterior é chamada de versão "forte" da lei de Thirlwall, por pressupor que os preços relativos (inclusive a taxa de câmbio real) permanecem constantes ao longo do tempo. Uma versão "fraca", que considera a hipótese mais realista de que os preços relativos sofrem alterações intertemporais, é expressa por:[181]

$$PIB\,País_{BP} = \frac{\hat{x}}{Elasticidade\text{-}renda\ da\ demanda\ de\ importações\ do\ país} \qquad (2.2)$$

em que é a taxa (observada) de crescimento das exportações. Enquanto a versão "forte" estima a taxa de crescimento relativa de um país em relação ao resto do mundo, necessária para manter o crescimento sem gerar desequilíbrios estruturais no balanço de

---

[178] LALL, Sanjaya. *The technological structure and performance of developing country manufactured exports, 1985-1998*. Oxford: Queen Elizabeth House; University of Oxford, 2000.

[179] HAUSMANN, Ricardo; HWANG, Jason; RODRIK, Dani. *What you export matters*. Cambridge: National Bureau of Economic Research, 2005.

[180] HAUSMANN, Ricardo; HIDALGO, César. *Country diversification, product ubiquity, and economic divergence*. Cambridge: Center for International Development at Harvard University, 2010.

[181] Ver THIRLWALL, Anthony Philiphe. "Balance of Payments Constrained Growth Models: History and Overview". *PSL Quarterly Review*, vol. 64, nº 259, 2011.

pagamentos, a versão "fraca" estima a taxa de crescimento desse mesmo país em termos absolutos, permitindo confrontá-la com a taxa de crescimento efetivamente observada. Para antecipar ao leitor uma ideia da aplicação da lei de Thirlwall em ambas as versões, a Tabela 1 mostra as estimações dos parâmetros desta lei para os países do grupo BRICS (Brasil, Rússia, Índia, China e África do Sul) no período 1995-2013.

Tabela 1: Crescimento econômico estimado e efetivo no BRICS – a lei de Thirlwall: 1995-2013

País	Elasticidade-renda da demanda de exportações	Elasticidade-renda da demanda de importações	Taxa de crescimento das exportações observadas (média anual, em %)	Taxa de crescimento do PIB observado (média anual, em %)	Lei de Thirlwall – versão "forte"	Lei de Thirlwall – versão "fraca"
	1	2	3		1/2	3/2
Brasil	1,74	2,01	6,01	3,17	0,87	2,99
Rússia	1,08	2,23	4,17	3,32	0,48	1,86
Índia	2,66	1,31	9,56	6,95	2,03	7,30
China	5,81	1,56	15,91	9,67	3,72	10,20
África do Sul	0,64	1,50	4,23	3,13	0,43	2,82

Fonte: Nassif, Feijó e Araújo (2016, tabelas 4, 5 e 6).

China e Índia são os únicos países do BRICS que, mantendo elasticidade-renda da demanda dos bens exportados (5,81 e 2,66, respectivamente) superior à dos bens importados (1,56 e 1,31, respectivamente), conseguiram seguir trajetórias de *catching up* no período 1995-2013. Como se verifica na penúltima coluna (lei de Thirlwall, versão "forte"), as razões entre a elasticidade-renda da demanda dos bens exportados e importados pela China e Índia (iguais a 3,72 e 2,03, respectivamente) indicam que esses países mantiveram taxas de crescimento estimadas, consistentes com o equilíbrio de seu balanço de pagamentos, de 272% e 103%, em médias anuais, respectivamente, acima do crescimento médio mundial. Já Brasil e África do Sul mantiveram trajetórias de regressão econômica (*falling-behing*), uma vez que suas respectivas taxas de crescimento médias anuais, **estimadas** em 87% e 43%, respectivamente, foram inferiores às taxas de crescimento médias anuais **observadas** na economia mundial.

Tal como ocorrera no artigo original de Thirlwall[182] para o caso do Japão, os testes econométricos relacionados aos resultados da Tabela 1 não permitiram extrair conclusões para o caso da Rússia, que, diferentemente dos demais países do grupo BRICS, mostrou taxas de crescimento estimadas (lei de Thirlwall, versão "fraca") bem distintas das observadas (médias anuais de, respectivamente, 1,9% e 4,2%). Observe também, que no confronto entre a quinta e a última coluna da Tabela 1, China e Índia foram os únicos países que tiveram taxas de crescimento efetivamente observadas até inferiores às que poderiam alcançar sem gerar desequilíbrios estruturais no balanço de pagamentos no longo prazo.

Considerações finais

As teorias apresentadas neste capítulo se destacam pela demonstração dos seguintes fatos estilizados:

i) O desenvolvimento não se limita apenas ao crescimento econômico ("mais do mesmo"), mas se desdobra num processo em que este último, para se sustentar no longo prazo, deve ser acompanhado por expressivas mudanças na estrutura produtiva. Isso implica que o desenvolvimento é um processo pelo qual os recursos produtivos (especialmente força de trabalho)

---

[182] THIRLWALL, Anthony Philipe. "The balance of payments constraint as an explanation of international growth rate differences". *PSL Quarterly Review*, vol. 64, n° 259, [1979] 2011.

se deslocam paulatinamente dos setores tradicionais de baixa produtividade (notadamente, a agricultura tradicional), para os setores modernos de elevada produtividade (a indústria de transformação, acompanhada, de forma simultânea ou não, pelos segmentos mais produtivos do setor de serviços);

ii) Os efeitos cumulativos do progresso tecnológico e da formação de capital sobre o ecossistema composto pela indústria de transformação e pelos serviços digitais associados às tecnologias de informação e comunicação (TICs) fazem com que o dinamismo dessas indústrias determine a taxa de crescimento da economia e, consequentemente, o ritmo de incremento da produtividade no longo prazo. Esses benefícios tendenciais ocorrem porque os impactos sucessivos do progresso tecnológico e da acumulação de capital fazem com que as referidas indústrias obtenham retornos crescentes de escala, estáticos e dinâmicos. O leitor deve lembrar que, quando os investimentos se sucedem em determinado ritmo nos setores que operam sob tais condições, a taxa de crescimento da produção nesses mesmos setores varia em proporção maior, fazendo com que o incremento da produtividade se sustente no longo prazo. No final das contas, quando se avaliam os impactos dinâmicos agregados, conclui-se que o valor adicionado da economia, isto é, o PIB, também cresce num ritmo maior e, com ele, a evolução da produtividade agregada. Portanto, o ritmo de crescimento da produtividade depende do ritmo de crescimento da economia, e não o contrário, como postulam os liberais neoclássicos;

iii) Políticas de *laissez-faire* e de adesão a práticas irrestritas de livre-comércio internacional não asseguram decolagem e consolidação da trajetória de *catching up*, sendo imprescindível a coordenação do Estado por meio de políticas de planejamento em prol do desenvolvimento econômico. A rejeição da hipótese de *laissez-faire* e o reconhecimento da necessidade de intervenção do Estado para coordenar os investimentos privados são aspectos comuns à escola desenvolvimentista como um todo, mas a ênfase com respeito ao acionamento dos instrumentos de política industrial (proteção aduaneira, subsídios etc.), bem como a articulação desta com o regime macroeconômico, varia entre os subgrupos. A esse respeito, a escola da Cepal e o novo-desenvolvimentismo, que serão discutidos no próximo capítulo, são bem mais enfáticos na defesa desses mecanismos.

CAPÍTULO III
O MODELO CENTRO-PERIFERIA E A ECONOMIA POLÍTICA DA CEPAL: ONTEM E HOJE

Introdução

Os países subdesenvolvidos, notadamente na América Latina e na Ásia, não reproduziram, necessariamente, processos de desenvolvimento análogos aos dos países capitalistas hoje adiantados, especialmente os da Europa Continental. Por isso, embora as teses estruturalistas-desenvolvimentistas latino-americanas tenham também amparado a defesa da industrialização como a única via para superar o subdesenvolvimento, com base em argumentos idênticos aos analisados no capítulo anterior,[183] suas teorias contêm dois aspectos que demarcam maior avanço em relação ao desenvolvimentismo

---

[183] Vale lembrar que as teses estruturalistas-desenvolvimentistas latino-americanas, a exemplo do desenvolvimentismo clássico, amparam-se nas hipóteses de que o setor manufatureiro é o motor da acumulação de capital e constitui-se na principal fonte geradora e disseminadora do progresso técnico, e, por outro lado, na concepção de que o desenvolvimento econômico envolve um processo de mudança estrutural em que os recursos produtivos são realocados dos setores de baixa produtividade para os de alta produtividade.

clássico: por um lado, a incorporação das especificidades históricas, sociais e institucionais de cada país ou região, bem como do padrão de inserção das economias subdesenvolvidas ou em desenvolvimento ("periféricas") na economia global; e, por outro lado, a ênfase em proposições de políticas econômicas em prol do desenvolvimento ("políticas de desenvolvimento" e "políticas de planejamento econômico"), sem as quais não é possível promover e sustentar trajetórias bem sucedidas de convergência dessas economias para níveis elevados de renda per capita e bem-estar. Como ressalta Celso Furtado[184] em um de seus estudos clássicos, sem interação com historiadores, antropólogos, sociólogos e outros cientistas sociais, os economistas não conseguem responder por que uma sociedade se desenvolve e tampouco identificam com clareza os agentes sociais a que se deve esse processo. Ainda assim, acrescenta Furtado,[185] "a análise econômica pode precisar o **mecanismo** do desenvolvimento econômico", mas os fatores históricos marcantes de um país ou região devem ser levados em conta.

Este capítulo e o próximo debruçam-se nas teses de Prebisch-Singer (modelo centro-periferia) e Furtado (subdesenvolvimento-desenvolvimento-estagnação), autores fundamentais na formulação de uma teoria do desenvolvimento dos países periféricos. Neste capítulo, particularmente, o modelo centro-periferia, que constitui o marco da economia política da Cepal, é analisado em três seções. A Seção 3.2 discute o modelo centro-periferia, base analítica das teorias estruturalistas e neoestruturalistas de desenvolvimento latino-americanas. A Seção 3.3 analisa o aparato analítico da economia política da Cepal como princípio norteador das políticas nacional-desenvolvimentistas latino-americanas adotadas no período 1950-1980. A Seção 3.4 discute a evolução do modelo centro-periferia entre os anos 1980 e a atualidade. Mostrarei como os economistas cepalinos, influenciados

---

[184] FURTADO, Celso. "Formação de capital e desenvolvimento econômico". *Revista Brasileira de Economia*, vol. 6, n° 3, set. 1952.

[185] FURTADO, Celso. "Formação de capital e desenvolvimento econômico". *Revista Brasileira de Economia*, vol. 6, n° 3, set. 1952, p. 14 (grifo do autor).

pelos modelos evolucionários neoshumpeterianos e munidos de instrumental microeconômico sofisticado, mantiveram incólumes as proposições originais de Prebisch com respeito às restrições externas ao desenvolvimento econômico dos países periféricos, embora tenham feito também um balanço crítico da prática do modelo de substituição de importações na América Latina.

3.1 O modelo centro-periferia como base teórica do estruturalismo-desenvolvimentista latino-americano

O modelo centro-periferia origina-se das teses desenvolvidas por Raúl Prebisch, segundo secretário-executivo da Cepal, e Hans Singer, economista do Departamento Econômico das Nações Unidas. Essas teses foram concebidas de forma quase simultânea, mas independente, no início dos anos 1950.[186] Prebisch,[187] particularmente, divide a economia mundial em dois blocos de países: o "centro", formado pelos países desenvolvidos, que concentram as inovações e detêm a posição de quase-monopólio do progresso técnico global, e a "periferia", formada pelos países subdesenvolvidos ou em desenvolvimento, que procuram imitar e absorver o progresso técnico emanado dos países centrais.

---

[186] Embora o artigo seminal de Prebisch tenha sido publicado em espanhol, em 1949, a edição em inglês é de 1950, mesmo ano em que o artigo de Singer foi publicado na *American Economic Review*.

[187] PREBISCH, Raúl. *El desarrollo económico de la América Latina y algunos de sus principales problemas*. Santiago: Naciones Unidas; Cepal, 1949.

Com base na dinâmica dos fluxos de comércio de bens e serviços entre os países do centro e da periferia, Prebisch[188] e Singer[189] concluem que os benefícios oriundos da divisão internacional do trabalho não se transferiam à periferia, ao contrário do que postula a teoria das vantagens comparativas, base da defesa do livre-comércio. Embora esta teoria seja rediscutida no Capítulo VIII, que se ocupará dos aspectos analíticos concernentes à corrente liberal neoclássica, convém já antecipar ao leitor seus elementos centrais, para fins de maior clareza didática.

A teoria das vantagens comparativas, concebida por David Ricardo,[190] propõe que, sob *laissez-faire* e livre-comércio internacional, cada país tende a se especializar na produção de bens e serviços **relativamente** mais baratos, ou seja, que sejam produzidos com maior produtividade relativa ou "vantagem comparativa".[191] Para ilustrar com um exemplo hipotético, imagine que a economia global, constituída pelos países centrais e periféricos, produza duas categorias de bens: primários, como soja, frutas e café; e manufaturados, como vestuário, calçados e máquinas e equipamentos. A teoria das vantagens comparativas apresenta um resultado contraintuitivo: mesmo que os países periféricos sejam capazes de produzir alguns desses bens manufaturados (por exemplo, calçados) a preços mais baratos,

---

[188] PREBISCH, Raúl. *El desarrollo económico de la América Latina y algunos de sus principales problemas*. Santiago: Naciones Unidas; Cepal, 1949.

[189] SINGER, Hans Wolfgang. "The distribution of gains between investing and borrowing countries". *The American Economic Review*, vol. 40, n° 2, mai. 1950.

[190] RICARDO, David. *Princípios de economia política e tributação*. São Paulo: Abril Cultural, [1817] 1982.

[191] A rigor, quando se consideram diversos segmentos produtivos em uma economia, as vantagens comparativas são determinadas, conjuntamente, pelas diferenças entre as produtividades relativas e os salários relativos de cada um deles em relação aos segmentos congêneres do parceiro comercial. O leitor interessado numa análise detalhada dessa teoria pode ver Krugman, Obstfeld e Melitz (2015), em especial o Capítulo III.

CAPÍTULO III – O DO MODELO CENTRO-PERIFERIA E A ECONOMIA...

em termos absolutos, do que os países centrais, é mais recomendável que os recursos produtivos sejam alocados na produção dos bens considerados **relativamente** mais baratos.

Assim, a teoria das vantagens comparativas postula que os países periféricos só serão capazes de maximizar a eficiência se os recursos da economia forem aproveitados prioritariamente na produção de bens e serviços com menores custos comparativos ("custos de oportunidade"). Como é considerada, até hoje, a base para a defesa do livre-comércio, essa teoria conduz à conclusão de que os países periféricos devem se especializar na produção de produtos primários, e os países centrais na produção de manufaturados.

Na versão original de Ricardo,[192] a fonte que determina as vantagens comparativas de cada país é o domínio relativo da tecnologia utilizada no processo produtivo de cada bem. Esta, por sua vez, reflete o maior ou menor tempo de trabalho relativamente incorporado na produção quando comparado aos demais competidores internacionais. Entretanto, a teoria trata a tecnologia como um fator exógeno, isto é, uma dádiva que, misteriosamente herdada das práticas de *laissez-faire* e livre-comércio, diferencia países centrais e periféricos. Desconsidera, portanto, que a geração e difusão de tecnologia resultam da interação simultânea entre os estímulos provenientes das políticas governamentais e as respostas decorrentes dos esforços inovativos apresentadas pelos setores privados que comandam a atividade produtiva numa economia de mercado. A teoria das vantagens comparativas negligencia o fato de que é dessa interação dinâmica que resultam maior ou menor ritmo de acumulação de capital e desenvolvimento tecnológico.

Posteriormente, a teoria das vantagens comparativas ganhou uma versão teórica distinta, que lhe é complementar, desenvolvida

---

[192] RICARDO, David. *Princípios de economia política e tributação*. São Paulo: Abril Cultural, [1817] 1982.

pelos economistas neoclássicos suecos Eli Heckscher[193] e Bertil Ohlin.[194] Nessa versão, em vez das diferentes tecnologias relativas, a explicação dos diferentes custos e preços relativos dos bens e serviços produzidos em cada país passou a ser a distinta dotação relativa de fatores dispersa na economia global.

Assim, retomando o exemplo anterior, os países periféricos especializam-se em produtos primários, que produzem a preços relativamente mais baixos do que os países centrais, porque dispõem de maior abundância relativa dos fatores (recursos naturais ou trabalho de baixa qualificação) utilizados intensivamente na produção desses bens. Já os países centrais especializam-se em manufaturados, que produzem a preços relativamente mais baixos do que os países periféricos, porque dispõem de maior abundância relativa dos fatores (capital ou trabalho de alta qualificação) utilizados intensivamente na produção desses bens. Então, essa versão assegura que, ao se engajar em práticas de livre-comércio recíproco, cada bloco de países poderia importar os bens produzidos sob condições de desvantagens comparativas – os países centrais, bens primários, e os periféricos, bens industrializados – a preços relativamente menores do que seria possível caso fossem produzidos no mercado doméstico.

Relembre, do Capítulo I, que os argumentos em defesa do livre-comércio apresentados por Adam Smith são eminentemente dinâmicos e baseiam-se na hipótese de que o livre intercâmbio de mercadorias nos mercados globais permite a cada país a ampliação de suas exportações, suplantando, consequentemente, as limitações impostas pelo tamanho do mercado local. O livre-comércio permite

---

[193] HECKSCHER, Eli Filip. "The Effect of Foreign Trade on the Distribution of National Income" *In*: FLAM, Harry; FLANDERS, June (Coord.). *Heckscher-Ohlin Trade Theory*. Cambridge: The MIT Press, [1919] 1991.

[194] OHLIN, Bertin. *A Theory of Trade*. Stockholm School of Economics, 1924 (Ph.D. Dissertation); OHLIN, Bertin. *Interregional and International Trade*. Cambridge: Harvard University Press, [1933] 1968.

também maior acesso a importações de outros produtos mais baratos do que seria possível caso estes fossem produzidos no mercado local. A visão smithiana sugere, portanto, que o principal benefício do comércio internacional provém da expansão das **exportações líquidas** de cada país, cujo principal impacto se traduz, no final das contas, em maior crescimento econômico no longo prazo.

A sofisticação formal do princípio ricardiano das vantagens comparativas permitiu que a teoria neoclássica tradicional passasse a ancorar a defesa do livre-comércio em argumentos predominantemente estáticos. Nesse caso, a teoria neoclássica construiu um aparato analítico capaz de demonstrar que, sob hipóteses bastante restritivas (retornos constantes de escala, concorrência perfeita, *laissez-faire* etc.), o livre-comércio proporcionaria alocação ótima dos recursos produtivos na economia mundial, ignorando-se eventuais impactos positivos ou adversos sobre o crescimento econômico de cada país. Diferentemente da visão smithiana, a visão neoclássica indica que o principal benefício do comércio internacional provém da expansão das **importações líquidas** de cada país, cujo impacto se consubstancia, enfim, em maior bem-estar pela ampliação do consumo total.

A versão neoclássica da teoria das vantagens comparativas atingiu enorme influência normativa com o teorema da equalização dos preços relativos dos bens e fatores produtivos, demonstrado por Paul Samuelson.[195] Esse teorema sacramentou o poder ideológico de convencimento dos governos dos países periféricos quanto aos benefícios, inclusive dinâmicos, oriundos da adesão incondicional ao livre-comércio multilateral. O teorema assegura que, se todos os mercados (de produtos e fatores de produção) funcionarem sob condições de *laissez-faire* e concorrência perfeita, o livre-comércio

---

[195] SAMUELSON, Paul Anthony. "International trade and the equalization of factor prices". *The Economic Journal*, vol. 58, n° 230, jun. 1948; SAMUELSON, Paul Anthony. "International factor price equalization once again". *The Economic Journal*, vol. n° 234, jun. 1949.

levaria à equalização dos preços relativos dos bens e fatores de produção na economia mundial.[196]

A mecânica de operação do teorema é simples: é a pressão recíproca da concorrência interindustrial entre países que forja a queda dos preços relativos dos bens em que cada país detém a posição de desvantagem comparativa.[197] Retomando o exemplo anterior, o teorema prediz que o livre-comércio proporciona tanto a queda dos preços relativos dos bens manufaturados importados pelos países periféricos quanto a queda dos preços relativos dos bens primários importados pelos países centrais. Paralelamente, a baixa dos preços relativos desses bens acarretaria, na periferia e no centro, respectivamente, a baixa dos preços relativos dos fatores intensivamente utilizados na produção de ambos (capital e trabalho de alta qualificação, nos países periféricos, e recursos naturais e trabalho de baixa qualificação, nos países centrais). Ademais, o teorema garante que o livre-comércio propicia o movimento na direção contrária, isto é, para cima, dos preços relativos dos bens em que cada um desses blocos de países detém vantagem comparativa, acompanhados da

---

[196] Cabe ressaltar, no entanto, que o teorema é válido apenas no arcabouço do modelo de vantagem comparativa na versão de Heckscher-Ohlin-Samuelson. No modelo ricardiano original, como todos os custos de produção dependem de apenas um fator (trabalho), não há qualquer mecanismo que permita a equalização dos salários via comércio internacional.

[197] As teorias neoclássicas de comércio internacional pressupõem ausência de fluxos de capitais financeiros entre países, restringindo as transações econômicas internacionais aos fluxos de comércio de bens e serviços comercializáveis. Além disso, pressupõem também que os fatores "físicos" de produção (capital, trabalho, recursos naturais etc.) podem se mover internamente (isto é, deslocar-se de uma região para outra num determinado país), mas não internacionalmente. Sendo assim, a taxa de câmbio real é determinada diretamente pelos termos de intercâmbio, ou seja, pela razão entre os índices de preços das exportações e das importações. O leitor interessado nesses detalhes técnicos, pode ver FEENSTRA, Robert C. *Advanced international trade*: theory and evidence. Princeton: Princeton University Press, 2004.

CAPÍTULO III – O DO MODELO CENTRO-PERIFERIA E A ECONOMIA...

alta dos preços relativos dos fatores utilizados intensivamente em sua produção. Em outras palavras, o teorema da equalização dos preços dos fatores assegura que, num mundo utópico de concorrência perfeita, as taxas de salários e de lucros reais seriam igualadas no mundo inteiro!

Mas qual seria a fonte de desenvolvimento econômico dos países periféricos, se as predições da teoria das vantagens comparativas e do teorema da equalização dos preços relativos dos bens e fatores de produção sugerem que esses países extrairão benefícios perpétuos como exportadores de produtos primários e importadores de bens manufaturados? Embora a teoria neoclássica de comércio internacional não ofereça uma resposta explícita a essa questão, ela sugere, implicitamente, que o maior ritmo de acumulação de capital e progresso técnico no setor manufatureiro tende a fazer com que os preços dos produtos industrializados caiam relativamente aos dos produtos primários no longo prazo. Com isso, os países periféricos, ao se engajarem em práticas de livre-comércio, podem acumular capital e absorver progresso técnico embutido nos bens de capital importados dos países centrais, incorporando-os às atividades produtivas locais (inclusive em segmentos industriais nascentes), conseguindo, assim, acelerar seu processo de desenvolvimento econômico.

Embora não haja nenhuma evidência histórica de nação bem-sucedida em que o curso do desenvolvimento ficasse à mercê da extrema dependência de importação de bens manufaturados,[198] as

---

[198] Referências nesse sentido são os livros clássicos de AMSDEN, Alice H. *The rise of "the Rest"*: challenges to the west from late-industrializing economies. Oxford: Oxford University Press, 2001; CHANG, Ha-Joon. *Kicking Away the Ladder*: Development Strategy in Historical Perspective. Londres: Anthem Press, 2003.

críticas de Prebisch[199] e Singer[200] são, no entanto, predominantemente teóricas. Elas se sustentam na tese de que o teorema da equalização dos preços relativos dos bens e fatores de produção não se ajusta ao mundo real e à dinâmica observada no comércio internacional.

As razões para a discrepância entre teoria e realidade decorrem da heterogeneidade estrutural inerente ao comportamento da oferta e demanda dos produtos primários *vis-à-vis* os manufaturados. Do lado da oferta, o setor de manufaturados conta com duas características marcantes: gera, difunde e exibe maior ritmo de inovações tecnológicas; e opera com tecnologias sujeitas a economias de escala, estáticas e dinâmicas, comandando, assim, a dinâmica da acumulação de capital, progresso técnico, crescimento econômico e sustentação da produtividade no longo prazo. Com isso, o maior grau de oligopolização tende a inibir a concorrência em preços nesse setor, conferindo enorme poder às empresas líderes para fixar os preços de mercado e controlar as margens de lucro desejadas.

Como observa Prebisch,[201] se fossem válidas as predições do teorema, "dada a maior produtividade da indústria, os termos de troca [ou seja, a relação de preços entre os produtos exportados e importados pela periferia] deveriam se mover em favor dos produtos primários". Mas essa tendência não se verifica, porque, do lado da oferta, os maiores ganhos de produtividade, que implicam quedas acentuadas dos custos dos produtos manufaturados produzidos nos países centrais, não são repassados proporcionalmente para os

---

[199] PREBISCH, Raúl. *El desarrollo económico de la América Latina y algunos de sus principales problemas*. Santiago: Naciones Unidas; Cepal, 1949.

[200] SINGER, Hans Wolfgang. "The distribution of gains between investing and borrowing countries". *The American Economic Review*, vol. 40, n° 2, mai. 1950.

[201] PREBISCH, Raúl. *El desarrollo económico de la América Latina y algunos de sus principales problemas*. Santiago: Naciones Unidas; Cepal, 1949, p. 16.

preços. Do lado da demanda, é também notória a heterogeneidade estrutural observada entre os produtos exportados pelo centro e pela periferia. Neste particular, uma das condições necessárias para o teorema da equalização dos preços relativos dos bens e fatores ser validado no mundo real é que a elasticidade-renda da demanda dos produtos que compõem o padrão de especialização do centro (manufaturados) e da periferia (primários) seja igual à unidade. Quer dizer, os percentuais médios de expansão da demanda mundial de produtos primários e manufaturados precisam ser, tendencialmente, iguais às taxas médias de crescimento da renda mundial.

Acontece que, também no comércio internacional, prevalece a chamada lei de Engel: a elasticidade-renda da demanda dos bens de "luxo", que englobam a maior parte dos bens manufaturados, sujeitos à diferenciação de produtos e à manipulação das preferências dos consumidores pelo marketing, publicidade e propaganda, é superior à unidade. Já a elasticidade-renda da demanda dos bens "essenciais", que abarcam os produtos primários, geralmente homogêneos e facilmente substituíveis no mercado, é inferior a um.

Isso posto, ao observar as condições históricas e econômicas prevalecentes de 1870 a 1930, quando os países periféricos latino-americanos se guiavam por uma estratégia de desenvolvimento voltada predominantemente "para fora", Prebisch[202] e Singer[203] concluíam que esse modelo tendia a replicar um crescimento perverso e não-sustentável no longo prazo. Mesmo nos ciclos de expansão econômica global, a demanda dos bens primários exportados pela periferia tendia a crescer em ritmo inferior à dos manufaturados

---

[202] PREBISCH, Raúl. *El desarrollo económico de la América Latina y algunos de sus principales problemas*. Santiago: Naciones Unidas; Cepal, 1949.

[203] SINGER, Hans Wolfgang. "The distribution of gains between investing and borrowing countries". *The American Economic Review*, vol. 40, nº 2, mai. 1950.

exportados pelo centro, acarretando tendência à deterioração dos termos de troca. Como observa Prebisch,[204]

> as importações de produtos primários nos centros industriais tendem a crescer em menor intensidade do que a renda real. Em outras palavras, a elasticidade-renda da demanda de importações de produtos primários efetivada pelo centro tende a ser menor do que a unidade.

Sendo assim, um padrão de inserção internacional guiado pelas vantagens comparativas estáticas torna impossível o desenvolvimento econômico na periferia, porque a deterioração secular dos termos de troca tende a reduzir sua capacidade de importar. Ou seja, tende a comprimir, relativamente, os fluxos de divisas necessárias para financiar as importações de manufaturados, notadamente de máquinas e equipamentos destinados à acumulação de capital. Com efeito, expressando o valor em divisas (por exemplo, em dólares) dos bens exportados pelo centro (manufaturados) e pela periferia (primários) como o produto do preço unitário multiplicado pelo *quantum* transacionado, Prebisch[205] e Singer[206] notam que, entre 1870 e 1930, a heterogeneidade estrutural fazia com que, nos ciclos de expansão econômica global, tanto o preço quanto o *quantum* dos produtos manufaturados exportados pelo centro crescessem, em termos absolutos, tendencialmente mais do que o dos produtos primários exportados pela periferia.

---

[204] PREBISCH, Raúl. *Problemas teóricos y prácticos del crecimiento económico*. Santiago: Naciones Unidas; Cepal, [1952] 1973, p. 23.

[205] PREBISCH, Raúl. *El desarrollo económico de la América Latina y algunos de sus principales problemas*. Santiago: Naciones Unidas; Cepal, 1949.

[206] SINGER, Hans Wolfgang. "The distribution of gains between investing and borrowing countries". *The American Economic Review*, vol. 40, n° 2, mai. 1950.

Em termos práticos, supondo que a taxa de câmbio real se mantivesse em equilíbrio, ou seja, que a moeda dos países periféricos não ficasse nem sub, nem sobrevalorizada em relação à cesta de moeda dos países centrais, esse processo perverso de desenvolvimento voltado "para fora" fazia com que, tendencialmente, o valor das exportações de primários caísse em relação ao valor das exportações de manufaturados. Assim, os países periféricos, ao se defrontarem com menor capacidade de importar, transferiam parte de sua renda para os países centrais e se sujeitavam a crises recorrentes do balanço de pagamentos.

Como mostra Furtado,[207] em seu clássico *Formação Econômica do Brasil*, nos períodos que se seguiam às frequentes crises cambiais, os governos dos países periféricos adotavam expressivas desvalorizações de suas moedas, visando reduzir os preços, em moeda estrangeira, dos bens primários exportáveis e, em contrapartida, aumentar os preços dos manufaturados importáveis. Entretanto, como a demanda de produtos primários é inelástica com relação aos preços (isto é, pouco sensível) e a dos produtos manufaturados é elástica (muito sensível), as desvalorizações cambiais exerciam efeito praticamente nulo na promoção das exportações dos países periféricos, mas produziam dramática contração de suas importações, fazendo com que o ajuste dos seus balanços de pagamentos fosse fortemente recessivo. Na prática, como diagnosticou Singer,[208] desta vez entre 1870 e o início dos anos 1940, o cenário econômico global escancarava e perpetuava uma tendência em que

> os países industrializados [o centro] vinham tendo o melhor dos dois mundos, tanto como consumidores de commodities

---

[207] FURTADO, Celso. *Formação econômica do Brasil*. 18ª ed. São Paulo: Companhia Editora Nacional, 1959.

[208] SINGER, Hans Wolfgang. "The distribution of gains between investing and borrowing countries". *The American Economic Review*, vol. 40, nº 2, mai. 1950, p. 479.

primárias quanto como produtores de produtos manufaturados, enquanto os países subdesenvolvidos [a periferia] vinham tendo o pior dos dois mundos, tanto como consumidores de manufaturados quanto como produtores de matérias-primas.

Como avaliar os períodos, de curta ou média duração, em que os países periféricos são beneficiados por *booms* de preços dos produtos agrícolas e outras *commodities* nos mercados internacionais? Será que tais fatos, observados, por exemplo, entre 1820 e 1830, depois entre 1840 e 1860[209] e, mais recentemente, ao longo da década de 2000, não comprometeriam as teses de Prebisch-Singer, cuja corroboração depende crucialmente da hipótese da deterioração dos termos de troca?

A resposta é "não". Nesses períodos transitórios, o prêmio obtido pela periferia na "loteria das *commodities*" – para usar a feliz expressão de Diaz-Alejandro[210] – não se transforma em ganho permanente. São circunstâncias históricas passageiras, em que o expressivo aumento dos preços relativos desses produtos resulta de excepcional elevação da demanda por *players* relevantes na cena internacional – casos da Inglaterra, no auge da Revolução Industrial, entre 1850 e 1860, e da China, durante sua transição para uma economia de renda média no começo dos anos 2000. Já as teses de Prebisch-Singer assentam-se na hipótese de deterioração **secular** dos termos de troca, reiteradamente corroborada pelas evidências empíricas.[211]

---

[209] Esses dados estão em COATSWORTH, John H.; WILLIAMSON, Jeffrey G. *The roots of Latin American protectionism*: looking before the Great Depression. Cambridge: National Bureau of Economic Research, 2002.

[210] DIAZ-ALEJANDRO, Carlos. "Latin America in the 1930s". *In*: THORPE, Rosemary (Coord.). *Latin America in the 1930s*. Londres: Macmillan, 1984.

[211] Coatsworth e Williamson (COATSWORTH, John H.; WILLIAMSON, Jeffrey G. *The roots of Latin American protectionism*: looking before the Great Depression. Cambridge: National Bureau of Economic Research,

CAPÍTULO III – O DO MODELO CENTRO-PERIFERIA E A ECONOMIA...

Haveria, então, alternativa à livre inserção comercial externa, que acaba por condenar os países periféricos à estagnação econômica no longo prazo? Como mostra Prebisch,[212] a adoção dos controles cambiais e a deflagração do processo de substituição de importações como novo modelo de desenvolvimento dos países periféricos latino-americanos, a partir dos anos 1930, "não foram frutos de uma teoria, mas da imposição das circunstâncias". Isso, porque a retração da demanda internacional de produtos primários durante a Grande Depressão foi tão severa que, diante da mudança dos preços relativos em favor da indústria nascente local e da escassez de divisas para financiar importações de manufaturados, os países latino-americanos foram induzidos a orientar **espontaneamente** seu modelo de desenvolvimento "para dentro", através do chamado processo de substituição de importações.

Mas, tanto no artigo-manifesto de 1949 quanto em seu estudo de 1952, de maior precisão teórica, Prebisch enuncia argumentos a favor da adoção de políticas de desenvolvimento **deliberadamente**

2002) confirmam que os termos de troca dos países periféricos tiveram tendência de deterioração quase monotônica entre 1870 e o início dos anos 1940. Já o Fundo Monetário Internacional (FMI, 1994: 92) registra "uma tendência à queda dos preços das *commodities* ao longo do pós-Guerra" e ainda lembra que "o enfraquecimento desses preços não é temporário, mas secular". Ocampo e Parra (OCAMPO, Jose Antonio; PARRA, María Angela. "The terms of trade for *commodities* in the twentieth century". *Cepal Review*, nº 79, 2003), com base no comportamento dos preços relativos de uma amostra significativa de *commodities* e índices de preços, registram tendência (ainda que não contínua) de deterioração dos termos de troca entre 1900 e 2000. Em trabalho recente, Silva, Prado e Torracca (SILVA, Julio Castro Alves de Lima; PRADO, Luiz Carlos Delorme; TORRACCA, Julia Ferreira. "Um novo olhar sobre um antigo debate: a tese de Prebisch-Singer é, ainda, válida?" *Economia Aplicada*, vol. 20, nº 2, jun. 2016) concluem que, no período 1977-2011, os termos de troca foram tendencialmente desfavoráveis aos países periféricos.

[212] PREBISCH, Raúl. *El desarrollo económico de la América Latina y algunos de sus principales problemas*. Santiago: Naciones Unidas; Cepal, 1949, p. 32.

coordenadas pelo Estado. Parafraseando Marx, a Prebisch e aos economistas cepalinos não bastava interpretar o mundo periférico, mas era preciso também transformá-lo. Sob influência da economia política da Cepal, estava dada a largada para que, a partir dos anos 1950, os governos da periferia latino-americana passassem a ancorar suas políticas públicas de longo prazo em programas nacionais de desenvolvimento.

3.2 A economia política da Cepal e o Estado nacional-desenvolvimentista

Não resta dúvida de que as políticas públicas de cunho nacional-desenvolvimentista levadas a cabo entre 1950 e 1980 em diversos países da América Latina, Brasil incluído, tiveram enorme influência das ideias de Prebisch e do frutífero debate teórico travado na Cepal. É curioso que, nas últimas três décadas, os aspectos teóricos basilares e as implicações normativas concernentes ao nacional-desenvolvimentismo tenham sido analisados criticamente, inclusive no Brasil, de maneira enviesada, depreciativa e ideologicamente preconceituosa. É que os planos nacionais de desenvolvimento adotados pelos governos dos países periféricos latino-americanos, inclusive no Brasil, tiveram problemas tanto de concepção quanto de implementação. Mas, esses planos, que serão discutidos na próxima subseção, não seguiram fielmente as estratégias de políticas públicas recomendadas pela Cepal.[213]

A bem da verdade, quase todos os países que se desenvolveram após a Revolução Industrial inglesa, assim como os que ainda

---

[213] Nada mais falso, como mostrarei adiante, do que a avaliação de Sachs e Warner (SACHS, Jeffrey David; WARNER, Andrew M. *Natural resource abundance and economic growth*. Cambridge: National Bureau of Economic Research, 1995, pp. 4/5 grifo do autor) de que "o maior erro histórico da hipótese de Prebisch foi **recomendar** a industrialização por substituição de importações, mediante proteção por tarifas e quotas de importação, em vez de por promoção de exportações".

buscam se desenvolver, não se guiaram pela recomendação liberal clássica de deixar que o curso do desenvolvimento seguisse livremente (*laissez-faire, laissez passer*) o padrão de especialização determinado por suas vantagens comparativas naturais.[214] Ao contrário, países como Estados Unidos e Alemanha no final do século XIX, bem como Japão, Coreia do Sul, Taiwan, China e Índia após a Segunda Guerra Mundial,[215] guiaram-se, ou ainda se guiam, por estratégias claramente nacional-desenvolvimentistas, ancoradas no conhecido argumento teórico da proteção da indústria nascente.

Esse argumento nacionalista ampara teoricamente a adoção de medidas protecionistas não apenas em favor de uma indústria

---

[214] Curiosamente, como mostrou o historiador econômico inglês Leonard Gomes (1987), diferentemente de Smith e Mill, maiores defensores do livre-comércio na economia política clássica, o ativismo liberal de Ricardo, no plano internacional, restringiu-se à luta pela eliminação das tarifas de importação de trigo na Inglaterra. Ricardo acreditava que as barreiras comerciais a esse produto oneravam a cesta de consumo dos trabalhadores e, portanto, o custo real da mão de obra local, reduzindo as taxas de lucro no setor manufatureiro britânico. Assim, se para Ricardo o princípio das vantagens comparativas teria sido formulado para demonstrar que algum comércio é sempre mais benéfico do que nenhum, para Mill e, posteriormente, para os economistas neoclássicos, esse mesmo princípio viria a ser utilizado como base teórica principal da defesa do livre-comércio no plano global.

[215] Veja JOHNSON, Chalmers. *MITI and the Japanese Miracle*: the Growth of Industrial Policy, 1925-1975. Stanford: Stanford University Press, 1982; AMSDEM, Alice H. *Asia's next giant*: South Korea and late industrialization. Oxford: Oxford University Press, 1989; AMSDEN, Alice H. *The rise of "the Rest"*: challenges to the west from late-industrializing economies. Oxford: Oxford University Press, 2001; WADE, Robert Hunter. *Governing the market*: economic theory and the role of government in East Asian industrialization. 2ª ed. Princeton: Princeton University Press, [1990] 2004; CHANG, Ha-Joon. *Kicking Away the Ladder*: Development Strategy in Historical Perspective. Londres: Anthem Press, 2003; INTER-AMERICAN DEVELOPMENT BANK. *The emergence of China*: opportunities and challenges for Latin America and the Caribbean. Washington: Inter-American Development Bank, 2004.

específica, como pode sugerir a expressão, mas em prol da industrialização, que é preconizada como condição *sine qua non* para a consecução do *catching up*. Foi pioneiramente enunciado por Alexander Hamilton,[216] secretário do Tesouro do primeiro governo norte-americano pós-independência, e elaborado pelo economista alemão Friedrich List,[217] quando tanto os Estados Unidos como a Alemanha mantinham-se bem atrasados em relação à Inglaterra, que detinha o *status* de principal potência tecnológica, econômica e financeira na economia mundial, em meados do século XIX.

O argumento ampara-se na ideia intuitiva de que, engajando-se em práticas incondicionais de livre-comércio, um país pobre e atrasado em relação à fronteira tecnológica internacional tende a perpetuar sua posição "natural" de vantagem comparativa estática, baseada em produtos primários ou manufaturados tradicionais. Teoricamente, o argumento é bastante sólido, pois capta, implicitamente, a hipótese de que o setor agrário tradicional, sujeito a retornos decrescentes, é incapaz de absorver o excesso de mão de obra criado pela taxa de crescimento populacional.

Embora Hamilton e List não detivessem o domínio preciso desses conceitos, eles tinham plena consciência de que apenas uma estratégia de desenvolvimento comandada pelo crescimento e diversificação do setor industrial teria maior potencial de acelerar a acumulação de capital e o progresso técnico, fazendo um país subdesenvolvido superar o atraso econômico e social. As políticas de proteção, por eles recomendadas, combinavam vários mecanismos para incentivar a produção doméstica e promover a integração do mercado nacional, como tarifas aduaneiras de importação, subsídios à produção e ao crédito, investimentos públicos em infraestrutura,

---

[216] HAMILTON, Alexander. "Report on the subject of manufactures". *In*: SYRETT, Harold C. (Coord.). *Papers of Alexander Hamilton*. Nova York: Columbia University Press, [1791] 1966.

[217] LIST, Friedrich. *Sistema nacional de economia política*. São Paulo: Abril Cultural, [1841] 1983.

CAPÍTULO III – O DO MODELO CENTRO-PERIFERIA E A ECONOMIA...

reforma agrária, dentre outros. O argumento favorável à proteção da indústria nascente é teoricamente tão poderoso que foi não apenas aceito pelo economista liberal clássico John Stuart Mill,[218] como também recebeu a chancela do artigo XVIII do Acordo Geral de Tarifas e Comércio (GATT, na sigla em inglês), e segue preservado pelas regras multilaterais da Organização Mundial do Comércio (OMC). Essa cláusula permite que países pobres imponham barreiras à importação, visando à promoção do setor industrial nascente.

O posicionamento favorável dos economistas cepalinos à adoção de políticas protecionistas em prol da industrialização na periferia latino-americana também se respaldou no argumento para a proteção da indústria nascente, o mesmo que havia justificado as políticas protecionistas dos países de industrialização retardatária em relação ao desenvolvimento econômico britânico. Em ambos os casos, o argumento fundamentava-se na evidência de que o engajamento das economias de industrialização tardia em práticas de livre-comércio perpetuava os gaps tecnológicos absolutos desses países em relação aos países que se desenvolveram antes. A diferença estava em que o argumento cepalino era reforçado pela evidência de que, em decorrência das relações de troca desfavoráveis à periferia, o liberalismo comercial com os países do centro, que a essa altura incluía também

---

[218] No geral, Mill (MILL, John Stuart. *Princípios de economia política*. São Paulo: Abril Cultural, [1848] 1983, pp. 381/382) era entusiasta das práticas de livre-comércio amparadas pelo princípio das vantagens comparativas. No entanto, abria exceção para a adoção de barreiras protecionistas a fim de que um país atrasado adquirisse habilidade e experiência tecnológicas já alcançadas por um país mais adiantado, cuja "superioridade sobre o primeiro, em um ramo de produção, muitas vezes vem apenas do fato de ter começado antes". Mill, no entanto, sugere critérios bem mais racionais do que muitos economistas entusiastas do protecionismo, ao advertir que é essencial a seleção de setores com real potencial de absorção tecnológica e recomendar que o tempo de proteção não vá além do necessário para que as empresas protegidas obtenham o domínio tecnológico sob condições competitivas.

os Estados Unidos e diversos países da Europa Continental, barrava o processo de desenvolvimento econômico na América Latina.

As políticas recomendadas pela Cepal não se restringiam à adoção de programas de "política industrial", definida como um conjunto de incentivos públicos a atividades, segmentos e cadeias produtivas com maior potencial de acelerar a acumulação de capital, difundir progresso técnico e, consequentemente, promover o desenvolvimento econômico no longo prazo.[219] De modo mais abrangente, a Cepal propunha – acertadamente, ao meu juízo –, que os governos dos países periféricos latino-americanos se guiassem pelo planejamento econômico, mediante a adoção de planos nacionais de desenvolvimento.

Os economistas cepalinos tinham consciência de que o desafio latino-americano a partir da segunda metade do século XX era bem maior do que o enfrentado pelos Estados nacionais retardatários no final do século XIX, especialmente Estados Unidos e Alemanha. Enquanto nestes a tarefa consistiu em destinar incentivos públicos ao fomento de indústrias e inovações radicais ali em gestação e criadas por eles mesmos (como máquinas e equipamentos mecânicos, eletricidade, indústria automotriz, química, dentre outras),[220] na periferia latino-americana os suportes governamentais eram orientados para promover industrialização por substituição de importações, capitaneada por investimentos privados nacionais, estrangeiros ou estatais em setores cuja tecnologia já era praticamente madura nos países centrais. Ou seja, no primeiro caso os estímulos governamentais

---

[219] Embora existam diversas definições para o termo "política industrial", este conceito, adaptado de Chang (CHANG, Ha-Joon. *The political economy of industrial policy*. Londres: McMillan Press, 1994, p. 60), me parece mais alinhado com os objetivos estratégicos de um país pobre ou em desenvolvimento.

[220] A respeito da segunda revolução industrial, veja Landes (LANDES, David. *The Unbound prometheus*: technological change and industrial development in Western Europe from 1750 to the present. Cambridge: Cambridge University Press, 1969, cap. 4 e 5).

direcionavam-se a inovações genuínas; no segundo, à replicação dos padrões de produção, consumo e tecnologia dos países centrais, mediante imitação.

Prebisch, particularmente, sabia do tamanho da empreitada, como que antevendo diversos problemas microeconômicos que surgiriam e que deveriam ser enfrentados e solucionados pelos *policy-makers* ao longo do período de consecução dos programas de desenvolvimento no Brasil e na América Latina. Como compatibilizar, por exemplo, tecnologias industriais criadas e existentes no centro, caracterizadas por gigantescas escalas técnicas de produção e alta intensidade capital-trabalho, com o menor tamanho dos mercados e a enorme disponibilidade de mão de obra ociosa na periferia?

Afinal, os projetos de engenharia das plantas industriais têm requisitos técnicos e incorporam máquinas e equipamentos tecnologicamente indivisíveis,[221] decorrentes do ritmo mais acelerado de progresso técnico e da maior demanda potencial no centro. Assim sendo, nem sempre é possível adequar o tamanho dessas plantas às dimensões relativamente mais reduzidas de mercado dos países periféricos. Avalia Prebisch:[222]

> devido às indivisibilidades que caracterizam a maioria dos equipamentos, não cabem outras combinações senão as

---

[221] No sistema manufatureiro, é rara a utilização de equipamentos em que a relação capital-trabalho é de um para um, como máquinas de costura domésticas e tratores agrícolas. Nas plantas industriais modernas predominam sistemas de produção contínua e em grande escala, que utilizam máquinas e equipamentos tecnologicamente indivisíveis, a exemplo do que se observa nas indústrias siderúrgicas, de extração e refino de petróleo, de papel e celulose, automotiva, chips e diversas outras. Para mais detalhes, veja Scherer e Ross (SCHERER, Frederic Michael; ROSS, David. *Industrial market structure and economic performance*. 30ª ed. Boston: Houghton Mifflin Company, 1990, cap. 3 e 4).

[222] PREBISCH, Raúl. *Problemas teóricos y prácticos del crecimiento económico*. Santiago: Naciones Unidas; Cepal, [1952] 1973, pp. 39-43.

resultantes dos grandes centros industriais (...); salvo raríssimas exceções, os países subdesenvolvidos não contam com alternativa senão empregar esses equipamentos.

Além disso, Prebisch já tinha noção precisa de que, à medida que o processo de industrialização nos países periféricos acelera o desenvolvimento econômico e reduz a pressão imposta pelo balanço de pagamentos, o aumento da renda per capita induz modificações na estrutura da demanda, as quais, por aumentar a procura de bens de alta elasticidade-renda, tendem a acelerar, endogenamente, o crescimento das importações, submetendo a periferia a riscos de novas restrições externas. Prebisch[223] diagnostica e sugere mecanismos para superar o problema:

> É um fato bem conhecido que, através da industrialização, os países latino-americanos tendem a crescer em ritmo superior ao de suas exportações. Como a capacidade para importar depende, fundamentalmente, dessas exportações, é óbvio que a renda real desses países, em geral, tende a crescer com maior intensidade do que a referida capacidade para importar. Daí se depreende, evidentemente, que aquele volume considerável de importações, que cresce com a mesma ou maior intensidade do que a renda real, não poderia se efetivar, a não ser que outras importações se comprimam na medida necessária para que o total importado não supere, de forma persistente, a capacidade para importar; ou que este excesso seja coberto com investimento direto estrangeiro.

Sendo a substituição de importações o modelo que norteou o processo de desenvolvimento no continente latino-americano, especialmente no Brasil entre as décadas de 1930 e 1980, vale a pena detalhar um pouco mais sua dinâmica de longo prazo. Munida

---

[223] PREBISCH, Raúl. *Problemas teóricos y prácticos del crecimiento económico*. Santiago: Naciones Unidas; Cepal, [1952] 1973, p. 25.

de maior precisão teórica, Maria da Conceição Tavares,[224] uma economista cepalina, em seu trabalho clássico "Auge e declínio do processo de substituição de importações no Brasil", identifica três aspectos marcantes dessa dinâmica.

O primeiro é que, tal como analisado por Hirschman, a substituição de importações se processa em sequência, começando nas indústrias de bens de consumo final em direção às de bens intermediários e de capital. No entanto, se, nas etapas iniciais, a substituição se concentrar apenas nas faixas de bens de consumo final, a demanda interna de bens intermediários pressiona excessivamente as importações desses insumos, "sem deixar margem para os bens de capital indispensáveis à expansão da capacidade produtiva".[225] Daí a recomendação, confirmada pelas experiências de industrialização dos países "grandes", como Brasil, México e Colômbia, de que os *policy-makers* definam, em cada sequência, os principais segmentos estratégicos das indústrias de bens de consumo, intermediários e de capital em que se priorizaria a substituição de importações, evitando, assim, a interrupção da continuidade do processo por crises do balanço de pagamentos.

O segundo aspecto, inerente à dinâmica do modelo de desenvolvimento na periferia latino-americana, diz respeito às barreiras que se antepõem à continuidade do processo quando ele requer que a substituição de importações avance para as indústrias de maior complexidade tecnológica. A essa altura, seria necessário enfrentar diversos problemas que se superpõem, como os segredos de

---

[224] TAVARES, Maria da Conceição. "Auge e declínio do processo de substituições de importações no Brasil". In: _____. *Da substituição de importações ao capitalismo financeiro*: ensaios sobre economia brasileira. Rio de Janeiro: Zahar, [1963] 1982.

[225] TAVARES, Maria da Conceição. "Auge e declínio do processo de substituições de importações no Brasil". In: _____. *Da substituição de importações ao capitalismo financeiro*: ensaios sobre economia brasileira. Rio de Janeiro: Zahar, [1963] 1982, p. 45.

processamento tecnológico (*know-how*), maior dificuldade de absorção de tecnologias, discrepância entre as elevadas escalas de produção exigidas e o tamanho do mercado, financiamentos volumosos, riscos associados aos projetos de investimento etc. Com isso, nessa etapa, a acumulação de capital tende a ser mais acelerada, enquanto o efeito multiplicador dos investimentos, intra e intersetoriais, passa a exercer maior pressão altista sobre as importações. Consequentemente, para que crises do balanço de pagamentos não interrompam o processo, é necessário que o ritmo de crescimento das exportações supere o das importações e/ou haja financiamento compensatório de capital estrangeiro.[226] Não por acaso, na experiência brasileira, em particular, o relativo sucesso obtido com o aumento das exportações de bens manufaturados ao longo dos anos 1970 foi insuficiente para financiar o crescimento mais acelerado das importações. Este fator, associado aos dois choques do petróleo e à disparada dos juros internacionais ocorridos no período, levou a enorme endividamento externo e à crise e estagnação da economia, a partir dos anos 1980.

O último aspecto, talvez mais importante, está relacionado à natureza intrinsecamente fechada do modelo de substituição de importações. Por maior que fosse o esforço para mudar a composição e os fluxos de exportação em favor dos bens manufaturados, cuja demanda é mais dinâmica nos mercados internacionais, o avanço do processo substitutivo trazia consigo a tendência de redução do coeficiente de importações, isto é, da razão entre o total de importações e a disponibilidade interna ("consumo aparente") de bens e

---

[226] TAVARES, Maria da Conceição. "Auge e declínio do processo de substituições de importações no Brasil". *In*: _____. *Da substituição de importações ao capitalismo financeiro*: ensaios sobre economia brasileira. Rio de Janeiro: Zahar, [1963] 1982, p. 47.

serviços.[227] Como salienta Tavares,[228] "o processo de substituição não visa diminuir o *quantum* de importação global, [mas] essa diminuição, quando ocorre, é imposta pelas restrições do setor externo, e não desejada". Assim, à medida que a substituição de importações avança para um conjunto de indústrias, aparecem novas indústrias por substituir. Mais cedo ou mais tarde, o referido processo tende ao esgotamento.[229]

---

[227] O consumo aparente diz respeito à disponibilidade interna de bens e serviços, sendo calculado como a soma do produto doméstico e das importações, menos as exportações. O coeficiente de importações é, então, mensurado como $\left[\frac{Importações}{PIB+Importações-exportações}\right] \times 100$. Alternativamente, o coeficiente de importações pode também ser calculado como a razão entre as importações e o PIB.

[228] TAVARES, Maria da Conceição. "Auge e declínio do processo de substituições de importações no Brasil". In: _____. *Da substituição de importações ao capitalismo financeiro*: ensaios sobre economia brasileira. Rio de Janeiro: Zahar, [1963] 1982, p. 39.

[229] Para o leitor interessado, vale a pena a leitura do *survey* de Albert Hirschman (HIRSCHMAN, Albert. "The political economy of import substituting industrialization in Latin America". *Quarterly Journal of Economics*, vol. LXXXII, n° 1, fev. 1968) sobre o processo de substituição de importações na América Latina. Hirschman comenta sobre a "desilusão" relativamente precoce com que economistas estruturalistas (dentre eles, Raúl Prebisch e Celso Furtado), já nos anos 1960, avaliavam a experiência desse modelo de industrialização no continente. Hirschman reconhecia que a característica sequencial do processo trazia consigo as dificuldades a ele inerentes, como "a falta de treinamento em inovações tecnológicas, a resistência em acelerar os investimentos nas cadeias produtivas voltadas para trás [por exemplo, setores de bens intermediários] e as barreiras em acessar os mercados internacionais via exportações de manufaturados" (HIRSCHMAN, Albert. "The political economy of import substituting industrialization in Latin America". *Quarterly Journal of Economics*, vol. LXXXII, n° 1, fev. 1968, p. 32). Hirschman concluía, no entanto, que o modelo de substituição de importações era o caminho mais adequado para acelerar o desenvolvimento latino-americano.

No caso brasileiro, especificamente, Tavares,[230] munida de farta evidência empírica, chama a atenção para a saturação desse processo já no início dos anos 1960. Para driblar qualquer tendência à estagnação estrutural no longo prazo, ela sugeria "transitar para um novo modelo de desenvolvimento, verdadeiramente autônomo, [isto é], em que o impulso do desenvolvimento surja dentro do próprio sistema" e no qual os problemas dinâmicos já analisados sejam considerados.

A elaboração dos planos nacionais de desenvolvimento em alguns países na América Latina nos anos 1950 contou com o assessoramento da Cepal – o brasileiro Plano de Metas, do governo Juscelino Kubitschek (1956-1960), foi um deles. Pelas razões já discutidas, seria óbvio que, no cardápio das políticas de estímulo à industrialização, os economistas cepalinos incluíssem mecanismos convencionais de proteção da indústria nascente, tais como tarifas de importação, subsídios à produção e ao financiamento dos investimentos, dentre outros. Isso não significa, porém, que a economia política da Cepal compactuasse com a perpetuação de esquemas draconianos de proteção ou a total reorientação das economias latino-americanas para o mercado interno, isolando-as do comércio internacional. Em seus artigos de maior repercussão acadêmica e influência normativa, Prebisch[231] faz ressalvas contundentes em relação à implementação prática dessas políticas de estímulo, as quais merecem ser reproduzidas dos originais. São elas:

---

[230] TAVARES, Maria da Conceição. "Auge e declínio do processo de substituições de importações no Brasil". In: _____. *Da substituição de importações ao capitalismo financeiro*: ensaios sobre economia brasileira. Rio de Janeiro: Zahar, [1963] 1982, pp. 115/116.

[231] PREBISCH, Raúl. *El desarrollo económico de la América Latina y algunos de sus principales problemas*. Santiago: Naciones Unidas; Cepal, 1949; PREBISCH, Raúl. *Problemas teóricos y prácticos del crecimiento económico*. Santiago: Naciones Unidas; Cepal, [1952] 1973; PREBISCH, Raúl. "Commercial policy in the underdeveloped countries (from the point of view of Latin America)". *American Economic Review*, vol. 49, n° 2, mai. 1959.

CAPÍTULO III – O DO MODELO CENTRO-PERIFERIA E A ECONOMIA...

a) Papel do Estado:

Prebisch[232] recomenda que o Estado,

> ao conceber um programa de desenvolvimento, canalizasse esforços paracriar as condições favoráveis à iniciativa privada, conferindo-lhe os estímulos indispensáveis para alcançar as metas propostas.

Logo, "a atuação do Estado como empresário [ou seja, a criação de empresas estatais] deve se restringir, estritamente, aos casos estrategicamente necessários".

b) Papel do capital estrangeiro:

Prebisch[233] sugere que o "processo de desenvolvimento econômico da periferia latino-americana seja comandado por investimentos nacionais, cabendo aos investimentos estrangeiros um papel apenas complementar". Aliás, essa estratégia, observada em países como China e Índia nas últimas décadas, acabou não se efetivando na América Latina desde o pós-guerra, o que traz, até hoje, problemas de natureza diversa. Voltarei a discuti-los na próxima subseção.

c) Relação agricultura-indústria:

A análise cepalina destaca a enorme heterogeneidade estrutural não apenas entre centro e periferia, mas também dentro da própria periferia. Nela articulam-se um setor primário-exportador, que adota técnicas modernas e exibe elevados níveis de produtividade, e um setor industrial nascente, que adota técnicas tradicionais e opera com baixa produtividade. Mesmo no âmbito do setor primário, era, e ainda é, expressivo o diferencial de produtividade exibido pela agricultura voltada para a exportação e a agricultura tradicional, que adota tecnologias típicas da produção de subsistência.

---

[232] PREBISCH, Raúl. *Problemas teóricos y prácticos del crecimiento económico*. Santiago: Naciones Unidas; Cepal, [1952] 1973, p. 16.
[233] PREBISCH, Raúl. *Problemas teóricos y prácticos del crecimiento económico*. Santiago: Naciones Unidas; Cepal, [1952] 1973, p. 9.

Para reverter os baixos níveis de produtividade e a estagnação dos salários reais nesse segmento mais atrasado, Prebisch[234] recomenda a concessão de incentivos visando a sua capitalização e modernização tecnológica. No entanto, adverte[235] que, "se o ritmo de mecanização for além da capacidade de absorção [na indústria e demais setores] dos trabalhadores liberados por ela, cria-se, adicionalmente, o problema do desemprego tecnológico" e processos migratórios que acabam por provocar inchaço de populações e precarização das condições sociais nos centros urbanos.

Os problemas inerentes à dualidade agricultura-indústria e ao interior da própria agricultura foram analisados, à exaustão, por outros economistas latino-americanos, como Celso Furtado, Inácio Rangel e Fernando Fajnzylber. Na análise de Furtado,[236] particularmente, mas também de Rangel,[237] essa dualidade é identificada como empecilho à formação dos mercados internos nos países periféricos latino-americanos, sendo agravada, no caso do Brasil, pela presença de latifúndios herdados após quase quatro séculos de escravidão. Esse problema será retomado no próximo capítulo.

d) *Seletividade e nível de proteção à indústria local*:

Prebisch sustenta o argumento, ainda válido na atualidade, de que a proteção ao mercado local não deve ser indiscriminada, mas seletiva. Ademais, seu nível não deve ser insuficiente nem exagerado,

---

[234] PREBISCH, Raúl. *Problemas teóricos y prácticos del crecimiento económico*. Santiago: Naciones Unidas; Cepal, [1952] 1973.

[235] PREBISCH, Raúl. *Problemas teóricos y prácticos del crecimiento económico*. Santiago: Naciones Unidas; Cepal, [1952] 1973, p. 47.

[236] FURTADO, Celso. *Desenvolvimento e Subdesenvolvimento*. Rio de Janeiro: Contraponto, [1961] 2009.

[237] RANGEL, Ignacio. "Dualidade básica da economia brasileira". *In*: BENJAMIN, César. *Os desenvolvimentistas*: obras reunidas – Ignácio Rangel. vol. I. Rio de Janeiro: BNDES, [1957] 2005; RANGEL, Ignacio. "A Inflação Brasileira". *In*: BENJAMIN, César. *Os desenvolvimentistas*: obras reunidas – Ignácio Rangel. vol. I. Rio de Janeiro: BNDES, [1963] 2005.

mas apenas o necessário para promover o avanço da produtividade.[238] Em suas palavras,[239]

> a proteção *per se* não assegura o aumento da produtividade; ao contrário, se excessiva, tende a reduzir o incentivo à produção. Consequentemente, para que a periferia possa reter os frutos do progresso técnico nas atividades primárias e, especialmente, nas exportações, progresso similar deve ser emanado das atividades industriais, de sorte a sustentar o avanço da produtividade e o aumento dos salários reais, expressos em moeda estrangeira. Isso permitirá, paralelamente, um incremento dos salários reais nas atividades de exportação, evitando, portanto, que a renda real se transfira para o resto do mundo. (...). Proteção massiva ou indiscriminada, que vá além do nível ótimo, pode causar sérios danos na competitividade das exportações e comércio exterior (...) O requisito de que o progresso técnico emana das atividades industriais tem sido devidamente enfatizado pelo argumento da proteção da indústria nascente. [Entretanto], à medida que aumenta a produtividade, a proteção deve ser paulatinamente reduzida, até que seja completamente eliminada.

e) *Proteção via tarifas de importação (ou, alternativamente, subsídios)*[240] *versus proteção mediante depreciação cambial*:

---

[238] Em condições competitivas, a tarifa de importação adequada é a que equaliza o preço externo ao doméstico, que, por definição, é mais elevado na fase em que a indústria é considerada infante e enquanto não adquirir escala e competitividade suficientes para levar à convergência com o preço (mais baixo) internacional. Para mais detalhes, veja KRUGMAN, Paul Robin; OBSTFELD, Maurice; MELITZ, Marc. *Economia internacional*. 10ª ed. São Paulo: Pearson, 2015, cap. 9-11.

[239] PREBISCH, Raúl. "Commercial policy in the underdeveloped countries (from the point of view of Latin America)". *American Economic Review*, vol. 49, nº 2, mai. 1959, pp. 12/13 e 20.

[240] No curto prazo, os subsídios diretos à produção são menos prejudiciais aos consumidores do que a tarifa de importação. Enquanto esta última aumenta os preços pagos pelos consumidores, ao deslocar a demanda

Prebisch[241] enfatiza, corretamente, a meu juízo, que, em vez de adotar-se uma política contínua de depreciação da moeda nacional, a taxa de câmbio real deve ser mantida em **nível** competitivo, isto é, a moeda doméstica não deve ficar sobrevalorizada, mas ligeiramente subvalorizada em relação à dos parceiros comerciais externos. Para ele:

> uma política de depreciação ou desvalorização deve ser usada apenas para corrigir a sobrevalorização da moeda doméstica, e não como um instrumento para promover mudanças estruturais na economia. Uma política de proteção seletiva, contanto que não seja exageradamente elevada – pois, do contrário, gera ineficiência –, é um instrumento mais adequado. [Isso, porque] o aumento das alíquotas aduaneiras de importação, ao encarecer os produtos estrangeiros, e desde que afete apenas uma reduzida parcela do total das importações, pode ser compensado pelo incremento da produtividade, sem afetar o nível geral de preços da economia.

f) *Promoção e competitividade das exportações*:

É falsa a alegação de que a economia política da Cepal advoga a adoção de um modelo de desenvolvimento na periferia latino-americana predominantemente voltado para o mercado interno. Ao contrário, Prebisch alerta, insistentemente, para a importância de que os fluxos de exportações dos países periféricos assegurem os

---

de produtos importados para o mercado local, os subsídios à produção conferem estímulo idêntico aos empresários nacionais, embora mantendo inalterados os preços pagos internamente. O ônus decorrente do subsídio recai integralmente sobre o governo (ou melhor, sobre a sociedade, que paga impostos). Sobre esse assunto, veja Krugman, Obstfeld e Melitz (KRUGMAN, Paul Robin; OBSTFELD, Maurice; MELITZ, Marc. *Economia internacional*. 10ª ed. São Paulo: Pearson, 2015, cap. 9).

[241] PREBISCH, Raúl. "Commercial policy in the underdeveloped countries (from the point of view of Latin America)". *American Economic Review*, vol. 49, nº 2, mai. 1959, p. 9.

CAPÍTULO III – O DO MODELO CENTRO-PERIFERIA E A ECONOMIA...

pagamentos de suas importações, evitando-se, assim, o endividamento externo crescente.

A razão principal é óbvia: diferentemente da concepção neoclássica, em que a poupança ("parte da renda nacional não consumida") é entendida como sacrifício social, a obtenção de saldos comerciais favoráveis – *mutatis mutandis*, objetivo defendido, acertadamente, pelos mercantilistas[242] – permite a geração de fluxos de poupança doméstica suficientes para aliviar restrições externas ao crescimento econômico. Isso ocorre porque o incremento das exportações líquidas acarreta, simultaneamente, aumento da renda agregada e, tudo o mais constante, expansão dos fluxos líquidos de divisas em moedas conversíveis.[243] Segundo Prebisch,[244]

---

[242] Entre meados do século XVIII e primeira metade do XIX, os mercantilistas sofreram ataques sistemáticos de David Hume, Adam Smith e David Ricardo. No entanto, como lembra Thirlwall (2011), as políticas mercantilistas, que nada tinham de ingênuas, foram estrategicamente relevantes para os interesses nacionais das principais potências europeias no período.

[243] Note que essa estratégia foi fielmente seguida pelo Estado chinês nas décadas de 1980 e 1990, o que lhe permitiu engrenar e sustentar um processo de desenvolvimento desde então. Só que, até o final da década de 1990, as maiores fontes de divisas líquidas na China provinham das atividades localizadas nas Zonas Econômicas Especiais (ZEEs), enclaves em que filiais de multinacionais e empresas chinesas têm permissão de produzir, exclusivamente, para exportação. Como as atividades localizadas fora das ZEEs sempre estiveram sujeitas aos mecanismos regulatórios do governo, sua política de comércio exterior guia-se por um modelo que Feenstra (EENSTRA, Robert Christopher. *One country, two systems*: implications of WTO entry for China. Califórnia: Department of Economics; University of California; Davis, 1998) denomina "um país, dois sistemas". Veja, também, Inter-American Development Bank (INTER-AMERICAN DEVELOPMENT BANK. *The emergence of China*: opportunities and challenges for Latin America and the Caribbean. Washington: Inter-American Development Bank, 2004).

[244] PREBISCH, Raúl. *Problemas teóricos y prácticos del crecimiento económico*. Santiago: Naciones Unidas; Cepal, [1952] 1973, pp. 46 e 63.

as maiores margens de poupança decorrentes dos fluxos exportadores [líquidos] podem ser utilizadas para financiar as importações de bens de capital (...). [Para isso], requerem-se esforços para aumentar as exportações e, simultaneamente, alterar a composição das importações por produção interna, tanto na indústria como na agricultura.

Ele reconhece, porém, que a elevação do dinamismo das exportações e a alteração de sua composição em favor de produtos manufaturados não são tarefa fácil para economias periféricas, cujos mercados, nas fases iniciais de industrialização, são relativamente pequenos para alcançar competitividade em indústrias sujeitas a grandes economias de escala. Mesmo sem dispor do instrumental analítico adequado na época, Prebisch sugere duas estratégias para a mudança do perfil das exportações, ambas avalizadas, ainda hoje, pela moderna teoria de comércio internacional.

A primeira é fazer com que o aparato de proteção da indústria local contra as importações, à medida que promova mudanças na estrutura produtiva, funcione também como mecanismo de criação de vantagens comparativas dinâmicas e de ampliação da participação, na cesta de exportáveis, de bens manufaturados tecnologicamente mais sofisticados e com maior elasticidade-renda da demanda nos mercados globais. Diz Prebisch:[245]

> A industrialização necessita de uma política dinâmica de proteção, que deveria ser continuamente reformulada com o objetivo de introduzir novas mudanças na composição das importações, à medida que se processa o desenvolvimento econômico e se reduzem as disparidades nas elasticidades-renda da demanda intersetoriais. Os acordos comerciais não deveriam cristalizar as situações existentes, mas ser flexíveis o bastante

---

[245] PREBISCH, Raúl. "Commercial policy in the underdeveloped countries (from the point of view of Latin America)". *American Economic Review*, vol. 49, n° 2, mai. 1959, p. 26.

CAPÍTULO III – O DO MODELO CENTRO-PERIFERIA E A ECONOMIA...

para promover tais mudanças na estrutura de importações, de forma seletiva, ordenada e racional.

Essa estratégia de "proteção local como promoção das exportações" foi demonstrada matematicamente por Krugman.[246] Para ele, na presença de oligopólios e elevadas economias de escala, instrumentos de proteção (por exemplo, compras governamentais) podem deslocar a demanda de importações para as empresas domésticas, reduzindo seus custos marginais, em detrimento das empresas estrangeiras.[247][248] As economias de escala são o canal que conduz a expansão das vendas das empresas locais, às expensas das estrangeiras, retroalimentando

---

[246] KRUGMAN, Paul Robin. "Import protection as export promotion: international competition in the presence of oligopoly and economics of scale". In: _____. *Rethinking international trade*. Cambridge: The MIT Press, 1984.

[247] Os custos marginais são custos incrementais ("na margem"), relativos à utilização de fatores de produção variáveis (por exemplo, trabalho), que viabilizam a produção de novas unidades de produto. De acordo com a microeconomia tradicional, no curto prazo, considera-se dada a capacidade produtiva potencial, de tal sorte que, a partir de certo nível de produção corrente das empresas, o incremento de produção adicional ("na margem") acarreta custos adicionais ("marginais") crescentes, relacionados à incorporação de fatores de produção variáveis (como o trabalho). Essa teoria sustenta que, para fluxos de produção aquém do nível "ótimo", a empresa é capaz de ampliar a produção corrente com custos marginais cadentes. A partir do nível "ótimo", os custos marginais são crescentes. Por essa razão, em mercados perfeitamente competitivos, a empresa só é capaz de produzir além do nível "ótimo" se conseguir aumentar preços. Mas essa atitude torna-se inviável no longo prazo, pois seria rechaçada pela existência de concorrentes capazes de produzir a preços menores. Para mais detalhes, veja Pindyck e Rubinfeld (PINDYCK, Robert; RUBINFELD, Daniel. *Microeconomia*. 8ª ed. São Paulo: Pearson Education, 2014, cap. 7 e 8).

[248] Note que Krugman pressupõe que as empresas locais, antes da proteção, mesmo operando sob condições de oligopólio (isto é, detendo poder de mercado para fixar seus preços), estariam produzindo aquém do nível "ótimo". Logo, na ausência de proteção (ou seja, com tarifa de importação igual a zero), as firmas domésticas são incapazes de enfrentar a concorrência dos produtos importados.

reduções subsequentes de custos marginais e médios, e mudando o perfil competitivo das indústrias protegidas, até que se tornem aptas a competir no mercado internacional.

A segunda estratégia sugerida por Prebisch[249] é privilegiar acordos de integração regional com parceiros comerciais com níveis similares de renda per capita. Mesmo que o acordo reúna países "pequenos" e "grandes", a integração faz com que o nível médio de renda per capita do bloco fique mais próximo da renda per capita média dos países maiores. Mirando-se no exemplo da estratégia de integração europeia em direção à formação de um mercado comum a partir dos anos 1950, Prebisch recomenda, fortemente, que os governos envidem esforços para lograr a constituição de um mercado comum latino-americano. Segundo o autor,[250]

> com o processo de substituição de importações, flutuações indesejadas nas exportações têm sido ainda mais danosas à sustentação do desenvolvimento econômico na periferia latino-americana do que no modelo anterior, em que a vulnerabilidade ficava concentrada na instabilidade da demanda internacional. O mercado comum, por unificar o comércio dentro da área, pode corrigir, gradualmente, essa situação. Esse esforço de integração regional pode fomentar a competitividade das exportações de bens industrializados para países fora do bloco, já que o mercado comum oferece enorme potencial para a redução dos custos desses produtos.

A nova literatura de comércio internacional é taxativa: o potencial para alcançar escalas competitivas na exportação de bens

---

[249] PREBISCH, Raúl. "Commercial policy in the underdeveloped countries (from the point of view of Latin America)". *American Economic Review*, vol. 49, n° 2, mai. 1959.

[250] PREBISCH, Raúl. "Commercial policy in the underdeveloped countries (from the point of view of Latin America)". *American Economic Review*, vol. 49, n° 2, mai. 1959, p. 26.

industrializados, cuja eficiência depende da otimização das gigantescas economias de escala requeridas, é tanto maior quanto maior for o mercado doméstico. A consolidação de um mercado comum (como a União Europeia) não almeja outro objetivo senão a maximização dos ganhos por economias de escala entre os países-membros, mediante a expansão da "demanda recíproca" (para usar a expressão de John Stuart Mill) entre economias "grandes" e "pequenas".

Em dois artigos seminais, que contribuíram para a obtenção de sua láurea do Prêmio Nobel, Krugman[251] demonstrou formalmente que, na presença de economias de escala, diferenciação de produtos e oligopólio competitivo ("concorrência monopolística"), i) "a possibilidade de vir a ser exportador em grande escala de bens manufaturados depende do tamanho do mercado doméstico";[252] ii) "a maior parte do comércio global é comandada pelos países com dotações de fatores similares",[253] isto é, países ricos em capital, físico e humano, comandam as exportações de bens industrializados, que incorporam, intensivamente, esses fatores; e iii) "entre países com níveis de renda per capita e padrões de demanda [na média] semelhantes, a maior parcela do comércio é do tipo intra-industrial, ou seja, dá-se entre bens industrializados similares",[254] mas não idênti-

---

[251] KRUGMAN, Paul Robin. "Scale economies, product differentiation, and the pattern of trade". In: _____. *Rethinking International Trade*. Cambridge: The MIT Press, [1980] 1990; KRUGMAN, Paul Robin. "Intraindustry specialization and the gains from trade". *Journal of Political Economy*, 1981.

[252] O autor reconhece que, a despeito da menor precisão formal, essa conclusão já havia sido pioneiramente demonstrada por Staffan Linder (LINDER, Staffan. *An essay on trade and transformation*. Nova York: Wiley, 1961); KRUGMAN, Paul Robin. "Scale economies, product differentiation, and the pattern of trade". In: _____. *Rethinking International Trade*. Cambridge: The MIT Press, [1980] 1990, p. 36.

[253] KRUGMAN, Paul Robin. "Intraindustry specialization and the gains from trade". *Journal of Political Economy*, 1981, p. 50.

[254] KRUGMAN, Paul Robin. "Intraindustry specialization and the gains from trade". *Journal of Political Economy*, 1981, p. 50.

cos, porque sujeitos à diferenciação de produto por modelo, marca, padrão de qualidade etc.[255]

Com isso, a nova teoria de comércio internacional sugere que, para maximizar a competitividade na exportação de produtos manufaturados, sujeitos a economias de escala e diferenciação de produtos, o padrão de inserção internacional mais estrategicamente conveniente para os países em desenvolvimento é, sem prejuízo do multilateralismo, aprofundar a integração regional[256] com países de

---

[255] Ao modo do comércio intra-industrial de automóveis franceses, alemães, espanhóis e suecos no âmbito da União Europeia. Exemplos como este se estendem ao comércio intra-industrial dos demais bens manufaturados diferenciados, como se observa nas demais experiências de integração regional (seja via áreas de livre-comércio ou uniões aduaneiras), como no NAFTA (*North American Free Trade Agreement*), Asean (*Association of Southeast Asian Nations*), Mercosul (Mercado Comum do Cone Sul) etc.

[256] A literatura sobre comércio internacional distingue diferentes estágios de integração regional, do mais simples ao mais ambicioso. A mais simples é a área de livre comércio, em que são eliminadas as barreiras comerciais (tarifárias e não-tarifárias) entre os países-membros, mas cada um deles segue aplicando tarifas de importação diferenciadas contra os demais países fora do bloco; segue-se a união aduaneira, em que, além da eliminação das barreiras comerciais, é imposta tarifa externa comum (TEC) aos países não participantes do bloco; o mercado comum ocorre quando, além da eliminação das barreiras comerciais anteriores, há livre circulação de fatores produtivos (capital e trabalhadores) entre os países do bloco. A união econômica é alcançada quando, além da eliminação das barreiras anteriores, passa a circular uma moeda única entre os países membros, adotam-se políticas monetárias reguladas por um banco central unificado e criam-se regras comuns concernentes à gestão da política fiscal. Entre as experiências recentes de integração regional, o NAFTA é exemplo de área de livre-comércio, o Mercosul é ainda, apesar do nome, uma união aduaneira incompleta, a União Europeia é um mercado comum, e a Zona do Euro ilustra uma experiência, ainda em consolidação, de união econômica. Para mais detalhes, veja Hoekman e Kostecki (HOECKMAN, Bernard M; KOSTECKI, Michel M. *The political economy of the world trading system*: the wto and beyond. 30ª ed. Nova York: Oxford University Press, 2009, cap. 10).

CAPÍTULO III – O DO MODELO CENTRO-PERIFERIA E A ECONOMIA...

níveis similares de renda per capita. Assim, essa teoria corrobora a recomendação de Prebisch de que a estratégia de inserção comercial mais acertada para os países latino-americanos era, e ainda é, sem prejuízo do multilateralismo, privilegiar acordos de integração regional entre eles próprios; já os acordos com os países ricos devem embutir cláusulas de exceção que preservem a possibilidade de acelerar o desenvolvimento industrial.[257]

A história econômica da América Latina no pós-guerra mostra que, a rigor, nenhuma das recomendações feitas por Prebisch foi seguida à risca pelos governos responsáveis pela implementação dos programas de desenvolvimento no continente. Mesmo levando-se em conta que o monitoramento desses programas envolve, na prática, muito mais arte do que ciência e que erros podem ser corrigidos ao longo do caminho, o fato é que muito pouco foi feito para repará-los a tempo.[258]

No caso do Brasil, por exemplo, em contraste com as experiências exitosas do Leste Asiático, notadamente Coreia do Sul e Taiwan, os principais planos de desenvolvimento, desde o Plano de Metas (1956-1960) até o final dos anos 1970, careceram de seletividade, ampararam-se em mecanismos exagerados de proteção do mercado doméstico, reforçaram a dependência de investimentos, tecnologias e financiamentos estrangeiros etc.[259] Isso mostra que,

---

[257] Isso significa que, para o Brasil, ainda atualmente, é mais estratégico aprofundar acordos de integração regional com os demais países latino-americanos do que com os Estados Unidos. No caso da União Europeia, os ganhos com a integração poderiam ser mais auspiciosos, já que há enorme potencial de intercâmbio recíproco com os países mais ricos e com os demais membros, cujas rendas per capita são mais próximas à renda per capita brasileira.

[258] Ver dois excelentes livros de Fernando Fajnzylber, "*La Industrialización Trunca de América Latina*" (de 1983) e "*Industrialización en América Latina: de la "Caja Negra" al "Casillero Vacío*" (de 1990).

[259] Para uma análise comparada dos planos de desenvolvimento na Coreia do Sul e Brasil, veja Moreira (MOREIRA, Maurício Mesquita.

se são irrefutáveis os argumentos teóricos favoráveis à adoção de planos de desenvolvimento coordenados pelo Estado, com o objetivo de sustentar uma trajetória bem-sucedida de *catching up*, por outro lado, o desafio maior é implementá-los e colher bons resultados na prática, já que são sujeitos às idiossincrasias históricas, políticas e culturais de cada país. O maior desafio do Estado, em qualquer formação capitalista, é driblar os *lobbies* privados que, visando à apropriação improdutiva de rendas (*rent seeking*), pressionam por perpetuar os benefícios públicos concedidos.[260]

Ainda assim, como já antecipado na Introdução, a despeito da enorme ineficiência estática na alocação microeconômica dos recursos, de que resultou um sistema de produção industrial doméstico com preços elevados e padrão de qualidade abaixo do internacional – salvo casos excepcionais –, não há dúvida de que o Brasil conseguiu manter uma trajetória de *catching up* bem-sucedida entre 1950 e 1980. Esse movimento foi, porém, interrompido após o longo processo de estagnação, que perdura desde o início da década de 1980.

A partir dos anos 1980, com a ascensão do neoliberalismo e as críticas avassaladoras ao modelo de substituição de importações na América Latina, os principais economistas cepalinos, munidos de um aparato teórico microeconômico neoschumpeteriano, passaram a fazer um balanço crítico das políticas de desenvolvimento na região, confrontando o que foi efetivamente feito com o que havia sido proposto para, no final das contas, sugerir uma correção de rota. A Cepal, em confronto com a visão neoliberal que se tornava

---

Industrialization, trade and market failures: the role of government intervention in Brazil and South Korea. Londres: Macmillan Press, 1995). Para o caso brasileiro, leia Suzigan e Furtado (SUZIGAN, Wilson; FURTADO, João. "Política industrial e desenvolvimento". *Revista de Economia Política*, vol. 26, nº 2, abr./jun. 2006, especialmente pp. 169-174).

[260] Argumentos semelhantes podem ser encontrados no estudo de Peter Evans, *The State as problem and solution: prédation, embedded autonomy, and structural change*.

hegemônica, dava a largada para a formulação de modelos teóricos neoestruturalistas. Tal mudança não foi capaz de restaurar a influência normativa na concepção das políticas públicas na América Latina, mas manteve incólume seu prestígio acadêmico.

3.3 O neoestruturalismo cepalino e o modelo centro-periferia hoje

No início da década de 1980, a maioria dos países latino-americanos já se defrontava com dificuldade de acesso à liquidez internacional e com a disponibilidade de divisas necessárias ao pagamento dos serviços da dívida externa que se acumulara desde a década anterior. Com exceção de Argentina e Chile, que haviam adotado reformas liberalizantes radicais, mas malsucedidas, nos anos 1970, os demais países do continente não haviam ainda enveredado por esse caminho.

Antes mesmo que as recomendações de reformas neoliberais, ancoradas nos preceitos do chamado Consenso de Washington – que discutirei no Capítulo X –, tivessem se generalizado como mecanismo de pressão por parte das instituições multilaterais, os economistas mais proeminentes da Cepal, como Jorge Katz, Osvaldo Sunkel, Fernando Fajnzylber e Ricardo Ffrench-Davis, munidos de instrumental microeconômico e macroeconômico mais refinado, passaram a fazer um balanço do modelo de substituição de importações na América Latina, identificando os principais erros das políticas adotadas e propondo uma correção de rota.[261]

Seu propósito era enfrentar o contexto internacional adverso e solucionar, definitivamente, os problemas concernentes à crise da dívida externa e à alta inflação. Pretendiam também ajustar as

---

[261] O leitor interessado na história do pensamento estruturalista latino-americano deve consultar o magnífico livro de DI FILIPPO, Armando. *El desarrollo y la integración de América Latina*: una odisea inconclusa. Santiago: Ediciones Universidad Alberto Hurtado, 2021.

políticas públicas de modo a estancar o processo de estagnação e retomar, o mais breve possível, a trajetória de *catching up* no continente. Mas, que fique bem claro: ajuste de políticas não significava adesão incondicional ao neoliberalismo; as sugestões não eram jogar fora o bebê doente junto com a água do banho, mas retirá-lo da água, medicá-lo e refazer as condições para seu crescimento saudável.

Fajnzylber,[262] em seu *La Industrialización Trunca de América Latina*, brinda-nos com um dos estudos mais abrangentes sobre as políticas e os resultados do processo de substituição de importações na América Latina. É forçoso concordar com o autor em que a maioria dos problemas ali identificados tem estreita conexão com a debilidade das políticas adotadas desde os anos 1950. Ainda que tenham sido capazes de promover acelerado crescimento econômico até o final dos anos 1970, elas acabaram por gerar um sistema industrial truncado e incompleto (*"industrialización trunca"*), sobretudo nos países de dimensão continental, como o Brasil, México e Colômbia.

Dentre os principais problemas analisados por Fajnzylber, todos resultantes das opções escolhidas de políticas, merecem menção: i) a perpetuação de práticas protecionistas indiscriminadas e pouco seletivas ("protecionismo frívolo"); ii) a inexistência de um núcleo endógeno capaz de gerar e propagar progresso técnico no sistema econômico; iii) a liderança de empresas filiais de multinacionais nas indústrias com maior potencial de desenvolvimento tecnológico, do que resultou falta de autonomia com respeito às decisões de investimento, inovação e financiamento e a proliferação de um empresariado local com maior aptidão para copiar, reproduzir e maquiar do que para produzir inovações genuínas; e iv) a precária relação agricultura-indústria. Com exceção do último problema, já comentado anteriormente, convém brevemente analisar a articulação dos demais.

---

[262] FAJNZYLBER, Fernando. *La industrialización trunca de América Latina*. México: Nueva Imagen, 1983.

CAPÍTULO III – O DO MODELO CENTRO-PERIFERIA E A ECONOMIA...

Fajnzylber usa a expressão "protecionismo frívolo" para demarcar a posição de que, a despeito da objeção liberal, a consolidação do processo de industrialização requer mecanismos clássicos de proteção da indústria nascente. A experiência exitosa de industrialização nos chamados "tigres asiáticos" (notadamente, Coreia do Sul e Taiwan) ensina que estímulos governamentais, como tarifas de importação discriminatórias ou outros mecanismos de proteção da indústria local, devem ser aplicados de forma temporária e na intensidade suficiente para viabilizar o aprendizado tecnológico e o alcance de escalas de produção competitivas para vender tanto no mercado doméstico como no internacional. Não foi o que ocorreu nos países latino-americanos com maior potencial de mercado.

Em particular no Brasil, do uso e abuso de proteção exagerada e concessão indiscriminada de benefícios públicos, resultou, de fato, uma estrutura industrial relativamente diversificada. Entretanto, sem a exigência de *performance* econômica vinculada a requisitos de aumento de produtividade, redução de custos unitários e padrões de qualidade internacional, tal estrutura, afora honrosas exceções, mostrou-se pouco competitiva para penetrar exitosamente em mercados globais.

A dobradinha representada por elevada proteção local e excessiva condescendência para com o investimento direto estrangeiro inviabilizou tanto a obtenção de autonomia tecnológica nas indústrias que comandam o progresso técnico, quanto a redução da participação relativa dos produtos manufaturados de alta elasticidade-renda da demanda na pauta de importação. Fajnzylber[263] considera, com razão, que a interação dialética desses dois fatores impediu que o processo de substituição de importações transitasse, já na fase intermediária nos anos 1970, para um modelo de industrialização comandado pelos complexos metal-mecânico (que engloba as indústrias de bens

---

[263] FAJNZYLBER, Fernando. *La industrialización trunca de América Latina*. México: Nueva Imagen, 1983.

de capital e automotiva) e eletrônico, os quais, por então capitanearem a geração e difusão de inovações tecnológicas, seriam capazes de tornar o ritmo dos investimentos, a acumulação de capital e o progresso tecnológico endógenos ao crescimento econômico no longo prazo. Em outras palavras, por não ter sido capaz de promover um núcleo endógeno irradiador de progresso técnico, a industrialização na América Latina ficou truncada e incompleta.

Como lembra o autor, mesmo no Brasil, país que mais avançou no processo de crescimento e diversificação industrial entre as décadas de 1950 e 1970, esse conjunto de indústrias-chave foi comandado pela liderança das empresas multinacionais.[264] Em seus países de origem, as enormes barreiras estruturais à entrada de competidores potenciais, ditadas pelo domínio das técnicas produtivas e pelas gigantescas escalas mínimas de produção requeridas, fazem com que a rivalidade oligopolista entre as empresas estabelecidas impulsione e realimente o progresso técnico num processo schumpeteriano de destruição criativa.

Na América Latina, em contraste, os elevados níveis de proteção acabaram por atrair excesso de filiais estrangeiras para aquelas indústrias-chave, sobretudo nos ramos produtores de bens de consumo duráveis, como o automotivo e o eletrônico, em que as empresas competem por diferenciação de produtos e não por preços. No caso brasileiro, por exemplo, a proteção exagerada nesses ramos acabou dando guarida ao congestionamento de muitas empresas estrangeiras e à perpetuação de preços muito elevados em relação ao mercado internacional. Como ressalta Fajnzylber,[265] embora operasse com

---

[264] Fajnzylber (FAJNZYLBER, Fernando. *La industrialización trunca de América Latina*. México: Nueva Imagen, 1983, p. 151) registra que, no período 1950-1978, o setor industrial brasileiro apresentou a mais elevada taxa média anual de crescimento na América Latina (8,5%, contra 6,5% para um grupo de 19 países do continente).

[265] FAJNZYLBER, Fernando. *La industrialización trunca de América Latina*. México: Nueva Imagen, 1983, p. 192.

custos unitários elevados, por conta da excessiva fragmentação do mercado e reduzidas escalas de produção, "nos mercados altamente protegidos da América Latina o empresário ficava livre para transferir aos preços os maiores custos associados à utilização parcial de suas instalações produtivas".

Fajnzylber[266] está correto em alegar que, face à atitude extremamente permissiva dos diversos atores sociais na periferia latino-americana, a liderança de multinacionais nos principais núcleos irradiadores de progresso técnico acaba inibindo a capacitação do empresariado nacional para "adaptar, inovar e competir internacionalmente numa gama significativa de setores estratégicos". Está certo também em reforçar que tal atitude não resulta de qualquer pressão externa ou de conquista por parte dessas empresas globais, mas da "omissão normativa dos agentes internos e do conjunto das forças sociais que se refletiam na ação pública".

Contudo, a avaliação crítica dos economistas cepalinos às políticas de desenvolvimento na América Latina, sobretudo as aplicadas no auge do modelo de substituição de importações nos anos 1970, de forma alguma avalia a adesão incondicional aos preceitos do neoliberalismo, que, no final das contas, tornou-se o guia das políticas econômicas adotadas na região a partir da década de 1990. Embora a Cepal, desde então, proponha a remodelação das políticas públicas com vistas a recolocar as economias da região na rota do desenvolvimento sustentado, suas recomendações jamais respaldaram a liberalização comercial muito rápida ("tratamento de choque"), a abertura aos fluxos de capitais financeiros externos de curto prazo, o Estado mínimo e, até mesmo, a limitação das políticas públicas apenas à correção de falhas de mercado.[267] Logo, suas propostas de

---

[266] FAJNZYLBER, Fernando. *La industrialización trunca de América Latina*. México: Nueva Imagen, 1983, p. 176/177.

[267] A corrente liberal neoclássica só admite intervenção estatal nas situações em que a livre-concorrência, devido a imperfeições no funcionamento dos mercados, é incapaz de produzir resultados ótimos na alocação dos

políticas públicas destoavam, e ainda destoam, completamente da agenda do neoliberalismo.[268]

Da prolífica literatura teórica e empírica sobre desenvolvimento produzida na Cepal desde 1990, devem ser destacados três pontos: i) o reconhecimento de que o notável crescimento econômico observado na região no período 1950-1980 foi incapaz de reduzir a desigualdade social e eliminar a pobreza; ii) a reafirmação do modelo centro-periferia, que às vezes reaparece sob a denominação de modelo Norte-Sul, com base no qual se investigam os fatores explicativos da persistência dos elevados *gaps* relativos de produtividade e de renda per capita das economias latino-americanas; e iii) o diagnóstico de que o processo de industrialização na periferia latino-americana, além de truncado e incompleto, foi interrompido prematuramente há mais de quatro décadas. Por isso, a superação da prolongada estagnação econômica na região, que persiste nos tempos atuais, depende, simultaneamente, da exploração do potencial ainda existente de diversificação industrial com mudança estrutural, do aumento das taxas de investimento, da incorporação de progresso técnico, da redução da desigualdade social e do respeito à sustentabilidade ambiental.

---

recursos produtivos e na distribuição da renda nacional. Nesses casos, aceita-se a adoção de políticas públicas visando à correção das falhas de mercado. Esse assunto será discutido no Capítulo XI.

[268] O único documento em que a Cepal flerta com o neoliberalismo, mas não chega a incorporar o conjunto de reformas sugeridas por esta ideologia, é o "El regionalismo abierto en América Latina y el Caribe: La integración económica al servicio de la transformación productiva con equidad", de 1994, sob a coordenação do então secretário-executivo Gert Rosenthal. Ali, algumas proposições são ancoradas na abordagem neoclássica das falhas de mercado. O leitor interessado pode consultar Cepal (CEPAL. *El regionalismo abierto en América Latina y el Caribe*: la integración económica al servicio de la transformación productiva con equidad. Santiago de Chile: Nações Unidas-Cepal, 1994).

CAPÍTULO III – O DO MODELO CENTRO-PERIFERIA E A ECONOMIA...

Como mostra Fajnzylber,[269] nenhum país latino-americano conseguiu combinar incremento da renda per capita com redução do nível de desigualdade social (*"el casillero vacío"*, segundo o autor) no período 1965-1984. Argentina e Uruguai, por exemplo, foram exceções em que se preservou maior equidade social, mas em que o crescimento da renda per capita foi inferior a 2,4% a.a. Já Brasil, México e Colômbia exibiram taxas expressivas de crescimento da renda per capita, sem terem conseguido reduzir a desigualdade social. O autor[270] aponta que a persistência de enorme iniquidade social na maioria dos países latino-americanos finca raízes na manutenção de uma elite rentista, que "não parece se preocupar nem com o crescimento, nem com projetos de construção para o futuro, mas com a preservação do *status quo*".

Esse estado de coisas não é irremediável. A principal orientação da Cepal, na época em que a maioria das economias do continente era assolada pela crise da dívida externa e pela inflação crônica, foi restaurar a estabilidade macroeconômica e canalizar esforços para que a criação e difusão de progresso técnico substituíssem a mera imitação de tecnologias importadas, de tal sorte que o avanço da produtividade pudesse sustentar a ampliação da participação dos salários reais na renda nacional. Para a Cepal, não é a adesão indiscriminada aos preceitos do neoliberalismo que assegura tais resultados, mas a redefinição da estrutura de proteção comercial, combinada com uma política industrial em que a inovação passe a ser concebida de forma sistêmica, ou seja, articulada com as demais esferas das políticas públicas, como as políticas científica e tecnológica, de educação e treinamento, tributária, social e macroeconômica.

---

[269] FAJNZYLBER, Fernando. *Industrialización en América Latina*: de la "Caja Negra" al "Casillero Vacío". Cuadernos de la Cepal. nº 60. Santiago de Chile: Naciones Unidas; Cepal, 1990, p. 12.

[270] FAJNZYLBER, Fernando. *Industrialización en América Latina*: de la "Caja Negra" al "Casillero Vacío". Cuadernos de la Cepal. nº 60. Santiago de Chile: Naciones Unidas; Cepal, 1990, p. 65.

Esses são, aliás, os fundamentos das políticas públicas contidas no influente documento "Transformación Productiva con Equidad", lançado pela Cepal em 1990. Propõe-se "combinar o manejo macroeconômico com políticas setoriais, assim como integrar as políticas de curto e longo prazos".[271] No que tange à política industrial, recomenda-se a "abertura comercial **gradual e seletiva**, o fomento integral das exportações, a incorporação e difusão de progresso técnico e o apoio a pequenas e médias empresas".[272] Mas, perante a evidência de que o crescimento econômico não assegura necessariamente redução da desigualdade social, adverte-se que "o imperativo da equidade exige que a transformação produtiva seja acompanhada por medidas redistributivas".[273] Antecipando-se ao imperativo do que posteriormente tornar-se-ia inadiável, propõe também "a incorporação da variável ambiental na estratégia de desenvolvimento".[274]

Num documento recente, a Cepal[275] acertadamente reitera que, uma vez superada a crise pandêmica da Covid-19, o enorme distanciamento da periferia latino-americana em relação à fronteira tecnológica internacional pode atuar como barreira estrutural à sustentação do

---

[271] FAJNZYLBER, Fernando. *Industrialización en América Latina*: de la "Caja Negra" al "Casillero Vacío". Cuadernos de la Cepal. nº 60. Santiago de Chile: Naciones Unidas; Cepal, 1990, pp. 14/15.

[272] FAJNZYLBER, Fernando. *Industrialización en América Latina*: de la "Caja Negra" al "Casillero Vacío". Cuadernos de la Cepal. nº 60. Santiago de Chile: Naciones Unidas; Cepal, 1990, p. 17 (grifo do autor).

[273] FAJNZYLBER, Fernando. *Industrialización en América Latina*: de la "Caja Negra" al "Casillero Vacío". Cuadernos de la Cepal. nº 60. Santiago de Chile: Naciones Unidas; Cepal, 1990, p. 15.

[274] FAJNZYLBER, Fernando. *Industrialización en América Latina*: de la "Caja Negra" al "Casillero Vacío". Cuadernos de la Cepal. nº 60. Santiago de Chile: Naciones Unidas; Cepal, 1990, p. 138.

[275] CEPAL. *Construir un nuevo futuro*: una recuperación transformadora con igualdad y sostenibilidad. Santiago de Chile: Naciones Unidas; Cepal, 2020.

CAPÍTULO III – O DO MODELO CENTRO-PERIFERIA E A ECONOMIA...

crescimento econômico na região. Nesse documento, a instituição[276] sugere que, além do hiato tecnológico, a periferia latino-americana há também de enfrentar o desafio de compatibilizar suas taxas de crescimento com dois hiatos adicionais: o da desigualdade social e a dos limites físicos impostos pelas restrições ambientais.

Com respeito ao hiato tecnológico, relembre o leitor que, como já analisado no Capítulo II, a lei de Thirlwall postula que, no longo prazo, a taxa de crescimento da periferia (em relação à do centro (depende da relação entre as elasticidades-renda das exportações e importações do bloco periférico. É possível refinar a equação (1), já analisada naquele capítulo, adicionando-lhe um fator normativo, indicado pela expressão "políticas de desenvolvimento" entre parênteses na equação seguinte:

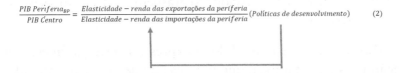

$$\frac{PIB\ Periferia_{BP}}{PIB\ Centro} = \frac{Elasticidade - renda\ das\ exportações\ da\ periferia}{Elasticidade - renda\ das\ importações\ da\ periferia}(Políticas\ de\ desenvolvimento) \quad (2)$$

Tome-se o caso do Brasil para interpretar a equação (2). No longo prazo, a taxa de crescimento da economia brasileira compatível com o equilíbrio de seu balanço de pagamentos (lado esquerdo da equação) está limitada pela relação entre as elasticidades-renda das exportações e importações (lado direito da equação, exceto o termo entre parênteses), a qual reflete, por sua vez, a estrutura produtiva atual. De acordo com os resultados reportados no Capítulo II, as elasticidades-renda das exportações e importações brasileiras corresponderam a, respectivamente, 1,74 e 2,01 no período 1995-2013.[277]

---

[276] CEPAL. *Construir un nuevo futuro*: una recuperación transformadora con igualdad y sostenibilidad. Santiago de Chile: Naciones Unidas; Cepal, 2020, cap. 11.

[277] Em face da desaceleração, crise e estagnação da economia brasileira, que persistem desde 2014, não há razão para esperar que tenham ocorrido mudanças significativas nesses resultados.

Então, taxas de crescimento mais expressivas da economia, por acarretarem incremento mais acelerado das importações do que das exportações, teriam vida relativamente curta no Brasil, porque sujeitariam o país a *déficits* insustentáveis na conta-corrente de seu balanço de pagamentos.

Observe ainda que, como sugere o termo entre parênteses da equação (2), a razão entre as elasticidades-renda das exportações e importações no Brasil é, **hoje**, inferior à unidade, porque resulta das escolhas de políticas econômicas de curto e longo prazo adotadas no período **pregresso**, isto é, no período referente à série estimada, 1995-2013. Em economia colhe-se o que se planta: a *performance* econômica de um país, expressa nas taxas de crescimento da renda per capita e nas condições de vida de sua população, resulta da escolha e combinação das políticas públicas adotadas no passado. Nessa ótica, o crescimento econômico brasileiro está sujeito a severas restrições estruturais.

Mas nem tudo está perdido: a expressão entre parênteses na equação (2) sugere também que políticas de desenvolvimento adequadas, implementadas **a partir de hoje**, podem modificar a razão entre as elasticidades-renda das exportações e importações brasileiras no **futuro**, alterando seu quociente para valores acima da unidade. Consequentemente, seriam viabilizadas taxas de crescimento mais robustas que posicionariam o Brasil em uma trajetória sustentada de *catching up*, nesta e nas próximas décadas.[278]

---

[278] Ver CEPAL. *Construir un nuevo futuro*: una recuperación transformadora con igualdad y sostenibilidad. Santiago de Chile: Naciones Unidas; Cepal, 2020; PORCILE, Gabriel. "Latin American structuralism and new structuralism". In: ALCORTA, Ludovico et al. *New perspectives on structural change*: causes and consequences of structural change in the global economy. Oxford: Oxford University Press, 2021.

Considerações finais

O modelo centro-periferia, longe de se opor, complementa as teses canônicas do desenvolvimentismo clássico, segundo as quais o processo de desenvolvimento econômico é impulsionado pela industrialização e envolve mudanças estruturais em que os recursos produtivos são realocados dos setores de baixa produtividade para os de mais elevada. Ao conferir maior ênfase não somente às especificidades econômicas, históricas e sociais dos países periféricos latino-americanos, mas também ao papel do planejamento e das políticas públicas na superação do subdesenvolvimento, o modelo centro-periferia avança em relação ao desenvolvimentismo clássico.

Como centro irradiador das ideias estruturalistas na América Latina, a Cepal formulou (e ainda formula) modelos teóricos de desenvolvimento e elaborou (e segue fazendo) recomendações de políticas públicas visando promover e sustentar o desenvolvimento econômico no continente. Embora as políticas de desenvolvimento prescritas defendam medidas protecionistas em favor da indústria local, concebidas sob o escrutínio do argumento teórico da proteção da indústria infante, a produção acadêmica dos principais economistas da Cepal (Prebisch, em particular) não corrobora a crítica de que a economia política cepalina ampara um modelo de desenvolvimento fechado, totalmente voltado para o mercado interno. No cardápio das políticas prescritas, já constavam a fixação de proteção seletiva e moderada, medidas para minimizar a dependência tecnológica de empresas multinacionais, promoção das exportações de manufaturados, dentre outras.

Se a maioria dessas sugestões não foi seguida à risca pelos governos da América Latina, é prova de que, como assevera o dito popular, fazer é que são elas: na prática, as políticas de desenvolvimento são influenciadas por fatores diversos, como a pressão dos grupos de interesse (*lobbies*), o poder das oligarquias políticas, a alternância dos governos, os aspectos culturais, a prevalência de ideias ou dogmas etc.[279] Os países do continente foram capazes de manter ritmo acelerado de crescimento econômico no período 1950-1980, mas às custas de um sistema industrial heterogêneo, incompleto e microeconomicamente ineficiente, afora poucas exceções.

Entretanto, a constatação de que, desde o início da década de 1980, a maioria dos países latino-americanos vem registrando baixas taxas de crescimento e estagnação secular da produtividade do trabalho não justifica o descaso que tem sido conferido às políticas de desenvolvimento e de planejamento econômico, a longo prazo, no continente. Em qualquer país, desenvolvido ou não, políticas de desenvolvimento estão sujeitas a erros e acertos, porque envolvem uma complexidade de atores nas interrelações econômicas e sociais. Justamente por isso, os economistas cepalinos têm alertado os governos de que eventuais erros do passado podem servir de guia prático para a correção das políticas de desenvolvimento futuras..

---

[279] O autor agradece a André Lara Resende pela lembrança deste último fator.

CAPÍTULO IV

SUBDESENVOLVIMENTO, DESENVOLVIMENTO E ESTAGNAÇÃO: A ATUALIDADE TEÓRICA DE CELSO FURTADO

Introdução

Celso Furtado foi um dos pais-fundadores da Cepal. Participou da equipe de pesquisadores da instituição, que, em 1948, era composta de um *"staff técnico que não passaria de dez pessoas"*,[280] e antes mesmo da designação de Raúl Prebisch como seu segundo secretário-executivo. O leitor pode estar se perguntando: por que as contribuições teóricas de Furtado sobre subdesenvolvimento, desenvolvimento e estagnação não foram apresentadas no capítulo anterior? Caetano Veloso fornece a pista: em sua canção "Milagres do povo", ele sentencia que "quem descobriu o Brasil foi o negro que viu a crueldade bem de frente"; *mutadis mutandis*, eu diria que

---

[280] Essa informação é do próprio Furtado (FURTADO, Celso. *A Fantasia Organizada*. 2ª ed. Rio de Janeiro: Paz e Terra, 1985, p. 54), em sua *A Fantasia Organizada*.

Furtado "descobriu" um método teoricamente inovador de análise dos problemas econômicos, tendo talvez sido o economista latino-americano que maior ênfase conferiu à interpenetração dos fatores históricos e sociais na dinâmica do processo de desenvolvimento econômico.

Por tal originalidade teórico-metodológica, Furtado foi um cepalino não-cepalino. Não considerava a escola da Cepal provida de um corpo teórico unificado. Diz ele em carta ao professor Joseph L. Love, de 22 de dezembro de 1982, publicada na "Correspondência Intelectual", obra póstuma lançada em 2021, reunindo suas cartas a políticos e intelectuais do mundo inteiro:

> Para mim faz pouco sentido falar de escola cepalina. Existe, de um lado, a obra de Prebisch, e de outro o que se poderia chamar de escola estruturalista latino-americana. Os estruturalistas se caracterizavam pelos métodos que utilizam (privilegiam a macroanálise), valorizam o institucional e buscam a interdisciplinaridade. Mas os elementos mais significativos dessa escola desenvolveram obras sem muitos traços em comum, sendo pequena a influência que exerceram uns sobre os outros.[281]

De qualquer forma, embora não fizesse restrições às teses principais da Cepal, como deixa claro em seu *A Fantasia Organizada*,[282] assim como Smith, Marx, Keynes, Schumpeter, Prebisch e Kaldor, que criaram escolas de pensamento autônomas, Furtado era Furtado: fez teoria econômica, do desenvolvimento e do subdesenvolvimento, de maneira própria e independente.

---

[281] Agradeço a Rosa Freire D'Aguiar por me alertar para esse detalhe; FURTADO, Celso. *Correspondência intelectual*: 1949-2004. São Paulo: Companhia das Letras, 2021, p. 330.

[282] FURTADO, Celso. *A Fantasia Organizada*. 2ª ed. Rio de Janeiro: Paz e Terra, 1985.

CAPÍTULO IV – SUBDESENVOLVIMENTO, DESENVOLVIMENTO E...

Neste capítulo, analiso suas teses principais sobre subdesenvolvimento, desenvolvimento e estagnação. Na Seção 4.2, procuro mostrar como suas proposições teóricas sobre tais temas conservam relativa atualidade para explicar, ainda que parcialmente, o processo de estagnação da economia brasileira nas últimas quatro décadas. Na Seção 4.3, discuto como a análise seminal de Furtado sobre o problema da abundância de recursos naturais na Venezuela, no final da década de 1950, lhe permitiu conceber um refinado arcabouço teórico concernente aos fenômenos que viriam a ser, posteriormente, denominados "doença holandesa" e "maldição dos recursos naturais". Na Seção 4.4, extraio uma breve conclusão.

4.1 Subdesenvolvimento, desenvolvimento e estagnação em Furtado

Não há dúvida de que, embora Furtado abrace a maioria das teses clássico-desenvolvimentistas, ele faz ressalvas à principal hipótese de Nurkse,[283] também um desenvolvimentista clássico, segundo a qual "o tamanho limitado do mercado interno num país subdesenvolvido constitui um obstáculo ao desenvolvimento". Num ensaio crítico a Nurkse,[284] Furtado[285] afirma que

> um mercado é pequeno em relação a alguma coisa; e, no caso em questão, o mercado dos países subdesenvolvidos é pequeno em relação ao tipo de equipamento que se usa nos países desenvolvidos. Não é essa uma dificuldade fundamental no processo de desenvolvimento econômico, e sim acidental.

---

[283] NURKSE, Ragnar. "Problemas da formação de capitais em países subdesenvolvidos". *Revista Brasileira de Economia*, vol. 5, n° 5, 1951, p. 16.

[284] NURKSE, Ragnar. "Problemas da formação de capitais em países subdesenvolvidos". *Revista Brasileira de Economia*, vol. 5, n° 5, 1951.

[285] FURTADO, Celso. "Formação de capital e desenvolvimento econômico". *Revista Brasileira de Economia*, vol. 6, n° 3, set. 1952, p. 10.

Como Hirschman,[286] Furtado considera que o principal obstáculo à formação e diversificação do mercado, efetivamente exíguo, mas potencialmente existente nos países em estágios iniciais de desenvolvimento, é a falta de iniciativa de integrá-lo e desbravá-lo.

Além disso, a proposição teórica central que permeia toda a produção acadêmica de Furtado é a de que o processo de desenvolvimento econômico é fortemente condicionado pela evolução histórica de cada país, que, por sua vez, influencia a dinâmica das relações econômico-sociais, inclusive a formação e diversificação de um pujante mercado interno. Naquele mesmo ensaio,[287] Furtado advoga que "o problema do desenvolvimento econômico é um aspecto do problema geral de mudança social em nossa sociedade, e não poderá ser totalmente compreendido se não se lhe devolve o conteúdo histórico". Em seu livro clássico *Desenvolvimento e Subdesenvolvimento*, de 1961, ele reitera que

> a teoria do desenvolvimento que se limite a reconstituir, em um modelo abstrato – derivado de uma experiência histórica limitada –, as articulações de determinada estrutura, não pode pretender elevado grau de generalidade.[288]

No esboço de uma teoria do desenvolvimento, construída a partir da especificidade de os países periféricos se terem formado historicamente como economias subdesenvolvidas, Furtado[289] distingue três modelos, todos eles subprodutos do capitalismo industrial originado na Europa após a Revolução Industrial.

---

[286] HIRSCHMAN, Albert. *The strategy of economic development*. New Haven: Yale University Press, 1958.
[287] HIRSCHMAN, Albert. *The strategy of economic development*. New Haven: Yale University Press, 1958, p. 13.
[288] FURTADO, Celso. *Desenvolvimento e Subdesenvolvimento*. Rio de Janeiro: Contraponto, [1961] 2009, p. 147.
[289] FURTADO, Celso. *Desenvolvimento e Subdesenvolvimento*. Rio de Janeiro: Contraponto, [1961] 2009.

CAPÍTULO IV – SUBDESENVOLVIMENTO, DESENVOLVIMENTO E...

O primeiro, tipicamente europeu, nasceu com a desorganização paulatina do modo de produção feudal, culminou com a Revolução Industrial e espraiou-se para o restante da Europa Continental, entre os séculos XVII e XIX. Esse modelo replica um processo de desenvolvimento tipicamente *à la* Lewis, com liberação de mão de obra desocupada em ritmo mais acelerado do que a absorção na fase inicial, seguido de seu esgotamento tão logo se mostra evidente a desintegração das relações pré-capitalistas. A partir daí, a dinâmica de crescimento da produtividade passa a depender, endogenamente, da geração e difusão de progresso técnico.

O segundo consistiu na exportação do modelo europeu para a Austrália, Canadá e Estados Unidos. As populações que para lá emigram levam consigo a base tecnológica e os padrões de consumo europeus, de tal sorte que, ao se defrontarem com a abundância de recursos naturais, permitem que essas "colônias" alcancem elevados níveis de produtividade e de renda em comparação com os demais países europeus. Tem razão Furtado em rejeitar a hipótese de que o fenômeno do subdesenvolvimento seja adequado para caracterizar a situação prevalecente nesse grupo de países na fase anterior à deflagração de seus respectivos processos de industrialização, tal como fora o caso da periferia entre o final do século XIX e meados do século passado. Diz ele:[290] "O subdesenvolvimento é um processo **histórico** autônomo, e não uma etapa pela qual tenham, necessariamente, passado as economias que já alcançaram grau superior de desenvolvimento".

O terceiro modelo de capitalismo industrial, que se ramificou do modelo europeu, dá origem ao fenômeno do subdesenvolvimento, o qual, para Furtado,[291]

---

[290] FURTADO, Celso. *Desenvolvimento e Subdesenvolvimento*. Rio de Janeiro: Contraponto, [1961] 2009, p. 161 (grifo do autor).
[291] FURTADO, Celso. *Desenvolvimento e Subdesenvolvimento*. Rio de Janeiro: Contraponto, [1961 2009, p. 171.

não constitui uma etapa necessária do processo de formação das economias capitalistas modernas, [mas] um processo particular, resultante da penetração de empresas capitalistas modernas em estruturas arcaicas.

Embora o fenômeno tenha se manifestado sob diferentes formas no espaço global, vou me ater a suas particularidades no Brasil.

A colonização portuguesa no Brasil foi radicalmente distinta da colonização inglesa nos Estados Unidos. Nesta, o acesso às terras abundantes e férteis, sobretudo na Nova Inglaterra, era livre e a exploração deu-se sob a forma de colônias de povoamento, cujo cultivo era voltado para a subsistência comunitária. É verdade que a colonização do Sul, tutelada por ingleses anglicanos, organizou-se como economia agrária de exportação de açúcar, fumo e algodão em larga escala, e baseou-se, como no Brasil, em mão de obra escravizada egressa da África. No entanto, após a independência, essa dicotomia acabou levando a uma guerra civil sangrenta em meados do século XIX, a qual, se não deu cabo da conservadora estratificação social sulista, fez prevalecer o ideário democrático e o projeto de nação capitalista industrial. Como assinala Furtado,[292]

> o contraste com os países latino-americanos é flagrante, porquanto nestes foram criadas, com a independência política, instituições (copiadas exatamente dos Estados Unidos) que não tinham raízes na tradição local.

No Brasil, o processo de desenvolvimento capitalista que se concretizou após a Abolição foi *sui generis*, bastante distinto das experiências clássicas. A expansão da monocultura cafeeira de exportação, cuja fronteira agrícola se estendeu do Rio de Janeiro à região paulista, escancarou, no final do século XIX, os problemas

---

[292] FURTADO, Celso. *Os ares do Mundo*. 2ª ed. São Paulo: Paz e Terra, 1992, p. 74.

CAPÍTULO IV – SUBDESENVOLVIMENTO, DESENVOLVIMENTO E...

decorrentes da restrição de oferta de mão de obra, os quais já se manifestavam desde a extinção do tráfego negreiro, em 1850. O "problema da mão de obra",[293] que se constitui num dos marcos fundamentais da transição da economia de tipo colonial para a economia capitalista no Brasil, é resolvido com o enorme fluxo imigratório de trabalhadores assalariados europeus.

A indústria brasileira nasce, então, entre fins do século XIX e início do XX, como apêndice do que passou a ser denominado complexo cafeeiro, um sistema integrado e diversificado de atividades econômicas, organizado, subordinado e dependente da produção de café para exportação – em que se tinha, por exemplo, a própria produção, financiamento e comercialização de café; indústria alimentícia, têxtil e de equipamentos rudimentares utilizados na produção cafeeira; sistema ferroviário e infraestrutura básica para sua armazenagem e escoamento; sistema bancário para o financiamento de todas essas atividades e mecanismo de reprodução do capital acumulado na indústria cafeeira etc.[294]

Na fase inicial em que a dinâmica de crescimento estava voltada "para fora", isto é, condicionada pelas flutuações da demanda de café e outros produtos agrícolas no mercado internacional, o crescimento da indústria mostrou-se incapaz de impulsionar um processo autônomo de industrialização, em razão de dois fatores principais: primeiro, a natureza peculiar do processo de formação industrial; segundo, a dualidade presente na evolução das estruturas produtiva e social do Brasil.

Com respeito ao primeiro fator, o Brasil inverte o modelo clássico de industrialização. Em razão da escassez de mão de obra, o setor industrial imbricado na economia cafeeira teve, inicialmente,

---

[293] Veja FURTADO, Celso. *Formação econômica do Brasil*. 18ª ed. São Paulo: Companhia Editora Nacional, 1959, cap. 23.

[294] Veja SILVA, Sérgio. *Expansão cafeeira e origens da indústria no Brasil*. São Paulo: Alfa-Omega, 1976.

de arcar com salários reais elevados. Somente após a década de 1930, quando o processo de industrialização ganha impulso e o sistema de transportes e comunicações se amplia, a fluidez do mercado de trabalho passa a deslocar mão de obra, agora sim com oferta ilimitada, para as regiões de maior nível salarial. Como salienta Furtado,[295] a despeito do avanço da produtividade, "a consequência prática de tal situação foi que os salários reais nas indústrias tenderam a permanecer estáveis no decorrer de todo o desenvolvimento subsequente [até fins dos anos 1950]", de sorte que a maior parcela do incremento da renda foi absorvida pelos lucros.

Relativamente ao caráter dual da economia, definido por Ignácio Rangel[296] como uma relação de duplicidade coexistente em "permanente conflito" na estrutura produtiva, social ou institucional, atenho-me às dualidades que ajudam a explicar, ao menos parcialmente, a persistência dos desequilíbrios regionais, da desigualdade social e da estagnação estrutural da economia brasileira atualmente. A primeira dessas dualidades relaciona-se ao fato de que, por se desenvolver como economia periférica e, portanto, dependente das tecnologias e padrões de consumo emanados do centro, a dinâmica da acumulação de capital concentra-se nos setores de bens de consumo duráveis destinados *às faixas* superiores de renda da pirâmide social. Isso contribui não apenas para retardar a expansão e diversificação de um mercado de consumo de massas, mas também para aumentar os níveis de concentração regional e social da renda no Brasil. Como sintetiza Furtado, em sua *Teoria e Política do Desenvolvimento Econômico*:[297]

---

[295] FURTADO, Celso. *Desenvolvimento e Subdesenvolvimento*. Rio de Janeiro: Contraponto, [1961] 2009, p. 225.

[296] RANGEL, Ignacio. "Dualidade básica da economia brasileira". *In*: BENJAMIN, César. *Os desenvolvimentistas*: obras reunidas – Ignácio Rangel. vol. I. Rio de Janeiro: BNDES, [1957] 2005, p. 298.

[297] FURTADO, Celso. *Teoria e política do desenvolvimento econômico*. São Paulo: Abril Cultural, [1967] 1983, p. 185.

CAPÍTULO IV – SUBDESENVOLVIMENTO, DESENVOLVIMENTO E...

> Nas condições do subdesenvolvimento, esse processo [de difusão de progresso técnico, acompanhado de incremento da produtividade] somente se cumpre em sua plenitude com respeito a uma minoria da população. O resto da população é afetado de forma decrescente, em função de sua integração na economia monetária e no mercado de produtos manufaturados. O peso do excedente estrutural de mão de obra faz com que a penetração de técnicas sofisticadas nas atividades ligadas ao conjunto da população acarrete um crescimento mais que proporcional da renda dos grupos ricos, cujos gastos devem, em consequência, aumentar mais que proporcionalmente para que prossiga o processo de difusão de novas técnicas. Cabe, portanto, concluir que a introdução de novos padrões de consumo entre os grupos ricos constitui o verdadeiro fator primário (ao lado da ação do Estado) do crescimento das economias subdesenvolvidas na fase pós-substituição de importações.

Municiado de evidências empíricas, arremata,[298]

> Surge a impossibilidade local prática de realizar investimentos na parte do aparelho produtivo que se destina a satisfazer às necessidades da massa da população. Como é através da elevação do coeficiente de capital que se difunde o progresso tecnológico nas formas de produzir, não será de surpreender que a um processo intenso de transplantação de atividades industriais ligadas à minoria rica corresponda uma lenta difusão de técnicas modernas nos demais segmentos do sistema produtivo. Explica-se, assim, que a aceleração do crescimento do PIB tenha em algumas partes acarretado uma baixa absoluta do nível de vida de grandes massas de população, como ocorreu no México, nos anos 1940 e 1950, e no Nordeste do Brasil, nos anos 1960.

---

[298] FURTADO, Celso. *Teoria e política do desenvolvimento econômico.* São Paulo: Abril Cultural, [1967] 1983, p. 184.

A segunda dualidade, também enfatizada por Rangel em seu clássico *A Inflação Brasileira*, de 1963, e ainda imanente ao desenvolvimento brasileiro, diz respeito não apenas às interrelações entre a agricultura e os setores industrial e de serviços, mas também à estrutura dual presente no interior da própria agricultura. Começo por esta última.

Mutatis mutandis, a dualidade da estrutura agrária, conquanto tenha arrefecido, ainda se mantém presente. Sua origem está relacionada à época da colonização, quando a agricultura foi organizada como latifúndio, sob a forma de empresa envolvida com o comércio exportador de monoculturas. Como assinala Furtado,[299] a evolução da estrutura agrária brasileira não é condicionada pela escassez relativa de terras, fator até hoje abundante no Brasil, mas pela *"escassez de capital e de capacidade empresarial"*.

Na evolução histórica brasileira, as pequenas propriedades, voltadas para a produção de subsistência, surgiram à margem do latifúndio, à medida que este se revela incapaz de absorver o excedente da população rural. Mesmo quando nasceram os primeiros empreendimentos industriais, sob a égide do complexo exportador de café no final do século XIX, não houve, como já dito, deslocamento maciço de mão de obra das demais regiões para o Sudeste brasileiro. Tal deslocamento só ocorreria, mesmo assim de forma caótica, na segunda metade do século passado, com o avanço da industrialização e do processo de urbanização.

A notável exceção à regra do latifúndio foi o povoamento baseado na agricultura familiar constituída de pequenas e médias propriedades no Sul do país. Contudo, estas não foram impulsionadas por razões econômicas, mas pelo interesse político do governo brasileiro em completar a ocupação do território nacional. Só ao longo do século XIX, com o crescimento da demanda de alimentos

---

[299] FURTADO, Celso. *Desenvolvimento e Subdesenvolvimento*. Rio de Janeiro: Contraponto, [1961] 2009, p. 228.

CAPÍTULO IV – SUBDESENVOLVIMENTO, DESENVOLVIMENTO E...

dos Estados Unidos, houve estímulo à imigração da Europa Central nessa região. Embora inicialmente sem grande êxito, a estrutura da propriedade da terra no Sul brasileiro permitiu, no século seguinte, avanços significativos na produtividade e uma distribuição intrarregional da renda rural mais equitativa.

A dualidade da estrutura agrária brasileira se acentuou com o declínio da economia cafeeira e o avanço da industrialização após 1930. Em que pese o notável crescimento econômico observado até o final dos anos 1970, o setor industrial, dotando-se predominantemente de tecnologias poupadoras de mão de obra, foi incapaz de absorver o excedente da população rural. Embora a expansão da demanda de alimentos, decorrente do ritmo acelerado de urbanização, tenha estimulado a extensão da fronteira agrícola para o restante do território nacional, a colossal abundância de terras e a oferta ilimitada de mão de obra atuavam como inibidores da absorção de técnicas modernas. Excetuando-se o setor agrário exportador e as pequenas e médias propriedades da região Sul, que operavam com níveis elevados de produtividade, assistiu-se à devastadora precarização das condições de vida dos trabalhadores rurais nas regiões mais pobres do país, sobretudo no Nordeste.

Já a dualidade inerente às estruturas de produção e emprego nos setores agrários, por um lado, e industrial e de serviços, por outro, ajuda a explicar o aumento da concentração de renda e os fluxos migratórios desordenados, que levaram à favelização e à deterioração das condições de vida da população pobre nos centros urbanos. Sem negar que nos anos do chamado "milagre" econômico (1967-1973) essa situação se agravou, fosse por causa da repressão à atividade sindical, fosse devido ao arrocho salarial imposto pela política econômica da ditadura militar, Furtado[300] atribui à dualidade

---

[300] FURTADO, Celso. *Os ares do Mundo*. 2ª ed. São Paulo: Paz e Terra, 1992.

da estrutura agrária brasileira uma das causas para a concentração secular da renda nacional. Diz ele:[301]

> A estrutura agrária brasileira é de significativa importância para entender a estranha combinação entre abundância de recursos naturais e persistência de baixos salários. O binômio latifúndio-minifúndio permite que as terras aráveis brasileiras sejam subutilizadas em extensas áreas, ao mesmo tempo que obriga a população rural a empilhar-se em reduzidos espaços; a apropriação das terras aráveis por uma reduzida minoria força a massa da população rural a aceitar baixíssimos salários para sobreviver. Assim, a estrutura agrária, de um lado, e uma tecnologia industrial geradora de poucos empregos, de outro, operam no sentido de concentrar a renda e de excluir a massa da população dos benefícios do desenvolvimento. A intensificação do crescimento demográfico possibilitado pelos avanços das técnicas profiláticas agravou a situação das massas nas zonas rurais como nos centros urbanos.

É verdade que, a partir da década de 1970, o governo brasileiro passou a adotar uma política agrícola mais arrojada, com várias medidas, especialmente na área do crédito (por meio de subsídios e diversificação de instrumentos financeiros, inclusive derivativos) e garantia de preços mínimos. É a época também da criação da Empresa Brasileira de Pesquisa Agropecuária (Embrapa). Viria depois o Programa Nacional de Fortalecimento da Agricultura Familiar (PRONAF), em 1995, com apoio fundamental às atividades de subsistência.[302] Constituiu-se assim um leque de atividades produtivas que permitiu ao Brasil superar a falta de alimentos, acelerar o progresso tecnológico no setor agropecuário, estender a fronteira agrícola em

---

[301] FURTADO, Celso. *Os ares do Mundo*. 2ª ed. São Paulo: Paz e Terra, 1992, p. 174.

[302] Ver GUANZIROLI, Carlos. "Evolución de la política agrícola brasileña: 1980-2010". *Mundo Agrário*, vol. 15, nº 29, ago. 2014.

direção ao cerrado, sobretudo no Centro-Oeste, e transformar-se num dos maiores exportadores de produtos agrícolas do mundo.

Sem negar o irrefutável avanço do agronegócio no Brasil, caberia, mesmo assim, perguntar: a modernização da agricultura brasileira acarretou a superação dos fatores estruturais que ajudam a explicar, ao menos parcialmente, a enorme concentração pessoal e regional da renda nacional? A resposta é "não", porque evidências empíricas recentes confirmam que a estrutura agrária brasileira conserva ainda seu caráter dual e extremamente desigual. Em livro publicado pelo IPEA em 2020, diversos autores elaboram amplo diagnóstico da agricultura brasileira, com base no Censo Agropecuário de 2017. Vieira Filho,[303] por exemplo, mostra que

> a dualidade na produção agropecuária brasileira ainda se mantém, ou seja, 0,6% dos estabelecimentos foram responsáveis por, aproximadamente, 53% da produção, e 69% dos estabelecimentos mais pobres (dos quais ¾ deste percentual de produtores familiares), por apenas 4% do valor bruto da produção, sendo que tal desigualdade se elevou ligeiramente entre 2006 e 2017.

O autor conclui que "o país ainda está longe de solucionar a pobreza no campo (...), sendo que o principal desafio é reduzir a extrema pobreza, fortemente localizada no Nordeste". Já Souza, Gomes e Alves,[304] ao calcularem o nível de desigualdade de renda no

---

[303] VIEIRA FILHO, José Eustáquio Ribeiro. "Ganhar tempo foi possível?" *In*: VIEIRA FILHO, José Eustáquio Ribeiro; GASQUES, José Gárcia. *Uma jornada pelos contrastes do Brasil*: cem anos do censo agropecuário. Brasília: Instituto de Pesquisa Econômica Aplicada (IPEA), 2020, p. 37.

[304] SOUZA, Geraldo da Silva; GOMES, Eliane Gonçalves ALVES, Eliseu Roberto de Andrade. "Uma visão da agricultura brasileira com base em dados recentes do Censo Agropecuário". *In*: VIEIRA FILHO, José Eustáquio Ribeiro; GASQUES, José Garcia. *Uma jornada pelos*

nível dos estabelecimentos agropecuários no Brasil, mostram que "o índice de concentração de Gini [mais próximo de 0, maior equidade; mais próximo de 1, maior desigualdade] no nível do estabelecimento saltou de 0,85, em 2006, para 0,90, em 2017". Trata-se de brutal concentração de renda no setor agrário brasileiro.

Tudo isso me leva a concluir que as proposições teóricas de Furtado sobre desenvolvimento econômico mantêm-se atuais. E a concordar com ele que a superação do subdesenvolvimento ou da estagnação secular em economias de dimensões continentais que já tenham atingido níveis médios de renda per capita – como é o caso do Brasil – depende, primariamente, da formação de um robusto mercado de consumo de massas. Este, por sua vez, só é viável se houver verdadeira integração do mercado interno entre as diversas regiões do país. Mas esta, particularmente no caso brasileiro, depende da reversão da draconiana concentração da renda e da riqueza nacional, cuja raiz histórica se relaciona, segundo Furtado,[305] ao "considerável potencial de solos aráveis não aproveitados", cujo acesso à propriedade é bloqueado aos trabalhadores rurais, e à "mão de obra subutilizada". A solução desses problemas é "de natureza política, antes de ser econômica".[306] Logo, Furtado sugere, acertadamente, que tal solução depende essencialmente de políticas públicas e concertação política, pela via democrática, entre a diversidade de atores que constituem as classes sociais (capitalistas industriais e financeiros, trabalhadores urbanos e rurais e proprietários de terra).

---

contrastes do Brasil: cem anos do censo agropecuário. Brasília: Instituto de Pesquisa Econômica Aplicada (IPEA), 2020, p. 39.

[305] FURTADO, Celso. *O longo amanhecer*. 2ª ed. São Paulo: Paz e Terra, 1999, p. 32.

[306] FURTADO, Celso. *O longo amanhecer*. 2ª ed. São Paulo: Paz e Terra, 1999, p. 32.

CAPÍTULO IV – SUBDESENVOLVIMENTO, DESENVOLVIMENTO E...

4.2 Doença holandesa e maldição dos recursos naturais: a análise seminal de Furtado

A chamada doença holandesa (*Dutch disease*), como sugere a expressão, acometeu a Holanda nos anos 1960, quando foram descobertas consideráveis reservas de gás natural. Com mercados relativamente desregulados, o aumento da rentabilidade esperada acabou provocando forte realocação dos recursos produtivos da economia para o setor de recursos naturais não-renováveis, reduzindo os investimentos na indústria manufatureira do país. Em 1977, a revista *The Economist* cunhou a expressão "doença holandesa" em alusão ao fenômeno.[307]

Tratava-se de uma "doença", porque os investimentos concentrados nesse setor intensivo em recursos naturais, ao acarretarem o *boom* das exportações da *commodity* e expressivo aumento das receitas líquidas em divisas, acabaram por levar à apreciação real do florim holandês em relação a outras moedas. Em última instância, essa sucessão de eventos provocou queda expressiva das exportações de bens industrializados e o enfraquecimento do setor manufatureiro do país, ou seja, trouxe a desindustrialização.

Após a ocorrência do problema na Holanda, Corden e Neary[308] formularam um modelo teórico neoclássico para se entenderem as inter-relações das variáveis afetadas e os impactos de longo prazo sobre o desenvolvimento econômico. Esse artigo deu partida para a teoria da *Dutch disease*. Para os autores, uma economia padece de doença holandesa quando a rentabilidade de um ou mais setores é fortemente comprimida como decorrência de um *boom* excepcional em indústrias especificamente produtoras de bens ou serviços

---

[307] Ver THE ECONOMIST. "The dutch disease". *The Economist*, nov. 1977.

[308] CORDEN, W. Max; NEARY, J. Peter. "Booming sector and de-industrialization in a small open economy". *The Economic Journal*, vol. 92, nº 368, dez. 1982.

comercializáveis (*tradable goods*), isto é, cuja produção é destinada tanto ao mercado local como ao internacional.

No caso holandês, o segmento do bem comercializável em que ocorreu o *boom* foi o de gás natural. Posteriormente, Jones e Neary[309] mostram que o setor manufatureiro pode sofrer severa retração caso o efeito-gasto, decorrente do *boom*, aumente desproporcionalmente a rentabilidade dos setores que produzem bens não-comercializáveis (*non-tradable goods*). Como estes se constituem sobretudo de serviços tradicionais (comércio, varejo etc.), de baixa produtividade, comparativamente ao setor industrial, o fenômeno se transforma numa "enfermidade", pois afeta adversamente a trajetória de desenvolvimento econômico do país.

Um subproduto da teoria da doença holandesa é a tese da "maldição" dos recursos naturais (*resource curse*). A ideia se ancora na hipótese de que muitos países abundantes em recursos naturais (por exemplo, petróleo) são incapazes de utilizar tais recursos como fonte para diversificar suas economias e impulsionar a industrialização, seja pela perpetuação de oligarquias secularmente predatórias e corruptas, seja pela ausência de instituições inclusivas. A abundância de recursos naturais pode se transformar numa "maldição", porque essas economias entram em processo de estagnação e a maior parte do incremento da renda nacional é apropriada pela elite minoritária do país. O artigo seminal na modelagem neoclássica é o de Sachs e Warner,[310] que, tomando uma amostra de países abundantes em recursos naturais, fazem diversas regressões relativas ao período 1971-1989, a fim de explorar a correlação existente entre a elevada

---

[309] JONES, Ronald W.; NEARY, J. Peter. "The positive theory of international trade". *In*: JONES, Ronald W.; KENEN, Peter B. (Coord.). *Handbook of international economics*. vol. 1. Amsterdam: Elsevier, 1984, p. 35.

[310] SACHS, Jeffrey David; WARNER, Andrew M. *Natural resource abundance and economic growth*. Cambridge: National Bureau of Economic Research, 1995, p. 7.

CAPÍTULO IV – SUBDESENVOLVIMENTO, DESENVOLVIMENTO E...

dotação desses recursos e o crescimento econômico. A principal conclusão é que "*a abundância de recursos naturais deprime o crescimento econômico*". Será?

Acontece que não foi nenhum dos autores mencionados que fez a análise teórica seminal sobre os problemas da doença holandesa e a suposta maldição dos recursos naturais, mas, sim, ninguém menos que Celso Furtado,[311] em dois ensaios sobre a Venezuela. Em 1957, Furtado analisa teoricamente a dialética do subdesenvolvimento nesse país, cujo desempenho econômico já dependia fundamentalmente do setor petroleiro. Ele identifica[312] os contrastes da economia venezuelana que, no período 1953-1956, caracteriza-se por elevada participação média do setor de petróleo no PIB (28%, contra apenas 14,7% das indústrias de transformação e construção, e aproximadamente 11% da agricultura). Embora detivesse, na ocasião, "o maior nível de renda per capita"[313] entre as economias com níveis de renda similares, "a Venezuela apresentava todas as características estruturais de uma economia subdesenvolvida", como enorme disparidade entre os níveis de produtividade intersetoriais, brutal desigualdade de renda entre os núcleos urbanos e rurais, consumo de massa inacessível à maioria da população, elevada taxa de analfabetismo etc.

---

[311] FURTADO, Celso. "O desenvolvimento recente da economia venezuelana (exposição de alguns problemas)". In: _____. *Ensaios sobre a Venezuela*: subdesenvolvimento com abundância de divisas. Rio de Janeiro: Contraponto, [1957] 2008; FURTADO, Celso. "Notas sobre a economia venezuelana e suas perspectivas atuais". In: _____. *Ensaios sobre a Venezuela*: subdesenvolvimento com abundância de divisas. Rio de Janeiro: Contraponto, [1974] 2008.

[312] FURTADO, Celso. "O desenvolvimento recente da economia venezuelana (exposição de alguns problemas)". In: _____. *Ensaios sobre a Venezuela*: subdesenvolvimento com abundância de divisas. Rio de Janeiro: Contraponto, [1957] 2008, pp. 37/38.

[313] FURTADO, Celso. "O desenvolvimento recente da economia venezuelana (exposição de alguns problemas)". In: _____. *Ensaios sobre a Venezuela*: subdesenvolvimento com abundância de divisas. Rio de Janeiro: Contraponto, [1957] 2008, pp. 35/36.

No final dos anos 1950, o setor petroleiro já ditava o ritmo de crescimento da produtividade média da economia venezuelana. No entanto, eram flagrantes as discrepâncias estruturais observadas entre os níveis de produtividade dos três setores básicos da economia (agricultura, indústria e construção, exclusive petróleo, e serviços). Embora absorvendo 40% da força de trabalho do país, a agricultura operava com baixíssimos níveis de produtividade. Pelos cálculos de Furtado,[314] os frutos do expressivo crescimento da produtividade no setor petróleo, cerca de 80% superior ao dos demais setores entre 1945 e 1956, não se irradiavam para o restante da economia venezuelana.

Embora o salário pago na indústria petroleira fosse relativamente maior do que o salário médio das demais atividades, era o enorme excedente estrutural de mão de obra na zona rural que determinava o salário médio na economia como um todo. Como a indústria petroleira era (e ainda é) estatizada, a renda excedente era canalizada para o governo sob a forma de impostos e *royalties*. Mas não se observava qualquer impulso dinâmico emanado dessa indústria. Dados o reduzido dinamismo do setor industrial (exceto o segmento petrolífero) e a elevada concentração de renda, a estrutura da oferta interna total se mostrava fortemente dependente de importações: entre 1945-1947 e 1954-1956 houve significativa substituição de produção doméstica por importações, que aumentaram sua participação média na oferta interna de 51% para 59%.[315]

---

[314] FURTADO, Celso. "O desenvolvimento recente da economia venezuelana (exposição de alguns problemas)". *In*: _____. *Ensaios sobre a Venezuela*: subdesenvolvimento com abundância de divisas. Rio de Janeiro: Contraponto, [1957] 2008, p. 45.

[315] FURTADO, Celso. "O desenvolvimento recente da economia venezuelana (exposição de alguns problemas)". *In*: _____. *Ensaios sobre a Venezuela*: subdesenvolvimento com abundância de divisas. Rio de Janeiro: Contraponto, [1957] 2008, pp. 38/39.

CAPÍTULO IV – SUBDESENVOLVIMENTO, DESENVOLVIMENTO E...

No entanto, diferentemente da tese de Sachs e Warner, Furtado[316] argumenta que, ao invés de sinalizar necessariamente uma "maldição", a abundância de recursos naturais em países pobres é uma "bênção" que pode lhes tornar possível a superação do atraso econômico. Mas, na falta de políticas públicas adequadas, a ineficiente alocação desses recursos pode perpetuar a condição de subdesenvolvimento e estagnação e fazer com que a "maldição" se transforme numa profecia autorrealizável. No final da década de 1950, a Venezuela parecia seguir esse caminho.

De forma arguta, Furtado[317] observa que "a expansão do setor petroleiro foi condição necessária, mas não suficiente, para que se desenvolvessem os demais setores". Isso ocorria não porque o governo se guiasse por políticas de *laissez-faire*, mas porque concentrava seus investimentos em infraestrutura convencional, isto é, em serviços de utilidade pública em que as tecnologias são muito intensivas em capital, não-reprodutíveis e de reduzido potencial de incremento de emprego permanente. Assim, os impactos dos investimentos públicos, financiados majoritariamente por impostos e *royalties* derivados das rendas da indústria de petróleo, ficavam restritos ao fomento das indústrias locais intensivas em capital e com baixa capacidade de absorção do excedente de mão de obra estrutural, rural e urbana. Ou seja, na ausência de programas destinados a diversificar a estrutura produtiva e a fomentar a industrialização local, o impulso indireto emanado do setor público, longe de eliminar o desemprego estrutural, vazou, preponderantemente, para o fomento das importações.

---

[316] FURTADO, Celso. "O desenvolvimento recente da economia venezuelana (exposição de alguns problemas)". In: _____. *Ensaios sobre a Venezuela*: subdesenvolvimento com abundância de divisas. Rio de Janeiro: Contraponto, [1957] 2008.

[317] FURTADO, Celso. "O desenvolvimento recente da economia venezuelana (exposição de alguns problemas)". In: _____. *Ensaios sobre a Venezuela*: subdesenvolvimento com abundância de divisas. Rio de Janeiro: Contraponto, [1957] 2008, p. 49.

Note-se que a lente teórica de Furtado[318] já capta, com precisão, os mecanismos de transmissão da doença holandesa na Venezuela, antes que o fenômeno despertasse o interesse acadêmico de economistas de diversos matizes teóricos, ao se manifestar posteriormente na Holanda. Se neste país desenvolvido a enfermidade econômica ensejou a desestruturação do setor manufatureiro, na Venezuela, ao forjar barreiras à industrialização e ao desenvolvimento econômico, condenou o país à estagnação. Furtado diagnostica que a persistente sobrevalorização da moeda venezuelana, decorrente dos influxos de divisas gerados pelas exportações de petróleo, opera como o combustível principal que retroalimenta as condições de subdesenvolvimento no país caribenho. Vale a pena descrever os canais de transmissão e os efeitos deletérios da doença holandesa na Venezuela, tais como identificados por Furtado:[319]

> a) a sobrevalorização externa da moeda em um país de nível baixo de produtividade tende a provocar a desorganização de importantes setores produtivos, o que se procura evitar com uma alta proteção seletiva [via tarifas de importações]; b) uma moeda sobrevalorizada e uma elevada proteção no setor de bens de consumo geral implicam um elevado nível dos preços – comparativamente aos preços internacionais – e salários monetários muito altos (em relação à produtividade) comparativamente aos que prevalecem naqueles países que concorrem no mercado venezuelano; c) a combinação dos elevados salários monetários com a sobrevalorização externa (preços baixos dos equipamentos) dá origem a uma tendência a substituir mão de obra por capital; d) a tendência extremada

---

[318] FURTADO, Celso. "O desenvolvimento recente da economia venezuelana (exposição de alguns problemas)". *In*: _____. *Ensaios sobre a Venezuela*: subdesenvolvimento com abundância de divisas. Rio de Janeiro: Contraponto, [1957] 2008.

[319] FURTADO, Celso. "O desenvolvimento recente da economia venezuelana (exposição de alguns problemas)". *In*: _____. *Ensaios sobre a Venezuela*: subdesenvolvimento com abundância de divisas. Rio de Janeiro: Contraponto, [1957] 2008, pp. 74/75.

CAPÍTULO IV – SUBDESENVOLVIMENTO, DESENVOLVIMENTO E...

em economizar mão de obra tem *inter alia* consequências, como disparidades crescentes de produtividade entre setores, crescimento da massa de salários mais lento do que a remuneração do capital [isto é, dos lucros] e atraso relativo na diversificação ocupacional da população e na expansão do mercado interno; e) das observações anteriores pode-se deduzir que os benefícios da alta produtividade do setor petroleiro tendem a concentrar-se em mãos dos grupos de consumidores de maior renda.

Como lembra Medeiros,[320] no interessante ensaio "Celso Furtado na Venezuela",

a diferença essencial é que nos demais países [da América Latina], a restrição de divisas criava os estímulos para a produção doméstica, mas na Venezuela, graças ao câmbio valorizado, esses bens eram essencialmente importados, inibindo a produção doméstica, ao menos daquelas atividades fortemente protegidas.

Furtado deixa claro em seu ensaio que a persistência da doença holandesa, agravada pela tendência à apreciação real da moeda local, pode se transformar em maldição dos recursos naturais. Para reverter essa tendência, o autor[321] traça um *roadmap* para que os fundos públicos acumulados com as divisas líquidas das exportações de petróleo sejam direcionados a programas de investimentos públicos, visando diversificar a estrutura produtiva, fazer avançar a produtividade média agregada e acelerar o desenvolvimento econômico. O roteiro combina recomendações inspiradas nas implicações normativas do desenvolvimentismo clássico e keynesiano.

---

[320] MEDEIROS, Carlos Aguiar. "Celso Furtado na Venezuela". *In*: FURTADO, Celso. *Ensaios sobre a Venezuela*: subdesenvolvimento com abundância de divisas. Rio de Janeiro: Contraponto, 2008, p. 143.
[321] MEDEIROS, Carlos Aguiar. "Celso Furtado na Venezuela". *In*: FURTADO, Celso. *Ensaios sobre a Venezuela*: subdesenvolvimento com abundância de divisas. Rio de Janeiro: Contraponto, 2008, p. 143.

Cabe reiterar que Furtado está mais preocupado com a dissolução dos fatores responsáveis pela perpetuação do elevado nível de desemprego estrutural do que com mecanismos transitórios de geração de emprego, mediante gastos keynesianos em obras públicas convencionais. Assim, suas recomendações keynesianas partem da constatação de que é no setor petroleiro que residem os principais impulsos dinâmicos diretos, pois concentra o progresso técnico gerado no país, e indiretos, pois dele emana a maior parte das receitas governamentais (impostos e *royalties*), para o bem ("bênção") ou para o mal ("maldição").

Portanto, trata-se de reorientar os investimentos públicos para projetos que, além de reduzir o desemprego conjuntural, acionem os investimentos privados destinados a impulsionar o processo de industrialização. Como salienta Furtado,[322]

> constituem coisas diferentes, do ponto de vista de organização e direção, construir estradas ou pontes e pôr para operar fábricas industriais. Ao contrário das obras públicas correntes, as fábricas necessitam ser planejadas com critérios econômicos muito estritos e sua operação requer pessoal competente de vários tipos de especialização (...). A próxima fase do desenvolvimento venezuelano será, necessariamente, uma fase de intensa diversificação econômica. Isto é, ou a economia tende a uma rápida diversificação de seu aparelho produtivo ou o ritmo de desenvolvimento tenderá a reduzir-se. E não será possível obter uma rápida diversificação sem amplos investimentos na preparação técnica e profissional da mão de obra e na criação de serviços colaterais destinados a prestar assistência técnica, inclusive no que concerne a organização, aos empresários.

---

[322] FURTADO, Celso. "O desenvolvimento recente da economia venezuelana (exposição de alguns problemas)". *In*: _____. *Ensaios sobre a Venezuela*: subdesenvolvimento com abundância de divisas. Rio de Janeiro: Contraponto, [1957] 2008, p. 60.

CAPÍTULO IV – SUBDESENVOLVIMENTO, DESENVOLVIMENTO E...

Na linha de Lewis e Hirschman, Furtado sugere que, além das indústrias de base (transporte, energia, comunicações etc.), os investimentos públicos privilegiem também atividades com elevado potencial gerador de externalidades positivas (isto é, que contribuam para o aumento da produtividade agregada), particularmente as que aceleram a acumulação de capital humano, como educação básica, treinamento técnico da mão de obra, qualificação técnica empresarial e P&D. À *la* Hirschman, os estímulos governamentais ao investimento privado devem se concentrar nas indústrias com maior poder de encadeamento, para a frente e para trás, de geração de renda e emprego, privilegiando, inicialmente, os segmentos mais intensivos em trabalho. Isso faz com que a acumulação de capital absorva o excedente estrutural de mão de obra desempregada ou subempregada nas zonas rural e urbana e sustente, ao mesmo tempo, o ritmo de crescimento da produtividade média da economia.

> *Conseguir o máximo de produtividade social por unidade de novo investimento* – arremata Furtado[323] – *depende de uma adequada orientação do conjunto dos investimentos [público e privado].*

Mas, quem se importa? Afinal, como a maioria dos problemas econômicos e sociais na América Latina (Brasil, inclusive) finca raízes na história econômica e social do continente, sua solução depende, ainda que não exclusivamente, de fatores políticos. Não por acaso, em outro ensaio publicado quase duas décadas depois, Furtado[324] não se surpreende com a constatação de que a abundância de recursos naturais, ao inibir a competitividade da produção local devido à

---

[323] FURTADO, Celso. "O desenvolvimento recente da economia venezuelana (exposição de alguns problemas)". In: _____. *Ensaios sobre a Venezuela*: subdesenvolvimento com abundância de divisas. Rio de Janeiro: Contraponto, [1957] 2008, p. 59.

[324] FURTADO, Celso. "Notas sobre a economia venezuelana e suas perspectivas atuais". In: _____. *Ensaios sobre a Venezuela*: subdesenvolvimento com abundância de divisas. Rio de Janeiro: Contraponto, [1974] 2008.

persistente tendência à apreciação real da moeda, parecia conduzir a Venezuela ao caminho da "maldição".[325] Os problemas principais mantinham-se incólumes: uma estrutura produtiva em estado de inércia; maior ritmo de crescimento da produtividade restrita ao setor petroleiro, mas insuficiente para tirar a produtividade média da economia da estagnação secular; e a persistência de elevado excedente estrutural de mão de obra, que, ao deprimir os salários médios pagos à maioria dos trabalhadores, agravava a concentração de renda. Em tom profético e sombrio, Furtado[326] conclui:

> Criou-se [na Venezuela] um sistema econômico que produz pouco excedente sob a forma de poupança e impostos (não considerado o setor petroleiro) e que tira pouco rendimento das inversões que o excedente petroleiro permite realizar. É um sistema econômico-social fundamentalmente orientado para o consumo [de importados][327] e o desperdício e no qual a renda é muito concentrada e provavelmente tende a se concentrar de forma permanente.

---

[325] Como salienta Medeiros (MEDEIROS, Carlos Aguiar. "Celso Furtado na Venezuela". In: FURTADO, Celso. *Ensaios sobre a Venezuela*: subdesenvolvimento com abundância de divisas. Rio de Janeiro: Contraponto, 2008), com a abertura financeira externa, a partir dos anos 1990, a tendência à apreciação cambial tornou-se um problema crônico não apenas na Venezuela, mas em toda a América Latina. Esse ponto será retomado nos próximos capítulos.

[326] FURTADO, Celso. "Notas sobre a economia venezuelana e suas perspectivas atuais". In: _____. *Ensaios sobre a Venezuela*: subdesenvolvimento com abundância de divisas. Rio de Janeiro: Contraponto, [1974] 2008, pp. 121/122.

[327] Furtado (FURTADO, Celso. "Notas sobre a economia venezuelana e suas perspectivas atuais". In: _____. *Ensaios sobre a Venezuela*: subdesenvolvimento com abundância de divisas. Rio de Janeiro: Contraponto, [1974] 2008, p. 123) informa que, "em 1972, do total de bens disponíveis destinados ao consumo e à capitalização, cerca de 40% foram importados".

CAPÍTULO IV – SUBDESENVOLVIMENTO, DESENVOLVIMENTO E...

Considerações finais

Furtado, um dos pais-fundadores da Cepal, pode ser considerado tanto desenvolvimentista clássico quanto cepalino. No entanto, tendo em vista a independência e originalidade com que analisou a problemática do subdesenvolvimento, levando à exaustão a ênfase nas peculiaridades históricas, econômicas e sociais na formulação de teorias explicativas do processo de desenvolvimento e da tendência à estagnação nos países periféricos, é lícito se render ao pleonasmo de que Furtado legou uma teoria do desenvolvimento furtadiana.

Como desenvolvimentista clássico, Furtado argumenta insistentemente que, em razão dos níveis reduzidos de renda per capita, um dos principais entraves à decolagem do processo de desenvolvimento nos países periféricos reside nas dimensões reduzidas de seu mercado interno. Mas tais restrições podem ser superadas com políticas públicas apropriadas. Como cepalino, Furtado destaca a tendência ao desequilíbrio externo e à heterogeneidade estrutural entre os países do centro e da periferia. Mas, em seus próprios termos, Furtado rechaça a pretensão, que julgava falaciosa, de as teorias de desenvolvimento econômico terem validade universal.

Os esquemas teóricos propostos por Furtado, em sua fértil produção acadêmica, conservam enorme atualidade na demonstração de que a superação do subdesenvolvimento e da tendência à estagnação depende, entre outros fatores, de profunda integração do mercado interno, da disseminação de um mercado de consumo de massas, da redução das desigualdades sociais e da eficiência com que economias abundantes em recursos renováveis e não-renováveis sejam capazes de utilizar essas "bênçãos" da natureza em prol da industrialização e do desenvolvimento.

CAPÍTULO V

PRÓLOGO AO NOVO DESENVOLVIMENTISMO: NOTAS SOBRE O REGIME DE METAS DE INFLAÇÃO E AUSTERIDADE FISCAL

Introdução

Os Capítulos V e VI são dedicados à teoria novo-desenvolvimentista. A principal contribuição do novo desenvolvimentismo tem sido procurar integrar a macroeconomia à teoria do desenvolvimento econômico. Por razões didáticas, apresento neste capítulo notas preliminares em que discuto o regime de metas de inflação e a austeridade fiscal, temas que, embora sejam transversais à teoria novo-desenvolvimentista (mas, também, focos da crítica desta corrente), não constituem suas teses centrais. Assim, o Capítulo V pode ser lido e interpretado como um prólogo ao Capítulo VI, em que retomarei as teses centrais da teoria e da macroeconomia novo-desenvolvimentistas.

5.1 Regime de metas de inflação

5.1.1 Regime de metas de inflação: antecedentes

Em se tratando de prática de política monetária relativamente recente de um grupo de países na economia mundial, uma discussão refinada do regime de metas de inflação requereria a análise das diversas abordagens e controvérsias teóricas surgidas no campo da economia monetária, o que escaparia ao escopo deste livro. Circunscrevo, então, a análise ao confronto de duas abordagens antagônicas sobre teoria e política monetárias: a (neo)clássica, de forte viés monetarista, e a keynesiana. Ademais, restringirei a discussão ao estritamente necessário para se entender, de um lado, a lógica do regime de metas de inflação e, de outro, os problemas decorrentes dessa prática de política monetária em países abertos ao livre fluxo de capitais, segundo a macroeconomia novo-desenvolvimentista.

Começo pela teoria clássica da taxa de juros. É monetarista, porque aceita a teoria quantitativa da moeda na versão clássica (também conhecida como TQM), cujos fundamentos fincam raízes em meados do século XVIII, antes mesmo das críticas de Adam Smith ao mercantilismo.[328] Essa doutrina defendia um rígido con-

---

[328] Cabe advertir que o monetarismo inerente à TQM clássica não é exatamente idêntico às ideias monetaristas de Milton Friedman, embora este último tenha resgatado diversos princípios da macroeconomia clássica, como *laissez-faire*, forças do lado da oferta como determinantes do crescimento, dentre outros. Entretanto, embora Friedman (FRIEDMAN, Milton. "The quantity theory of money – a re-statement". In: _____. (Coord.). *Studies in the Quantity Theory of Money*. Chicago: Chicago University Press, 1956) tenha restabelecido a importância da TQM, sua formulação é completamente distinta e bem mais sofisticada do que a versão clássica. Para mais detalhes, veja também Rogers (ROGERS, Colin. *Money, interest and capital*: a study in the foundations of monetary theory. Cambridge: Cambridge University Press, 1989), que dedica o Capítulo VI para analisar, exclusivamente, a formulação friedmaniana da TQM.

CAPÍTULO V – PRÓLOGO AO NOVO DESENVOLVIMENTISMO:...

trole dos fluxos de importações de produtos manufaturados, sob o pressuposto de que a fonte da riqueza nacional provinha do acúmulo de metais preciosos (notadamente, ouro). David Hume[329] foi um dos primeiros filósofos a se opor ao protecionismo mercantilista e a defender o livre-comércio internacional, com base na formulação do que passou a ser conhecido como teoria quantitativa da moeda. Sedimentaram-se, assim, as teses para a disseminação do padrão--ouro como âncora monetária internacional até a Primeira Guerra Mundial (1914-1918).

Segundo Hume, o estoque de moeda nacional deveria manter proporcionalidade com os saldos do balanço de pagamentos de cada país, ou seja, com a variação das reservas internacionais. Isso significa que o aumento da quantidade de moeda circulante não poderia se efetivar, a não ser que o país tivesse saldo superavitário no balanço de pagamentos, que implicava entrada líquida de ouro. A recíproca também era defendida: se o país tivesse *déficit* no balanço de pagamentos, deveria reduzir o estoque circulante de moeda nacional. Note que Hume trabalhava com a ideia implícita de que a moeda, excetuando sua função de medida de valor ("unidade de conta"), deveria servir apenas como meio de troca dos bens e serviços produzidos. O controle do estoque do meio circulante deveria corresponder às variações do estoque de reservas de ouro de cada país.

Na concepção de Hume, os saldos da balança comercial eram o termômetro indireto da criação de riqueza nacional. Numa época em que não havia métodos de contabilização do PIB, superávits na balança comercial eram indicativos da ampliação da riqueza real,

---

[329] HUME, David. "Of money". *In*: MILLER, Eugene F. *Essays, Moral, Political and Literary*. Indianápolis: Liberty Classics, [1752] 1952; HUME, David. "Of interest". *In*: MILLER, Eugene F. *Essays, Moral, Political and Literary*. Indianápolis: Liberty Classics, [1752] 1952; HUME, David. "Of the balance of trade, political discourses". *In*: ROTWEIN, Eugene (Coord.). *Writings on Economics*. Edimburgo: Nelson [1752] 1955.

expressa em bens e serviços produzidos no país, requerendo, portanto, a ampliação do meio circulante no mercado interno. Inversamente, *déficits* comerciais implicavam enxugamento monetário. Assim, a teoria quantitativa da moeda de Hume centra-se na hipótese de que a expansão ou contração monetárias não exercem qualquer efeito real, positivo ou negativo, sobre o PIB, apenas sobre o nível de preços. Ou seja, enquanto a expansão da quantidade de moeda provoca inflação, uma contração acarreta deflação. Além disso, a teoria de Hume está estreitamente vinculada à teoria do ajuste monetário automático do balanço de pagamentos: como os países deficitários deveriam reduzir proporcionalmente a quantidade de moeda interna, a queda do nível de preços daí resultante proporcionaria o aumento da competitividade real dos bens e serviços produzidos, eliminando-se, no longo prazo, o saldo negativo do balanço de divisas. O oposto ocorreria com os países superavitários, o que levava ao entendimento de que os balanços de pagamentos da economia mundial tenderiam ao equilíbrio no longo prazo.

Após a formulação de Irving Fisher[330] e os refinamentos dos economistas neoclássicos de Cambridge (Marshall, Robertson e Pigou), a TQM se transforma no mantra da macroeconomia "clássica", entendida como o núcleo da teoria macroeconômica predominante até a publicação da *Teoria Geral do Emprego, do Juro e da Moeda*, de Keynes.[331] Na formulação de Fisher, é apresentada a famosa equação da teoria quantitativa da moeda:

$$M\,V = P\,T \qquad (5.1)$$

---

[330] A formulação foi feita em 1907, porém a edição de 1930 reúne a obra de Fisher sobre teoria monetária e FISHER, Irving. *The theory of interest*. Nova York: The Macmillan Company, 1930.

[331] KEYNES, John Maynard. *The general theory of employment, interest, and money*. San Diego: Harcourt Brace Jovanovich, Publishers, [1936] 1964.

CAPÍTULO V – PRÓLOGO AO NOVO DESENVOLVIMENTISMO:...

em que M é o estoque de moeda da economia; V, a velocidade de circulação da moeda (o número de vezes que circula, em média, uma unidade monetária para realizar transações de bens e serviços), P, o nível de preços e, T, o número de transações.

Pressupondo alguma aproximação entre o total de transações e o valor real do PIB, a equação (5.1) é expressa como:

$$M V = P Y \qquad (5.2)$$

em que V é a velocidade-renda de circulação da moeda (número médio de vezes que uma unidade de moeda circula à medida que se gera renda), que os macroeconomistas clássicos pressupõem ser estável (constante) no curto prazo; e Y é o valor do PIB real, ou seja, PY é o valor do PIB nominal, ou a preços correntes, que incorpora, portanto, a variação do nível de preços (taxa de inflação) no período.

A macroeconomia clássica pressupõe que, sob *laissez-faire* e concorrência perfeita em todos os mercados (de bens e de fatores de produção, inclusive trabalho), bem como perfeita previsibilidade, a economia conta com forças automáticas que levam todos os setores a operar na máxima capacidade potencial de produção e a otimizar a utilização dos fatores produtivos. Sob a ótica macroeconômica, essa teoria assegura que a economia opera sempre no pleno-emprego, sendo o PIB real efetivo Y constante e sempre igual ao PIB real potencial Y^*. Qual a moral dessa história?

Primeiro, supõe-se que não há ciclos causados por fatores de demanda, nem crises econômicas! Além disso, se V e Y são, por hipótese, constantes no curto prazo, variações no estoque de moeda não causam qualquer alteração no PIB real (Y), mas apenas no PIB nominal (PY). Em outras palavras, de acordo com a TQM, políticas monetárias expansionistas são inócuas para promover a expansão econômica no longo prazo, pois eventual crescimento do PIB no curto prazo seria apenas nominal, já que, com pleno-emprego e maior inflação, o PIB real (em *quantum*) não poderia ser expandido. No jargão técnico, para a macroeconomia clássica, a moeda é neutra, porque variações em sua oferta não exercem qualquer efeito sobre o lado real da economia, ou seja, PIB, renda e nível de emprego, mas apenas sobre o nível geral de preços.

Mas, o que tem a ver tudo isso com a determinação das taxas de juros reais? Na macroeconomia clássica, elas são totalmente determinadas no lado real da economia, ou seja, no âmbito do processo de decisão de consumir, poupar e investir. Trata-se da teoria da taxa de juros formulada pelo economista sueco Knut Wicksell, em seu livro clássico *Interest and Prices*, de 1898. É simples: à medida que a economia expande os fluxos de produção e de renda (salários e lucros), as famílias decidem quanto consumir e poupar, e as empresas decidem investir ou poupar. No entanto, como essa abordagem concebe um mundo totalmente cor de rosa, em que não há qualquer tipo de incerteza e funciona de acordo com os preceitos da lei de Say ("toda oferta cria a própria demanda"), não se pensa na alternativa de que os empresários deixem de investir.[332] Os fluxos de poupança (*S*, do inglês *saving*) gerados no setor real transmutam-se em fluxos financeiros ("fundos emprestáveis"), e daí afluem para o sistema bancário, que os utiliza como *funding* para financiar investimentos (*I*, do inglês *investment*) em curso na economia.

Assim, na macroeconomia clássica, tanto as decisões de poupança como de investimento dependem das taxas de juros reais. No caso da poupança, a correlação é direta: quando as taxas de juros reais aumentam, há maior incentivo à poupança, porque as famílias são estimuladas a sacrificar consumo no presente para terem maior consumo no futuro. Quanto ao investimento, varia inversamente com as taxas de juros reais, que quando aumentam, afetam

---

[332] No modelo clássico, como mostro adiante, o investimento também varia inversamente com a taxa de juros. Entretanto, se, por exemplo, a taxa de juros de mercado aumentar em relação à taxa de juros de equilíbrio, haverá discrepância entre poupança e investimento. Nesse caso, o excesso de poupança em relação à demanda de investimento faria com que o livre jogo das forças de mercado restaurasse a taxa de juros para o nível de equilíbrio original.

CAPÍTULO V – PRÓLOGO AO NOVO DESENVOLVIMENTISMO:...

adversamente a lucratividade do capital destinado a investimento, já que se pressupõe que acúmulo adicional de capital físico reduz a produtividade marginal deste mesmo capital. Por dedução lógica, é fácil entender por que essa abordagem conclui que o investimento depende da poupança: embora ambos dependam das taxas de juros reais, como os fluxos de investimento dependem de que as famílias canalizem recursos para os bancos, sob a forma de fundos emprestáveis, então o investimento depende da poupança.

O leitor deve estar perguntando: o que tem isso tudo a ver com regimes de metas de inflação? Chegarei lá, mas, por ora, basta dizer que, para a macroeconomia clássica, o funcionamento das economias capitalistas é regido pela lei de equilíbrio geral, aquela em que, sob condições de pleno-emprego, oferta e demanda de ativos reais (bens e serviços), monetários (moeda) e financeiros (títulos e bônus) se igualam e determinam, simultaneamente, seus respectivos preços macroeconômicos (nível de preços, taxas de juros reais e preços de face dos ativos financeiros). Sendo assim, dado o pressuposto de pleno-emprego, sempre que o investimento se iguala à poupança, a taxa de juros resultante é considerada real neutra ("natural"), ou seja, capaz de assegurar a estabilidade real (PIB em nível de pleno-emprego) e monetária (inflação estável) do sistema econômico. Proposto por Wicksell,[333] o conceito é assim definido:

> A taxa de juros real natural ou normal [neutra] é a que iguala a oferta de poupança à demanda de empréstimo para investimento em novo capital, correspondendo, mais ou menos, à renda esperada [lucro] desse mesmo capital.

Como bem argumenta Rogers,[334]

---

[333] WICKSELL, Knut. *Lectures in Political Economy*. vol. II. Londres: Routledge, [1901] 1935, p. 193.

[334] ROGERS, Colin. *Money, interest and capital*: a study in the foundations of monetary theory. Cambridge: Cambridge University Press, 1989, p. 39.

a análise de Wicksell da taxa de juros natural assenta-se no pressuposto de que ela representa o equilíbrio da economia que resultaria se o capital fosse emprestado em espécie [*in natura*], sem a intermediação do dinheiro. Logo, segundo a teoria wickselliana da taxa de juros, poupança é investimento por definição, porque o capital nada mais é do que trabalho e terra poupados.

A teoria da taxa de juros de Wicksell anda de mãos dadas com a teoria quantitativa da moeda clássica. Como lembra Rogers,[335]

> a teoria monetária de Wicksell deve ser entendida como uma tentativa de estender a aplicação da teoria quantitativa da moeda para uma economia que se moveu do simples uso das moedas metálicas como meio de pagamento [como na época em que foi concebida por David Hume] para o uso [e, evidentemente, disseminação] de créditos e empréstimos.

A taxa de juros real neutra wickselliana é imaginária, portanto, não-observada, e resulta de um modelo teórico de equilíbrio geral verificado quando o PIB real efetivo se iguala ao PIB potencial. Ou seja, trata-se de uma taxa de juros real *sui generis*, compatível com a igualdade entre poupança e investimento, mas com a economia operando em pleno-emprego. Evidentemente, na concepção teórica da macroeconomia clássica, ainda que as taxas de juros reais de mercado (as taxas observadas) possam ser maiores ou menores do que a taxa de juros real neutra, o livre jogo das forças de mercado se encarrega de equalizá-las através do menor ou maior estímulo à poupança. Se, porventura, as taxas de juros reais de mercado estiverem acima (ou abaixo) da taxa real neutra, o excesso (ou a escassez) de poupança em relação à demanda da mesma para financiar o

---

[335] ROGERS, Colin. *Money, interest and capital*: a study in the foundations of monetary theory. Cambridge: Cambridge University Press, 1989, p. 23.

investimento, provocaria sua queda (ou seu aumento) em direção à taxa neutra de equilíbrio.

5.1.2 O regime de metas de inflação na prática

É hora de conectar a teoria wickselliana da taxa de juros ao regime de metas de inflação. Neste regime, os bancos centrais manejam a política monetária não pelo controle da oferta de moeda, mas pela fixação da taxa de juros nominal básica de curto prazo (por exemplo, no Brasil, a taxa Selic), também conhecida como taxa de política monetária (*policy rate*). As autoridades econômicas determinam a meta de inflação anual, que, teoricamente, deve ser igual à taxa de inflação de longo prazo compatível com o PIB potencial e o pleno-emprego. Evidentemente, se a economia alcançar, hipoteticamente, o pleno-emprego (PIB efetivo igual ao PIB potencial) e a taxa de inflação observada atingir a meta, a taxa de juros real de curto prazo observada (no Brasil, a taxa de juros Selic menos a taxa de inflação) se iguala à taxa de juros real neutra.

Como lembra Lance Taylor:[336]

> com a desregulação dos mercados financeiros no final dos anos 1970, os modelos econométricos se viram incapazes de estimar uma função estável da demanda de moeda, o que levou os bancos centrais a retornarem ao foco de Wicksell, manejando a política monetária mediante a fixação da taxa de juros básica em detrimento do controle da oferta de moeda.

Isso levou, diz Lance Taylor,[337] "à ideia de [regime de] meta de inflação". No entanto, como a taxa de juros real neutra não é

---

[336] TAYLOR, Lance. *Maynard's revenge*: the collapse of free market macroeconomics. Cambridge: Harvard University Press, 2010.
[337] TAYLOR, Lance. *Maynard's revenge*: the collapse of free market macroeconomics. Cambridge: Harvard University Press, 2010, p. 234.

conhecida, os bancos centrais a estimam por meio de modelos econométricos. Conceitualmente, a taxa de juros real neutra é idêntica à subjacente ao arcabouço wickselliano, com a diferença de que, como os bancos centrais estão olhando para a frente (*forward looking*), as expectativas de inflação ao longo do horizonte relevante – entre um e três anos, ou até mais, dependendo do arcabouço monetário dos 27 países que adotam regime de metas de inflação – têm maior importância do que a inflação passada.[338]

Na prática, os bancos centrais manejam a política monetária fixando a taxa de juros básica por meio de uma regra, conhecida como regra de Taylor. Formulada pelo economista americano John Taylor, em 1993, a regra orienta a autoridade monetária a aumentar a taxa básica de juros toda vez que a inflação observada ou esperada (no Brasil, o IPCA) superar a meta de inflação e/ou o PIB efetivo for maior do que o PIB potencial, e a diminui-la quando ocorrer o contrário.

Mas, para que a política monetária seja capaz de afetar o nível geral de preços, é preciso que a taxa básica de juros, em termos reais, seja maior do que a taxa de juros real neutra toda vez que inflação observada ou as expectativas inflacionárias forem maiores do que a meta. E não só isso: é preciso também que a política monetária seja capaz de afetar toda a estrutura a termo (isto é, futura) das taxas de

---

[338] De acordo com Araújo e Arestis (ARAÚJO, Eliane; ARESTIS, Philips. "Lessons from the 20 years of the brazilian inflation targeting regime". *Panoeconomicus*, vol. 66, nº 1, mar. 2019, p. 9), "em 2019, os seguintes países adotavam regimes de metas de inflação explícitos e completos: Armênia, Austrália, Brasil, Canadá, Chile, Colômbia, República Tcheca, Gana, Guatemala, Hungria, Islândia, Indonésia, Israel, México, Nova Zelândia, Noruega, Peru, Filipinas, Polônia, Romênia, Sérvia, África do Sul, Coreia do Sul, Suécia, Tailândia, Turquia e Reino Unido. Outros países, como Estados Unidos e União Europeia, adotavam regimes de metas de inflação implícitos e seguiam os principais elementos desse regime de política monetária" [uma meta de inflação no médio ou longo prazos, o uso da regra de Taylor – analisada logo a seguir – etc.].

juros. Portanto, eventuais aumentos da taxa Selic são eficazes para reduzir a taxa de inflação em direção à meta apenas no caso de se transmitirem para as taxas de juros reais de curto, médio e longo prazo, reduzindo, consequentemente, a demanda agregada. Note que a teoria monetária subjacente ao regime de metas de inflação pressupõe, implicitamente, que os bancos centrais são totalmente capazes de determinar a estrutura a termo das taxas de juros.

Como enfatiza Lance Taylor,[339] se a inflação for causada por excesso de demanda agregada, a regra de Taylor produz efeitos contracíclicos: quando a taxa de inflação aumenta, subentende-se que a taxa de desemprego observada é menor que a taxa natural de desemprego (ou *NAIRU*, na sigla em inglês de *non-accelerating inflation rate of unemployment*),[340] aquela que não acelera a taxa de inflação ao longo do tempo; se a taxa de inflação cai, subtende-se

---

[339] TAYLOR, Lance. *Maynard's revenge*: the collapse of free market macroeconomics. Cambridge: Harvard University Press, 2010, p. 234.

[340] A taxa natural de desemprego é um conceito criado por Milton Friedman em seu famoso paper *The role of monetary policy*, de 1968. A mídia tende a tratá-la, conceitualmente, como sinônimo de pleno-emprego, ou seja, uma situação em que, ao salário vigente, não haveria qualquer trabalhador desempregado involuntariamente, como formulado por Keynes. No entanto, a taxa natural de desemprego pode ou não corresponder ao pleno-emprego keynesiano propriamente dito. Isso porque Friedman (FRIEDMAN, Milton. "The role of monetary policy". *American Economic Review*, vol. 57, mar. 1968, p. 8) define a taxa natural de desemprego como "o nível de desemprego que resulta do sistema de equilíbrio geral walrasiano [logo, até aqui, *mutatis mutandis*, corresponderia ao pleno-emprego], contanto que este nível embuta as características vigentes dos mercados de bens e de trabalho [por exemplo, poder de barganha entre sindicatos e associações empresariais], incluindo as imperfeições de mercado, as flutuações estocásticas nos mercados de bens e serviços etc.". Portanto, é a segunda parte do trecho citado que faz com que a taxa natural de desemprego seja, muitas vezes, equivalente a níveis de desemprego expressivamente elevados.

que o desemprego está elevado, acima da *NAIRU*. Dessa concepção foi fácil saltar para a ortodoxia monetária. Diz Lance Taylor:[341]

> A regra de Taylor tenderia a estabilizar a taxa de desemprego em torno da NAIRU. Pressupõe-se, adicionalmente, que um banco central independente, entendido como não subordinado ao Ministério da Fazenda, é capaz de assegurar ao mercado credibilidade de que está comprometido com a meta de inflação.

O problema é que nem sempre a inflação é causada por excesso de demanda. Se for causada por choques de oferta, a exemplo do choque do petróleo, em meados dos anos 1970, ou da interrupção de cadeias produtivas ao longo da pandemia da Covid-19 em 2020 e 2021, a regra de Taylor sugere que o banco central deveria interpretar como transitórios seus efeitos sobre a inflação. No entanto, na prática, bancos centrais mais conservadores, temendo os efeitos secundários do choque sobre as expectativas futuras de aumento de preços e salários, aumentam, intempestivamente, a taxa de juros, mesmo que as taxas de desemprego estejam em níveis significativamente elevados. No final das contas, a inflação cai e converge para a meta, porém às custas de maior contração da atividade econômica e elevadas taxas de desemprego. Mas, o banco central argumenta que a política monetária manteve a credibilidade necessária para conter as expectativas inflacionárias!

Além disso, é preciso também considerar as teorias da inflação inercial elaboradas por economistas brasileiros nos anos 1980, como Arida e Resende,[342] Bresser-Pereira e Nakano,[343] dentre outros. No

---

[341] TAYLOR, Lance. *Maynard's revenge*: the collapse of free market macroeconomics. Cambridge: Harvard University Press, 2010, p. 235.

[342] ARIDA, Persio; LARA-RESENDE, André. *Inertial inflation and monetary reform in Brazil*. Washington: Institute of International Economics, 1984.

[343] BRESSER-PEREIRA, Luiz Carlos; NAKANO, Yoshiaki. "Fatores aceleradores, mantenedores e sancionadores da inflação". *Revista de Economia Política*, vol. 4, nº 1, jan./mar. 1984.

artigo intitulado *Fatores aceleradores, mantenedores e sancionadores da inflação*, Bresser-Pereira e Nakano[344] demonstram que enquanto os fatores aceleradores podem ser de demanda ou de oferta, o fator mantenedor é a indexação formal e informal da economia; já o fator sancionador é o estoque total de moeda da economia, o qual, por ser considerado endógeno – ou seja, por se multiplicar em função das operações de crédito do sistema bancário e das inovações tecnológicas introduzidas no mercado financeiro –, não pode ser totalmente controlado pelos instrumentos de política monetária do Banco Central.

A experiência brasileira com o regime de metas de inflação, em vigor desde junho de 1999, mostra que toda vez que as expectativas de inflação estão desancoradas, para usar o jargão do mercado financeiro, ou seja, toda vez que as expectativas de inflação ao longo do horizonte relevante (legalmente, 12 meses à frente, segundo a legislação vigente) superam a meta de inflação perseguida pela autoridade monetária, o Banco Central adota, na maior parte dos casos, um ciclo de sucessivos aumentos da taxa de juros Selic, mesmo que o hiato do produto seja muito negativo[345] e a taxa de desemprego esteja extremamente elevada.[346]

---

[344] BRESSER-PEREIRA, Luiz Carlos; NAKANO, Yoshiaki. "Fatores aceleradores, mantenedores e sancionadores da inflação". *Revista de Economia Política*, vol. 4, n° 1, jan./mar. 1984.

[345] O hiato do produto é medido pela diferença entre o PIB efetivamente observado e o PIB potencial, ou seja, o compatível com a plena utilização dos recursos produtivos da economia, considerada a tecnologia disponível. Hiato do produto positivo significa excesso de demanda agregada sobre a oferta agregada, o que acarreta pressão inflacionária; já hiato do produto negativo reflete excesso de oferta agregada, existência de capacidade ociosa e desemprego, o que implica pressão deflacionária, desde que não haja outros fatores do lado da oferta pressionando os preços para cima.

[346] Comparem-se, por exemplo, as respostas do Banco Central da Índia e do Brasil no trimestre que se seguiu à quebra do Lehman Brothers, em setembro de 2008, considerado, por muitos analistas, o marco da crise financeira global de 2008. A despeito de uma taxa de inflação acumulada

Como têm enfatizado os autores novo-desenvolvimentistas, a manutenção de taxas de juros reais elevadas por longos períodos traz efeitos colaterais deletérios, que se magnificam por causa da ampla abertura ao movimento de capitais externos.[347] Para eles,

---

na Índia maior e em ritmo de crescimento mais acelerado do que a do Brasil, enquanto o *Reserve Bank of India* reduziu significativamente a taxa básica de juros – ressalvando-se que a Índia não adotava, na ocasião, regime de metas de inflação –, o Banco Central do Brasil manteve a taxa Selic inalterada em 13,75% até janeiro de 2009, em que pese a queda dramática da produção industrial e das exportações ao longo do último trimestre de 2008. Para detalhes, ver meu artigo [Nassif (NASSIF, André. "Brazil and India in the global economic crisis: Immediate impacts and economic policy responses". *In*: DULLIEN, Sebastian *et al*. (Coord.). *The Financial and Economic Crisis of 2008-2009 and Developing Countries*. Nova York: UNCTAD-United Nations, 2010)], em que comparo as respostas imediatas de política econômica nesses dois países logo após a quebra do Lehman Brothers.

[347] O leitor pode verificar essa ênfase nos trabalhos de Bresser-Pereira (BRESSER-PEREIRA, Luiz Carlos. *Macroeconomia da Estagnação*: crítica da ortodoxia convencional no Brasil pós-1994. São Paulo: Editora 34, 2007; BRESSER-PEREIRA, Luiz Carlos. *Globalização e competição*: por que alguns países emergentes têm sucesso e outros não. Rio de Janeiro: Elsevier, 2009; BRESSER-PEREIRA, Luiz Carlos. "New developmentalism: development macroeconomics for middle--income countries". *Cambridge Journal of Economics*, vol. 44, n° 3, mai. 2020), Bresser-Pereira e Gomes da Silva (BRESSER-PEREIRA, Luiz Carlos; SILVA, Cleomar Gomes da. "O regime de metas de inflação no Brasil e a armadilha da taxa de juros/taxa de câmbio". *In*: OREIRO, José Luiz; DE PAULA, Luiz Fernando; SOBREIRA, Rogério (Coord.). *Política Monetária, Bancos Centrais e Metas de Inflação*: Teoria e Experiência Brasileira. Rio de Janeiro: FGV, 2009), Bresser-Pereira, Oreiro e Marconi (BRESSER-PEREIRA, Luiz Carlos; OREIRO, Jose Luiz; MARCONI, Nelson. *Macroeconomia Desenvolvimentista*: Teoria e Política Econômica do Novo-Desenvolvimentismo. Rio de Janeiro: Elsevier, 2016), Nassif, Bresser-Pereira e Feijó (NASSIF, André; BRESSER-PEREIRA, Luiz Carlos; FEIJÓ, Carmem. "The case for reindustrialisation in developing countries: towards the connection between the macroeconomic regime and the industrial policy in Brazil". *Cambridge Journal of Economics*, vol. 42, n° 2, mar. 2018) e Nassif, Feijó e Araújo (NASSIF, André; FEIJÓ, Carmem; ARAÚJO, Eliane. "Macroeconomic policies in Brazil before and after the 2008

uma das causas da tendência à apreciação real de longo prazo da taxa de câmbio nos países em desenvolvimento são as taxas de juros muito elevadas.

O seguinte fato estilizado, embora replique o caso brasileiro entre 2000 e 2015, aplica-se a outros países em desenvolvimento que adotam regimes de metas de inflação em contexto de ampla abertura financeira externa, como Chile, México e Colômbia.[348] O fato estilizado é baseado na hipótese da paridade dos juros a descoberto, segundo a qual a diferença entre a taxa de juros doméstica anual (i) e a taxa de juros externa anual (i^*) deve ser igual à expectativa de depreciação da moeda nacional (e^e, a taxa de câmbio esperada R$/US$ nos 12 meses seguintes), acrescida do prêmio de risco-país (R), que reflete a incerteza relacionada à economia nacional. Matematicamente, a paridade dos juros a descoberto é:

$$(i - i^*) = e^e + R \qquad (5.3)$$

Intuitivamente, é fácil compreender a inter-relação dos lados direito e esquerdo da equação (5.3). Pressupondo-se que a economia se encontre, num primeiro momento, em situação de relativa estabilidade monetária, fiscal e cambial, presume-se que ambos os lados da equação fiquem também estáveis nessa fase inicial. No entanto,

---

global financial crisis: Brazilian policy-makers still trapped in the New Macroeconomic Consensus guidelines". *Cambridge Journal of Economics*, vol. 44, n° 4, jul. 2020), entre outros.

[348] O leitor poderá verificar em Ffrench-Davis (FFRENCH-DAVIS, Ricardo. "Chile since 1999: from counter-cyclical to pro-cyclical macroeconomics". *Comparative Economic Studies*, vol. 57, n° 3, abr. 2015), Ocampo e Malagón (OCAMPO, José Antonio; MALAGÓN, Jonathan. "Colombian monetary and exchange rate policy over the past decade". *Comparative Economic Studies*, vol. 57, n° 3, set. 2015) e Ros (ROS, Jaime. "Central bank policies in Mexico: targets, instruments, and performance". *Comparative Economic Studies*, vol. 57, n° 3, mar. 2015), que analisam os regimes de metas de inflação no Chile, México e Colômbia, respectivamente, cujos efeitos são similares aos descritos no fato estilizado referente ao caso brasileiro.

se houver aumento das expectativas inflacionárias ao longo do horizonte relevante, o Comitê de Política Monetária, a fim de manter a credibilidade junto ao mercado, adota um ciclo de alta na taxa de juros básica. Ocorre que o aumento do diferencial de juros internos *vis-à-vis* externos $(i - i^*)$ tende a atrair capitais estrangeiros de curto prazo em busca de oportunidades de ganhos financeiros no país (aplicações em títulos públicos e privados que paguem o maior juro agora vigente no país). Dependendo da resiliência das expectativas inflacionárias, o ciclo de alta dos juros pode se estender no tempo. Ao longo do período, devido à contenção da demanda agregada, a inflação cai e converge para a meta de inflação, mas o excesso de divisas proporcionado pela entrada líquida de capitais tende a apreciar a moeda em termos nominais e reais.

Para o novo desenvolvimentismo, a taxa de câmbio real nos países em desenvolvimento obedece a um processo cíclico que a mantém apreciada no longo prazo. O problema é que se a moeda nacional se mantém sobrevalorizada por longo período devido às entradas adicionais de capital atraídas pelos juros elevados, haverá perda expressiva de competitividade dos bens produzidos no país, tanto dos que sofrem a concorrência dos importados como os destinados à exportação. Parte expressiva da demanda doméstica acaba sendo satisfeita por produtos importados. Logo, ao mesmo tempo em que a autoridade monetária eleva os juros para reduzir as expectativas inflacionárias, a sobrevalorização cambial acaba por produzir desequilíbrios no setor externo: aumentam os *déficits* da balança comercial e os *déficits* em conta-corrente. E, tudo o mais constante, acelera o processo de desindustrialização prematura.

Mais cedo ou mais tarde, se os agentes financeiros externos avaliarem que os *déficits* em conta-corrente atingiram cifras insustentáveis ou se houver algum choque econômico interno ou externo, a sobrevalorização acaba sendo corrigida, forçosamente, pelo próprio mercado. Seguem-se fuga de capitais e repentino aumento das taxas de câmbio. Não por acaso, tais episódios culminam com *overshooting* cambial, pois nas crises financeiras as desvalorizações nominais da moeda nacional, que chegam a atingir entre 30 e 50%, ultrapassam o percentual necessário para restaurar a paridade real do poder de compra da moeda nacional em relação à cesta de moedas estrangeiras.[349]

A depreciação da moeda faz com que os produtores locais, a fim de proteger suas margens de lucro, procurem repassar para os preços o aumento dos custos com matérias-primas e componentes importados. Ao mesmo tempo, ao registrar elevação das expectativas de inflação em relação à meta, o Banco Central, comprometido com sua missão principal de manter a estabilidade de preços, implementa novo ciclo de alta das taxas de juros. Em resumo, o fato estilizado replica uma situação parecida com a de um cachorro correndo atrás do próprio rabo: no longo prazo, o país não consegue sustentar nem a estabilidade de preços, nem o crescimento econômico.

5.1.3 Regimes de meta de inflação: crítica

Como a teoria novo-desenvolvimentista se alinha com a macroeconomia keynesiana, seria o caso de perguntar: o regime de metas de inflação é compatível com a teoria monetária de Keynes e, portanto, com a teoria macroeconômica novo-desenvolvimentista? Em torno de 1980, os economistas liberais lograram afinal desalojar

---

[349] O Brasil é, talvez, a mais perfeita tradução desse fato estilizado. Entre 1999 e 2020, o país registrou diversos episódios de *overshooting* cambial, como entre 1999 e 2001, devido ao ataque especulativo contra o real brasileiro, entre 2002 e 2004, durante a turbulência eleitoral devida à expectativa de vitória de Luiz Inácio Lula da Silva, então avaliado pelo mercado financeiro como candidato não-confiável perante os interesses dos investidores, e, entre 2020 e 2021, em virtude do choque decorrente da pandemia da Covid-19. Para o leitor interessado, ver Nassif, Feijó e Araújo (NASSIF, André; FEIJÓ, Carmem; ARAÚJO, Eliane. "Macroeconomic policies in Brazil before and after the 2008 global financial crisis: Brazilian policy-makers still trapped in the New Macroeconomic Consensus guidelines". *Cambridge Journal of Economics*, vol. 44, n° 4, jul. 2020).

a teoria keynesiana do *mainstream* econômico. Os bancos centrais passaram, então, a adotar a política monetarista defendida por Milton Friedman.[350] Mas poucos anos depois os banqueiros centrais, que são mais pragmáticos do que os economistas acadêmicos, reconheceram que essa política não levava a nada e a substituíram por metas de inflação informalmente definidas. Conforme Bresser-Pereira e Gomes da Silva[351] argumentaram, "a adoção do regime de metas decorreu de uma decisão pragmática, como consequência do fracasso do modelo monetarista para justificar a teoria da credibilidade novo-clássica". Os banqueiros centrais passaram a definir informalmente uma meta de inflação implícita no longo prazo e a adotar as políticas que pudessem levá-los ao objetivo. Entretanto, desarvorados diante do fracasso monetarista, os economistas liberais neoclássicos trataram, posteriormente, de formalizar a teoria e enchê-la de requisitos que a tornaram rígida e altamente custosa para os países que a adotam. Diversos países passaram a adotar metas de inflação explícitas.

---

[350] Milton Friedman (FRIEDMAN, Milton. "The role of monetary policy". *American Economic Review*, vol. 57, mar. 1968) recomendava que a política monetária fosse manejada pelo controle da oferta monetária, através de um de seus principais agregados, como a base monetária ou o M1 (moeda em poder de público mais depósitos à vista do público nos bancos comerciais). Na prática, Friedman sugeria uma **regra** de política monetária em que o M1 crescesse a uma taxa "automática" de entre 3% e 5% a.a. No entanto, em virtude do caráter endógeno da oferta monetária, os bancos centrais logo constataram a dificuldade de controlar eficientemente os agregados monetários e passaram a administrar a política monetária através da fixação da taxa básica de juros de curto prazo.

[351] BRESSER-PEREIRA, Luiz Carlos; GOMES DA SILVA, Cleomar. "O regime de metas de inflação no Brasil e a armadilha da taxa de juros/taxa de câmbio". *In*: OREIRO, José Luiz; DE PAULA, Luiz Fernando; SOBREIRA, Rogério (Coord.). *Política Monetária, Bancos Centrais e Metas de Inflação*: Teoria e Experiência Brasileira. Rio de Janeiro: FGV, 2009, p. 25.

CAPÍTULO V – PRÓLOGO AO NOVO DESENVOLVIMENTISMO:...

Para compreender esse fracasso é preciso confrontar a teoria da taxa de juros de Keynes com a teoria clássica da taxa de juros, que, já examinada anteriormente, baliza a política monetária regida por metas de inflação. Para começar, Keynes rejeita a teoria wickselliana, notadamente a existência de uma taxa de juros natural. A teoria da taxa de juros de Keynes ancora-se em duas hipóteses: a primeira é a da não-neutralidade da moeda, tanto no curto como no longo prazo; a segunda é que a autoridade monetária consegue exercer relativo controle sobre a taxa de juros de política monetária (ou seja, a taxa básica de curto prazo ou *policy rate*), mas não necessariamente sobre a curva de juros dos títulos negociados nos mercados com diferentes prazos de maturação, sejam eles de curto, médio ou longo prazos.

A hipótese de não-neutralidade da moeda é analisada com profundidade no famoso Capítulo XVII da *Teoria Geral*, em que Keynes[352] compara os atributos da moeda com os demais ativos (mercadorias e títulos financeiros). Segundo Keynes, todos os ativos, sejam reais, monetários ou financeiros, possuem os atributos de valor, rentabilidade, custo de manutenção e liquidez. Embora a moeda seja um ativo com rentabilidade esperada nula – dinheiro *per se* não rende juros – e custo de manutenção praticamente inexistente, comparada aos demais ativos, é o que possui máxima liquidez, ou seja, é o ativo com maior rapidez em se converter em poder de compra e riqueza.

Justamente por isso, diferentemente do que diz a teoria clássica, em que só é racional usá-la como meio de troca, para Keynes a moeda pode ser retida para fins de manutenção da riqueza ao longo do tempo, ou seja, a moeda pode ser usada como reserva de valor, com o benefício de esta reserva ter máxima liquidez, comparativamente a todos os demais ativos. Quando há maior incerteza, os agentes acirram sua preferência por liquidez e ampliam expressivamente a

---

[352] KEYNES, John Maynard. *The general theory of employment, interest, and money*. San Diego: Harcourt Brace Jovanovich, Publishers, [1936] 1964.

demanda por ativos mais líquidos, sejam eles títulos de curtíssimo prazo e moeda. Já em situações extremas, como a chamada armadilha da liquidez, apenas moeda é retida pelos agentes. Para Keynes, diante da incerteza, é racional entesourar moeda, porque ela permite aos agentes transitar entre o presente mais ou menos conhecido e o futuro completamente incerto.

Quando o ambiente econômico é regido por otimismo e maior confiança nas expectativas, o Banco Central, ao aumentar ou reduzir a taxa básica de juros de curto prazo, consegue fazer com que a curva de juros siga na mesma direção. Isso ocorre porque a autoridade monetária, mediante operações de compra e venda de títulos de curtíssimo prazo no *open market* (inclusive tão curtíssimo como um *overnight*), pode ampliar ou reduzir as reservas bancárias se observar que os juros longos seguem trajetória diferente da taxa de juros de curto prazo pré-fixada.

Admita-se, por exemplo, que o Comitê de Política Monetária (COPOM) decida promover um ciclo de alta dos juros básicos para combater um surto inflacionário causado por excesso de demanda. Se os juros negociados no mercado interbancário não acompanharem esse ciclo de alta, o Banco Central vende títulos aos bancos, fazendo com que a redução das reservas bancárias pressione para cima (na mesma direção da taxa básica de juros) não apenas as taxas de juros dos certificados de depósito interbancário (remunerados à taxa DI) como também as taxas de juros dos títulos de maturidade mais longa. Ou seja, no jargão do mercado financeiro, o efeito final é o aumento da taxa média de juros de mercado. Nessas circunstâncias, ao aumentar a taxa de juros básica de curto prazo, a autoridade monetária consegue fazer com que a curva de rendimento dos demais ativos financeiros de diferentes prazos de maturação siga na mesma direção, isto é, fique mais inclinada – e que o aperto monetário leve ao objetivo almejado de eliminar o excesso de demanda agregada de bens e serviços, controlando a pressão inflacionária original.

A situação muda completamente de figura se a política monetária opera num ambiente de forte incerteza. Neste caso, o Banco Central pode se mostrar incapaz de direcionar a curva de juros para o objetivo almejado. Considere, por exemplo, que num contexto recessivo com elevado desemprego, hiato do produto muito negativo e ausência de pressão inflacionária inicial – como no auge da crise da Covid-19, entre 2020 e primeiro trimestre de 2021 –, o Comitê de Política Monetária adote um ciclo de redução das taxas básicas de juros visando estimular a recuperação econômica. Se a política monetária for suficientemente potente, é de se esperar que a queda dos juros do Banco Central se transmita para a estrutura de juros dos demais títulos negociados no mercado e reduza as taxas de juros reais de mercado, fazendo com que o estímulo monetário produza efeitos positivos sobre a demanda agregada.

Isso só ocorre, no entanto, se a incerteza **em curso** sobre o ambiente econômico for caracterizada por elevada confiança na ação da autoridade monetária em reverter as expectativas negativas sobre o futuro **hoje vigentes**. Sob incerteza mais intensa, o elevado grau de preferência por liquidez faz com que a maior parte dos agentes demande ativos de alta liquidez, normalmente títulos de curtíssimo prazo, com liquidez imediata. Nesse caso, emissores de títulos públicos (o Tesouro Nacional) ou privados de mais longo prazo só conseguem vendê-los se estiverem dispostos a pagar prêmios de risco mais altos, isto é, se estiverem dispostos a ofertá-los a taxas de juros muitos mais elevadas do que a taxa básica fixada pelo Banco Central. Isso significa que, em ambiente de muito maior incerteza, o nível e a direção do espectro de juros inerentes aos títulos financeiros de diferentes perfis e maturidade não estão sob controle integral da política monetária do Banco Central, mas da demanda por liquidez da maior parte dos agentes econômicos.

Na prática, como destaca Keynes,[353] numa passagem conhecida da *Teoria Geral*, o nível médio da taxa de juros prevalecente é "altamente convencional", posto que é determinado por grande número de agentes cujas expectativas compartilham as mesmas crenças sobre o futuro. Em suas palavras:[354]

> Talvez fosse mais exato dizer que a taxa de juros seja um fenômeno altamente convencional do que basicamente psicológico, pois o seu valor observado depende sobremaneira do valor futuro que se lhe prevê. **Qualquer** taxa de juros aceita com suficiente convicção como **provavelmente** duradoura **será** duradoura.

Em condições extremas, em que a economia se depara com a "armadilha da liquidez", tende a se generalizar a demanda de moeda como reserva de valor, via retenção de moeda nacional ou estrangeira para fins de entesouramento. Ou seja, diferentemente do que postula a economia clássica, uma parte expressiva da oferta monetária, em vez de demandada para fins de transação em consumo ou investimento, passa a ser demandada e retida como reserva de valor. Em tais circunstâncias pode-se observar, inclusive, a inversão da curva de rendimentos financeiros ("curva de juros"), em que as taxas de juros que remuneram os títulos de curto e médio prazo (entre um e dois anos), mesmo muito baixas, ainda superam as taxas de juros de longo prazo.

Nesses casos extremos, a política monetária torna-se inócua para promover a recuperação econômica. Essa tarefa deve ser comandada pela política fiscal, que, por meio de um programa de

---

[353] KEYNES, John Maynard. *The general theory of employment, interest, and money*. San Diego: Harcourt Brace Jovanovich, Publishers, [1936] 1964, p. 204.

[354] KEYNES, John Maynard. *The general theory of employment, interest, and money*. San Diego: Harcourt Brace Jovanovich, Publishers, [1936] 1964, p. 204 (ênfases do original).

gastos públicos, em particular de investimentos públicos, tem maior potência para reduzir o desemprego e reativar o aumento da renda agregada, como também para reduzir o grau de incerteza e restaurar o estado de confiança.

Os desdobramentos descritos anteriormente não se limitam ao caso em que o Banco Central reduz a taxa básica de juros para promover recuperação da economia. Podem ocorrer também em situações em que, a despeito de uma conjuntura recessiva e incerteza elevada, o Banco Central se defronte com pressão inflacionária causada por diversos choques de custos, a exemplo do que ocorreu na economia mundial ao longo de 2021, por efeito da interrupção das cadeias globais de fornecimento de insumos e componentes industriais, do incremento dos preços internacionais de *commodities* essenciais, como o petróleo, além de, no caso dos países em desenvolvimento, expressiva depreciação das moedas domésticas.

As respostas iniciais dos bancos centrais foram totalmente distintas. Nos países desenvolvidos esses choques foram tratados como transitórios e seus bancos centrais evitaram subir intempestivamente as taxas básicas de juros, para não prejudicar a recuperação; já em diversos países em desenvolvimento, esses choques foram imediatamente identificados como permanentes e a autoridade monetária preferiu optar pelo aperto monetário, inclusive o Banco Central do Brasil.

Será que a complacência com combater inflação causada por choques transitórios de oferta, às custas de recessão no curto prazo, não traz efeitos adversos também no longo prazo? Em debate na Câmara dos Deputados, em novembro de 2021, o economista André Lara Resende alertava que a ideia "altamente questionável e equivocada" de que se consiga combater a inflação (de 2021) com alta de juros implicará aumento da dívida pública (como proporção do PIB), com enorme transferência de recursos do Estado para os detentores dos papéis do Tesouro. Entretanto, alguns economistas alinhados com a ortodoxia monetária responderiam que "não".

Afonso Celso Pastore, por exemplo, nesse mesmo debate, afirmou, peremptoriamente, que

> o BC não consegue fechar isso [contração da oferta, haja vista a expansão de demanda, segundo o economista] pelo lado da oferta. Ou deixa a inflação desancorar e faz recessão maior lá na frente ou faz recessão agora.[355]

Essa interpretação é um *non sequitur*, isto é, uma falácia lógica, porque antecipa uma desancoragem de expectativas inexistentes na ocasião. Mas, ilustra como os defensores de âncora monetária regida com mão de ferro tendem a considerar a estabilidade de preços condição suficiente para sustentar o crescimento econômico no longo prazo. Além disso, Pastore faz por ignorar que o prolongamento da crise recessiva, que se arrasta desde o início da crise pandêmica, produz, sim, efeitos adversos no longo prazo: provoca não apenas contração do PIB potencial, devido à redução do estoque de capital físico e humano – este último, por causa do impacto do prolongamento do desemprego sobre a qualificação da mão de obra –, mas também efeitos de histerese, isto é, persistência dos problemas no tempo e, então, maior dificuldade de se retornar à situação econômica e social anterior.

Volto, então, à pergunta inicial desta subseção: regimes de metas **explícitas** de inflação, com regras rígidas, são compatíveis com as teorias macroeconômicas keynesiana e novo-desenvolvimentista? Ao menos no campo teórico, não são, porque essa prática de política monetária finca raízes em teorias que consideram a inflação um fenômeno monetário ("sempre e em qualquer lugar", para usar a célebre expressão de Milton Friedman, 1963) que se manifesta via expansão da demanda agregada ou desancoragem generalizada de

---

[355] Esse debate foi noticiado pelo jornal Valor Econômico: WATANABE, Marta. "Economistas divergem sobre poder do juro ante a inflação". *Valor*, nov. 2021 (destaque do autor).

CAPÍTULO V – PRÓLOGO AO NOVO DESENVOLVIMENTISMO:...

expectativas. Em contraste, na teoria keynesiana, a inflação, embora possa ser causada tanto por excesso de demanda quanto por escassez de oferta, é resultado, e não causa, de uma pressão de custos.

Segundo Keynes,[356]

> "variações da **demanda** atuam ao mesmo tempo sobre os custos e sobre o volume" (...), [mas] só se pode qualificar de verdadeira inflação quando um novo acréscimo no volume de demanda efetiva não mais produz aumento na produção [ou seja, quando a economia está próxima ou além do pleno-emprego] e se traduz apenas numa alta da unidade de custos, em proporção exata ao aumento da demanda efetiva.

O trecho citado reforça meu ponto de que políticas monetárias guiadas por regras estritas, em que a taxa de juros opera como único instrumento de controle da inflação e de ancoragem das expectativas, não são mecanismos nem para sustentar o crescimento econômico, nem a estabilidade de preços no longo prazo, como já havia mostrado anteriormente. No caso do Brasil, particularmente, a posição novo-desenvolvimentista, a meu juízo correta, recomenda substituir, de forma anunciada e não-repentina, o atual regime de metas de inflação, regido por regras rígidas, por uma política monetária manejada por mecanismos discricionários, e não por regras estritas.[357] A exemplo do Federal Reserve Bank (FED), dos Estados

---

[356] KEYNES, John Maynard. *The general theory of employment, interest, and money*. San Diego: Harcourt Brace Jovanovich, Publishers, [1936] 1964, pp. 279 e 285 (ênfase do original).

[357] No final dos anos 2000, Bresser-Pereira e Gomes da Silva (BRESSER-PEREIRA, Luiz Carlos; SILVA, Cleomar Gomes da. "O regime de metas de inflação no Brasil e a armadilha da taxa de juros/taxa de câmbio". *In*: OREIRO, José Luiz; DE PAULA, Luiz Fernando; SOBREIRA, Rogério (Coord.). *Política Monetária, Bancos Centrais e Metas de Inflação*: Teoria e Experiência Brasileira. Rio de Janeiro: FGV, 2009) e Sobreira e Oreiro (SOBREIRA, Rogério; OREIRO, José Luiz. "Metas inflacionárias, fragilidade financeira e ciclo de negócios: uma abordagem

Unidos, e do Banco Central Europeu (BCE), que utilizam metas de inflação com muito maior flexibilidade, com foco no longo ou no médio prazo (casos do FED e do BCE, respectivamente), e operam a política monetária de forma pragmática, mirando, simultaneamente, a estabilidade de preços e o nível de emprego, conviria ao Banco Central do Brasil nortear-se pelo compromisso de manter baixa e estável a taxa de inflação no longo prazo, minimizando os custos econômicos (em termos de perda de produto real) e sociais (em termos de desemprego) no curto e longo prazos.[358]

---

pós-keynesiana". *In*: OREIRO, José Luiz; DE PAULA, Luiz Fernando; SOBREIRA, Rogério (Coord.). *Política monetária, bancos centrais e metas de inflação*: teoria e experiência brasileira. Rio de Janeiro: FGV, 2009) propunham que a política monetária brasileira caminhasse nessa direção.

[358] Segundo Shapiro e Wilson (SHAPIRO, Adam; WILSON, Daniel John. "The evolution of the FOMC's explicit inflation target". *FRBSF Economic Letter*, abr. 2019, p. 1 (grifo do autor). Disponível em: https://www.frbsf.org/economic-research/publications/economic-letter/2019/april/evolution-of-fomc-explicit-inflation-target/. Acessado em: 20.04.2023), "em janeiro de 2012, o Federal Reserve anunciou ao público, pela primeira vez na história, uma meta de inflação explícita de 2% no **longo prazo**". Ademais, como destacam Martínez-García, Coulter e Grossman (MARTÍNEZ-GARCÍA, Enrique; COULTER, Jarod; GROSSMAN, Valerie. "Fed's new inflation targeting policy seeks to maintain well-anchored expectations". *Federal Reserve Bank of Dallas*, abr. 2021, p. 1 (grifo do autor). Disponível em: https://www.dallasfed.org/research/economics/2021/0406. Acessado em: 28.03.2023), "a partir de agosto de 2020, o regime de metas de inflação flexível foi substituído, na prática, pelo regime de metas de inflação **média flexível**". Já o Banco Central Europeu informa em seu website o compromisso com uma inflação de cerca de 2% **no médio prazo**. (Disponível em: https://www.ecb.europa.eu/home/search/review/html/price-stability-objective.en.html. Acessado em: 04.05.2023).

5.2 Austeridade fiscal

Em um diagnóstico crítico, Palley[359] alega que a teoria novo--desenvolvimentista defende austeridade fiscal. Este diagnóstico, no entanto, não é correto, uma vez que o novo desenvolvimentismo, embora advogue que o manejo do orçamento público seja pautado pela responsabilidade fiscal, é totalmente refratário à chamada austeridade fiscal. Embora retome essa controvérsia no Capítulo VII, antecipo brevemente o significado distinto dos conceitos de austeridade fiscal e responsabilidade fiscal.

O conceito de austeridade fiscal baseia-se na hipótese totalmente contraintuitiva de "austeridade fiscal expansionista", pela qual o compromisso do governo com um programa de contração dos gastos públicos aceleraria o crescimento econômico.[360] A defesa de que a austeridade fiscal expande, e não contrai o PIB, ampara-se no argumento coadjuvante de que o compromisso do governo com a frugalidade dos gastos públicos aumenta a confiança de que o estoque da dívida pública (como proporção do PIB) permanecerá baixo e estável ao longo do tempo. Com menor pressão sobre o Tesouro para emitir novos títulos, haverá maior estímulo para que os fluxos de poupança privada, que antes financiavam o governo, passem a financiar os investimentos privados.

Os defensores do argumento procuraram respaldá-lo com base em evidências empíricas encontradas em ampla base de dados

---

[359] PALLEY, Thomas. "The economics of new developmentalism: a critical assessment". *Investigación Económica*, vol. 80, nº 317, jul./set. 2021.
[360] As referências são ALESINA, Alberto; ARDAGNA, Silva. "Large changes in fiscal policy: taxes versus spending". *In*: BROWN, Jeffrey R. (Coord.). *Tax Policy and the Economy*. Chicago: University of Chicago Press, 2010; ALESINA, Alberto; BARBIERO, Omar; FAVERO, Carlo; GIAVAZZI, Francesco; PARADISI, Matteo. "The effects of fiscal consolidations: theory and evidence". *National Bureau of Economic Research*, Cambridge, mai. 2017; ALESINA, Alberto; FAVERO, Carlo A.; GIAVAZZI, Francesco. "What do we know about the effect of austerity?" *American Economic Review Papers and Proceedings*, vol. 108, mai. 2018.

de países. O artigo de Alesina *et al.*,[361] por exemplo, usa dados de 17 países da OCDE para o período 1978-2009 e conclui que "programas de ajuste fiscal baseados em aumento de impostos causam muito maiores perdas de produto real do que os baseados em corte de gastos". Os autores[362] concordam em que corte de despesas do governo tem efeitos recessivos no curto prazo, mas "corte de gastos permanentes implicam maiores transferências para as famílias, fazendo com que o aumento do consumo privado compense parcialmente os menores gastos governamentais". Ou seja, no longo prazo, a austeridade fiscal seria expansionista!

O argumento da austeridade fiscal exerceu enorme influência nas políticas de ajuste dos países com elevado nível de endividamento público (como proporção do PIB) ao longo da crise da Zona do Euro, a partir de 2009. Cinco anos após a adoção de severas medidas de corte de gastos, sobretudo nas economias mais afetadas, como Grécia, Portugal e Espanha, os países ainda mostravam elevadas taxas de desemprego, porém sem dar sinais de recuperação econômica sólida.

Desde 2012, diversos estudos têm contestado as evidências empíricas relacionadas à austeridade fiscal expansionista. Auerbach e Gorodnichenko[363] estimaram que os multiplicadores fiscais são superiores a 1 nas recessões, ou seja, aumento de gastos do governo produz expansão mais que proporcional do PIB nos ciclos recessivos.

---

[361] ALESINA, Alberto; BARBIERO, Omar; FAVERO, Carlo; GIAVAZZI, Francesco; PARADISI, Matteo. "The effects of fiscal consolidations: theory and evidence". *National Bureau of Economic Research*, Cambridge, mai. 2017, p. 5.

[362] ALESINA, Alberto; BARBIERO, Omar; FAVERO, Carlo; GIAVAZZI, Francesco; PARADISI, Matteo. "The effects of fiscal consolidations: theory and evidence". *National Bureau of Economic Research*, Cambridge, mai. 2017, p. 5.

[363] AUERBACH, Alan J.; GORODNICHENKO, Yuriy. "Measuring the output responses to fiscal policy". *American Economic Journal: Economic Policy*, vol. 4, n° 2, mai. 2012.

CAPÍTULO V - PRÓLOGO AO NOVO DESENVOLVIMENTISMO:...

De Long e Summers[364] confirmam esse resultado e acrescentam que, por promover mais rápida recuperação, a expansão fiscal tende a se autofinanciar, isto é, para dada carga tributária, o aumento do PIB gera maior incremento relativo do fluxo de arrecadação de impostos, mantendo estável a dívida pública ao longo do tempo. Eles concluem[365] que "austeridade fiscal numa economia deprimida pode erodir o equilíbrio fiscal a longo prazo, ao passo que estímulos fiscais podem melhorá-lo".

Furman e Summers,[366] por sua vez, mostram que, se as políticas monetária e fiscal forem bem coordenadas, é possível manter taxas de juros reais médias inferiores ao crescimento do PIB real. Com isso, "expansões fiscais podem melhorar *per se* a sustentabilidade fiscal, ao permitir que a taxa de crescimento do PIB seja superior à de incremento do estoque da dívida pública e das despesas com juros". Eles destacam, com razão, que o maior desafio do governo é desenhar programas que promovam eficiência na alocação dos gastos públicos, priorizando investimentos em infraestruturas física e humana (saneamento, mobilidade urbana, educação, saúde, P&D etc.), os quais, em virtude das significativas externalidades econômicas positivas associadas, tendem a "produzir benefícios expressivamente maiores do que os custos decorrentes de qualquer acumulação de dívida adicional".[367]

---

[364] DELONG, James Bradford; SUMMERS, Lawrence. "Fiscal policy in a depressed economy". *Brookings Papers on Economic Activity*, vol. 43, 2012.

[365] DELONG, James Bradford; SUMMERS, Lawrence. "Fiscal policy in a depressed economy". *Brookings Papers on Economic Activity*, vol. 43, 2012, p. 234.

[366] FURMAN, Jason; SUMMERS, Lawrence. "A reconsideration of fiscal policy in the era of low interest rates". *Harvard Kennedy*, nov. 2020, p. 2.

[367] FURMAN, Jason; SUMMERS, Lawrence. "A reconsideration of fiscal policy in the era of low interest rates". *Harvard Kennedy*, nov. 2020, p. 35.

É bom esclarecer, portanto, que a ideia de austeridade fiscal nada tem a ver com a de responsabilidade fiscal, esta defendida pelos novo-desenvolvimentistas. A primeira está associada a cortes permanentes de gastos e, uma vez estabilizada a dívida pública em níveis baixos como proporção do PIB, ao congelamento das despesas do governo em termos reais, a exemplo do "teto de gastos", implementado no Brasil em 2017.[368]

Já a responsabilidade fiscal é perfeitamente alinhada com a célebre proposta de Keynes[369] de que, para preservar o caráter contracíclico da política fiscal, o governo deve guiar-se pela elaboração de dois orçamentos anuais: um orçamento corrente, que deverá estar permanentemente equilibrado, e, quando possível, superavitário, com as despesas totalmente financiadas pela arrecadação de impostos; e um orçamento de capital (associado a investimentos públicos), que deverá estar equilibrado no longo prazo, mas pode ser deficitário ao longo das crises recessivas.

---

[368] A regra do teto de gastos foi instituída pela Emenda Constitucional no. 95, de 15 de dezembro de 2016. Com ela, a partir de 2017 os gastos públicos primários em cada ano passaram a ser corrigidos pela inflação oficial (IPCA) acumulada nos últimos 12 meses, com vigência de 20 anos e revisão prevista em 2026. O mecanismo revelou-se política e economicamente inviável desde sua adoção, pois, embora previsse congelamento das despesas primárias totais em termos reais, o crescimento acima da inflação de despesas obrigatórias, como educação, saúde e previdência social – asseguradas por cláusula constitucional –, acabava por comprimir demasiadamente as despesas discricionárias, notadamente os investimentos públicos. No início de 2023, quando este livro se encontra em processo de editoração, o governo recém-empossado do presidente Luiz Inácio Lula da Silva havia conseguido aprovar a Emenda Constitucional no 32 (denominada "PEC da Transição"), promulgada em 22 de dezembro de 2022, que revogava, na prática, o teto de gastos e previa o desenho e a submissão ao Congresso, no segundo semestre daquele ano, de uma regra fiscal menos draconiana.

[369] KEYNES, John Maynard. "The Collected Writings of John Maynard Keynes". In: MOGGRIDGE, D; JOHNSON, E. (Coord.). *Activities 1940-1946*: shaping the post-ward world, employment and commodities. vol. 27. Londres: Macmillan, 1982.

Essa proposta é totalmente consistente com a proposta de Bresser-Pereira[370] de constituir um fundo de poupança pública para financiar os investimentos governamentais.[371]

Em suma, o novo-desenvolvimentismo se opõe ao "populismo fiscal", entendido como o crescimento desordenado dos gastos governamentais ao ponto de causar um descontrole da dívida pública, mas é totalmente favorável, como salienta Bresser-Pereira,[372] "ao aumento da poupança pública para que seja possível financiar os investimentos públicos necessários" à sustentação do crescimento econômico.

Como alegam os proponentes da *Modern Theory of Money* (MMT), como Wray[373] e Kelton,[374] governos que emitem dívida em sua própria moeda jamais se tornam insolventes. Isso é fato, já que eventual repúdio do pagamento dos serviços da dívida pública (principal mais juros) é uma decisão eminentemente política das

---

[370] BRESSER-PEREIRA, Luiz Carlos. "New developmentalism: development macroeconomics for middle-income countries". *Cambridge Journal of Economics*, vol. 44, nº 3, mai. 2020.

[371] Em artigo no jornal Valor Econômico, Bresser-Pereira (BRESSER-PEREIRA, Luiz Carlos. "5% do produto interno bruto para o investimento público". *Valor Econômico*, dez. 2020. Disponível em: https://valor.globo.com/opiniao/coluna/5-do-produto-interno-bruto-para-o-investimento-publico.ghtml. Acessado em: 28.23.2023) propõe que "o Congresso aprove uma emenda constitucional autorizando o Banco Central a comprar, a cada ano, até 5% do PIB em títulos públicos para cobrir gastos exclusivamente em investimentos públicos na infraestrutura, os quais deverão estar previstos pelo orçamento da União, com dispêndio autorizado em cada reunião trimestral do Conselho Monetário Nacional".

[372] BRESSER-PEREIRA, Luiz Carlos. *Macroeconomia da estagnação*: crítica da ortodoxia convencional no Brasil pós-1994. São Paulo: Editora 34, 2007, p. 174.

[373] WRAY, Larry Randal. *Understanding modern money*: the key to full employment and price stability. Cheltenham: Edward Elgar Publishing, 1998.

[374] KELTON, Stephanie. *The deficit myth*: modern monetary theory and the birth of the people's economy. Nova York: Public Affairs, 2020.

autoridades governamentais. No entanto, o principal argumento contrário ao descontrole dos gastos do governo e da dívida pública no longo prazo é que o mercado pode alimentar expectativas, ainda que infundadas, de insolvência futura do governo. Como lembra Skidelsky,[375]

> Keynes sempre esteve alerta ao efeito da política sobre a psicologia dos negócios. Compreendia que um excesso de gastos públicos minaria a confiança em relação à política (...) e poria em risco o objetivo de manter baixas as taxas de juros reais a longo prazo.

Portanto, a defesa da responsabilidade fiscal (mas, reitero, não da austeridade fiscal) pelos economistas novo-desenvolvimentistas é totalmente consistente com a recomendação de que a política fiscal seja manejada de forma contracíclica, contribuindo, consequentemente, para assegurar o crescimento e a estabilidade no longo prazo.

Considerações finais

Este capítulo mostrou que países que adotam regimes de política monetária baseados em regras extremamente rígidas, em contexto de elevado grau de abertura ao movimento de capitais externos, como é o caso do Brasil, desde 1999, tendem a cair na armadilha dos juros reais elevados e da taxa de câmbio real apreciada. Mostrei também que regimes de metas de inflação pouco flexíveis, combinados com uma política fiscal pró-cíclica – caracterizada por *déficits* fiscais elevados nos ciclos de expansão e redução do espaço fiscal para expandir os gastos públicos nas recessões – ou permanente austeridade fiscal, comprometem a sustentação do crescimento econômico no longo prazo. No próximo capítulo, analisarei, detalhadamente, as teses centrais que, segundo a macroeconomia novo-desenvolvimentista, podem condenar os países periféricos à estagnação econômica.

---

[375] SKIDELSKY, Robert. *Keynes*. Rio de Janeiro: Zahar, 1999, p. 141.

CAPÍTULO VI

O NOVO DESENVOLVIMENTISMO: INTEGRANDO A MACROECONOMIA À TEORIA DO DESENVOLVIMENTO

Introdução

As teorias clássica, cepalina e furtadiana do desenvolvimento econômico exploram detalhadamente, quer no plano positivo (isto é, em termos estritamente teóricos) ou normativo (ou seja, as implicações e recomendações de políticas públicas), de que forma os aspectos micro e mesoeconômicos, ao se articularem com os fatores históricos, econômicos e sociais de cada país ou região, condicionam a superação do subdesenvolvimento e a sustentação de uma trajetória exitosa de *catching up*.

No entanto, o leitor deve ter percebido que, nessa articulação, praticamente nenhuma ênfase é conferida a aspectos macroeconômicos, sobretudo nas perspectivas teóricas do desenvolvimento. Não quer isso dizer que o "velho" desenvolvimentismo não reconheça a importância de se preservar a solidez de indicadores macroeconômicos relevantes, a fim de evitar que o curso do desenvolvimento seja interrompido por processos crônicos de estagnação. Como mostrei nos capítulos anteriores, autores desenvolvimentistas, a exemplo de Nicholas Kaldor, Raúl Prebisch e Celso Furtado, destacam, reiteradamente, como a estabilidade do balanço de pagamentos e a preservação de uma taxa de câmbio real competitiva (isto é, um nível de câmbio real em que a moeda nacional se mantenha ligeiramente subvalorizada em relação a uma cesta de moedas estrangeiras) atuam como fatores coadjuvantes na sustentação do processo de desenvolvimento econômico com mudança estrutural. Entretanto, tais análises teóricas nem sempre exploram as inter-relações entre as condicionalidades micro e mesoeconômicas – como a heterogeneidade inerente à estrutura produtiva, a articulação entre a agricultura e o setor manufatureiro, os desequilíbrios regionais, a desigualdade social, dentre outros fatores – e o regime macroeconômico propriamente dito.

Com o objetivo de preencher essa lacuna, o novo-desenvolvimentismo procura integrar a macroeconomia à teoria do desenvolvimento econômico. Este capítulo sintetiza, então, as proposições recentes dessa corrente teórica, da qual o economista brasileiro Luiz Carlos Bresser-Pereira se destaca como o principal formulador. O argumento central que Bresser-Pereira trouxe ao novo-desenvolvimentismo é que as trajetórias bem-sucedidas de *catching up* dependem de se harmonizarem as políticas públicas (particularmente, as políticas industrial e tecnológica e o regime macroeconômico) destinados a promover a diversificação da estrutura produtiva e da pauta exportadora. Assim, arranjos inadequados de política econômica podem fazer com que a rota inicialmente exitosa de *catching up* nos países em desenvolvimento seja desviada para longos períodos de estagnação.

As ideias seminais do novo-desenvolvimentismo estão apresentadas nos artigos *Crescimento econômico com poupança externa?*[376] e

---

[376] BRESSER-PEREIRA, Luiz Carlos; NAKANO, Yoshiaki. "Crescimento econômico com poupança externa?" *Brazilian Journal of Political Economy*, vol. 23, n° 2, abr./jun. 2003.

CAPÍTULO VI – O NOVO DESENVOLVIMENTISMO: INTEGRANDO...

The Dutch disease and its neutralization: a Ricardian approach,[377] e aparecem difusas nos livros *Macroeconomia da Estagnação: Crítica da Ortodoxia Convencional no Brasil pós-1994*[378] e *Globalização e Competição*.[379] As teses principais estão sistematizadas no livro-texto *Macroeconomia Desenvolvimentista: Teoria e Política Econômica do Novo-Desenvolvimentismo*,[380] considerado uma "tradução aperfeiçoada" (como consta na folha de rosto) da versão original em inglês, *Developmental Macroeconomics: New Developmentalism as a Growth Strategy*, de 2014. Em que pese a relativa longevidade dessa corrente teórica, seu principal formulador considera o novo--desenvolvimentismo um "trabalho ainda em construção".[381]

O capítulo está organizado em três seções. Na Seção 6.2, analiso as teses centrais do novo-desenvolvimentismo. Na Seção 6.3, discuto os pontos críticos que necessitam de aprimoramento analítico. Na Seção 6.4, apresento as principais conclusões.

---

[377] BRESSER-PEREIRA, Luiz Carlos. "The Dutch disease and its neutralization: a Ricardian approach". *Brazilian Journal of Political Economy*, vol. 28, nº 1, jan-mar. 2008.

[378] BRESSER-PEREIRA, Luiz Carlos. *Macroeconomia da Estagnação*: Crítica da Ortodoxia Convencional no Brasil pós-1994. São Paulo: Editora 34, 2007.

[379] BRESSER-PEREIRA, Luiz Carlos. *Globalização e competição*: por que alguns países emergentes têm sucesso e outros não. Rio de Janeiro: Elsevier, 2009.

[380] BRESSER-PEREIRA, Luiz Carlos; OREIRO, Jose Luiz; MARCONI, Nelson. *Macroeconomia desenvolvimentista*: teoria e política econômica do novo-desenvolvimentismo. Rio de Janeiro: Elsevier, 2016.

[381] BRESSER-PEREIRA, Luiz Carlos. "New developmentalism: development macroeconomics for middle-income countries". *Cambridge Journal of Economics*, vol. 44, nº 3, mai. 2020.

6.1 As teses centrais do novo desenvolvimentismo

Como ressalta Bresser-Pereira,[382] as teses centrais do novo-desenvolvimentismo não são aplicadas a economias pré-industrializadas, mas a economias que, embora tenham alcançado níveis de renda per capita próximos à média mundial, enfrentam processos crônicos de estagnação econômica. Ou seja, suas teses centrais tomam como base o contexto de estagnação da economia brasileira, mas podem ser aplicadas a outras economias em desenvolvimento que enfrentam problemas similares.

As teses novo-desenvolvimentistas rejeitam, com razão, a hipótese da "armadilha da renda média". Introduzida por Gill and Kharas[383] e disseminada por pesquisadores, jornalistas e instituições multilaterais (notadamente, o Banco Mundial), essa hipótese sustenta que, após percorrerem por décadas uma trajetória exitosa em direção ao *catching up*, algumas economias em estágio intermediário de desenvolvimento caem na "armadilha da renda média" e passam a enfrentar obstáculos quase intransponíveis para superar a estagnação econômica.[384] A hipótese baseia-se na ideia de que economias de renda média tornam-se incapazes de competir internacionalmente tanto em setores intensivos em trabalho, por causa do avanço dos salários relativos, quanto em setores intensivos em capital, devido ao baixo

---

[382] BRESSER-PEREIRA, Luiz Carlos. "New developmentalism: development macroeconomics for middle-income countries". *Cambridge Journal of Economics*, vol. 44, n° 3, mai. 2020.

[383] GILL, Indermit; KHARAS, Homi. *An East Asian renaissance*: ideas for economic growth. Washington: The World Bank, 2007.

[384] Para detalhes, consulte BRESSER-PEREIRA, Luiz Carlos; ARAÚJO, Eliane Cristina; PERES, Samuel Costa. "An alternative to the middle-income trap". *Structural Change and Economic Dynamics*, vol. 52, 2020.

ritmo de inovações e escalas de produção inadequadas. Entretanto, as evidências empíricas não corroboram esta tese.[385]

Como ressaltei inicialmente, o novo-desenvolvimentismo procura integrar a teoria macroeconômica à teoria do desenvolvimento. Neste particular, procura demonstrar que a continuidade da trajetória de *catching up* em economias que se encontrem em estágios intermediários de desenvolvimento é fortemente condicionada pelo regime macroeconômico em curso – especialmente pela política cambial e a política em relação à conta-corrente do balanço de pagamentos. Arranjos distintos de política macroeconômica podem tanto induzir como bloquear o desenvolvimento econômico em países que tenham atingido níveis médios de renda per capita. A prevalecer a segunda hipótese, a estagnação econômica tende a se perpetuar.

Qual teoria macroeconômica? A macroeconomia desenvolvimentista alinha-se ao princípio da demanda efetiva, formulado por

---

[385] O leitor interessado pode consultar o livro organizado por Huang, Morgan e Yoshino (2018), obra que sintetiza os principais pontos dessa discussão. Nesta edição, os artigos de Bulman, Eden e Nguyen (BULMAN, David; EDEN, Maya; NGUYEN, Ha. "Transitioning from low-income growth to high income growth: is there a middle-income trap?" *In*: HUANG, Bihong; MORGAN, Peter J; YOSHINO, Naoyuki (Coord.). *Avoiding the Middle-Income Trap in Asia*: The Role of Trade, Manufacturing and Finance. Tóquio: Asia Development Bank Institute, 2018) e de Paus (PAUS, Eva. "The middle-income trap: lessons from Latin America". *In*: HUANG, Bihong; MORGAN, Peter J.; YOSHINO, Naoyuki (Coord.). *Avoiding the Middle-Income Trap in Asia*: the Role of Trade, Manufacturing and Finance. Tóquio: Asia Development Bank Institute, 2018) mostram que as evidências empíricas não amparam a hipótese da armadilha da renda média, e muito menos que ela seja fator instransponível para a superação da estagnação na maioria dos países em desenvolvimento, especialmente na América Latina. Huang, Morgan e Yoshino (2018: 43) concluem, categoricamente, que "países que crescem aceleradamente continuam a crescer aceleradamente, não havendo qualquer razão para que fiquem travados em algum nível específico de renda média".

Keynes.[386] Este princípio, central na macroeconomia keynesiana, indica que a insuficiência de demanda agregada é o principal fator explicativo das baixas taxas crescimento e das recessões econômicas. Antes de retornar à macroeconomia novo-desenvolvimentista, vale a pena sintetizar os fundamentos da teoria keynesiana.

O principal argumento de Keynes[387] é que a insuficiência de demanda efetiva subjaz ao funcionamento das economias capitalistas, já que as decisões de produção corrente (curto prazo) e de investimento (longo prazo) são tomadas com incerteza sobre o futuro. Assim, as expectativas de futuro podem se frustrar, ou seja, a demanda esperada ("demanda planejada") pelos empresários pode ser diferente da demanda realizada ("demanda efetiva").

A incerteza keynesiana é considerada radical, porque não é passível de ser mensurada por cálculos probabilísticos. Enquanto eventos prováveis podem ser mensurados probabilisticamente, como o jogo da roleta, a chance de ganhar na loteria ou mesmo a expectativa de vida, eventos incertos são incalculáveis e, logo, imprevisíveis. Nestes, inclui-se o comportamento futuro das variáveis econômicas. Diz Keynes:[388]

> O sentido em que estou usando o termo [incerteza] é aquele segundo o qual a perspectiva de uma guerra europeia é incerta, o mesmo ocorrendo com o preço do cobre e a taxa de juros daqui a vinte anos, ou a obsolescência de uma nova invenção (...). Sobre esses problemas não existe qualquer base

---

[386] KEYNES, John Maynard. *The general theory of employment, interest, and money.* San Diego: Harcourt Brace Jovanovich, Publishers, [1936] 1964, cap. 3.

[387] KEYNES, John Maynard. *The general theory of employment, interest, and money.* San Diego: Harcourt Brace Jovanovich, Publishers, [1936] 1964, cap. 5 e 12.

[388] KEYNES, John Maynard. "The general theory of employment". *The Quarterly Journal of Economics*, vol. 51, nº 2, fev. 1937, pp. 213/214.

CAPÍTULO VI – O NOVO DESENVOLVIMENTISMO: INTEGRANDO...

científica para cálculos probabilísticos. Simplesmente, nada sabemos a respeito.

Keynes argumenta que a tomada de decisão diante de incerteza sobre o futuro faz com que os agentes (empresários, consumidores, financistas etc.) utilizem o conjunto das informações disponíveis no presente e decidam sobre o futuro (curto, médio e longo prazos). Na *Teoria Geral*, Keynes[389] refere-se ao "estado de confiança", fraco ou forte, pessimista ou otimista, em alusão à "convenção", formada pela maioria, de que "a situação existente [favorável ou desfavorável] dos negócios continuará por tempo indefinido, a não ser que tenhamos razões concretas para esperar uma mudança".

Na prática, a construção ou a quebra do estado de confiança não resulta da opinião de um conjunto restrito de agentes a respeito do comportamento econômico futuro, mas da opinião da maioria. Nas palavras de Keynes,[390]

> procuramos conformar-nos ao comportamento da maioria ou da média. A psicologia de uma sociedade de indivíduos, cada um dos quais procurando copiar os outros, leva ao que podemos denominar rigorosamente de opinião convencional.

No entanto, como a incerteza não desaparece mesmo nos períodos de invejável convenção otimista, o autor[391] enfatiza que, na prática, a decisão dos homens de negócio de ampliar a produção corrente ou realizar investimentos com longo prazo de retorno é,

---

[389] KEYNES, John Maynard. *The general theory of employment, interest, and money*. San Diego: Harcourt Brace Jovanovich, Publishers, [1936] 1964, pp. 162/163.

[390] KEYNES, John Maynard. "The general theory of employment". *The Quarterly Journal of Economics*, vol. 51, n° 2, fev. 1937, p. 214.

[391] KEYNES, John Maynard. *The general theory of employment, interest, and money*. San Diego: Harcourt Brace Jovanovich, Publishers, [1936] 1964, p. 170.

no final das contas, movida por *"animal spirits"*,[392] ou seja, pela ação deliberada que os leva, diante do desconhecido, a se colocar na concorrência intercapitalista, a investir, buscar oportunidades de lucros e acumular capital.

A ruptura do estado de confiança pode ocorrer de forma lenta, como na transição dos ciclos de expansão para a desaceleração e recessão, ou repentina, como nas recessões ou depressões que se prolongam após choques econômicos – em geral, financeiros. Em termos práticos, quando a demanda efetiva se mostra insuficiente para absorver a oferta agregada, o acúmulo de estoques não vendidos faz com que os empresários, na tentativa de limitar a queda dos lucros ou evitar prejuízos econômicos, reduzam o nível de utilização da capacidade produtiva, levando à desaceleração econômica e ao aumento do desemprego. Mas quando a demanda efetiva se torna cronicamente insuficiente, a contração do PIB e da renda torna-se tão acentuada que a economia passa a enfrentar ciclos depressivos – entendidos como recessões severas e muito prolongadas – e desemprego em massa.

Assim, são as expectativas sob incerteza e o "estado de confiança" dos empresários a elas associados que explicam as flutuações cíclicas, isto é, a alternância entre expansões, desacelerações e contrações econômicas. Além disso, nota também Keynes,[393] o pleno-emprego dos fatores produtivos, especialmente da força de trabalho, é uma situação "especial" e excepcional que se observa nas trajetórias de crescimento das economias capitalistas no longo prazo. A situação

---

[392] A edição em português omite, imperdoavelmente, a expressão *"animal Spirits"* (que deveria aparecer no início do primeiro parágrafo da seção VII, na página 170). Mas ela consta explicitamente na edição original em inglês KEYNES, John Maynard. *The general theory of employment, interest, and money*. San Diego: Harcourt Brace Jovanovich, Publishers, [1936] 1964, p. 161.

[393] KEYNES, John Maynard. *The general theory of employment, interest, and money*. San Diego: Harcourt Brace Jovanovich, Publishers, [1936] 1964, p. 43.

geralmente observada é, mesmo nos ciclos de expansão, haver algum nível de desemprego involuntário.

Ademais, segundo Keynes, não há forças automáticas e induzidas livremente pelo mercado capazes de promover a recuperação do PIB e do nível de emprego quando expectativas sobre o futuro são muito pessimistas. A principal implicação normativa é que o governo deve acionar os estímulos necessários das políticas monetária, fiscal e cambial, com coordenação entre elas.

No caso da política fiscal, especialmente, o papel dos gastos públicos nas recessões não é ocupar integralmente o espaço da demanda privada, mas repor parte dos gastos insuficientes, notadamente através de investimentos públicos em infraestrutura física e humana, induzindo, via impactos diretos e indiretos sobre renda e emprego – ou seja, através do multiplicador dos gastos públicos –,[394] a recuperação da demanda privada. Além disso, como a incerteza

---

[394] O multiplicador, conceito introduzido por R. Kahn (KAHN, R. "The relation of Home investment to unemployment". *The Economic Journal*, vol. 41, nº 162, jun. 1931) e refinado por Keynes (KEYNES, John Maynard. *The general theory of employment, interest, and money*. San Diego: Harcourt Brace Jovanovich, Publishers, [1936] 1964, cap. 10), mede o impacto resultante da variação de um gasto autônomo (por exemplo, dos gastos públicos totais, dos investimentos públicos ou do investimento agregado) sobre o PIB e a renda agregada. No caso do multiplicador do investimento, por exemplo, Keynes indica que, "quando se produz um acréscimo no investimento agregado, a renda sobe num montante igual a *k* vezes o acréscimo do investimento" (KEYNES, John Maynard. *The general theory of employment, interest, and money*. San Diego: Harcourt Brace Jovanovich, Publishers, [1936] 1964, p. 134). O mecanismo do multiplicador encerra uma intuição lógica simples: se houver recursos produtivos ociosos (por exemplo, trabalhadores desempregados), quando o investimento agregado aumenta em determinado montante, crescem renda e emprego nos setores beneficiados pela expansão desse investimento, proporcionando aumento do consumo agregado (ainda que proporcionalmente menor do que a variação da renda) que, por sua vez, induz aumento da renda e do emprego nos setores também beneficiados pela expansão do consumo, e assim por diante. Se o multiplicador *k* for maior do que 1, a renda cresce, no

futura opera como causa e efeito das crises econômicas, o manejo das mencionadas políticas macroeconômicas contribui também para estabilizar expectativas e melhorar o estado de confiança.

Em resumo, a teoria keynesiana ancora-se na hipótese de que o ritmo de crescimento do PIB, tanto no curto (isto é, ao longo do ciclo econômico) quanto no longo prazo (o desenvolvimento econômico) depende, fundamentalmente, do ritmo de crescimento da demanda agregada. Porém, isso não quer dizer que fatores do lado da oferta agregada, como as inovações e o progresso técnico, o acúmulo de capital humano induzido pelo padrão educacional e pelo treinamento técnico, dentre outros, sejam irrelevantes para o comportamento do PIB, sobretudo no longo prazo. Todavia, os modelos keynesianos demonstram que, no longo prazo, não são eles que limitam o crescimento, mas os fatores ligados ao comportamento da demanda agregada.

Do lado da demanda, como já discutimos no Capítulo II, a principal barreira ao crescimento é imposta pelas restrições do balanço de pagamentos, que emergem quando a economia é incapaz de manter um ritmo de incremento das exportações (isto é, da demanda externa) que assegure fluxos líquidos de divisas suficientes para cobrir as despesas de importações. No longo prazo, o ritmo de crescimento da oferta agregada tende a se acomodar ao de crescimento da demanda efetiva. Como demonstram Fazzari *et al.*,[395] "enquanto o crescimento econômico é predominantemente induzido pela demanda efetiva, as restrições da oferta apenas limitam a taxa **máxima possível** de crescimento" no longo prazo.

---

final das contas, em proporção maior do que as despesas iniciais de investimento.

[395] FAZZARI, Steven, FERRI, Piero; VARIATO, Anna Maria. "Demand-led growth and accommodating supply". *Cambridge Journal of Economics*, vol. 44, nº 3, mai. 2020, p. 585 (grifo do autor).

CAPÍTULO VI – O NOVO DESENVOLVIMENTISMO: INTEGRANDO...

André Lara Resende,[396] por exemplo, considera que a economia mundial será incapaz de atingir as elevadas taxas de crescimento exibidas no passado. Em sua opinião, duas dimensões do lado da oferta poderão, doravante, limitar a taxa máxima factível de crescimento:

> A primeira é a dos limites físicos do planeta. Para continuar a crescer, será preciso mudar a composição do que se produz, para menos bens materiais e mais serviços, saúde, educação e entretenimento. A segunda é a saturação decorrente do aumento da produtividade na fabricação de bens materiais.

Volto, então, à macroeconomia novo-desenvolvimentista. Ela aceita o princípio keynesiano de que as economias capitalistas enfrentam uma tendência à insuficiência de demanda efetiva. Bresser-Pereira[397] concorda; para ele, a insuficiência de demanda efetiva acarreta a redução da taxa de lucro esperada e, consequentemente, a queda dos investimentos produtivos e da taxa de crescimento do PIB. Mas, o autor enfatiza que é preciso considerar o comportamento da taxa de câmbio real. Quando esta, ao longo do ciclo cambial (entre duas crises financeiras) permanece sobrevalorizada por alguns anos, ela passa a ocupar "o centro da teoria do desenvolvimento". Segundo o autor, outras escolas de pensamento econômico não fazem o mesmo porque, ao contrário do que afirma o novo desenvolvimentismo, elas não supõem que a taxa de câmbio possa se manter sobrevalorizada no longo prazo; ela seria apenas volátil, ora apreciando ou depreciando em torno de uma taxa de equilíbrio de longo prazo. Dessa maneira, para o novo desenvolvimentismo, as empresas, ao

---

[396] RESENDE, André Lara. *Devagar e simples*: Economia, Estado e vida contemporânea. São Paulo: Companhia das Letras, 2015, p. 34.
[397] BRESSER-PEREIRA, Luiz Carlos. "A taxa de câmbio no centro da teoria do desenvolvimento". *Estudos Avançados*, vol. 26, ago. 2012; BRESSER-PEREIRA, Luiz Carlos. "The access to demand". *Keynesian Brazilian Review*, vol. 1, n° 1, mai. 2015.

formularem seus projetos de investimento, consideram essa taxa de câmbio sobrevalorizada e geralmente não investem.

Para Bresser-Pereira, Oreiro e Marconi,[398] a taxa de câmbio real funciona como um interruptor que conecta ou desconecta as empresas que usam a melhor tecnologia disponível dos seus respectivos mercados, confirmando ou rejeitando seu **acesso** à demanda existente. Assim, o maior desafio da política econômica será manejar os instrumentos disponíveis para que as economias em desenvolvimento consigam lograr o *catching up*, preservando a estabilidade interna (pleno-emprego e inflação estável) simultaneamente à externa (equilíbrio do balanço de pagamentos). Para tanto, acrescentam os autores,[399] é preciso que os *policy-makers*, ao administrar os instrumentos de política econômica sob seu controle, consigam manter "os cinco preços macroeconômicos (taxa de lucro, taxa de câmbio, taxa de juros, taxa de salários e taxa de inflação)" em níveis adequados.

De acordo com a macroeconomia novo-desenvolvimentista, dentre os cinco preços macroeconômicos mencionados, a taxa de juros real e a taxa de câmbio real são os mais importantes para sustentar o crescimento econômico, porque: i) a taxa de juros real, por dimensionar o custo de oportunidade dos investimentos em capital real ("físico"), comparativamente aos demais ativos (inclusive financeiros), afeta a lucratividade esperada dos investimentos, isto é, afeta a chamada eficiência marginal do capital.[400] Em outras

---

[398] BRESSER-PEREIRA, Luiz Carlos; OREIRO, Jose Luiz; MARCONI, Nelson. *Macroeconomia desenvolvimentista*: teoria e política econômica do novo-desenvolvimentismo. Rio de Janeiro: Elsevier, 2016.

[399] BRESSER-PEREIRA, Luiz Carlos; OREIRO, Jose Luiz; MARCONI, Nelson. *Macroeconomia desenvolvimentista*: teoria e política econômica do novo-desenvolvimentismo. Rio de Janeiro: Elsevier, 2016, p. 9.

[400] O conceito de eficiência marginal do capital, também introduzido por Keynes (KEYNES, John Maynard. *The general theory of employment, interest, and money*. San Diego: Harcourt Brace Jovanovich, Publishers, [1936] 1964, cap. 11), é bastante simples: significa quanto um determinado investimento adicional (daí o termo "marginal") em ativos de capital real (por exemplo, a compra de uma nova máquina, a instalação

CAPÍTULO VI – O NOVO DESENVOLVIMENTISMO: INTEGRANDO...

palavras, quanto maior a taxa de juros real, menor a predisposição dos empresários a investir e menor, portanto, o crescimento econômico; ii) a taxa de câmbio real, entendida como o preço relativo que afeta os preços dos bens e serviços transacionados no comércio internacional (os preços dos produtos exportados, importados e dos produtos domésticos que competem com as importações), também afeta a rentabilidade esperada dos investimentos orientados para atender às demandas local e de exportações, porque uma taxa de câmbio sobrevalorizada desconecta os projetos de investimento que usam a melhor tecnologia em seu mercado. Assim, quanto menor a taxa de câmbio real – isto é, quanto mais sobrevalorizada a moeda nacional em relação ao dólar ou a uma cesta de moedas estrangeiras –, menores serão os investimentos direcionados para atender às demandas local e de exportações. Ou, o que é o mesmo, a criação de empregos tende a beneficiar o resto do mundo, porque a expansão da demanda interna acaba vazando, em grande parte, para importações.

Embora a macroeconomia novo-desenvolvimentista seja adequada a países em desenvolvimento que lograram atingir níveis de renda per capita em torno da média mundial, os argumentos teóricos foram inspirados pela crítica ao regime macroeconômico brasileiro desde 1995, quando, concluída a liberalização comercial e financeira externa, o governo brasileiro passou a adotar expressamente a "política de crescimento com poupança externa", cujo arcabouço contribui para sustentar a estagnação no país. De fato, no momento em que escrevo este capítulo (novembro de 2021), observa-se que o arranjo da política macroeconômica brasileira norteia-se pela liberalização financeira externa, baseada em empréstimos e investimentos estrangeiros, e pelo "consenso macroeconômico" anterior à crise global de 2008: um regime de metas de inflação pouco flexível, focado quase

---

de uma nova planta industrial etc.) renderá no futuro (em termos dos lucros gerados com a venda dos produtos dele oriundos) comparativamente ao seu preço hoje. Além da taxa de juros real, a eficiência marginal do capital é determinada pelas expectativas, já que também depende dos lucros esperados.

exclusivamente em ancorar as expectativas de inflação no nível da meta pré-fixada; um regime de câmbio flutuante com ampla abertura ao movimento de capitais de curto prazo; e uma política fiscal baseada em rígido controle dos gastos públicos, inclusive investimentos. No caso brasileiro, esse consenso foi popularizado como "tripé macroeconômico" e sua instalação deu-se entre fins de 1998 e junho de 1999. Ainda que eu retome essa discussão em capítulos subsequentes, cabe, mesmo assim, perguntar: sob a ótica teórica, o que tem o novo-desenvolvimentismo a ver com isso?

A hipótese principal do novo-desenvolvimentismo é que países cujo regime macroeconômico é rigidamente submetido às amarras do "consenso macroeconômico" caem num círculo de ferro: o desenvolvimento torna-se impossível porque a economia cai, tendencialmente, na armadilha dos juros reais elevados e da moeda sobrevalorizada em relação ao dólar ou à cesta de moedas dos principais parceiros comerciais.

Segundo a macroeconomia novo-desenvolvimentista, essa tendência é atribuída a duas políticas habitualmente praticadas na periferia latino-americana, sobretudo no Brasil: uma estratégia de crescer com poupança externa, que, por atrair influxos líquidos de capitais estrangeiros, mantém a moeda nacional tendencialmente sobrevalorizada; e a prática de um regime de metas de inflação pouco flexível, que mantém taxas de juros reais elevadas por longos períodos e provoca entradas de capital adicionais que apreciam a taxa de câmbio real no longo prazo – prática essa combinada com a adoção de uma política fiscal ultraconservadora, calcada na ideia de que o orçamento público deve estar permanentemente equilibrado, independentemente do ciclo econômico. Essas políticas, ao deprimirem, simultaneamente, as taxas de lucros esperadas, a taxa de investimento e a acumulação de capital, integram a "macroeconomia da estagnação". Nas subseções seguintes, discutirei cada uma dessas políticas.[401]

---

[401] Enquanto "Macroeconomia da Estagnação" é o título do livro de Bresser-Pereira, de 2007, a expressão "políticas habituais" está presente

CAPÍTULO VI – O NOVO DESENVOLVIMENTISMO: INTEGRANDO...

6.1.1 Crescimento com poupança externa

O argumento liberal em prol de que os países pobres ou em desenvolvimento recorram à poupança externa (isto é, a capitais estrangeiros em "excesso") para financiar o crescimento econômico tem longa tradição na teoria neoclássica de comércio internacional e crescimento econômico.[402] De acordo com essa abordagem, economias pobres ou em desenvolvimento dispõem, geralmente, de reduzida taxa de poupança doméstica (como proporção do PIB), entendida como a parcela não consumida da renda agregada. Como a macroeconomia neoclássica pressupõe que a expansão dos investimentos depende de poupança doméstica – diferentemente da teoria keynesiana, que reverte essa relação de causalidade –, os economistas liberais neoclássicos encaram como natural e recomendável que esses países recorram à poupança externa para financiar seu crescimento no longo prazo.

Argumenta-se que a poupança externa, ao complementar a poupança doméstica, entendida como insuficiente na maioria dos países em desenvolvimento, permite aumentar a taxa de investimento e sustentar o crescimento no longo prazo. Em outras palavras, os economistas neoclássicos sugerem que economias em desenvolvimento com taxas de poupança internas insuficientes engajem-se em estratégias de crescimento com *déficits* em conta-corrente e recorram

---

em diversos trabalhos dos economistas novo-desenvolvimentistas. Veja, por exemplo, Bresser-Pereira, Oreiro e Marconi (2014, Capítulo VII), Nassif, Bresser-Pereira e Feijó (2018:356) e Bresser-Pereira (2019:206).

[402] De acordo com a teoria neoclássica de comércio internacional, que pressupõe ausência de fluxos de capitais entre países, o país pobre poderia solucionar o problema de sua escassez relativa de capital aderindo a práticas de livre-comércio: importaria bens intensivos em capital (por exemplo, bens manufaturados mais sofisticados, como automóveis e bens de capital) e exportaria bens intensivos em trabalho (produtos primários e manufaturados tradicionais, como alimentos processados, vestuário e calçados). Como mostrei no Capítulo III, a escola cepalina rechaça tanto as conclusões quanto as implicações normativas dessa teoria.

à entrada líquida de capitais estrangeiros para financiá-los.[403] Como lembram Bresser-Pereira e Nakano:[404]

> O argumento de que países com baixa renda e baixo índice de poupança deveriam crescer mais depressa com o ingresso de poupança externa parece lógico e razoável. Na verdade, se a entrada de capitais financiar os *déficits* em conta-corrente em razão do aumento das importações de bens de capital, e se a taxa de investimento aumentar, a economia vai crescer mais depressa. Portanto, essa estratégia de crescimento dependente foi aceita, sem reservas, como verdadeira, por quase todos na América Latina e se tornou um pressuposto inerente ao raciocínio dos economistas, políticos, homens de negócios e também de todas as decisões governamentais.

Há, pelo menos, três contra-argumentos que invalidam o raciocínio de que o recurso a poupanças externas aumentaria a taxa de investimento e de crescimento nos países em desenvolvimento em situação de escassez de capital. Primeiro, como sustenta a crítica keynesiana à macroeconomia (neo)clássica – vale a pena reiterar –, não é a poupança que determina o investimento, mas o contrário. De fato, segundo Keynes, pressupondo existência de capacidade ociosa não-utilizada e desemprego, o incremento dos investimentos acarreta o aumento do PIB e da renda que, dada a propensão marginal a consumir e assumindo tudo mais constante, divide a renda das famílias entre a decisão de gastos em consumo e em poupança. Logo, o investimento precede a geração de renda e poupança, e não

---

[403] Recomenda-se a releitura da nota de rodapé 171 (no Capítulo II), que apresenta o conceito de balanço de pagamentos, bem como o significado dos déficits em conta-corrente.

[404] BRESSER-PEREIRA, Luiz Carlos; NAKANO, Yoshiaki. "Crescimento econômico com poupança externa?" *Brazilian Journal of Political Economy*, vol. 23, n° 2, abr./jun. 2003, p. 4.

CAPÍTULO VI – O NOVO DESENVOLVIMENTISMO: INTEGRANDO...

o contrário.[405] Além disso, o argumento de Keynes[406] é que o investimento depende, simultaneamente, do custo real do capital (taxas de juros reais) e das expectativas de longo prazo.[407] Adicionalmente, como mostraram Schumpeter[408] e Kalecki,[409] seu financiamento é

---

[405] A teoria neoclássica estende para a análise macroeconômica a validade da identidade contábil entre poupança e investimento, nos termos das Contas Nacionais. Neste caso, pressupondo uma economia "fechada" (sem relação com o exterior) e sem governo, o PIB e a renda agregada (lado da oferta agregada) decompõem-se, a cada ano, em consumo das famílias e investimentos realizados (lado da demanda agregada). Sendo a poupança entendida como a parcela da renda agregada não consumida, então, ela é sempre igual ao investimento já realizado (*ex-post*). Ou seja, embora a identidade contábil entre poupança e investimento configure uma verdade irrefutável *ex-post*, considerando-se que este último já tenha sido realizado e calculado, ela não o é de partida, *ex-ante*. Portanto, sob a ótica macroeconômica keynesiana, a decisão de investimento a realizar não depende da poupança. Para maiores detalhes, o leitor pode consultar Keynes (KEYNES, John Maynard. *The general theory of employment, interest, and money*. San Diego: Harcourt Brace Jovanovich, Publishers, [1936] 1964, cap. 6 e 7).

[406] KEYNES, John Maynard. *The general theory of employment, interest, and money*. San Diego: Harcourt Brace Jovanovich, Publishers, [1936] 1964.

[407] Keynes (KEYNES, John Maynard. *The general theory of employment, interest, and money*. San Diego: Harcourt Brace Jovanovich, Publishers, [1936] 1964, cap. 12) demonstra, de forma precisa, que taxas de juros reais mantidas em níveis adequados, que reduzam o custo do capital, são condição necessária, mas não suficiente, para estimular investimentos. A condição suficiente é que o "estado de confiança" (isto é, um certo nível de incerteza bastante reduzido e difundido para a maioria dos agentes econômicos) estimule o *animal spirits* empresarial e, com ele, os investimentos.

[408] SCHUMPETER, Joseph. *A Teoria do Desenvolvimento Econômico*: uma Investigação sobre Lucros, Capital, Crédito, Juro e o Ciclo Econômico. São Paulo: Abril Cultural, [1911] 1982.

[409] Em Kalecki (KALECKI, Michael. *Teoria da dinâmica econômica*: ensaios sobre as mudanças cíclicas e a longo prazo da economia capitalista. São Paulo: Abril, [1954] 1977, cap. 9), particularmente, os investimentos dependem da disponibilidade de recursos financeiros próprios (lucros retidos), da variação dos lucros e da variação do estoque de capital fixo.

efetivado, na prática, por lucros retidos ("poupança dos capitalistas") e crédito bancário, que nada têm a ver com o conceito neoclássico de poupança (parte da renda agregada não consumida pelas famílias).

Segundo, num mundo de ampla abertura ao movimento de capitais internacionais, o crescimento com poupança externa traz, colateralmente, influxos excessivos de capitais externos e, consequentemente, tendência à apreciação crônica a taxa de câmbio real no longo prazo. Como demonstrado pela experiência brasileira a partir da segunda metade da década de 1990, o principal efeito deletério da estratégia de crescer com poupança externa é a sobrevalorização da moeda nacional por longos períodos, sendo a defasagem cambial eliminada forçosamente pelo mercado apenas quando há choques econômicos internos ou externos. Ancorando-se na teoria dos investimentos de Keynes e Kalecki, a teoria macroeconômica novo-desenvolvimentista assim expõe as conexões entre a taxa de câmbio real e o crescimento econômico no longo prazo. Entradas excessivas de capitais ("poupança") externos apreciam a moeda nacional em relação à cesta de moedas dos principais parceiros comerciais; a persistência da sobrevalorização da moeda doméstica ao longo de um ciclo inicial de expansão econômica aumenta **artificialmente** os salários reais (salários nominais menos o nível de preços domésticos) e os rendimentos recebidos pelos rentistas (juros, aluguéis e dividendos). Esse aumento é artificial, porque resulta, ao menos no curto prazo, da queda do nível de preços domésticos induzida pela persistência da sobrevalorização cambial, e não do avanço da produtividade da economia. Assim, a alta artificial dos salários reais acaba por deprimir a taxa de lucro esperada e, consequentemente, a taxa de investimento. Dessa forma, ao manter a moeda sobrevalorizada por longo período, o principal efeito deletério da estratégia de crescer com poupança externa é, paradoxalmente, reduzir o crescimento no longo prazo.

Terceiro, a estratégia de crescer com poupança externa tende a fazer com que os ciclos de crescimento repliquem trajetórias de *stop and go* e sejam, como os voos da galinha, curtos e rápidos. Considere que um país em desenvolvimento inicie um ciclo de expansão induzido por elevada liquidez internacional e pela alta dos preços das *commodities*. Como descrito anteriormente, a excessiva entrada líquida de capitais sobrevaloriza a moeda nacional e aumenta **artificialmente** os salários reais. Por conseguinte, a ampliação da renda disponível das famílias (a massa real de salários menos os impostos líquidos pagos ao governo) provoca, para dada propensão a consumir, aumento do consumo. No entanto, como a moeda está sobrevalorizada ao longo do ciclo cambial, a maior parte do incremento do consumo agregado das famílias acaba vazando para importações, que ficam mais baratas em moeda nacional, em detrimento dos produtores locais (nacionais e multinacionais).

Além disso, numa economia aberta, a poupança total do país resulta da soma de sua poupança interna e da poupança externa, mas, segundo Bresser-Pereira e Gala,[410] em termos econômicos, como a sobrevalorização torna as empresas situadas no país não--competitivas, a poupança externa acaba, na prática, substituindo a interna, ao invés de complementá-la. Além disso, mesmo que uma fração reduzida das importações seja de bens de capital, estes não são capazes de ampliar e sustentar a taxa de investimento, porque a sobrevalorização cambial desestimula a produção local que compete com as importações e o setor exportador. Portanto, esse resultado contradiz o argumento neoclássico: parte expressiva do consumo agregado se desloca para produtos importados, e a poupança externa, na prática, em vez de **complementar, substitui** a escassez de poupança da maioria dos países em desenvolvimento.[411]

---

[410] BRESSER-PEREIRA, Luiz Carlos; GALA, Paulo. "Por que a poupança externa não promove o crescimento?" *Revista de Economia Política*, vol. 27, 2007. Disponível em: http://www.rep.org.br/PDF/105-1. Acessado em: 28.03.2023.

[411] Bresser-Pereira e Nakano (BRESSER-PEREIRA, Luiz Carlos; NAKANO, Yoshiaki. "Crescimento econômico com poupança externa?" *Brazilian Journal of Political Economy*, vol. 23, nº 2, abr./jun. 2003) citam o estudo de Feldstein e Horioka (FELDSTEIN, Martin; HORIOKA, Charles. "Domestic savings and international capital flows". *The Economic*

6.1.2 Doença holandesa e sua neutralização

Mostrei anteriormente como a estratégia de crescer com poupança externa acaba por levar as economias de países periféricos à estagnação, depois de fazê-las cair na armadilha dos juros altos e tendência à sobrevalorização cambial. De acordo com os argumentos discutidos até aqui, a ampla abertura financeira externa associada à política de crescimento com poupança externa opera como causa da sobrevalorização da moeda nacional – tornando caros os preços dos bens produzidos no país (notadamente dos produtos industrializados), quando expressos em moeda estrangeira. Tais efeitos são magnificados pela relação entre o regime de metas de inflação e a intensidade e volatilidade dos fluxos de capitais financeiros internacionais. A teoria novo desenvolvimentista adiciona, no entanto, outro fator explicativo da tendência à sobrevalorização: a doença holandesa que não foi devidamente neutralizada.

Como mostrei no Capítulo IV, o alastramento da doença holandesa, tal como se manifestou na Holanda nos anos 1960, desdobra-se da seguinte forma: inicialmente, a descoberta de um recurso natural, como petróleo ou gás natural, atrai o interesse de investidores privados e/ou públicos, fazendo com que os recursos se desloquem do setor manufatureiro para o de *commodities*. Após a maturação dos investimentos, observa-se um *boom* nas exportações da commodity recém-descoberta, seguida de sua ampliação na pauta total de exportações. A expressiva ampliação das rendas líquidas em divisas tende a apreciar a moeda nacional em termos reais, levando, consequentemente, ao enfraquecimento do setor manufatureiro e à desindustrialização.

Journal, vol. 90, nº 358, jun. 1980), que, baseados numa amostra de 16 países da OCDE, concluem que existe elevada correlação entre as taxas de poupança interna (e não externa) e de investimento.

A teoria novo-desenvolvimentista propõe um terceiro modelo de doença holandesa,[412] [413] um modelo que distingue três taxas de câmbio reais de "equilíbrio": a de "equilíbrio corrente", que equilibra os saldos em conta-corrente do balanço de pagamentos do país; a de "equilíbrio industrial", uma taxa de câmbio que, por ser maior (isto é, mais subvalorizada) do que a de equilíbrio corrente, torna competitivos os projetos industriais que utilizam a melhor tecnologia disponível no mundo; e a "taxa de equilíbrio da dívida externa", a taxa de câmbio compatível com um *déficit* em conta-corrente, que não aumenta, porém, a relação dívida externa/PIB do país ao longo do tempo.

De acordo com a concepção novo-desenvolvimentista, a doença holandesa na periferia latino-americana e em diversos outros países em desenvolvimento, ao invés de replicar a forma clássica que afetou a Holanda, assume a forma concebida originalmente por Gabriel Palma.[414] Nesse novo conceito de doença holandesa, o aumento da

---

[412] Como mostrei no Capítulo IV, enquanto Furtado (FURTADO, Celso. "O desenvolvimento recente da economia venezuelana (exposição de alguns problemas)". In: _____. *Ensaios sobre a Venezuela*: subdesenvolvimento com abundância de divisas. Rio de Janeiro: Contraponto, [1957] 2008), baseando-se no caso venezuelano, apresenta a análise seminal da doença holandesa, antes mesmo que o fenômeno tivesse aparecido na Holanda, Corden e Neary (CORDEN, W. Max; NEARY, J. Peter. "Booming sector and de-industrialization in a small open economy". *The Economic Journal*, vol. 92, n° 368, dez. 1982. Disponível em: https://doi.org/10.2307/2232670. Acessado em: 04.04.2023) propõem o segundo modelo, de linhagem neoclássica.

[413] BRESSER-PEREIRA, Luiz Carlos. "The Dutch disease and its neutralization: a Ricardian approach". *Brazilian Journal of Political Economy*, vol. 28, n° 1, jan./mar. 2008; BRESSER-PEREIRA, Luiz Carlos. "From classical developmentalism and post-keynesian macroeconomics to new developmentalism". *Brazilian Journal of Political Economy*, vol. 39, n° 2, abr.-jun. 2019.

[414] PALMA, José Gabriel. "Four sources of de-industrialisation and a new concept of the Dutch disease". In: OCAMPO, José Antonio (Coord.). *Beyond Reforms*. Palo Alto: Stanford University Press, 2005.

participação do setor de *commodities* na estrutura produtiva e na cesta exportadora resulta do conjunto de reformas econômicas liberalizantes (liberalização comercial, abertura ao fluxo internacional de capitais de curto prazo etc.) adotadas sob a forma de tratamento de choque – *shock therapy*, para usar a expressão de Lin –,[415] haja vista a intensidade e rapidez com que foram implementadas a partir da década de 1990.[416]

Nessa perspectiva, a teoria novo-desenvolvimentista concebe a doença holandesa como um problema estrutural que afeta os países exportadores de *commodities*. Aqueles que se industrializaram foram os países que conseguiram neutralizar essa desvantagem competitiva; aqueles que se desindustrializaram foram os países que, inicialmente, neutralizavam a doença holandesa, geralmente com tarifas de importação e, mais raramente, com subsídios à exportação e, a partir da liberalização comercial e financeira externa, deixaram de fazê-lo. Diz Bresser-Pereira:[417]

> A doença holandesa é uma desvantagem competitiva que bloqueia a industrialização de um país em desenvolvimento (por exemplo, Venezuela ou Arábia Saudita) ou causa desindustrialização em países de renda média que, a partir de certo

---

[415] LIN, Justin. "Answer to chang". *Development Policy Review*, nº 27, ago. 2009.
[416] Como mostrei em minha tese de doutorado, a experiência de liberalização comercial no Brasil, por exemplo, contraria as recomendações da literatura sobre reforma do comércio exterior: foi muito rápida, não respeitou o sequenciamento, já que a eliminação das barreiras não tarifárias foi adotada simultaneamente com a redução das tarifas de importação, além de ter sido levada a cabo com a moeda brasileira sobrevalorizada. Para o leitor interessado nesses detalhes, ver NASSIF, André. *Liberalização comercial e eficiência econômica*: a experiência brasileira. Rio de Janeiro: UFRJ, 2003. (Tese de Doutorado).
[417] BRESSER-PEREIRA, Luiz Carlos. "New developmentalism: development macroeconomics for middle-income countries". *Cambridge Journal of Economics*, vol. 44, nº 3, mai. 2020, p. 640.

momento, implementaram reformas de liberalização comercial responsáveis pelo desmantelamento dos mecanismos de proteção que a neutralizavam na fase anterior (o caso do Brasil).

A via pela qual essa nova espécie de doença holandesa conduz à apreciação real da moeda doméstica é similar à doença holandesa original, tal como descrita anteriormente: o impacto do *boom* de exportações de *commodities* sobre a ampliação da oferta líquida de divisas em moeda estrangeira (sobretudo, dólares). A diferença é que a teoria novo-desenvolvimentista incorpora os três conceitos de taxas de câmbio real de "equilíbrio", em torno da quais, num regime de livre flutuação cambial, orbitam as taxas de câmbio nominais negociadas nos mercados de oferta e demanda de divisas. Embora esses conceitos envolvam tecnicalidades e abstração teórica, tentarei explicá-los da forma mais didática possível.

A taxa de câmbio real relevante para a teoria econômica convencional é a taxa de câmbio que equilibra a conta-corrente do país, a chamada paridade real do poder de compra (PPP, na sigla em inglês). Trata-se de uma taxa de câmbio de equilíbrio que proporcionaria benefícios idênticos aos três agentes econômicos que competem numa economia de mercado: exportadores, importadores e produtores nacionais que competem com as importações. Para facilitar o entendimento, considere-se que a taxa de câmbio nominal (isto é, a taxa cotada diariamente nos mercados de câmbio) seja, hoje, no Brasil, de R$5,60/US$. Se a taxa de câmbio real de equilíbrio (estimada por métodos econométricos) for de R$4,20/US$, pode-se afirmar que, em termos de PPP, o real não está nem sub, nem sobrevalorizado em relação ao dólar; qualquer taxa de câmbio nominal abaixo de R$4,20/US$ indicaria sobrevalorização do real em relação ao dólar, o que tenderia (na média) a beneficiar os importadores em detrimento dos exportadores e dos produtores nacionais que competem com as importações. Logo, a taxa de R$5,60/US$ sinaliza subvalorização do real em relação ao dólar e, mais que isso, em virtude de ser bastante superior à taxa de câmbio real de equilíbrio de R$4,20/US$, conclui-se que a moeda brasileira está em *overshooting* (excessiva subvalorização).

É importante enfatizar que a literatura empírica sobre a inter-relação da taxa de câmbio real e desenvolvimento econômico registra duas conclusões principais: i) a não ser que se reflita em aumento da produtividade média da economia em relação ao resto do mundo, a sobrevalorização da moeda nacional por longo período reduz o crescimento econômico;[418] e ii) tudo mais permanecendo constante, **ligeira** (não excessiva) subvalorização da moeda local acelera o desenvolvimento econômico.[419]

Pois bem, a teoria novo-desenvolvimentista denomina taxa de câmbio de equilíbrio corrente a taxa de câmbio correspondente à paridade do poder de compra. Na nova teoria proposta, a taxa de câmbio nominal de mercado orbita em torno do equilíbrio corrente, mas a única que sustenta o desenvolvimento econômico é a taxa de câmbio de "equilíbrio industrial", pois é ela que torna competitivas as empresas que utilizam a melhor tecnologia disponível (no "estado da arte") em cada setor em que operam. Se a doença holandesa é neutralizada e a taxa de câmbio nominal para os bens produzidos

---

[418] As principais referências são RAZIN, Ofair; COLLINS, Susan M. "Real exchange rate misalignments and growth". *In*: RAZIN, Assaf; SADKA, Efraim (Coord.). *The economics of globalization*: policy perspectives from public economics. Cambridge: Cambridge University Press, 1999; DOLLAR, David; KRAAY, Aart. "Institutions, trade and growth". *Journal of Monetary Economics*, vol. 50, n° 1, jan. 2003; PRASAD, Eswar; RAJAN, Raghuram; SUBRAMANIAM, Arvind. *Foreign capital and economic growth*. Washington: IMF Research Department, 2006; GALA, Paulo. "Real exchange rate levels and economic development: theoretical analysis and econometric evidence". *Cambridge Journal of Economics*, vol. 32, n° 2, mar. 2008.

[419] As principais referências são RODRIK, Dani. "The real exchange rate and economic growth". *Brookings Papers on Economic Activity*, vol. 39. n° 2, set. 2008; BERG, Andrew; MIAO, Yanliang. "The real exchange rate and growth revisited: the Washington Consensus strikes back?" *IMF*, mar. 2010.

no país passa a flutuar em torno do equilíbrio industrial, o país registrará superávits em conta-corrente. Mas, ao invés de flutuar em torno de um equilíbrio industrial ligeiramente mais depreciado, a taxa de câmbio nominal pode ficar muito tempo mais apreciada do que a taxa de câmbio de equilíbrio corrente e o país entrará em *déficit* em conta-corrente do balanço de pagamentos. Se, pressupondo tudo o mais constante, o crescimento da dívida externa que esse *déficit* em conta-corrente determina for igual ou inferior à taxa de crescimento do PIB, essa taxa de câmbio será ainda sustentável (não levará à crise de balanço de pagamentos), mas será incompatível com a industrialização. A taxa de equilíbrio de dívida externa é a taxa de câmbio que a teoria econômica convencional denomina "taxa de câmbio de equilíbrio fundamental" e recomenda aos países em desenvolvimento.[420] Entretanto, não bastasse ser esta taxa incompatível com o desenvolvimento econômico, ela sujeita os países periféricos a crises recorrentes do balanço de pagamentos.

Se a taxa de câmbio de equilíbrio industrial é a única condizente com o desenvolvimento, cabe, então, entender o que desviaria a taxa de câmbio nominal desse nível competitivo. O Gráfico 4 facilita a compreensão das forças que desviam o nível da taxa de câmbio de seu nível "ótimo" (de "equilíbrio industrial") para o desenvolvimento econômico.[421] As linhas pontilhadas forte e tênue mostram,

---

[420] A taxa de câmbio de equilíbrio fundamental foi concebida por John Williamson em: WILLIAMSON, John. "Estimates of FEERs". In: _____. (Coord.). *Estimating equilibrium exchange rates*. Washington: Institute of International Economics, 1995; WILLIAMSON, John. *Exchange rate economics*. Washington: Peterson Institute for International Economics, 2008.

[421] Em artigos anteriores (NASSIF, André; FEIJÓ, Carmem; ARAÚJO, Eliane. *The long-term "optimal" real exchange rate and the currency overvaluation trend in open emerging economies*: the case of Brazil. Genebra: United Nations Conference on Trade and Development, 2011; NASSIF, André; FEIJÓ, Carmem; ARAÚJO, Eliane. "A structuralist-Keynesian model for determining the 'optimum' real exchange rate for Brazil's economic development process (1999–2015)". *CEPAL*

respectivamente, as taxas de câmbio reais de equilíbrio industrial e de equilíbrio corrente. Como ambas mostram os **níveis** adequados em que a taxa de câmbio nominal (curva em linha contínua) deve se manter para sancionar, respectivamente, o progresso tecnológico e o equilíbrio das contas externas em transações correntes, pressupõe-se que permaneçam praticamente estáveis, em termos reais, ao longo do tempo.[422]

Review, nº 123, dez. 2017. Disponível em: https://repositorio.cepal.org/bitstream/handle/11362/43447/4/RVI123_en.pdf. Acessado em: 20.04.2023), definimos a taxa de câmbio real "ótima" para o desenvolvimento como aquela capaz de proporcionar uma alocação de recursos para os setores com maior potencial de gerar ganhos de produtividade e sustentar o crescimento no longo prazo. Desde que a taxa de equilíbrio industrial seja compatível com uma ligeira (e não excessiva) subvalorização da moeda nacional, ela é idêntica à nossa taxa de câmbio real "ótima".

[422] Evidentemente, trata-se de uma simplificação, pois se o país mantiver um ritmo de crescimento da produtividade da economia superior ao da média mundial, sua moeda tenderá a apreciar-se. Neste caso, que a literatura econômica denomina efeito Harrod-Balassa-Samuelson, a apreciação reflete pujança, e não fraqueza econômica.

CAPÍTULO VI – O NOVO DESENVOLVIMENTISMO: INTEGRANDO...

Gráfico 4: Determinação das taxas de câmbio: enfoque novo-desenvolvimentista

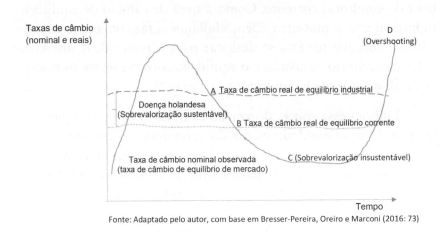

Fonte: Adaptado pelo autor, com base em Bresser-Pereira, Oreiro e Marconi (2016: 73)

Fonte: Bresser-Pereira, Oreiro e Marconi.[423]

A teoria novo-desenvolvimentista identifica duas forças que deflagram a tendência de apreciação da moeda doméstica em termos reais, desviando a taxa de câmbio nominal do nível de equilíbrio industrial e levando, portanto, à sobrevalorização cambial: uma estrutural e outra induzida pelas forças de mercado, sendo estas últimas representadas pela política de crescimento com endividamento ou "poupança externa" e a doença holandesa não neutralizada. Admita-se que, em determinado momento, o preço internacional das *commodities* exportadas pelo país esteja baixo e não haja doença holandesa. Neste caso, tudo mais permanecendo constante, a taxa de câmbio nominal alcança a taxa de equilíbrio industrial, correspondente ao ponto A.

---

[423] BRESSER-PEREIRA, Luiz Carlos; OREIRO, Jose Luiz; MARCONI, Nelson. *Macroeconomia desenvolvimentista*: teoria e política econômica do novo-desenvolvimentismo. Rio de Janeiro: Elsevier, 2016, p. 73.

Caso, porém, ocorra um *boom* nos preços das *commodities*, a taxa de câmbio nominal declina (aprecia), flutuando em torno da taxa de equilíbrio corrente. Como a taxa de câmbio de equilíbrio industrial não se moveu, a doença holandesa faz com que a taxa de câmbio nominal tenda a se deslocar para o ponto B. A diferença entre o equilíbrio industrial e o equilíbrio corrente (entre os pontos A e o B) é a doença holandesa.

Embora essa sobrevalorização cambial inicial seja danosa ao avanço da produtividade média da economia, porque estimula a alocação de recursos para o setor de *commodities*, de menor produtividade, ela é suficiente para manter o equilíbrio do saldo em conta-corrente – ou seja, as receitas de exportações de bens e serviços, bem como de rendas recebidas de fatores nacionais que operam no exterior, são suficientes para pagar as despesas com importações e saldar as remessas de rendas a fatores estrangeiros. Bresser-Pereira, Oreiro e Marconi[424] defendem, a meu juízo corretamente, que "se considerarmos como critério a competitividade da economia, o equilíbrio industrial é o verdadeiro [equilíbrio], porque é a taxa que o país deve buscar para se desenvolver".

Mas o país ainda não chegou ao fundo do poço: até o ponto B, a taxa de câmbio nominal não acarreta *déficits* em conta-corrente. Admita-se, entretanto, que o país tente crescer com endividamento externo. Até a curva de equilíbrio da conta-corrente (a curva pontilhada menos tênue), a sobrevalorização ainda será sustentável. Para níveis de taxas de câmbio nominais abaixo dessa curva, no entanto, a relação dívida externa/ PIB começará a crescer e o país, além de não se industrializar, estará ameaçado de quebra no mercado financeiro internacional. Neste caso, o que acentua o processo de apreciação crônica da moeda nacional em termos reais são as forças de mercado. Induzidas pelas "políticas habituais" anteriormente

---

[424] BRESSER-PEREIRA, Luiz Carlos; OREIRO, Jose Luiz; MARCONI, Nelson. *Macroeconomia desenvolvimentista*: teoria e política econômica do novo-desenvolvimentismo. Rio de Janeiro: Elsevier, 2016, p. 74.

analisadas, acabam por provocar excesso de entrada líquida de capitais, notadamente os de curto prazo, de caráter altamente especulativo. Embora o Gráfico 4 não destaque a taxa de câmbio de equilíbrio da dívida externa, pressupõe-se que, a partir do ponto C, o nível de endividamento externo torna-se insustentável e o país enfrenta uma crise crônica de balanço de pagamentos, com fuga de capitais e *overshooting* da taxa de câmbio.

Embora seja explicada por razões teóricas, a trajetória da taxa de câmbio ilustrada no Gráfico 4 replica um fato estilizado do que ocorre no Brasil desde o final de 1999, após a adoção dos regimes de câmbio flutuante e de metas de inflação. No geral, ao manter níveis crônicos de sobrevalorização do real por longos períodos, *déficits* insustentáveis em conta-corrente (como entre 1995 e 1998) ou a ocorrência de choques internos e externos imprevisíveis (como a pandemia da Covid-19) deflagram fugas abruptas de capitais, elevada incerteza e excessiva depreciação da moeda nacional, levando o país à crise financeira e a taxa de câmbio nominal caminhar para o ponto D (*overshooting*), tampouco considerado adequado, pois provoca inflação, insolvência de empresas nacionais com dívida em dólar, descasamento de balanços de empresas financeiras e não financeiras, entre outras consequências adversas.

6.2 Pontos críticos da teoria novo-desenvolvimentista

É indubitável o avanço do novo-desenvolvimentismo em inserir a macroeconomia no centro da teoria do desenvolvimento econômico. Como se trata de um trabalho ainda em construção, há alguns pontos críticos que, a meu juízo, merecem ser reavaliados e revistos. Mencionarei três deles.

O primeiro é o de dar a impressão de que o novo desenvolvimentismo considera apenas a doença holandesa como causa deflagradora do desalinhamento entre a taxa de câmbio nominal e o nível do equilíbrio corrente. Na verdade, a diferença entre o equilíbrio industrial e o equilíbrio corrente é a doença holandesa, mas a taxa de câmbio também se aprecia devido à política de crescimento com endividamento ou "poupança externa". Embora sejam nítidos os sintomas de doença holandesa no Brasil,[425] a brutal desindustrialização foi também causada por forças de mercado decorrentes das políticas macroeconômicas em curso (arcabouço do regime de metas de inflação, elevada abertura ao movimento de capitais, dentre outras), já analisadas anteriormente. Estudos econométricos permitem identificar e mensurar os coeficientes de todas as variáveis explicativas da tendência à sobrevalorização da moeda, mas não necessariamente isolar aquela que deflagra o impulso inicial.

Há também recomendações de caráter normativo visando à neutralização dos impactos da doença holandesa sobre a taxa de câmbio real. Bresser-Pereira[426] sugeriu inicialmente a adoção de um imposto variável sobre as exportações de *commodities*. A alíquota seria nula quando os preços internacionais de *commodities* refletissem as condições de custo econômico (custos acrescidos de uma margem de lucro satisfatória) do setor, e positiva durante os ciclos de boom desses preços. O autor[427] acredita que "um imposto variável sobre as exportações, ao aumentar os custos de produção das *commodities*, provoca a depreciação da moeda nacional até que atinja o nível do equilíbrio industrial".

---

[425] Por exemplo, a participação de *commodities* (produtos primários mais industrializados intensivos em recursos naturais) no total exportado pelo Brasil aumentou de 38,8% em 1990 para 65,8% em 2020! Os dados estão em: NASSIF, André; MORCEIRO, Paulo César. "Industrial policy for prematurely deindustrialized economies after the Covid-19 pandemic crisis: Integrating economic, social and environmental goals with policy proposals for Brazil". *Texto para Discussão 351*. Niterói: Faculdade de Economia, Universidade Federal Fluminense, nov. 2021, p. 25.
[426] BRESSER-PEREIRA, Luiz Carlos. "Neutralizing the Dutch disease". *Journal of Post Keynesian Economics*, jan. 2020.
[427] BRESSER-PEREIRA, Luiz Carlos. "Neutralizing the Dutch disease". *Journal of Post Keynesian Economics*, jan. 2020, p. 640.

Mais recentemente, Bresser-Pereira[428] vem propondo uma política *"second best"*, que, segundo o autor, seria mais viável politicamente em um país com um poderoso e diversificado setor exportador de *commodities*: tarifas de importação e subsídios à exportação. A lei preveria que as tarifas de importação fossem divididas em duas: uma tarifa única de neutralização da doença holandesa, também variável com o preço das *commodities*; e uma tarifa distinta para cada produto que seria mais baixa do que a atual. Recapitulando o exemplo da seção anterior, se as taxas de câmbio de equilíbrio industrial e de equilíbrio corrente forem estimadas em R$4,40/US$ e R$3,80/US$, respectivamente, o imposto sobre a exportação de *commodities* ou a tarifa única sobre importação de manufaturados deverá equivaler a R$0,60 (R$4,40 menos R$3,80) por dólar.[429] No final das contas, nem os empresários do setor industrial, nem os produtores do setor de *commodities* seriam afetados, os primeiros porque seriam recompensados pelo aumento da taxa de câmbio, e os últimos, porque continuariam a ter na prática a mesma taxa de câmbio que tinham antes da política de neutralização da doença holandesa. O ônus do imposto, no curto prazo, recairia sobre os

---

[428] BRESSER-PEREIRA, Luiz Carlos. "Neutralizing the Dutch disease". *Journal of Post Keynesian Economics*, jan. 2020.

[429] Embora os autores novo-desenvolvimentistas estimem a taxa de equilíbrio industrial pela comparação entre os custos unitários do trabalho (ou seja, a razão entre o salário médio e a produtividade) no Brasil e nos seus principais parceiros comerciais, pressupõe-se que ela seja apenas ligeiramente superior à taxa de câmbio real neutra (de R$4,20/US$, conforme o exemplo da seção anterior) que, hipoteticamente, auferiria benefícios idênticos para os exportadores, importadores e produtores nacionais que competem com as importações. Uma taxa de câmbio real excessivamente superior à taxa neutra aceleraria a taxa de inflação. O leitor interessado na estimação da taxa de câmbio de equilíbrio industrial pode consultar MARCONI, Nelson. "The industrial equilibrium exchange rate in Brazil: an estimation". *Brazilian Journal of Political Economy*, São Paulo, vol. 32, nº 4, 2012.

"trabalhadores, a classe média e os rentistas financeiros",[430] porque seus salários ou seus juros, aluguéis e dividendos perderiam um pouco do seu poder aquisitivo. No longo prazo, espera-se que perdas dos trabalhadores sejam repostas pelo efeito positivo de uma taxa de câmbio real competitiva sobre o crescimento econômico.

Há, a meu ver, razões para duvidar da eficácia do imposto variável sobre as exportações de *commodities*. A principal é que só corrigiria a sobrevalorização cambial inicial se o aumento do custo de produção desestimulasse o volume ofertado das *commodities* afetadas pelo imposto. Na prática, é pouco provável que isso ocorra: dada a demanda internacional de *commodities*, dificilmente os produtores estarão dispostos a reduzir a produção, seja porque as vendas são sujeitas a contratos de médio ou longo prazo, seja porque os empresários não se arriscarão a perder mercados. Além disso, não bastassem as dificuldades políticas de adotar um imposto dessa natureza, seria extremamente complicado seu manejo administrativo ao longo do tempo.

O segundo ponto crítico da teoria novo-desenvolvimentista é a ênfase excessiva conferida às variáveis macroeconômicas, em especial a taxa de câmbio real, como condição (quase) suficiente para recolocar os países que caíram em estagnação econômica, como o Brasil, em trajetória sustentável rumo ao *catching up*. A esse respeito, reitero que a melhor alternativa para que esse objetivo seja alcançado é resgatar a tradição dos planos nacionais de desenvolvimento, já adotados no Brasil no passado e ainda hoje vigentes em diversos países asiáticos, como Coreia do Sul, China e Índia, em que a política econômica de longo prazo (política industrial e tecnológica, de infraestrutura física e humana etc.) é articulada com o regime macroeconômico. Diga-se de passagem, em artigo publicado no *Cambridge Journal*

---

[430] BRESSER-PEREIRA, Luiz Carlos. "Neutralizing the Dutch disease". *Journal of Post Keynesian Economics*, jan. 2020, p. 640.

of Economics[431] discutimos um marco teórico acerca das conexões entre a política industrial (entendida como política de desenvolvimento) e a política macroeconômica, algo praticamente inexistente na literatura.

Portanto, os novo-desenvolvimentistas não são refratários à referida alternativa. Tanto é assim que Bresser-Pereira[432] afirma que o

> novo-desenvolvimentismo reconhece que a política industrial é crucial para o desenvolvimento, mas entende que um país só atua de forma desenvolvimentista se, adicionalmente, administra eficientemente as duas principais contas macroeconômicas – a fiscal e a conta-corrente – e se mantém os preços macroeconômicos [notadamente, a taxa de juros real e a taxa de câmbio real] nos níveis adequados para sustentar o crescimento econômico.

O problema é que essa posição nem sempre aparece com a devida ênfase nos trabalhos da maioria dos autores desse grupo teórico. Por exemplo, na seção conclusiva do artigo citado, Bresser-Pereira[433] lista mais de uma dezena de políticas que, com olhos do novo-desenvolvimentismo, seriam necessárias para "sustentar o crescimento, a estabilidade financeira, reduzir a desigualdade e proteger o meio ambiente". Todas as políticas sugeridas são de cunho macroeconômico. Seria altamente salutar reavaliar tal posição dúbia, até mesmo para evitar críticas, como as tecidas recentemente

---

[431] NASSIF, André; BRESSER-PEREIRA, Luiz Carlos; FEIJÓ, Carmem. "The case for reindustrialisation in developing countries: towards the connection between the macroeconomic regime and the industrial policy in Brazil". *Cambridge Journal of Economics*, vol. 42, n° 2, mar. 2018.

[432] BRESSER-PEREIRA, Luiz Carlos. "New developmentalism: development macroeconomics for middle-income countries". *Cambridge Journal of Economics*, vol. 44, n° 3, mai. 2020, pp. 634/635.

[433] BRESSER-PEREIRA, Luiz Carlos. "New developmentalism: development macroeconomics for middle-income countries". *Cambridge Journal of Economics*, vol. 44, n° 3, mai. 2020, p. 640.

por Medeiros,[434] que reclama da falta de uma "visão sistêmica" da teoria novo-desenvolvimentista.

O terceiro ponto crítico é a defesa de uma estratégia de desenvolvimento de tipo *export-led*, mesmo para economias de tamanho continental, como é o caso do Brasil. Uma estratégia de crescimento induzido pelas exportações (*export-led growth*) é adequada para economias com mercados domésticos potencialmente pequenos (Coreia do Sul e Chile, por exemplo), em que a participação dos componentes da demanda doméstica (consumo, investimento e gastos públicos) no PIB é inferior ou não muito superior à das exportações. Mas não convém usar tal estratégia em economias de dimensões continentais (como Estados Unidos, China, Índia e Brasil), em que é enorme o potencial para maximizar os benefícios estáticos e dinâmicos proporcionados pelas economias de escala. Penso que essa conclusão é ponto pacífico desde a publicação dos artigos seminais de Linder[435] e Posner.[436]

Deixemos bem claro: o dinamismo das exportações é crucial para assegurar uma estratégia de desenvolvimento bem-sucedida. Todavia, não posso concordar com a tese de Bresser-Pereira[437] de que, embora haja

> o debate entre uma estratégia induzida pelas exportações *versus* induzida pelo mercado doméstico (*domestic-led strategy*),

---

[434] MEDEIROS, Carlos Aguiar de. "A Structuralist and Institutionalist developmental assessment of and reaction to New Developmentalism". *Review of Keynesian Economics*, vol. 8, issue 2, 2020, p. 150.

[435] LINDER, Staffan. *An essay on trade and transformation*. Nova York: Wiley, 1961.

[436] POSNER, Michael. "International trade and technical change". *Oxford Economic Papers*, vol. 13, nº 3, out. 1961.

[437] BRESSER-PEREIRA, Luiz Carlos. "New developmentalism: development macroeconomics for middle-income countries". *Cambridge Journal of Economics*, vol. 44, nº 3, mai. 2020, p. 641 (ênfase minha).

CAPÍTULO VI – O NOVO DESENVOLVIMENTISMO: INTEGRANDO...

esta última só faz sentido se o país adota uma estratégia de substituição de importações, que é uma estratégia datada.

Minha discordância respalda-se em duas razões: a primeira é que não existe dicotomia entre dinamismo do mercado doméstico e dinamismo das exportações (sobretudo de manufaturados), sendo as experiências da China e da Índia, que mantiveram elevadas taxas de investimento e de crescimento das exportações de manufaturados nas últimas décadas, as evidências mais ilustrativas dessa conclusão;[438] a segunda é que, como já mostrei no Capítulo II, a lei de Thirlwall reforça que é crucial manter uma taxa de crescimento das exportações superior à das importações, mas isso nada tem a ver com *export-led growth*, mas sim com a necessidade de que o país seja capaz de contar com um fluxo de divisas suficiente para financiar o crescimento das importações.

Considerações finais

A principal conclusão deste capítulo é que o novo-desenvolvimentismo não apenas não se opõe, mas, sobretudo, complementa o desenvolvimentismo clássico, cepalino e furtadiano, amparando-se, especialmente, nos três argumentos centrais da escola estruturalista-desenvolvimentista: i) a indústria de transformação é o motor dinâmico do desenvolvimento econômico; ii) os países periféricos estão sujeitos a restrições externas ao crescimento; e iii) a extrema dependência de exportações de *commodities* pode condenar os países em desenvolvimento à estagnação estrutural no longo prazo.

---

[438] É abissal a diferença entre as taxas de investimento efetuadas no Brasil, China e Índia nas últimas duas décadas. Segundo dados do Banco Mundial, a formação bruta de capital fixo em relação ao PIB, entre 2000 e 2019, foi, em média, de apenas 18% no Brasil, contra 40,5% e 31%, respectivamente, na China e na Índia. A mesma base de dados registra também que a taxa de crescimento média anual das exportações no Brasil, no período 2000-2020, foi inferior (6,6%) à da China (16%) e Índia (9,3%).

Entretanto, ao integrar a macroeconomia à análise teórica da dinâmica econômica no longo prazo, o novo-desenvolvimentismo representa um avanço em relação ao "velho" desenvolvimentismo.

CAPÍTULO VII
IMPLICAÇÕES DE POLÍTICA À GUISA DE CONCLUSÃO: EM DEFESA DO RETORNO DOS PLANOS NACIONAIS DE DESENVOLVIMENTO

Este capítulo, de caráter conclusivo, objetiva extrair as principais implicações normativas das teorias desenvolvimentistas analisadas nos capítulos anteriores. A principal conclusão é que políticas de *laissez-faire*, adesão a práticas incondicionais de livre-comércio e, até mesmo, intervenções governamentais destinadas apenas à correção de falhas de mercado[439] não permitem a superação do subdesenvolvimento, nem da estagnação em países que replicam décadas seguidas de baixo crescimento, como é o caso da maioria dos latino-americanos, com destaque para o Brasil.

Quer isso dizer que há argumentos teóricos sólidos para a adoção do que, convencionalmente, denomina-se "política industrial". Embora o termo "política industrial" contemple diversas

---

[439] Esse argumento será analisado, criticamente, no Capítulo XI.

definições, a que utilizo neste capítulo é uma adaptação e sumarização das concepções de Chang,[440] Rodrik[441] e Krugman, Obstfeld e Melitz.[442] Refere-se à diversidade de instrumentos de intervenção governamental, tais como proteção tarifária, subsídios à produção, compras do governo, níveis mínimos de conteúdo local, dentre outros, destinados a: privilegiar atividades, segmentos e setores, inclusive fora do setor manufatureiro, com elevado potencial de criar e difundir progresso técnico; sustentar o avanço da produtividade, de sorte a engendrar transformações na estrutura produtiva (ou seja, promover "mudanças estruturais") orientadas para a ampliação da participação, em valor adicionado, dos setores de bens e serviços com elevada elasticidade-renda da demanda; e, consequentemente, com o uso dos instrumentos apropriados da política industrial, promover o desenvolvimento econômico das nações.

O objetivo final é fazer com que países pobres ou de renda média – estagnados ou não – atinjam o *catching up* para níveis elevados de renda per capita e de bem-estar social. Como argumenta Erik Reinert,[443] os países hoje desenvolvidos só conseguiram alcançar níveis de renda de "países ricos" porque, na prática, seus governos não seguiram as recomendações liberais emanadas do princípio ricardiano das vantagens comparativas. Os países que se guiam, incondicionalmente, por esse princípio "continuam pobres".[444] Além

---

[440] CHANG, Ha Joon. *The political economy of industrial policy*. Londres: MacMillan, 1994.
[441] RODRIK, Dani. "Industrial Policy for the Twenty-First Century". *CEPR Discussion Papers*, 2004.
[442] KRUGMAN, Paul Robin; OBSTFELD, Maurice; MELITZ, Marc. *Economia internacional*. 10ª ed. São Paulo: Pearson, 2015.
[443] REINERT, Erik. *How rich countries got rich... and why poor countries stay poor*. Londres: Constable, 2008.
[444] O título original do livro de Reinert é *Como os países ricos ficaram ricos... e por que os países pobres continuam pobres*.

CAPÍTULO VII – IMPLICAÇÕES DE POLÍTICA À GUISA DE CONCLUSÃO...

disso, como documenta Mariana Mazzucato,[445] em seu clássico *The Entrepreneurial State*, mesmo países desenvolvidos atrelam suas políticas de longo prazo ao uso de diversos mecanismos de política industrial. Assim, eles procuram se precaver contra processos de regressão econômica, ou *falling-behind*.

Devo fazer uma ressalva de economia política: a política industrial, para ser bem-sucedida, deve ser concebida de forma sistêmica, articulada com as demais políticas públicas nos âmbitos micro (como as políticas tributária, regulatória e de comércio exterior, dentre outras), meso (por exemplo, ciência & tecnologia, educação & treinamento etc.) e macroeconômico (quais sejam, políticas monetária, fiscal e cambial). A harmonia entre diferentes esferas de políticas públicas exerce efeito similar à existente entre maestro e músicos de uma orquestra: a falta de sintonia entre um ou mais membros compromete a *performance* do conjunto. Nessas circunstâncias, a política industrial almeja o mesmo objetivo geral dos planos nacionais de desenvolvimento, razão pela qual utilizarei ambos os termos como sinônimos. Isso significa que os argumentos em prol da adoção de política industrial, analisados a seguir, servem, essencialmente, à defesa dos planos nacionais de desenvolvimento (PNDs).

Para países de renda baixa e com economia fortemente dependente da agricultura tradicional, o principal argumento para a adoção de PNDs é a necessidade de proteção da indústria nascente, tal como detalhadamente elaborado por List, em 1841. A justificativa se ampara no reconhecimento de que um país atrasado, caso se engaje incondicionalmente em práticas de livre-comércio, será incapaz de desenvolver suas forças produtivas e convergir para níveis médios de renda per capita similares aos dos países adiantados.

A razão é óbvia: dispondo de um setor industrial precário e de baixíssima competitividade, o livre-comércio faz com que o

---

[445] MAZZUCATO, Mariana. *The entrepreneurial state*: debunking public vs. private sector myths. Nova York: Public Affairs, 2015.

país atrasado perpetue sua dependência de importações de manufaturados. Como mostrei nos capítulos anteriores, em virtude da baixa elasticidade-renda da demanda de seus principais produtos de exportação (produtos agrícolas e minerais), este país fica sujeito a crises recorrentes do balanço de pagamentos.

Entretanto, em economias em estágios intermediários de desenvolvimento, que permanecem estagnadas há décadas, como o Brasil e diversos países de renda média, em vez do argumento clássico da proteção da indústria nascente, é o argumento neoschumpeteriano dos hiatos (*gaps*) tecnológicos o mais apropriado para justificar teoricamente a adoção de PNDs. Cabe ressaltar que, embora o argumento para proteção da indústria nascente pressuponha a existência de *gaps* tecnológicos entre países, a existência de *gaps* não implica necessariamente que o argumento adequado para justificar a implementação de PNDs é o da indústria nascente. Assim sendo, a principal justificativa para a adoção de PNDs em países que já tenham alcançado estágio de economias semi-industrializadas – como o Brasil –, é a existência de *gaps* tecnológicos significativos em relação à fronteira internacional – como ilustrei no Gráfico 3, na Introdução deste livro –, e não o da proteção da indústria nascente.

O argumento dos *gaps* tecnológicos foi elaborado por economistas neoschumpeterianos, como Cimoli, Dosi e Soete,[446] Cimoli,[447]

---

[446] CIMOLI, Mario; DOSI, Giovanni; SOETE, Luc. *Innovation diffusion, institutional differences and patterns of trade*: a North-South model. Brighton: University of Sussex Science Policy Research Unit (SPRU), 1986.

[447] CIMOLI, Mario. "Technological gaps and institutional asymmetries in a North-South model with a continuum of goods". *Metroeconomica*, vol. 39, out. 1988.

CAPÍTULO VII – IMPLICAÇÕES DE POLÍTICA À GUISA DE CONCLUSÃO...

Dosi, Pavitt e Soete[448] e Cimoli e Porcile.[449] Estes autores demonstram teoricamente que os fatores mais importantes para explicar o dinamismo do comércio internacional e do crescimento econômico estão associados aos *gaps* tecnológicos absolutos existentes entre setores produtivos dentro de cada país e, também, entre os países no plano global – neste caso, medidos pelos diferenciais de produtividade setorial e de renda per capita.

Esses trabalhos retomam a tese original de Schumpeter,[450] analisada no Capítulo I, segundo a qual as inovações tecnológicas são os fatores preponderantes para acelerar o processo de desenvolvimento econômico. São elas que, associadas à acumulação de capital, produzem e reproduzem as diferenças absolutas e relativas entre as capacitações tecnológicas e os ritmos de crescimento da produtividade e da renda per capita entre os países na economia global.

Os modelos de *gaps* tecnológicos apresentam um argumento poderoso para que países em desenvolvimento, sobretudo os que sofrem intenso processo de desindustrialização prematura – Brasil, inclusive –, guiem suas políticas públicas de longo prazo através da implementação de PNDs. O argumento ancora-se em duas razões principais: primeiro, porque os setores diferem entre si quanto ao ritmo e potencial de gerar e difundir inovações, uma vez desencadeados retornos crescentes dinâmicos que se manifestam, por sua vez, como causa e efeito das inovações e do progresso tecnológico. Assim, na ausência de PNDs, os *gaps* tecnológicos entre setores e países tendem a se tornar autocumulativos, dadas as características

---

[448] DOSI, Giovanni; PAVITT, Keith; SOETE, Luc. *The economics of technical change and international trade*. Londres: Harvester Wheastsheaf, 1990.

[449] CIMOLI, Mario; PORCILE, Gabril. "Specialization, wage bargaining and technology in a multigoods growth model". *Metroeconomica*, fev. 2010.

[450] SCHUMPETER, Joseph. *Capitalismo, socialismo e democracia*. Rio de Janeiro: Zahar, [1942] 1984.

de *path-dependence* e *lock-in* de suas respectivas trajetórias tecnológicas;[451] e segundo, porque, como os setores industriais diferem entre si quanto aos retornos de escala (estáticos e dinâmicos) e à capacidade de gerar inovações e difundir externalidades econômicas positivas para toda a economia, na ausência de PNDs, os sinais emanados exclusivamente das forças de mercado tendem a ser insuficientes para promover uma alocação de recursos que maximize a potencialidade do retorno social, expresso em aumento sustentável da produtividade, do crescimento da renda per capita e da redução da desigualdade.[452]

Cimoli e Porcile[453] demonstram formalmente que a capacidade de os países periféricos em desenvolvimento do Sul, "imitadores de tecnologia", fazerem o *catching up* com os países centrais desenvolvidos do Norte, "inovadores", depende de duas condições fundamentais a serem preenchidas pelos primeiros: i) serem bem-sucedidos na estratégia de diversificar sua estrutura produtiva e sua cesta de exportações

---

[451] Segundo Arthur (ARTHUR, William Brian. "Competing technologies, increasing returns, and lock-in by historical events". *The Economic Journal*, vol. 99, mar. 1989), um processo de mudança tecnológica é *path-dependence* quando eventos passados, ou seja, a história, exercem influência poderosa sobre as inovações, o aprendizado e o progresso tecnológico futuros. A mudança torna-se *locked-in* quando eventos históricos submetem a economia ao monopólio de uma tecnologia, superior ou não.

[452] Krugman (KRUGMAN, Paul Robin. "Technology and international competition: a historical perspective". *In*: HARRIS, Martha; MOORE, Gordon E. *Linking trade and technology policies*. Washington: National Academy Press, 1992, p. 14) enfatiza que "o retorno social dos recursos alocados nos setores de alta tecnologia supera o retorno privado. Por esse motivo, se a concorrência internacional levar determinados países [que aderem a práticas de livre-comércio puro e incondicional] a desviarem recursos desses setores para os setores que operam sob retornos constantes ou decrescentes, tal processo tenderá a reduzir o bem-estar social".

[453] CIMOLI, Mario; PORCILE, Gabril. "Specialization, wage bargaining and technology in a multigoods growth model". *Metroeconomica*, vol. 61, fev. 2010.

CAPÍTULO VII – IMPLICAÇÕES DE POLÍTICA À GUISA DE CONCLUSÃO...

em bens e serviços de elevada elasticidade-renda da demanda nos mercados globais; e ii) construírem uma pauta de exportações cuja elasticidade-renda da demanda seja superior à elasticidade-renda da demanda de suas importações, ou seja, que satisfaçam a lei de Thirlwall, analisada no Capítulo II.

Para isso, é preciso que os PNDs privilegiem atividades, segmentos e setores com elevado potencial de imitar, absorver, lançar e difundir inovações para os demais setores e, preferencialmente, para todo o sistema econômico. Em outras palavras, os PNDs relevantes em países que se encontram em processo de estagnação econômica, como é o caso do Brasil, consistem em retomar o processo de mudança estrutural e diversificação da estrutura produtiva e exportadora em direção a bens e serviços de elevada elasticidade-renda da demanda nos mercados globais.

A despeito dos argumentos teóricos sólidos em favor de as estratégias de desenvolvimento serem guiadas por planos nacionais orientados para acelerar e sustentar o *catching up*, as dificuldades residem em delimitar e combinar um conjunto de instrumentos que produzam os benefícios esperados nos médio e longo prazos. Como ilustrei anteriormente usando um dito popular: "falar é fácil; fazer é que são elas". Ou, como Rodrik[454] intitula um de seus artigos, referindo-se aos problemas concernentes à implementação e gestão dos planos nacionais de desenvolvimento: "não pergunte por quê; pergunte como" (*"don't ask why; ask how"*).

Embora não exista uma regra de bolso que explique as experiências exitosas dos chamados tigres asiáticos (Coreia do Sul, Taiwan,

---

[454] RODRIK, Dani. "Industrial policy: don't ask why, ask how". *Middle East Development Journal*, vol. 1, n° 1, 2008.

Cingapura e Hong Kong), Amsden,[455] Wade,[456] Mazzucato[457] e eu mesmo, em Nassif,[458] indicamos os seguintes requisitos fundamentais para que os PNDs sejam consistentes e produzam resultados positivos:

i) *Priorização permanente dos investimentos governamentais em infraestrutura física (modal diversificado de transportes, planejamento e mobilidade urbana, saneamento etc.) e humana (sistema adequado de saúde e educação em todos os níveis, do ensino infantil ao superior)*: se o papel da política industrial é produzir mudanças estruturais voltadas para a diversificação da produção de bens e serviços de maior sofisticação tecnológica, é evidente que países que evitam o aparecimento de gargalos e deficiências na infraestrutura física, de saúde e educação conseguirão gerar maiores externalidades positivas para reduzir os custos associados à modernização de atividades já existentes e à introdução e difusão de inovações. Cabe ressaltar, no entanto, que investimentos orientados para a criação e manutenção da infraestrutura básica não asseguram *per se* condições suficientes para a promoção da mudança estrutural e do *catching up*. Para usar o jargão econômico, políticas horizontais não bastam, sendo necessário complementá-las com políticas verticais. Isso significa que é preciso que os governos

---

[455] AMSDEM, Alice H. *Asia's next giant*: South Korea and late industrialization. Oxford: Oxford University Press, 1989; AMSDEN, Alice H. *The rise of "the Rest"*: challenges to the west from late-industrializing economies. Oxford: Oxford University Press, 2001.

[456] WADE, Robert Hunter. *Governing the market*: economic theory and the role of government in East Asian industrialization. 2ª ed. Princeton: Princeton University Press, [1990] 2004.

[457] MAZZUCATO, Mariana. *The entrepreneurial state*: debunking public vs. private sector myths. Nova York: Public Affairs, 2015.

[458] NASSIF, André. "Política industrial e desenvolvimento econômico: teoria e propostas para o Brasil na era da economia digital". *In*: FEIJO, Carmem; ARAÚJO Eliana (Coord.). *Macroeconomia moderna*: lições de Keynes para economias em desenvolvimento. Rio de Janeiro: Elsevier, 2019.

estabeleçam estratégias claras com respeito a quais atividades, segmentos e setores serão priorizados ao longo do tempo;

ii) *Seletividade das atividades, segmentos e setores prioritários ao longo do árduo esforço de catching up*: embora o princípio da vantagem comparativa implique a conclusão normativa equivocada de que todos os países obtêm ganhos recíprocos emanados da adesão incondicional ao livre-comércio – porque se ampara em hipóteses irrealistas, como retornos constantes de escala, concorrência perfeita nos mercados de bens e fatores, demanda homotética etc. –, ele contém uma mensagem prática da maior relevância: como nenhum país será eficiente em condições autárquicas, para que os PNDs possam obter resultados eficientes em termos estáticos (redução de custos unitários) e dinâmicos (aumento da produtividade e do crescimento econômico no longo prazo), é necessário que os bens e serviços decorrentes das atividades, segmentos e setores considerados não prioritários (notadamente os bens de capital e bens intermediários que, porventura, não sejam beneficiados pelos incentivos públicos) tenham tarifas de importação reduzidas ou iguais a zero;

iii) *Foco em atividades, segmentos e setores com potencial de desencadear e disseminar inovações tecnológicas*: este requisito é importante não apenas porque são as inovações tecnológicas a principal fonte estrutural de crescimento no longo prazo, mas também porque os países subdesenvolvidos e em desenvolvimento já costumam contar com vantagens comparativas "naturais" em setores tradicionais, sejam eles intensivos em trabalho não qualificado ou em recursos naturais;

iv) *Criação de mecanismos que capacitem as empresas do setor manufatureiro sujeitas a economias de escala bem como as dos segmentos de serviços comercializáveis, quando for o caso, a se tornarem competitivas para alcançar o mercado global*: embora ainda permaneça válida a hipótese de Linder,[459] segundo a qual a obtenção de competitividade exportadora em diversos segmentos do setor manufatureiro requer o aproveitamento prévio de um mercado interno suficientemente grande para esgotar as escalas mínimas eficientes necessárias à competição no mercado internacional, o fato é que o governo pode oferecer incentivos internacionalmente aceitos, tais como *drawback*, crédito à exportação de manufaturados etc., para acelerar o acesso das potenciais empresas exportadoras ao mercado internacional. Com isso, elas não apenas serão capazes de aprimorar o aprendizado tecnológico e o padrão de qualidade dos bens produzidos, já que contarão com o *feedback* de consumidores de países de diferentes níveis de renda per capita, como também contribuirão para o aumento das divisas necessárias para sustentar o equilíbrio do balanço de pagamentos no longo prazo;

v) *Cobrança permanente de resultados por parte das empresas que recebam benefícios públicos ou contem com proteção tarifária*: o governo deve estar dotado de instituições e recursos humanos que possam acompanhar os resultados das empresas que recebam qualquer forma de proteção industrial. Tais resultados são expressos no aumento da produtividade do trabalho, redução de custos unitários e esforço exportador ao longo do tempo, todos estes considerados indicadores fáceis de serem obtidos e calculados. Como já sugeria John Stuart Mill,[460] caso as empresas protegidas não mostrem re-

---

[459] LINDER, Staffan. *An essay on trade and transformation*. Nova York: Wiley, 1961.

[460] MILL, John Stuart. *Princípios de economia política*. São Paulo: Abril, [1848] 1983.

sultados concretos ao longo do tempo, os incentivos devem ser reduzidos ou, no limite, retirados;

vi) *Estratégia de política voltada para o investimento estrangeiro direto (IED)*: a exemplo dos países asiáticos, os mecanismos de atração de IED devem não apenas focar aspectos quantitativos, como o estímulo a maiores influxos de investimento, mas, seguindo o exemplo de China e Índia desde os anos 2000, também precisam negociar condições para que as filiais de multinacionais transfiram tecnologias para firmas locais que operem em atividades, segmentos ou setores correlatos;

vii) *Uso do mecanismo de estímulo mais apropriado para viabilizar o sucesso do esforço inovador por parte das empresas, o que significa que a escolha de cada mecanismo varia caso a caso*: em algumas situações, o mecanismo mais apropriado poderá ser proteção aduaneira, em outras, a política de conteúdo local, ou a política de compras do Estado; ainda, em diversas outras situações, a combinação de um ou mais instrumentos;

viii) *Balanceamento entre competição e proteção*: os níveis de proteção devem se restringir aos estritamente necessários para permitir o aprendizado tecnológico por parte dos produtores locais;

ix) *Prazo para a concessão de proteção aduaneira e outras formas de incentivo à produção local*: embora a teoria econômica não tenha resposta acerca do prazo requerido para que as empresas, ao percorrerem toda a curva de aprendizado tecnológico, consigam fazer os custos unitários e o padrão de qualidade convergirem para os níveis vigentes nos países inovadores, a experiência exitosa de alguns países asiáticos mostra que o governo deverá reduzir paulatinamente os incentivos concedidos, até que sejam totalmente eliminados. Para isso, em cada programa de política industrial, as empresas devem estar informadas desses prazos, de modo que se preparem para enfrentar, mais adiante, a pressão competitiva externa. Mesmo que os prazos inicialmente planejados possam ser, excepcionalmente, alargados, é necessária rigorosa disciplina para evitar que os empresários sejam levados à inação e à tentativa recorrente de perpetuar a obtenção de rendas improdutivas, o chamado *rent-seeking*, como enfatizado por Anne Krueger;[461]

x) *Por fim, e provavelmente mais importante, é necessária uma contínua e íntima coordenação de todas as esferas das políticas industrial e tecnológica per se (ciência & tecnologia, educação & treinamento, sistema de tarifas aduaneiras, aparato regulatório etc.) com a política macroeconômica*: isso significa, à luz das proposições novo-desenvolvimentistas, que os *policy-makers* deveriam envidar esforços para que os mecanismos da política macroeconômica, normalmente manejados com o objetivo de assegurar o crescimento e a estabilidade monetária, sirvam também para ancorar os fins esperados dos PNDs, em especial o aumento da produtividade e a persecução da trajetória de *catching up*. Cabe lembrar que o papel da política macroeconômica deveria ser o de assegurar um ambiente de estabilidade não apenas para satisfazer às demandas dos mercados financeiros, mas, principalmente, para prolongar, ao máximo possível, o "estado de confiança" (para usar o termo consagrado por Keynes)[462] necessário para que os "espíritos animais" dos empresários sejam atiçados e enfrentem a incerteza inerente às expectativas de lucros futuros decorrentes dos investimentos presentes em capital físico e em inovações. Com respeito

---

[461] KRUEGER, Anne Osborn. "The political economy of the rent-seeking society". *The American Economic Review*, vol. 64, n° 3, jun. 1974.

[462] KALDOR, Nicholas. *Strategic Factors in Economic Development*. Nova York: Cornell University, [1936] 1967, p. 148.

CAPÍTULO VII – IMPLICAÇÕES DE POLÍTICA À GUISA DE CONCLUSÃO...

ao alinhamento das políticas industrial e macroeconômica, vale a pena reproduzir a proposição de Kaldor,[463] que, muito em linha com o novo-desenvolvimentismo, sugere, tudo o mais permanecendo constante, que a taxa de câmbio real subvalorizada atua como o mais poderoso instrumento para sustentar metas almejadas pela política industrial. Em síntese, Kaldor[464] observa que

> dentre os dois instrumentos que agem no sentido de reverter os efeitos adversos tendenciais da "eficiência dos salários" – a proteção aduaneira e a desvalorização da moeda em termos reais –, o último é indubitavelmente superior ao primeiro. A desvalorização [que produza uma ligeira subvalorização da moeda doméstica], como tem sido argumentado, nada mais é do que a combinação de uma tarifa ad valorem uniforme sobre todas as importações e um subsídio ad valorem uniforme sobre todas as exportações.

É preciso reconhecer que, na prática, os PNDs da maioria dos países em desenvolvimento (Brasil, inclusive) não respeitaram nenhum dos dez requisitos listados acima. É verdade que os resultados dos PNDs são incertos em qualquer país. Seu sucesso depende fundamentalmente da habilidade com que são concebidos e da harmonia com que são manejados seus diversos mecanismos, como a definição das atividades, segmentos e setores prioritários, a fixação da proteção aduaneira, os tipos de subsídios concedidos, os mecanismos de financiamento, a necessária coordenação com a política macroeconômica para a manutenção de taxas de juros reais compatíveis com investimentos produtivos e taxas de câmbio reais

---

[463] KALDOR, Nicholas. "The case for regional policies". In: _____. *Further Essays on Economic Theory*. Londres: Duckworth, [1970] 1978.

[464] KALDOR, Nicholas. "The case for regional policies". In: _____. *Further Essays on Economic Theory*. Londres: Duckworth, [1970] 1978, p. 152.

competitivas, dentre outros. Com argumenta Robert Wade,[465] os PNDs, entendidos como um esforço focado em metas para mudar a estrutura produtiva de uma economia e acelerar o processo de desenvolvimento, devem ser comparados a uma "roda interna" (*"inner wheel"*) cujos efeitos dependem de "rodas externas" (*"outer wheels"*), notadamente das condições macroeconômicas e da consistência das demais políticas públicas".

No caso do Brasil, por exemplo, vale lembrar que se repete, à exaustão, que a persistência da estagnação econômica é atribuída ao fato de o país não se ter inserido nas chamadas cadeias globais de valor e à ausência de instituições adequadas para levar adiante PNDs bem-sucedidos.

No tocante às cadeias globais de valor, elas se formaram nas últimas décadas, em decorrência da enorme fragmentação da produção na economia global em produtos finais, partes, componentes e outros bens intermediários. Porém, é preciso lembrar que as cadeias globais de valor são comandadas pelas grandes empresas multinacionais.[466] Os países asiáticos têm sido os mais exitosos em se inserirem nessas cadeias globais proativamente, porque têm justamente combinado liberalização comercial gradual com políticas industriais, cujo objetivo maior é **promover a diversificação**, e não a especialização, de sua estrutura produtiva.

Já com respeito ao problema da inexistência de instituições adequadas para levar adiante PNDs bem-sucedidos – "instituições

---

[465] WADE, Robert Hunter. "The role of industrial policy in developing countries". *In*: CALGAGNO, Alfredo *et al.* (Coord.). *Rethinking development strategies after the financial crisis*: making the case for policy space. vol. I. Genebra: United Nations Conference on Trade and Development, 2015.

[466] Os fundamentos teóricos das cadeias globais de valor serão analisados no Capítulo VIII.

CAPÍTULO VII – IMPLICAÇÕES DE POLÍTICA À GUISA DE CONCLUSÃO...

políticas inclusivas", diriam Acemoglu e Robinson[467] –, é lícito ressaltar que essa crítica só faria sentido se concebêssemos a modernização institucional como um fator exógeno ao processo de desenvolvimento, segundo a abordagem institucionalista neoclássica, popularizada pelo trabalho seminal de Douglas North.[468] Na abordagem heterodoxa, contudo, a construção e disseminação de "instituições políticas inclusivas" são endógenas, ou seja, emergem com o próprio processo de desenvolvimento econômico e social, o que significa que a modernização institucional é fruto do longuíssimo prazo do "aprender fazendo" (*learning-by-doing*).[469]

---

[467] ACEMOGLU, Daron; ROBINSON, James Alan. *Why nations fail*: the origins of power, prosperity, and poverty. Nova York: Crown Business, 2012, pp. 79-83.

[468] NORTH, Douglass. *Institutions, institutional change, and economic performance*. Cambridge: Cambridge University Press, 1990.

[469] Essa abordagem é consistente com o trabalho de diversos autores, como Johnson (JOHNSON, Chalmers. *MITI and the Japanese Miracle*: the Growth of Industrial Policy, 1925-1975. Stanford: Stanford University Press, 1982), Wade (WADE, Robert Hunter. *Governing the market*: economic theory and the role of government in East Asian industrialization. 2ª ed. Princeton: Princeton University Press, [1990] 2004) e Amsden (AMSDEM, Alice H. *The rise of "the Rest"*: challenges to the west from late-industrializing economies. Oxford: Oxford University Press, 2001), dentre outros.

PARTE II
A CORRENTE LIBERAL NEOCLÁSSICA

PRÓLOGO À PARTE II

Enquanto o desenvolvimentismo floresce das raízes conceituais de Smith, Marx e Schumpeter, a corrente liberal neoclássica desdobra-se do programa teórico de Ricardo, Mill e Walras. No plano macroeconômico, um imenso rio também separa ambas as correntes: o desenvolvimentismo é próximo ao keynesianismo, ao passo que o liberalismo neoclássico se desdobra, primeiro, no monetarismo e, depois, na escola novo-clássica.

 A corrente liberal neoclássica caracteriza-se por grande coesão metodológica, porque seus modelos teóricos partem e mantêm, quanto podem, a premissa de que os mercados funcionam e alcançam condições ideais de equilíbrio perfeitamente competitivo. Não que essa escola de pensamento ignore que os mercados numa economia capitalista se caracterizam por diversos tipos de imperfeições, como externalidades negativas quando há exploração de atividades emissoras de dióxido de carbono, monopólios, oligopólios, dentre outras. No plano teórico, entretanto, tais imperfeições são analisadas como meras "falhas de mercado", entendidas como divergências transitórias do equilíbrio geral competitivo alcançável no longo prazo.

 Os economistas neoclássicos não admitem que essa perspectiva analítica tenha ranço ideológico. Ao contrário, alegam que a ideologia é descartada ao conceberem o funcionamento dos mercados na forma idealizada ("utópica", diria Richard Caves, em seu tratado clássico de 1960) de concorrência perfeita. Como já definido na Introdução (veja rodapé 1), nessa forma de concorrência, os preços são totalmente determinados pelo mercado em razão da presença de muitos ofertantes e demandantes e inexistência de economias de escala, assim como de qualquer barreira à entrada de concorrentes potenciais. Além disso, a remuneração dos capitalistas e trabalhadores reflete inteiramente seus respectivos custos de oportunidade e custos marginais, ou seja, a renda de cada um deles espelha somente sua respectiva produtividade marginal.

A meu juízo, essa perspectiva teórica não livra a escola liberal neoclássica de resquício ideológico que, a propósito, também impregna qualquer outra escola de pensamento econômico – afinal, é impossível o pensamento humano ser ausente de ideologia (inclusive porque isentar algo de ideologia já é, *per se*, uma ideologia). No caso da corrente liberal neoclássica, sobretudo, fica latente o viés ideológico quando ela trata, ao menos na perspectiva teórica, a existência de oligopólios como falhas ou afastamentos temporários do equilíbrio perfeitamente competitivo. Enquanto para a corrente desenvolvimentista (especialmente, na dimensão neoschumpeteriana), a existência de economias de escala, externalidades, monopólios e oligopólios é regra nas economias capitalistas, para a corrente liberal neoclássica isso ocorre por exceção.

Esse posicionamento teórico seria menos problemático se o confronto entre o equilíbrio geral perfeitamente competitivo e o equilíbrio parcial em monopólio ou oligopólio fosse proposto para comparar situações hipoteticamente idealizadas como prevalecentes no mundo real. A propósito, era essa a perspectiva de Marshall,[470] tido como um dos fundadores da microeconomia.

---

[470] MARSHALL, Alfred. *Princípios de Economia Política*. vol. I e II. São Paulo: Abril, [1890] 1982.

PRÓLOGO À PARTE II

No campo da macroeconomia do desenvolvimento econômico, no entanto, a corrente liberal neoclássica preferiu seguir a perspectiva de Walras,[471] que mostrou, pioneiramente, que se todos os mercados operarem em condições de concorrência perfeita (de bens, serviços e fatores de produção), a economia alcança equilíbrio geral, com solução única para preços e quantidades produzidas. Uma vez que o equilíbrio geral competitivo propiciaria a eficiência ótima na alocação e distribuição dos recursos produtivos e das rendas aos proprietários dos fatores, este paradigma é usado para a defesa radical de práticas de *laissez-faire*. O problema é que, como o mundo real não replica o equilíbrio geral walrasiano, a perspectiva liberal neoclássica retroalimenta a ideia de que a realidade é que deve se ajustar aos modelos teóricos, e não o contrário.[472]

Nos próximos capítulos, não pretendo esgotar o vasto arsenal da teoria econômica neoclássica, mas me ater às questões centrais relativas ao desenvolvimento e à estagnação econômicos. Em específico, destacarei as teorias elaboradas em contexto de economias abertas ao comércio de bens e serviços e aos fluxos de capitais. O programa teórico neoclássico, conquanto seja marcado por diferenças pontuais, tem em comum a proposição clássica de que o desenvolvimento econômico resulta da livre alocação dos recursos produtivos nas economias capitalistas – por sinal, eis porque eles são *neoclássicos*: o desenvolvimento teórico dessa corrente reafirma os postulados clássicos de Smith e Ricardo de que o livre mercado é a melhor forma de se organizar a economia. A "mão invisível" coordena e harmoniza tal movimentação através da livre flutuação da oferta, da demanda e dos preços relativos.

---

[471] WALRAS, Leon. *Compêndio dos Elementos de Economia Política Pura*. São Paulo: Nova Cultural, [1874] 1986.
[472] Não é mera coincidência que o título do principal Tratado de Walras (WALRAS, Leon. *Compêndio dos Elementos de Economia Política Pura*. São Paulo: Nova Cultural, [1874] 1986, grifo do autor) seja, no original em francês, *Abrégé des Éléments d'Économie Politique Pure*.

CAPÍTULO VIII
TEORIAS DO COMÉRCIO INTERNACIONAL E A DEFESA DO LIVRE COMÉRCIO

Introdução

Como mostrei nos capítulos anteriores, na concepção desenvolvimentista, o desenvolvimento econômico é um fenômeno eminentemente dinâmico. Na abordagem liberal neoclássica, o fenômeno é predominantemente entendido como uma situação estática, associada a um momento específico do tempo econômico, ou de estática comparativa, relacionado à comparação do que ocorre em dois pontos distintos no tempo. Em ambos os casos, a análise é atemporal, porque não se assinalam mudanças ocorridas no tempo contínuo. As exceções, dentre as quais figuram os modelos de crescimento econômico de Solow,[473] Romer[474] e Lucas,[475] bem como os novos modelos endógenos de crescimento em economias abertas aos fluxos de bens,

---

[473] SOLOW, Robert M. "A Contribution to the Theory of Economic Growth". *The Quarterly Journal of Economics*, vol. 70, n° 1, fev. 1956.
[474] ROMER, Paul M. "Increasing returns and long-run growth". *Journal of Political Economy*, vol. 94, n° 5, out. 1986.
[475] LUCAS JUNIOR, Robert E. "On the mechanics of economic development". *Journal of Monetary Economics*, vol. 22, n° 1, jul. 1988.

serviços e conhecimento, são ilhas no vasto oceano neoclássico em que predomina a abordagem estática.

Este capítulo analisa os argumentos teóricos favoráveis e contrários às práticas de *laissez-faire* e de livre comércio de bens e serviços em nível global. Discuto, inicialmente, como o princípio ricardiano da vantagem comparativa forma a base analítica central da defesa desse princípio liberal. E mostro também a contribuição das novas teorias neoclássicas de comércio internacional, que incorporam a hipótese de concorrência imperfeita, notadamente sob a forma de oligopólio. Uma vez que há diferentes padrões de concorrência oligopolista, os resultados em cada caso podem confirmar ou violar as vantagens do livre comércio recíproco. Como a violação das vantagens do livre comércio oferece argumentos sólidos para a prática de medidas protecionistas, explorarei, principalmente, o caso em que uma forma específica de concorrência em oligopólio, chamada de concorrência monopolística, traz benefícios para todos os países que se engajam em práticas de livre-comércio no mercado internacional.

8.1 As novas teorias de comércio internacional e a reafirmação da defesa do livre comércio

8.1.1 Vantagem comparativa *versus* concorrência imperfeita: novos argumentos teóricos para o livre comércio

O princípio das vantagens comparativas, tanto na visão ricardiana original quanto na versão neoclássica de Heckscher-Ohlin, já foi analisado no Capítulo III (Seção 3.2). Ressalte-se que se a ideia seminal de Ricardo era apenas mostrar que algum comércio é sempre preferível a nenhum comércio, com o teorema da equalização dos preços dos bens e fatores de produção (já abordado no Capítulo III), a concepção neoclássica de vantagens comparativas passou a ser utilizada como base teórica para a defesa incondicional do livre-comércio internacional.

Dois são os problemas do conceito de vantagem comparativa, especialmente na versão neoclássica. O primeiro é conceber a tecnologia e a dotação de fatores em cada país como dadas em determinado momento. O segundo, e principal, é basear-se em pressupostos e hipóteses totalmente irrealistas, como ausência de economias de escala, elasticidade-renda igual à unidade para todos os bens e serviços e concorrência perfeita em todos os mercados. Não por acaso, o irrealismo das hipóteses deu margem à crítica contundente de Prebisch[476] às implicações normativas do conceito, notadamente a defesa de que o livre-comércio incondicional seria benéfico ao desenvolvimento econômico dos países periféricos.

A questão muda completamente de figura quando se caracterizam as economias capitalistas como de fato são no mundo real: ilhotas de mercados não necessariamente perfeitamente competitivos, cercadas de monopólios e oligopólios por todos os lados. A bem da verdade, o caso mais geral é que os mercados funcionam em oligopólio. Neles, poucas empresas produzem em larga escala, respondem pela maior parte das inovações tecnológicas em processos e produtos com maior capacidade de determinar preços e deter fatias expressivas de mercado (*market-share*), em detrimento de suas concorrentes efetivas ou potenciais.

Linder[477] foi um dos primeiros autores a questionar a validade geral do modelo de vantagem comparativa. Para ele, esta teoria só explica a parcela do comércio internacional em que o diferencial de custos e preços relativos depende da dotação de fatores existente em cada país. Assim, países abundantes em recursos naturais, como terras férteis e recursos minerais, tendem a exportar bens intensivos em

---

[476] PREBISCH, Raúl. *El desarrollo económico de la América Latina y algunos de sus principales problemas*. Santiago: Naciones Unidas; Cepal, 1949.
[477] LINDER, Staffan. *An essay on trade and transformation*. Nova York: Wiley, 1961.

recursos naturais, como produtos agropecuários, petróleo e outros combustíveis fósseis.

Entretanto, a teoria das vantagens comparativas não mostra grande força explicativa do comércio internacional de produtos manufaturados. Segundo Linder,[478] quando as empresas exploram economias expressivas de escala, competem por diferenciação de produtos, introduzem marcas e modificam modelos já existentes, o aproveitamento prévio das vantagens proporcionadas pelo tamanho do mercado doméstico é crucial para viabilizar escalas de produção suficientemente grandes, de modo que possam competir no mercado internacional. Em outras palavras, para alcançar condições de competitividade na exportação de produtos manufaturados, tamanho de mercado importa. Assim, países como Estados Unidos, China e Brasil têm, em princípio, maior **potencial** para produzir e vender, competitivamente, bens manufaturados diferenciados nos mercados globais do que Chile, Gana e Costa Rica, por exemplo.

O fato de países de tamanho continental deterem mercados **potencialmente** grandes não significa, porém, que possam ser **efetivamente** competitivos para exportar produtos manufaturados. O modelo de Linder sugere que devem proteger temporariamente seus mercados domésticos até que alcancem escalas de produção competitivas para explorar mercados globais. Uma das razões para a proliferação de blocos econômicos regionais que integram países de renda per capita e perfil de demandas similares, como o Mercosul e a União Europeia, é a possibilidade de ampliarem o tamanho do mercado e, consequentemente, viabilizar escalas de produção competitivas, para que o comércio se expanda para dentro e fora dos blocos.

---

[478] LINDER, Staffan. *An essay on trade and transformation.* Nova York: Wiley, 1961.

A partir dos anos 1970, diversos modelos neoclássicos, rotulados por Krugman[479] como "novas teorias de comércio" (*new trade theories*), incorporaram a hipótese de concorrência imperfeita no mercado internacional de bens e serviços. Além dessa hipótese, o adjetivo "novas" justifica-se porque:

i) Quando há concorrência em oligopólio, a determinação do padrão de comércio é muito mais complicada. Ela passa a depender de um conjunto de fatores simultâneos, como o tamanho do mercado, número de empresas competidoras, preço dos fatores produtivos, ausência ou presença de economias de escala, grau de barreiras à entrada de competidores etc. Dependendo do que seja a combinação desses fatores, Helpman e Krugman[480] mostraram que o padrão de comércio (o que cada país tende a exportar e importar) pode ser indeterminado ou apresentar múltiplos resultados possíveis ("equilíbrios múltiplos");

ii) É válida a conjectura original de Graham:[481] na presença de economias de escala e concentração de mercados sob o comando das maiores empresas, a globalização comercial pode fazer os ganhos de comércio se concentrarem em alguns países, impondo perdas aos demais. Para provar essa hipótese, Helpman e Krugman[482] demonstraram matematicamente que, sob livre-comércio, se os recursos produtivos em determinado país forem realocados dos setores que operam com economias de escala para setores tradicionais, os ganhos de comércio podem

---

[479] KRUGMAN, Paul Robin. "Increasing returns and the theory of international trade". In: _____. *Rethinking international trade*. Cambridge: Cambridge University Press, 1990.
[480] HELPMAN, Elhanan; KRUGMAN, Paul R. *Market Structure and foreign trade*. Cambridge: The MIT Press, 1985, pp. 86-88 e 53-55.
[481] GRAHAM, Frank D. "Some aspects of protection further considered". *Quarterly Journal of Economics*, vol. 37, nº 2, fev. 1923.
[482] HELPMAN, Elhanan; KRUGMAN, Paul R. *Market Structure and foreign trade*. Cambridge: The MIT Press, 1985, pp. 50-55.

ser totalmente apropriados pelo outro parceiro comercial em que a realocação de recursos ocorra na direção oposta;

iii) Os modelos da nova teoria de comércio internacional passaram a adotar a sugestão de Vanek (1968) de se estimar o padrão de comércio de cada país com base no conteúdo líquido dos fatores produtivos incorporados nas exportações e importações. Este procedimento permitiu que o modelo tradicional de vantagem comparativa na forma Heckscher-Ohlin-Vanek (H-O-V) interagisse com os novos modelos de comércio internacional, em que estão presentes as hipóteses realistas de existência de economias de escala, diferenciação de produtos e concorrência monopolística, como mostrarei adiante.

Antes de analisar o caso geral, Krugman[483] demonstra o que determina o padrão de comércio internacional de produtos industrializados. Seu objetivo é reafirmar as vantagens do livre-comércio, mesmo na presença de economias de escala e diferenciação de produtos. Para demonstrar que economias de escala são o principal elemento determinante da capacidade de exportar bens manufaturados, Krugman[484] pressupõe que dois países, por exemplo, Brasil e Argentina, contem com idênticas tecnologias e dotação de fatores. Vou considerar que ambos sejam abundantes em capital. Com custos de transporte zero,[485] se o Brasil e Argentina se engajarem em livre-comércio recíproco, o padrão de comércio será determinado pelas

---

[483] KRUGMAN, Paul Robin. "Scale economies, product differentiation, and the pattern of trade". In: _____. *Rethinking International Trade*. Cambridge: The MIT Press, [1980] 1990.

[484] KRUGMAN, Paul Robin. "Scale economies, product differentiation, and the pattern of trade". In: _____. *Rethinking International Trade*. Cambridge: The MIT Press, [1980] 1990.

[485] Krugman (KRUGMAN, Paul Robin. "Scale economies, product differentiation, and the pattern of trade". In: _____. *Rethinking International Trade*. Cambridge: The MIT Press, [1980] 1990, pp. 953-955, seção II) mostra que a incorporação dos custos de transporte não muda o resultado geral.

economias de escala e diferenciação de produtos. Logo, somente um dentre diferentes bens (substitutos imperfeitos) será produzido por uma única empresa em um único país.

Nesse caso, ao deixar de ser regido pelas vantagens comparativas, o padrão de comércio não mais assume o tipo interindustrial – em que o Brasil, por exemplo, exportaria automóveis e importaria produtos lácteos da Argentina. Passam a ser determinantes as economias de escala e a diferenciação de produtos e a estrutura de comércio assume a configuração intra-industrial, em que, por exemplo, Brasil e Argentina exportariam e importariam automóveis diferenciados por marcas e modelos. Generalizando, Krugman[486] conclui que os ganhos de (livre) comércio são preservados porque

> a economia mundial é capaz de produzir maior **volume e variedade** de produtos [independentemente de que cada um deles seja mais barato ou mais caro do que no outro país] do que seria possível num único país isolado.

Nesse mesmo artigo, Krugman[487] também considera o que acontece se um dos dois países (por exemplo, o Brasil) tiver mercado doméstico maior do que o do parceiro. Neste caso, o padrão de comércio conforma-se ao que é intuitivamente esperado: o país com maior nível de renda per capita detém maior potencial de exploração dos ganhos de escala e, portanto, maior demanda potencial direcionada a bens manufaturados, como já havia sido aventado por Linder.[488] Logo, será exportador líquido de toda a gama de bens

---

[486] KRUGMAN, Paul Robin. "Scale economies, product differentiation, and the pattern of trade". In: _____. *Rethinking International Trade*. Cambridge: The MIT Press, [1980] 1990, p. 952 (grifo do autor).

[487] KRUGMAN, Paul Robin. "Scale economies, product differentiation, and the pattern of trade". In: _____. *Rethinking International Trade*. Cambridge: The MIT Press, [1980] 1990.

[488] LINDER, Staffan. *An essay on trade and transformation*. Nova York: Wiley, 1961.

manufaturados diferenciados cujas tecnologias de produção estejam sujeitas a economias de escala.

Em outro artigo, Krugman[489] consegue integrar formalmente o modelo tradicional de vantagem comparativa na versão de Heckscher-Ohlin às hipóteses centrais da nova teoria de comércio internacional, quais sejam, a existência de economias de escala no setor industrial, a contínua diferenciação de produtos como estratégia de ganho de *market-share* e concorrência monopolística.[490] Este artigo completa a trilogia que justificou a outorga do Prêmio Nobel a Krugman.[491] Além disso, foi também o trabalho acadêmico que reafirmou a base teórica para a defesa do livre comércio, embora não incondicionalmente, como na teoria das vantagens comparativas. Vou mostrar por quê.

Krugman concebe um modelo em que a economia mundial é composta de diversos países diferenciados por suas respectivas dotações de fatores produtivos. Sumarizarei o modelo do autor pressupondo que haja apenas dois blocos de países: os desenvolvidos do "Norte" ("centrais"), abundantes em capital e escassos em recursos naturais, e os em desenvolvimento do "Sul" ("periféricos"), abundantes em recursos naturais e escassos em capital. Além disso, a produção mundial provém de dois setores: o setor produtor de bens primários e manufaturados intensivos em recursos naturais (*"commodities"*), que opera com tecnologia tradicional (ausência de economias de escala) e funciona em concorrência perfeita; e o setor produtor de produtos manufaturados, intensivos em escala, ciência e conhecimento, que opera com economias de escala, produz bens

---

[489] KRUGMAN, Paul Robin. "Intraindustry specialization and the gains from trade". *Journal of Political Economy*, 1981.

[490] Vale a pena a releitura do rodapé 21 (na Introdução deste livro), em que faço um resumo das principais estruturas de mercado e padrões de concorrência, de acordo com a teoria neoclássica.

[491] A trilogia é composta pelos artigos de 1979, 1980 e 1981. O artigo de 1990 é uma versão mais didática do paper de 1981.

CAPÍTULO VIII – TEORIAS DO COMÉRCIO INTERNACIONAL E A...

diferenciados e funciona em concorrência monopolística. Com esse modelo, Krugman quer responder duas perguntas: i) o que determina o padrão de comércio internacional? ii) o livre-comércio ainda proporciona benefícios líquidos recíprocos para ambos os grupos? A Figura 1 ajuda a elucidar essas questões.

Figura 1: Padrão de comércio internacional entre países desenvolvidos e em desenvolvimento

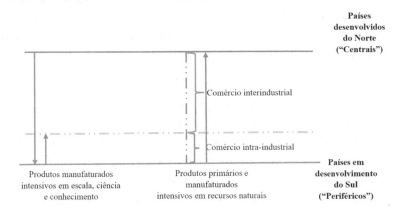

Fonte: Elaboração própria, baseada em Krugman.[492]

Krugman conclui que o padrão de comércio será regido simultaneamente pelas vantagens comparativas tradicionais e pelas forças da concorrência monopolística. As forças das vantagens comparativas determinam as exportações líquidas (exportações menos importações) de cada grupo – as dos países desenvolvidos são constituídas de bens manufaturados, cuja produção utiliza intensivamente o fator abundante disponível neste bloco (capital, ciência e conhecimento). Já as vantagens comparativas dos países em desenvolvimento se

---

[492] KRUGMAN, Paul Robin. "Increasing returns and the theory of international trade". In: _____. *Rethinking international trade*. Cambridge: Cambridge University Press, 1990, p. 77.

constituem de *commodities*, cuja produção utiliza intensivamente recursos naturais, o fator abundante disponível neste bloco. Em virtude da diferença na dotação de fatores dos dois blocos, esta faixa de comércio é tipicamente interindustrial, já que as exportações líquidas de cada um são formadas por produtos provenientes de setores distintos. Note-se que o fator explicativo da faixa de comércio regida pelas vantagens comparativas é a diferença de custos e preços relativos internacionais. Os países desenvolvidos, por serem abundantes em capital, ciência e conhecimento, conseguem produzir bens manufaturados relativamente mais baratos que os países em desenvolvimento – estes, por sua vez, produzem *commodities* com menores preços relativos.

Entretanto, uma parcela menor do fluxo total de comércio internacional entre os dois blocos é constituída de comércio intra-industrial: ambos os blocos podem exportar e importar bens manufaturados, cujo comércio deixa de ser explicado pela diferença de custos e preços relativos e passa a ser explicado pela diferenciação de produtos. A pressão competitiva recíproca gera redução do total de plantas industriais nos dois blocos de países e confluência das maiores economias de escala. O resultado será a queda dos preços relativos na economia mundial.

Há benefícios do livre-comércio? Ambos os blocos obtêm ganhos recíprocos? O modelo conjunto de vantagem comparativa e concorrência monopolística concebido por Krugman[493] assegura que sim, por duas razões. Primeiro, porque é referendado o resultado canônico do modelo de vantagem comparativa. Ao concentrar as exportações líquidas nos produtos que utilizam intensivamente o fator abundante e as importações líquidas nos bens que utilizam intensivamente o fator escasso, cada bloco pode importar bens relativamente mais baratos do que seria possível se renunciasse à

---

[493] KRUGMAN, Paul Robin. "Increasing returns and the theory of international trade". *In*: _____. *Rethinking international trade*. Cambridge: Cambridge University Press, 1990.

especialização produtiva. Segundo, porque, independentemente dos maiores ou menores preços relativos dos bens manufaturados observados após o livre-comércio, os ganhos de comércio ficam assegurados pelo maior volume e variedade de produtos à disposição dos consumidores na economia mundial.

Como mostra a Figura 1, o caso ilustrado sugere que a parcela de comércio intra-industrial de bens manufaturados no fluxo de comércio total é relativamente reduzida. Isso acontece porque o caso exemplificado envolve o comércio de dois blocos bastante desiguais quanto aos níveis de desenvolvimento tecnológico e de renda per capita. No limite, se os dois blocos tivessem dotação de fatores, renda per capita e padrão de desenvolvimento totalmente idênticos, a totalidade do fluxo de comércio seria do tipo intra-industrial e se constituiria somente de bens manufaturados diferenciados. Eis porque a maior parte do fluxo de comércio entre o Brasil e os Estados Unidos é interindustrial: ele é regido por vantagem comparativa. Mas, entre os parceiros mais ricos da União Europeia, o padrão é intra-industrial, orientado pelas economias de escala, diferenciação de produtos e concorrência monopolística. Em resumo, o modelo de Krugman demonstra que, por disporem de dotações de fatores e níveis de desenvolvimento tecnológicos similares, são os próprios países desenvolvidos que transacionam a maior parte dos fluxos de comércio de bens manufaturados tecnologicamente mais sofisticados na economia mundial.

8.1.2 Cadeias globais de valor e o viés ideológico liberal

A proliferação de modelos da nova teoria de comércio internacional coincidiu com a liberalização comercial unilateral e multilateral nas décadas de 1980 e 1990. A finalização da Rodada Uruguai, do Acordo Geral de Tarifas e Comércio (GATT, na sigla em inglês), em 1994, culminou com a formação da Organização Mundial do Comércio (OMC) e acarretou a eliminação de diversas barreiras não-tarifárias, além de corte expressivo das tarifas aduaneiras *ad valorem* entre os países-membros.

Nas décadas seguintes, o acirramento da concorrência internacional provocou intenso deslocamento de filiais de empresas multinacionais americanas e europeias para a Ásia e o Leste Europeu, sobretudo para países que contassem com oferta de mão de obra medianamente qualificada e salários relativos menores. Essa sucessão de eventos provocou tendência de fragmentação global da produção de bens e serviços, refletindo a opção estratégica das empresas multinacionais por especialização em produtos, partes, peças e/ou componentes, como forma de maximizarem os benefícios das economias de escala. Os economistas rapidamente se apropriaram do conceito originalmente introduzido por Michael Porter,[494] da *Harvard Business School*, e passaram a identificar a referida tendência como a proliferação de cadeias globais de valor.

Sendo as empresas multinacionais que comandam majoritariamente a produção e o comércio global de bens e serviços, novos modelos teóricos de linhagem neoclássica procuraram identificar formalmente os principais fatores explicativos da decisão dessas companhias em estabelecer filiais no exterior, especialmente no setor manufatureiro. Os modelos mapeiam três formas distintas de investimento estrangeiro direto (IED), dependendo cada uma delas dos principais fatores que condicionam as perspectivas de maximização de lucros e/ou a ampliação do *market-share* das empresas multinacionais fora de seu país de origem.

A primeira, de Helpman,[495] é denominada IED multinacional vertical. Ela ocorre quando a empresa multinacional decide manter

---

[494] PORTER, Michael. *Competitive strategy*. Nova York: Free Press, 1980; PORTER, Michael. *A vantagem competitiva das nações*. Rio de Janeiro: Campus, 1989.

[495] HELPMAN, Elhanan. "A simple theory of international trade with multinational corporations". *Journal of Political Economy*, vol. 92, nº 3, jun. 1984.

sua sede principal no país de origem, mas orienta as atividades de plantas produtivas de bens finais, partes e/ou componentes em diferentes países de acordo com as diferenças nos preços relativos dos fatores de produção (capital, trabalho e outros).

A segunda, modelada por Markusen,[496] diz respeito ao IED multinacional horizontal. Quando a empresa multinacional decide operar plantas produtivas caracterizadas por custos fixos específicos (e, em geral, elevados) em diversos países, sua escolha de país dependerá do diferencial de custos de transporte existente entre o país de origem e os de destino.

A terceira forma de IED, denominada integração complexa, foi sumarizada por Helpman,[497] que se inspirou nas proposições clássicas de Melitz[498] Melitz e Treffler.[499] Ela consiste na combinação de estratégias simultâneas de IED horizontal e vertical pela empresa multinacional. Suas subsidiárias estabelecem fábricas no exterior e destinam parte da produção de bens finais aos países hospedeiros e parte à exportação. Não obstante, elas importam bens intermediários (partes, peças e componentes) de afiliadas localizadas em outros países, mediante comércio internacional entre as próprias afiliadas (comércio intrafirma). A parcela da produção de bens finais destinada à exportação pode se concretizar via comércio intrafirma ou extrafirma, quando há venda para outras companhias.

---

[496] MARKUSEN, 2002; MARKUSEN, James R. "Multinationals, multi-plant economies and the gains from trade". *Journal of International Economics*, n° 16, 1984.

[497] HELPMAN, Elhanan. *Understanding global trade*. Cambridge: Harvard University Press, 2011, p. 147.

[498] MELITZ, Marc. "The impact of trade on intra-industry reallocations and aggregate industry productivity". *Econometrica*, vol. 71, n° 6, nov. 2003.

[499] MELITZ, Marc; TREFFLER, Daniel. "Gains from trade when firms matter". *Journal of Economic Perspectives*, vol. 26, n° 2, 2012.

Uma vez que a integração complexa tem sido não somente a forma mais disseminada de IED nas últimas décadas, mas também o mecanismo que interliga as cadeias globais de valor, vale a pena identificar seus principais elementos determinantes. Helpman[500] sugere "analisar o IED horizontal, vertical e as plataformas de IED – quando o IED é predominantemente voltado para exportação – como estratégias interrelacionadas". No que segue, sumarizo o modelo teórico do autor por meio de um exemplo.

A economia mundial é formada por um conjunto de países grandes do "Norte" (por exemplo, Estados Unidos, Japão e Alemanha) e países pequenos do "Sul" (Filipinas, Vietnam e Indonésia). Para a produção de um bem final diferenciado, são incorporados bens intermediários cuja localização na economia global depende dos custoscc IED.

As cadeias globais de valor resultam de quatro diferentes tipos de estratégias de IED, ilustradas no Gráfico 5. A primeira estratégia ocorre quando, pressupondo ausência de custos de transporte e algum custo fixo na fabricação de um bem final, os custos fixos de produção de bens intermediários são tão elevados que tornam o IED economicamente inviável nos países do Sul, tanto em montagem de bens finais quanto na produção de bens intermediários. Neste caso, os níveis baixos de produtividade das empresas dos países do Norte não proporcionam economias de escala suficientes para cobrir os custos fixos elevados de produção de bens intermediários.

---

[500] HELPMAN, Elhanan. *Understanding global trade*. Cambridge: Harvard University Press, 2011, p. 148.

CAPÍTULO VIII – TEORIAS DO COMÉRCIO INTERNACIONAL E A...

Gráfico 5: A gênese das cadeias globais de valor: diferentes estratégias de investimento estrangeiro direto (IED)

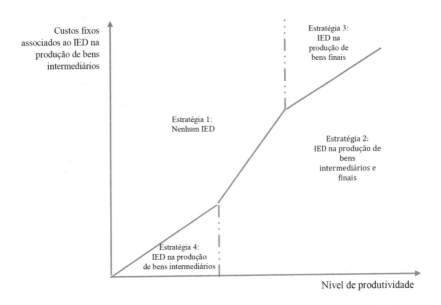

Fonte: Helpman.[501]

A segunda estratégia ocorre quando os níveis de produtividade das empresas multinacionais oriundas dos países do Norte são suficientemente expressivos para compensar os enormes custos fixos associados ao IED. Neste caso, as empresas tendem a investir tanto na produção de bens intermediários quanto na de bens finais nos países hospedeiros do "Sul". Na terceira estratégia, empresas com produtividade acima da média provenientes do Norte podem se engajar em IED destinado à produção de bens finais nos países do Sul, mas são incapazes de prover IED orientado para a produção de bens intermediários em plantas produtivas que operam com custos fixos extremamente elevados. Na quarta estratégia, as empresas de baixa produtividade dos países do Norte somente são capazes de se

---

[501] HELPMAN, Elhanan. *Understanding global trade*. Cambridge: Harvard University Press, 2011, p. 151.

335

engajar em IED destinado à produção de bens intermediários nos países do Sul se os custos fixos destes últimos forem suficientemente baixos para compensar a reduzida eficiência das empresas.

Embora tenham sido concebidos para distinguir as estratégias de IED de empresas multinacionais dos países do Norte, esses modelos teóricos mostram claramente que, em razão de seu menor porte relativo, as empresas dos países do Sul raramente conseguem se engajar em IED e se transformar em multinacionais. Esses modelos também sugerem que a extremada tendência à especialização inerente às cadeias globais de valor, conquanto possa trazer vantagens inequívocas para as grandes empresas multinacionais que as comandam, podem não necessariamente trazer os mesmos benefícios para os países que as recebem. Em outras palavras, se para as **empresas** multinacionais a adoção de estratégias que resultem em maior especialização produtiva é indubitavelmente vantajosa, a experiência asiática tem demonstrado que a melhor estratégia para sustentar o ritmo de crescimento da produtividade das **nações** é a diversificação produtiva, principalmente no setor manufatureiro. Esta estratégia, perseguida por países como a Coreia do Sul, China e Índia,[502] con-

---

[502] Evidências empíricas podem ser confirmadas em Wade (WADE, Robert Hunter. "The role of industrial policy in developing countries". *In*: CALGAGNO, Alfredo et al. (Coord.). *Rethinking development strategies after the financial crisis*: making the case for policy space. vol. I. Genebra: United Nations Conference on Trade and Development, 2015) e UNCTAD (UNCTAD. *Trade and development report 2018*: power, platforms and the free trade desilusion. Nova York; Genebra: United Nations, 2018), para o caso dos países em desenvolvimento em perspectiva comparada; e em Marconi, Magacho e Rocha (MARCONI, Nelson; MAGACHO, Guilherme; ROCHA, Igor. "Estrutura produtiva e a dinâmica econômica nos BRICs: uma análise insumo-produto". *Revista Economia Ensaios*, nº 29, dez. 2014, p. 125) e Nassif, Feijó e Araújo (NASSIF, André; FEIJÓ, Carmem; ARAÚJO, Eliane. "A structuralist-Keynesian model for determining the 'optimum' real exchange rate for Brazil's economic development process (1999–2015)". *CEPAL Review*, nº 123, dez. 2017. Disponível em: https://repositorio.cepal.org/bitstream/handle/11362/43447/4/RVI123_en.pdf. Acessado em:

firma a validade das teses da corrente desenvolvimentista discutidas nos capítulos anteriores.

Os economistas liberais neoclássicos brasileiros, por exemplo, repetem, exaustivamente, que uma das razões para a estagnação da produtividade média do setor manufatureiro doméstico é o fraco engajamento do Brasil nas cadeias globais de valor. Uma inserção do país nessas cadeias globais, argumentam, requereria nova rodada de liberalização comercial caracterizada por corte linear de tarifas aduaneiras.[503] Alega-se que o Brasil é um país bastante fechado ao comércio internacional. O problema é que, como mostrei em artigo no jornal *Valor Econômico* em 2018,[504] os conceitos de grau de abertura – medido pela participação das exportações ou das importações no PIB (ou, ainda, pela soma das exportações e das importações no PIB) –, e níveis de proteção ou liberalização comercial não são idênticos.[505]

Nesse artigo, argumentei que, mesmo ponderando-se por critérios de tamanho, o Brasil é, de fato, um país bastante fechado em comparação a outros com padrões similares de desenvolvimento. Contudo, quando medido pela razão importações/PIB, haverá baixo grau de abertura comercial porque as importações são pró-cíclicas e, portanto, têm sido baixas porque o PIB brasileiro tem crescido a taxas médias reduzidas. Se medido pela razão exportações/PIB,

---

20.04.2023), para os casos do BRICS (Brasil, Rússia, Índia e China e África do Sul).

[503] Essa é a recomendação de Bonelli (BONELLI, Regis. "Comparações internacionais de produtividade na indústria e tendências setoriais: Brasil e EUA". *In*: BARBOSA, Nelson *et al*. (Coord.). *Indústria e desenvolvimento produtivo no Brasil*. Rio de Janeiro: Fundação Getúlio Vargas, 2015, p. 487) e Bacha (BACHA, Edmar. *Integrar para crescer 2.0*. nº 36. Rio de Janeiro: Iepe-Casa das Garças, 2016, p. 3).

[504] Ver NASSIF, André. "O Brasil é um país fechado ou um país protegido?" *Valor Econômico*, mai. 2018.

[505] Ver NASSIF, André. "O Brasil é um país fechado ou um país protegido?" *Valor Econômico*, mai. 2018.

a baixa abertura comercial reflete a estagnação da produtividade média da economia brasileira e a ausência de mudanças estruturais nas últimas décadas. Ou seja, para transformar o Brasil em um país mais aberto ao comércio internacional, será preciso restaurar o dinamismo da economia, o que aumentaria o PIB e a produtividade e, assim, expandiria importações e exportações, respectivamente.

Apesar disso, não se pode afirmar que o país é extremamente protegido, já que a tarifa média incidente sobre os produtos importados (de 11,6%, em 2017) é inferior à da Índia (13%), também um país em desenvolvimento, e à da Coreia do Sul (14,1%). É verdade que, considerando as tarifas médias relativamente elevadas no setor manufatureiro brasileiro, argumentei que é legítima uma nova rodada de liberalização comercial. Contudo, as alíquotas aduaneiras não devem ser reduzidas de forma abrupta e linear (pelo método *across-the-board*), mas reestruturadas caso a caso (pelo método "concertina"), em articulação com a política de desenvolvimento do país. Esta é, aliás, a recomendação da literatura sobre liberalização comercial, como mostram os livros clássicos de Bhagwati[506] e Michaely, Papageorgiu e Choski.[507]

Considerações finais

Em que pese a inestimável riqueza da vasta literatura teórica que procura determinar os efeitos estáticos esperados do livre comércio internacional sobre a eficiência econômica e o bem-estar da sociedade, a única conclusão que se pode extrair é que, por não haver uma teoria geral do comércio internacional, tampouco é possível extrair uma conclusão geral. A predição de que o livre comércio

---

[506] BHAGWATI, Jagdish. *Anatomy and consequences of exchange control regimes*. Cambridge: Ballinger Pub. Company, 1978.

[507] MICHAELY, Michael; PAPAGEORGIU, Demetris; CHOSKI, Armeane M. *Liberalizing foreign trade*: lessons of experience in the developing world. vol. 7. Cambridge: Basil Blackwell, 1991.

sempre assegura o incremento do consumo total da sociedade (os "ganhos de comércio") bem como a elevação da produtividade média da economia depende de diversas condições, bastante restritivas, dentre as quais a mais importante é a existência de concorrência perfeita em todos os mercados.

A incorporação de hipóteses mais condizentes com estruturas de mercado e padrões de concorrência vigentes na maior parte das atividades produtivas reduz o poder explicativo da teoria tradicional de que o comércio e seus benefícios são regidos por vantagem comparativa. As novas hipóteses não asseguram, porém, que o livre comércio sempre melhora a produtividade e a posição de bem-estar de determinado país.

Num mundo dominado por diversas formas de concorrência imperfeita, especialmente oligopólios, é impossível chegar a uma conclusão geral. Então, a análise deve ser feita caso a caso. Ainda assim, como na maior parte dos modelos de comércio com concorrência imperfeita o padrão de comércio torna-se indeterminado ou apresenta equilíbrios múltiplos, é igualmente impossível assegurar que a melhoria da eficiência econômica *lato sensu* resulta exclusivamente do livre jogo das forças de mercado.

Entretanto, contanto que se pressuponha o estado da tecnologia como dado, o conceito de vantagem comparativa continua servindo para mostrar que, mesmo num mundo dominado por concorrência imperfeita, dificilmente algum país consegue, na prática, maximizar a produtividade média de sua economia – e, portanto, acelerar o desenvolvimento econômico – caso se mantenha quase ou completamente fechado ao comércio internacional. Em qualquer circunstância, permanecem válidas as vantagens da divisão internacional do trabalho e da especialização produtiva. *Stricto sensu*, em mercados oligopolizados, o modelo de concorrência monopolística com diferenciação de produtos corrobora essa antiga conclusão da economia política clássica. *Lato sensu*, o comércio internacional atua como mecanismo disciplinador da concorrência em mercados fortemente oligopolizados, contribuindo para a redução das margens de lucro desejadas (os *mark-ups*) pelas empresas que competem entre si.

No entanto, em todos os modelos apresentados no capítulo, pressupôs-se o progresso técnico como dado. Assim, quando existem ganhos de comércio, eles são do tipo *once and for all*, não se podendo tirar qualquer conclusão a respeito da mudança de sua estrutura ao longo do tempo e, muito menos, de seus impactos sobre a trajetória de desenvolvimento econômico de um país. No próximo capítulo, admitida a incorporação do progresso técnico como variável endógena nos modelos de comércio internacional, torna-se possível avaliar, com maior substância, em que medida essa condição afeta a eficiência de uma economia em termos dinâmicos.

CAPÍTULO IX
A MACROECONOMIA NEOCLÁSSICA DO CRESCIMENTO

Introdução

Neste capítulo, pretendo analisar os prováveis impactos do comércio internacional sobre a eficiência do sistema econômico em termos dinâmicos. Meu propósito é incorporar as mudanças intertemporais, inexistentes nas "velhas" e "novas" teorias de comércio internacional analisadas anteriormente, e avaliar se, e caso sim, em que medida, a adesão incondicional ao livre comércio tem efeitos positivos ou adversos sobre a taxa de crescimento de longo prazo da economia.[508]

---

[508] Existe vasta literatura teórica que analisa os efeitos do crescimento sobre o comércio internacional, mas não o contrário, cuja discussão, além de mais recente, vem crescendo em importância no debate acadêmico. A propósito, os trabalhos seminais de Hicks (HICKS, John. *The theory of wages*. Londres: Macmillan, 1932, cap. 6), Rybczynski (RYBCZYNSKI, Tadeusz Mieczysław. "Factor endowment and the relative commodity prices". *Económica*, vol. 22, nº 88, nov. 1955) e Bhagwati (BHAGWATI, Jagdish. "Immiserizing Growth". *Review of Economic Studies*, vol. 25, nº 3, jun. 1958), que tratam dos impactos do crescimento econômico sobre o comércio internacional, todos seguindo

Diferentemente das teorias estruturalistas do desenvolvimento econômico discutidas na Parte I, em que o crescimento, além de envolver mudanças estruturais, é puxado pelo dinamismo da demanda agregada no longo prazo, os modelos de crescimento neoclássico, inclusive os "abertos" ao comércio internacional, são, todos, explicados pelo lado da oferta (*supply-side*). O falecido professor Fábio Erber, da Universidade Federal do Rio de Janeiro (UFRJ), costumava dizer, em tom coloquial, que os modelos de desenvolvimento econômico de linhagem estruturalista são "mais com transformações", pois assumem a perspectiva de que o crescimento envolve, simultaneamente, mudanças estruturais. Já os modelos de crescimento econômico neoclássicos, dizia ele, são "mais do mesmo", pois se limitam a analisar as forças determinantes do crescimento do PIB no longo prazo. Daí a predileção dos autores neoclássicos pela expressão "crescimento econômico", no lugar de "desenvolvimento econômico".

Para fins didáticos, divido o capítulo em três seções: na primeira, analiso os modelos neoclássicos de crescimento em perspectiva de economias fechadas ao comércio internacional de bens e serviços; na segunda, discuto os modelos neoclássicos em perspectiva de "economias abertas", em que se incorpora a hipótese de inserção de determinado país às práticas de livre comércio internacional de bens, serviços e conhecimento; na terceira, apresento a crítica heterodoxa neoschumpeteriana aos modelos neoclássicos de crescimento em economias "abertas" aos fluxos de comércio de bens, serviços e conhecimento.

Cabe um esclarecimento ao leitor: embora os modelos de crescimento neoclássicos contenham complexa formalização matemática, vou me limitar a capturar suas hipóteses principais e analisar suas conclusões de forma descritiva. As poucas equações que aparecem

---

a abordagem neoclássica, acabaram incorporados aos livros-texto tradicionais de economia internacional.

CAPÍTULO IX – A MACROECONOMIA NEOCLÁSSICA DO CRESCIMENTO

ao longo do capítulo não devem desanimar o leitor, pois serão interpretadas textualmente.

9.1 Modelos de crescimento em economias fechadas

9.1.1 Antecedentes keynesianos

Em que pese o caráter revolucionário da *Teoria Geral*, de Keynes, publicada em 1936, sua ênfase recai nos fatores determinantes das flutuações do PIB, da renda e do emprego no curto prazo. Na linguagem dos macroeconomistas convencionais, a *Teoria Geral* concentra-se na análise do ciclo econômico no curto prazo, supostamente dando menor ênfase no crescimento no longo prazo.

Os economistas keynesianos, porém, logo procuraram incorporar à análise os fatores determinantes do comportamento da demanda agregada no longo prazo. As primeiras grandes contribuições à teoria do crescimento econômico, na perspectiva keynesiana, remontam aos ensaios clássicos de Roy Harrod[509] e Evsey Domar,[510] a partir dos quais se pôde derivar a equação de Harrod-Domar, encontrada em grande parte dos manuais de macroeconomia. Ela é o ponto de partida dos modelos de crescimento de longo prazo, inclusive os neoclássicos. Embora o foco desta seção sejam os modelos neoclássicos, vale a pena recapitular a essência do modelo keynesiano de Harrod-Domar.

Em termos genéricos, este modelo sugere que o equilíbrio no setor real de uma economia fechada exige que o investimento planejado seja igual à poupança planejada, ou seja:

---

[509] HARROD, Roy Forbes. "An essay in dynamic theory". *The Economic Journal*, vol. 49, n° 193, mar. 1939.
[510] DOMAR, Evsey. "Capital expansion, rate of growth, and employment". *The Econometric Society*, vol. 14, n° 2, abr. 1946.

$$I = s_y Y \qquad (9.1)$$

sendo I o investimento, Y a renda agregada e s_y a propensão marginal a poupar, isto é, o incremento proporcional da poupança S à medida que varia a renda Y. Em termos dinâmicos, I pode ser interpretado como o estoque de capital, K, pois o investimento amplia o estoque de K no tempo. A equação (9.1) não viola o princípio keynesiano de que as decisões de investimento dependem fundamentalmente das expectativas de longo prazo dos empresários. Trata-se de uma relação de longo prazo em que o investimento tende a variar *pari passu* com a taxa de crescimento do produto real e da renda Y (princípio do acelerador, segundo o qual o próprio crescimento da renda Y induz investimentos adicionais).

Para evitar eventual mal-entendido, Harrod[511] adverte que:

> a equação é consistente com a proposição de Keynes de que [numa economia fechada] a poupança é necessariamente igual ao investimento – mas ao investimento *ex-post* [já realizado]. A poupança não é necessariamente igual ao investimento *ex-ante* [planejado, a ser realizado], pois as máquinas, equipamentos e outros bens de capital de investimento podem ter sido produzidos em quantidade acima ou abaixo do necessário.

Dividindo a equação (9.1) por K, encontramos a equação de Harrod-Domar, denotada em (9.2):

$$g = \frac{s_y}{q} \qquad (9.2)$$

em que g é a taxa de crescimento do estoque de capital (em termos matemáticos,) e q a relação capital-produto (isto é, K/Y). A equação

---

[511] HARROD, Roy Forbes. "An essay in dynamic theory". *The Economic Journal*, vol. 49, n° 193, mar. 1939, p. 19.

CAPÍTULO IX – A MACROECONOMIA NEOCLÁSSICA DO CRESCIMENTO

de Harrod-Domar sugere que a taxa de crescimento de longo prazo depende da taxa de poupança e da relação capital-produto.[512] Mas, se esta relação se mantiver constante, o crescimento econômico passa a depender integralmente da propensão marginal a poupar no longo prazo.

À taxa de crescimento de longo prazo g Harrod[513] denomina taxa de crescimento "garantida". Ela é aquela que geraria um nível de produto suficiente para deixar todos os empresários satisfeitos com o que havia sido planejado para atender certa demanda esperada, não acarretando ausência ou excesso de estoques não vendidos. Então, a taxa garantida consistente com o planejamento *ex-ante* dos empresários é a que faz o nível de produto planejado se igualar à demanda agregada realizada.[514] A oferta agregada também será igual à demanda agregada neste caso, pois, se os empresários esperavam uma certa demanda agregada, eles produziram oferta agregada equivalente para atendê-la.

---

[512] A relação capital-produto mede o estoque de capital necessário para gerar cada unidade de produto (PIB) real. O inverso dessa relação nada mais é do que a produtividade média do capital. Note que o modelo de Harrod assume, implicitamente, o princípio keynesiano de que, no longo prazo, o crescimento depende da taxa de investimento. Num exemplo numérico, se a propensão a poupar da economia for de 10% da renda e a relação capital-produto for igual 4, a taxa de crescimento anual do PIB no longo prazo será de 2,5% (pois, 0,10/4= 0,025).

[513] HARROD, Roy Forbes. "An essay in dynamic theory". *The Economic Journal*, vol. 49, nº 193, mar. 1939, p. 16.

[514] Cabe ressaltar que a taxa garantida de crescimento não é necessariamente a taxa de crescimento compatível com o pleno emprego. A esta Harrod (HARROD, Roy Forbes. "An essay in dynamic theory". *The Economic Journal*, vol. 49, nº 193, mar. 1939, p. 30) denomina "taxa natural de crescimento", [que é] a taxa máxima de crescimento do produto compatível com a taxa de crescimento populacional, acumulação de capital e progresso técnico na hipótese de que a economia esteja operando sob pleno emprego".

No entanto, a taxa garantida (planejada) pode não corresponder à taxa realizada. No modelo de Harrod, particularmente, os ciclos econômicos são intrinsecamente instáveis, porque o investimento *ex-ante* pode exceder ou ser inferior ao investimento *ex-post*. No primeiro caso, há estímulo à expansão econômica, pois o investimento realizado é inferior ao investimento planejado. Os empresários, em conjunto, erram para menos ao estimar o crescimento da demanda de bens e serviços – o que indica falta de estoques. Neste caso, a taxa de crescimento garantida é inferior à realizada.

No segundo caso, ocorre superprodução e haverá estímulo à contração econômica, pois o investimento realizado é superior ao planejado. Os empresários, em conjunto, erram para mais ao estimar o crescimento da demanda de bens e serviços, o que indica produção não vendida e, portanto, excesso de estoques. É o que acontece quando a taxa garantida supera a realizada. Em suma, há ciclos econômicos porque, em razão da incerteza sobre a demanda efetiva futura, os investimentos flutuam e fazem com que a taxa garantida de crescimento do produto não necessariamente se iguale à taxa de crescimento do produto realizado. A principal mensagem do modelo de Harrod é que a dinâmica capitalista não assegura qualquer tendência ao equilíbrio no longo prazo.

9.1.2 Modelos neoclássicos de crescimento em economias fechadas[515]

Nos anos 1950, o modelo de Harrod foi criticado pela corrente neoclássica. Questionou-se a conclusão de que o crescimento no longo prazo depende da poupança. Mas, o que mais incomodou foi a demonstração da tese keynesiana de que o capitalismo é um

---

[515] As formalizações descritas nesta subseção combinam as notações dos autores originais referenciados e as contidas no excelente livro-texto de McCombie e Thirlwall (MCCOMBIE, John S. L.; THIRLWALL, Anthony P. *Economic growth and the balance-of-payments constraint*. Londres: St Martin's Press, 1994).

CAPÍTULO IX – A MACROECONOMIA NEOCLÁSSICA DO CRESCIMENTO

sistema inerentemente instável. O modelo neoclássico de Solow, ainda hoje dos mais influentes nos meios acadêmicos, se antepôs diretamente ao de Harrod. Desenvolvido de forma independente por Robert Solow e Trevor Swan em 1956, muitas vezes é conhecido como modelo de Solow-Swan.

O modelo de Solow[516] ignora completamente o papel da demanda agregada, atribuindo aos fatores do lado da oferta a força determinante fundamental do crescimento no longo prazo. Trata-se do primeiro modelo influente que buscou explicar as diferenças entre os níveis e taxas de crescimento da renda per capita dos países por meio de uma função agregada de produção. Para a empresa individual, a função de produção é definida como uma relação tecnológica em que o produto depende das combinações dos diferentes fatores e insumos produtivos, como capital, trabalho, terras, e elementos como estado da tecnologia, eficiência gerencial e do trabalho etc.

No modelo de Solow, no entanto, a função de produção é definida em termos agregados e se restringe a três fatores: capital, trabalho e estado da tecnologia. O modelo é o de uma economia não monetária que produz um único bem representativo da economia como um todo. As empresas que o produzem operam em concorrência perfeita. Solow[517] expressa a função agregada da seguinte forma:[518]

---

[516] SOLOW, Robert Merton. "A contribution to the theory of economic growth". *Quarterly Journal of Economics*, vol. 70, n° 1, fev. 1956.

[517] SOLOW, Robert Merton. "A contribution to the theory of economic growth". *Quarterly Journal of Economics*, vol. 70, n° 1, fev. 1956, p. 85.

[518] Solow expressa a equação (9.3) na forma exponencial Q No entanto, a função expressa na equação (9.3) – conhecida como função de produção Cobb-Douglas – é a mais utilizada na maioria dos estudos empíricos que utilizam o método da contabilidade de crescimento (*growth account*) para estimar os parâmetros do modelo de Solow.

$$Q = K^{1-\alpha}L^{\alpha}A(t), \quad (9.3)$$

em que Q é o nível do produto (o PIB), K, o estoque de capital da economia, L a força de trabalho, $A(t)$ o estado da tecnologia no tempo, e $1 - \alpha$ e α são coeficientes técnicos que representam os retornos dos fatores capital e trabalho, respectivamente.[519]

Duas hipóteses do modelo são *ad hoc* e irrealistas, porém cruciais para seus principais resultados: a primeira é que a função de produção agregada está sujeita a retornos constantes de escala. Isso significa que, se todos os fatores variarem segundo determinado multiplicativo, o nível de produto agregado Q varia exatamente da mesma forma, mantendo inalterada a produtividade média da economia. A segunda é que, como a taxa de variação da força de trabalho cresce à mesma taxa de crescimento da população, o fator capital é o único a variar e apresenta rendimentos decrescentes. Isso quer dizer que a taxa de crescimento do produto varia em proporções menores que a taxa de crescimento do estoque de capital. Notemos, portanto, que o modelo de Solow confere aos três setores básicos da economia (primário, secundário e terciário) a mesma importância no processo de crescimento econômico. Portanto, ele ignora o papel crucial do setor manufatureiro como *engine of growth*, tão destacado pelos economistas desenvolvimentistas.

Através de diversas manipulações matemáticas,[520] chega-se à taxa de crescimento do produto real no longo prazo:

---

[519] Os retornos de escala medem o impacto de cada fator de produção sobre o total produzido.

[520] Para o leitor interessado na demonstração matemática, chega-se à equação (9.4) através dos seguintes passos: diferencia-se a equação (9.3) em relação ao tempo t; em seguida, dividem-se todos os membros dos

CAPÍTULO IX – A MACROECONOMIA NEOCLÁSSICA DO CRESCIMENTO

$$q_t = (1-\alpha)_t k_t + \alpha_t l_t + \lambda_t \tag{9.4}$$

em que as letras minúsculas indicam taxas instantâneas de crescimento das variáveis do modelo, e (1- α) e α_t são as parcelas do capital e do trabalho no produto total, respectivamente.[521] A equação (9.4) mostra que a taxa de crescimento do PIB real no longo prazo (*q*) depende das taxas de crescimento do estoque de capital (*k*) e da força de trabalho (*l*), bem como do progresso técnico (λ). Como lembram McCombie e Thirlwall,[522]

> tanto o crescimento do produto no longo prazo como a acumulação de capital dependem (e equivalem à soma) do incremento do progresso técnico Harrod-neutro [ou seja, que aumenta o emprego incorporado] e do incremento da força de trabalho.

Em vista do irrealismo de suas hipóteses, o modelo não consegue explicar por que os níveis de renda per capita entre os países são tão díspares. Dado que no modelo de Solow o progresso técnico é exógeno (dado) e a força de trabalho cresce *pari passu* com o incremento da população, se o crescimento for sustentado apenas pela acumulação de capital, a taxa de crescimento da economia tende a convergir para zero, já que o fator capital está sujeito a rendimentos decrescentes!

---

lados esquerdo e direito por *Q*; e, finalmente, reescreve-se este último resultado em taxas instantâneas de variação.
[521] Enquanto a equação (9.3) expressa os determinantes do PIB no longo prazo em nível, a equação (9.4) expressa estes mesmos determinantes em taxas de variação.
[522] MCCOMBIE, John S. L.; THIRLWALL, Anthony P. *Economic growth and the balance-of-payments constraint*. Londres: St Martin's Press, 1994, p. 149.

Além disso, como lembram McCombie e Thirlwall,[523] o modelo de Solow leva a crer que existe "convergência incondicional" entre os níveis de renda per capita de todos os países no longo prazo. Isso significa que, independentemente de seus níveis distintos de renda per capita iniciais, como todos os países experimentam as mesmas taxas de progresso técnico – porque todos têm livre acesso à mesma tecnologia, que é considerada exógena –, de crescimento da população e de depreciação do capital, o modelo prediz que todos convergirão para a mesma relação capital por trabalhador (K/L). Portanto, todos convergirão para a mesma renda per capita no longo prazo. Elimina-se, assim, a distinção entre países pobres e ricos! É evidente que essa conclusão viola os resultados observados no mundo real, uma vez que a possibilidade de convergência, quando existe, não é absoluta, mas relativa.

Solow conclui, corretamente, que o progresso técnico é a única força motora capaz de desviar a economia da tendência à estagnação no longo prazo. Mas, teoricamente, essa conclusão é problemática, pois o progresso técnico, a força fundamental do desenvolvimento, não é explicado no modelo, uma vez que ele é exógeno. Por essa razão, o progresso técnico foi considerado teórica e empiricamente um resíduo (o chamado "resíduo de Solow"). Sugestivamente, Moses Abramovitz[524] o chamou de a "medida de nossa ignorância".

A despeito das limitações teóricas, o modelo de Solow é a principal base para estimação da produtividade agregada. Em vez do cálculo pelo indicador clássico de produtividade do trabalho, muitos economistas preferem estimá-la pela produtividade total dos fatores (PTF), vinculando-a diretamente ao modelo de crescimento

---

[523] MCCOMBIE, John S. L.; THIRLWALL, Anthony P. *Economic growth and the balance-of-payments constraint*. Londres: St Martin's Press, 1994.

[524] ABRAMOVITZ, Moses. "The search for the sources of growth: areas of ignorance, old and new". *The Journal of Economic History*, vol. 53, n° 2, jun. 1993.

CAPÍTULO IX – A MACROECONOMIA NEOCLÁSSICA DO CRESCIMENTO

de Solow. A taxa de variação da PTF em cada período t é estimada como resíduo da equação (9.4) e é expressa assim:

$$ptf_t = \lambda_t = q_t - [(1-\alpha)_t k_t + \alpha_t l_t] \tag{9.5}$$

Desse modo, a PTF é a diferença entre a taxa de variação do crescimento do produto agregado e as taxas de variação da força de trabalho e do estoque de capital, ponderadas pelas respectivas participações (*shares*) destes dois fatores no produto total. Já a taxa de crescimento da produtividade do trabalho é , ou seja, a diferença entre as taxas de variação do produto e da força de trabalho.

Uma das críticas mais contundentes ao modelo de Solow, bem como à PTF como medida confiável de estimação da produtividade, está relacionada ao fato de que não é possível calcular o estoque de capital agregado da economia. Essa crítica tem raízes na famosa controvérsia de Cambridge sobre o conceito e a estimação do capital, que opôs os principais economistas keynesianos da Universidade de Cambridge, no Reino Unido (Joan Robinson, Luiggi Pasinetti, Nicholas Kaldor e Piero Sraffa) aos do Massachusetts Institute of Technology (MIT), de Cambridge nos Estados Unidos (Robert Solow e Paul Samuelson). Em resumo, os economistas da universidade britânica enfatizavam que, por ter especificidades técnicas heterogêneas e estar sujeito continuamente a mudança tecnológica, não é possível encontrar unidades de medida para o capital nos diferentes setores e, no final, agregar tais medidas na mesma unidade comum.

Muitos economistas desenvolvimentistas fazem vista grossa à confiabilidade de estimação do estoque de capital e defendem, mesmo assim, a PTF como critério mais adequado de estimação da produtividade. McCombie e Thirlwall,[525] por exemplo, preferem a PTF, alegando que

---

[525] MCCOMBIE, John S. L.; THIRLWALL, Anthony P. *Economic growth and the balance-of-payments constraint*. Londres: St Martin's Press, 1994, p. 23.

permite incorporar, de forma separada, a contribuição do estoque de capital para a produtividade total da economia. Uma limitação da produtividade do trabalho é que seria um critério apenas parcial para avaliar a eficiência. Por exemplo, um aumento significativo da produtividade do trabalho pode apenas ser resultado de um expressivo aumento da quantidade de máquinas à disposição dos trabalhadores.

É curioso que, apesar da impossibilidade de se encontrarem medidas confiáveis para calcular o estoque de capital, os indicadores de PTF não tendem a estimar resultados absurdos. Herbert Simon[526] e Anwar Shaikh,[527] que haviam demonstrado a inconsistência matemática da função de produção agregada, argumentaram que esse paradoxo ocorre porque as estimativas das funções de produção agregadas refletem as identidades contábeis que lhes são subjacentes. Embora os indicadores estimados fiquem bastante próximos dos observados, Shaikh mostrou que as estimativas de PTF são baseadas em tautologias teóricas.[528]

No plano teórico, o modelo de Solow[529] carrega o resultado totalmente irrealista e contraintuitivo de que, uma vez alcançado o estado estacionário da economia, a taxa de investimento não afeta o crescimento no longo prazo. Entretanto, esse resultado só é possível por causa da hipótese de que o fator capital está sujeito a

---

[526] SIMON, Herbert Alexandre. "On parsimonious explanations of production relations". *The Scandinavian Journal of Economics*, vol. 81, nº 4, 1979.

[527] SHAIKH, Anwar. "Laws of production and laws of algebra: the humbug production function". *Review of Economics and Statistics*, vol. 56, nº 1, fev. 1974.

[528] Para quem estiver interessado na demonstração matemática, veja SHAIKH, Anwar. "Laws of production and laws of algebra: the humbug production function". *Review of Economics and Statistics*, vol. 56, nº 1, fev. 1974.

[529] SOLOW, Robert Merton. "A contribution to the theory of economic growth". *Quarterly Journal of Economics*, vol. 70, nº 1, fev. 1956.

CAPÍTULO IX – A MACROECONOMIA NEOCLÁSSICA DO CRESCIMENTO

rendimentos decrescentes. Isso, a despeito de Piero Sraffa,[530] num ensaio rigorosíssimo publicado mais de 30 anos antes, haver demonstrado que a lei ricardiana dos rendimentos decrescentes não é válida para explicar a dinâmica do capital.

Ao abandonar essa hipótese, as teorias de crescimento endógenas, que frutificaram a partir do final da década de 1980, procuraram salvar a abordagem neoclássica ao preservar as forças do lado da oferta como principais motores do crescimento e ao insistir na concepção do nível do produto e de sua dinâmica no longo prazo por meio de uma função agregada de produção. Os dois modelos mais influentes nessa linha são os de Romer[531] e Lucas.[532] Ambos prezam a elegância matemática, mas, para obter soluções de equilíbrio, continuaram utilizando, em alguma medida, hipóteses irrealistas, ainda que tenham assumido a hipótese, muito mais realista, de que o estado da tecnologia e o progresso técnico são endógenos e, portanto, explicados pelo modelo.

Começo pelo modelo de Romer,[533] que parte de uma função de produção agregada do tipo Cobb-Douglas assim expressa:

$$Q = F(K, L, E)\, G(E') \qquad (9.6),$$

na qual Q é o nível do produto agregado; K é o estoque de capital, L os *inputs* de trabalho (expressos normalmente em horas); E é o estoque de conhecimento tecnológico detido pela empresa; E' é o estoque de conhecimento da economia. O modelo pressupõe uma

---

[530] SRAFFA, Piero. "The laws of returns under competitive conditions". *The Economic Journal*, vol. 36, nº 144, dez. 1926.
[531] ROMER, Paul M. "Increasing returns and long-run growth". *Journal of Political Economy*, vol. 94, nº 5, out. 1986.
[532] LUCAS JUNIOR, Robert E. "On the mechanics of economic development". *Journal of Monetary Economics*, vol. 22, nº 1, jul. 1988.
[533] ROMER, Paul M. "Increasing returns and long-run growth". *Journal of Political Economy*, vol. 94, nº 5, out. 1986.

empresa representativa, que replica as características das demais empresas que competem na economia, seja no mesmo ou em diferentes mercados.

Com o objetivo de obter solução matemática de equilíbrio, a função F é caracterizada por dois pressupostos *ad hoc*: i) é côncava; e ii) homogênea de grau 1 em K, L e E (o que significa que o nível de produto varia na mesma proporção das variações destes fatores). A novidade é que o fator E' está sujeito a retornos crescentes de escala, logo o crescimento depende fundamentalmente do acúmulo de conhecimento agregado decorrente do progresso técnico.

Mas como obter resultado de equilíbrio se um dos fatores está sujeito a retornos crescentes? Isso é possível porque o modelo introduz outra hipótese *ad hoc*: a de que as economias de escala são externas à empresa, o que faz com que as externalidades emanadas do estoque de conhecimento "público" vazem para as demais empresas, sejam inovadoras ou imitadoras. Esta hipótese é essencial, e é feita *ad hoc* para assegurar o equilíbrio geral competitivo (equilíbrio geral walrasiano).[534]

Em seguida, o modelo é calibrado para permitir considerações sobre seus eventuais resultados. Admite-se que K, E e E' cresçam à mesma taxa no longo prazo, o que faz com que a equação (9.6) se torne:

$$Q = F(L, K) G(K) = L^\alpha K_t^{(1-\alpha)} K^\psi \qquad (9.7)$$

Como , pode-se interpretar como o estoque de capital amplificado pelo acúmulo de conhecimento tecnológico. No entanto, se $(1 - \alpha + \psi) < 1$, haverá retornos decrescentes do capital, daí a

---

[534] Se a hipótese fosse de economias de escala internas à empresa, muito mais realista, estaria configurado um caso de concorrência sob oligopólio, tornando impossível a modelagem em equilíbrio geral.

CAPÍTULO IX – A MACROECONOMIA NEOCLÁSSICA DO CRESCIMENTO

taxa de investimento não terá efeito positivo sobre a taxa de crescimento do PIB no longo prazo. Para escapar desse resultado *à la* Solow, Romer[535] trabalha com a hipótese de que $(1 - \alpha + \psi) \geq 1$. No entanto, caso *$(1 - \alpha + \psi) > 1$*, a taxa de crescimento do produto seria explosivamente elevada no longo prazo. Como tal resultado é muito pouco plausível, Romer passou a trabalhar com a hipótese *$(1 - \alpha + \psi) = 1$* e concluiu que, em razão dos retornos constantes agregados, mas crescentes em a taxa de crescimento do produto é proporcional à taxa de incremento do investimento. Com esses malabarismos, Romer conseguiu explicar a natureza do crescimento econômico na perspectiva neoclássica.

Traduzindo a expressão (9.7) para a forma logarítmica, torna-se possível apresentar a contabilidade do crescimento segundo o modelo de Romer:

$$Q = \alpha l + (1 - \alpha + \psi) k \qquad (9.8)$$

Diferentemente do modelo de Solow-Swan, a contabilidade do crescimento baseada em Romer não contém qualquer resíduo a ser estimado, já que o progresso tecnológico é endogenizado no modelo.

O modelo de Lucas[536] é similar ao de Romer. A diferença é que, em vez de a tecnologia ser expressa como estoque de conhecimento, ela é concebida como acúmulo de capital humano, assumido como a engrenagem principal do desenvolvimento econômico. A função agregada de produção é composta pelos fatores convencionais *K* e *L*, acrescidos do capital humano disponível a cada indivíduo *(H)* e do estoque de capital humano disponível na economia como um todo (*H'*).

---

[535] ROMER, Paul M. "Increasing returns and long-run growth". *Journal of Political Economy*, vol. 94, n° 5, out. 1986.

[536] LUCAS JUNIOR, Robert E. "On the mechanics of economic development". *Journal of Monetary Economics*, vol. 22, n° 1, jul. 1988.

Ambas as formas de capital humano têm efeitos positivos sobre a taxa de crescimento da produtividade no longo prazo. A taxa "individual" aumenta a produtividade do trabalhador individual. Em conjunto com a dos demais trabalhadores, ela aumenta também a produtividade da empresa. Ou seja, o capital humano individual tem efeitos internos, ao passo que o capital humano acumulado por cada trabalhador gera efeitos externos positivos, beneficiando reciprocamente o conjunto de trabalhadores da economia. À semelhança de E e E' do modelo de Romer, pressupõe-se que $H' = H$. Além disso, pressupõe-se que cada trabalhador gaste uma parte de seu tempo de trabalho u em atividades produtivas convencionais e outra parte $(1 - u)$ formando capital humano individual.

Assim, a função agregada de produção é a expressão

$$Q = (uH^\theta L)^\alpha K^{(1-\alpha)} \tag{9.9}$$

em que $\theta = \alpha + \gamma/\alpha$ mede a contribuição de ambas as fontes de produtividade do trabalho – o esforço produtivo e o capital humano – para a produtividade do trabalho total, em que uma parte decorre dos esforços do indivíduo na produção e outra provém do efeito do estoque de capital humano total.[537] Com constante, a taxa de crescimento de H é também constante, de modo que a função agregada de produção pode ser reescrita assim:

---

[537] A eficiência do trabalho poderia ser expressa como unidade de eficiência Segundo Lucas (LUCAS JUNIOR, Robert E. "On the mechanics of economic development". *Journal of Monetary Economics*, vol. 22, nº 1, jul. 1988), para tornar o crescimento endógeno, o capital humano varia e é adquirido pelo trabalhador individual à taxa $\frac{dH}{dt} = H^\delta(1 - u)$, em que δ é constante; e *não pode ser < 1, o que levaria a retornos decrescentes na formação de capital humano e afetaria negativamente a taxa de crescimento.*

CAPÍTULO IX – A MACROECONOMIA NEOCLÁSSICA DO CRESCIMENTO

$$Q = (uLe^{lt})^{\alpha} K^{(1-\alpha)} \qquad (9.10)$$

em que é o estoque de capital humano que se reproduz exponencialmente no tempo. Para traduzir sua forma tendencial de crescimento no longo prazo, transforma-se (9.10) para a forma logarítmica:

$$q = \alpha\,(\lambda + l) + (1 - \alpha)\,k = \alpha\,l^{*} + (1 - \alpha)\,k \qquad (9.11)$$

em que l^* é a taxa de crescimento dos inputs de trabalho expressos em unidades de eficiência.

Diferentemente do modelo de crescimento exógeno de Solow, os modelos neoclássicos de crescimento endógeno sugerem que não é mais possível assegurar convergência absoluta entre as taxas de crescimento dos países no longo prazo. Nas palavras de Romer,[538]

> como o modelo pressupõe que a taxa de investimento e de retorno sobre o capital pode agora aumentar, os níveis de produto real per capita entre os países não necessariamente convergem no longo prazo; o crescimento pode ser persistentemente menor nos países menos desenvolvidos ou até mesmo não ocorrer na maioria deles!

Além do uso de uma função agregada de produção, o modelo de Lucas sofre outra crítica séria. McCombie e Thirlwall[539] comentam que, mesmo que K e L fiquem constantes ao longo do tempo,

---

[538] ROMER, Paul M. "Increasing returns and long-run growth". *Journal of Political Economy*, vol. 94, n° 5, out. 1986; Lucas (LUCAS JUNIOR, Robert E. "On the mechanics of economic development". *Journal of Monetary Economics*, vol. 22, n° 1, jul. 1988) extrai conclusão análoga.

[539] MCCOMBIE, John S. L.; THIRLWALL, Anthony P. *Economic growth and the balance-of-payments constraint*. Londres: St Martin's Press, 1994.

o modelo demonstra que o acúmulo de capital humano é capaz de assegurar indefinidamente o crescimento econômico no longo prazo. Por exemplo, Scott[540] no notável livro *A New View of Economic Growth*, refuta tal conclusão. Ele argumenta que, tendo-se em vista que o estoque de capital humano está associado ao crescimento tanto do estoque de capital físico quanto do estoque de conhecimento acumulado pelos trabalhadores, o capital humano *per se* não possui força suficiente para assegurar o desenvolvimento econômico.

9.2 Modelos neoclássicos de crescimento em economias abertas

9.2.1 Fundamentos dos modelos: inovações, "spillovers" tecnológicos e variedade de produtos

No campo neoclássico, o trabalho mais notável de extensão do modelo de crescimento endógeno de Romer ao contexto de economias abertas aos fluxos internacionais de bens, serviços e conhecimento é o livro de Grossman e Helpman, *Innovation and Growth in the Global Economy*, de 1991. Dada a complexidade matemática dos diversos modelos analisados, limito-me a sintetizá-los de forma textual.[541]

Grossman e Helpman[542] argumentaram que seu trabalho acadêmico foi influenciado pela visão schumpeteriana,[543] segundo a qual

---

[540] SCOTT, Maurice FitzGerald. *A New View of Economic Growth*. Oxford: Clarendon, 1989.

[541] O entendimento matemático pressupõe conhecimento em otimização dinâmica. O leitor interessado pode consultar o Capítulo II de minha tese de doutorado (NASSIF, André. *Liberalização comercial e eficiência econômica*: a experiência brasileira. Rio de Janeiro: UFRJ, 2003. (Tese de Doutorado).

[542] GROSSMAN, Gene; HELPMAN, Elhanan. *Innovation and growth in the global economy*. Cambridge: The MIT Press, 1991.

[543] Essa perspectiva já havia sido assumida explicitamente pelos autores em artigo publicado anteriormente na *American Economic Review - Papers*

CAPÍTULO IX – A MACROECONOMIA NEOCLÁSSICA DO CRESCIMENTO

as inovações tecnológicas são o motor do crescimento de longo prazo. O progresso técnico é a variável endógena de crescimento, porquanto as empresas, ao buscarem novas oportunidades de realização de lucros extraordinários, não somente despendem vultosos recursos financeiros em projetos de pesquisa e desenvolvimento (P & D) como também provocam, consequentemente, mudanças na alocação de recursos da economia, especialmente de capital humano, para os setores inovadores que produzem serviços tecnológicos (*blueprints*).

No entanto, as hipóteses e a metodologia dos modelos teóricos, tipicamente neoclássicos, destoam da visão original de Schumpeter,[544] para quem o progresso técnico se processa como destruição criativa e tende a produzir desequilíbrios intertemporais permanentes. Logo, na perspectiva schumpeteriana original, não há resultados únicos de equilíbrio. Voltando aos modelos de Grossman e Helpman,[545] com respeito à inovação e ao conhecimento tecnológicos, as hipóteses básicas são:

i) As empresas inovadoras fazem gastos em P & D, pois buscam lucros extraordinários ("lucros de monopólio");

ii) Existe livre entrada no processo de P & D, porém as condições para tanto cessam quando o setor passa a gerar apenas lucros normais ("lucros de concorrência perfeita");

iii) Como corolário, a tecnologia, entendida como serviço decorrente das atividades de P & D (*blueprints*), é incorporada ao modelo como um bem cujas características essenciais estão relacionadas a não rivalidade (*non rivalry*) e não excludência (*non excludability*). Isso significa que os inovadores, embora

---

and Proceedings, de maio de 1990 (especialmente na página 87).
[544] SCHUMPETER, Joseph. *Capitalismo, socialismo e democracia*. Rio de Janeiro: Zahar, [1942] 1984.
[545] GROSSMAN, Gene; HELPMAN, Elhanan. *Innovation and growth in the global economy*. Cambridge: The MIT Press, 1991.

amparados por barreiras legais que garantem suas respectivas propriedades intelectuais (marcas) e/ou tecnológicas (patentes), não conseguem impedir totalmente o uso não autorizado de suas inovações, tampouco são capazes de barrar o livre acesso de outros produtores aos *blueprints* tecnológicos que se disseminam pela economia. Por conseguinte, o progresso técnico permite a difusão de economias externas marshallianas (efeitos de transbordamento ou *spillovers*)[546] em escala nacional ou internacional.

As peculiaridades da tecnologia expostas em (iii) são essenciais para a hipótese nuclear dos novos modelos de crescimento endógenos, qual seja, a formulação de uma função agregada de produção que exibe retornos crescentes de escala, atribuíveis, por sua vez, ao acúmulo de conhecimento. Grossman e Helpman[547] demonstram a existência de um círculo virtuoso entre progresso técnico e crescimento. A trajetória de crescimento econômico no longo prazo tende a ser sustentada pelo aumento da produtividade marginal do

---

[546] O conceito de "economias de aglomeração", tradicionalmente usado na Economia Regional e reintroduzido por Krugman (KRUGMAN, Paul Robin. *Geograph and trade*. Cambridge: The MIT Press, 1991), refere-se aos resultados da combinação de economias externas marshallianas com a concentração de indústrias e recursos produtivos em determinada região (sobretudo em "nações"). Embora Krugman (KRUGMAN, Paul Robin. "New trade theory and the less developed countries". *In*: CALVO, Guillermo (Coord.). *Debt, stabilization and development*: essays in honor of Díaz-Alejandro. Nova Jersey: Blackwell Pub, 1989; KRUGMAN, Paul Robin. "Technology and international competition: a historical perspective". *In*: HARRIS, Martha; MOORE, Gordon E. *Linking trade and technology policies*. Washington: National Academy Press, 1992) faça restrições ao uso do conceito em termos internacionais, ele é perfeitamente sintonizado com a hipótese central de Grossman e Helpman (GROSSMAN, Gene Michael; HELPMAN, Elhanan. *Innovation and growth in the global economy*. Cambridge: The MIT Press, 1991) de possibilidade de transmissão de *spillovers* tecnológicos em uma economia aberta ao comércio internacional.
[547] GROSSMAN, Gene; HELPMAN, Elhanan. *Innovation and growth in the global economy*. Cambridge: The MIT Press, 1991, p. 18.

CAPÍTULO IX – A MACROECONOMIA NEOCLÁSSICA DO CRESCIMENTO

conhecimento. Este, por sua vez, decorre dos efeitos de *spillovers* tecnológicos que alimentam o próprio processo de crescimento.

O método de análise é neoclássico em dois sentidos: em termos do equilíbrio parcial, pressupõe-se implicitamente que as estruturas de mercado prevalecentes são de concorrência monopolística *à la* Chamberlin. As empresas inovadoras realizam lucros extraordinários a curto prazo, mas estes tendem a ser dissipados a longo prazo, à medida que as condições de livre entrada permitem acesso de produtores potenciais ao setor produtor de P & D (*blueprints*). Em termos de equilíbrio geral, como o propósito dos autores é enfocar analiticamente a inter-relação de progresso técnico, comércio e crescimento em perspectiva global, o modelo de comércio básico utilizado é explicitamente o de vantagem comparativa *à la* Heckscher-Ohlin.

Antes de analisar os impactos do livre comércio sobre o crescimento econômico no longo prazo, convém ressaltar que o modelo resgata a hipótese central da nova teoria de comércio internacional. As forças conjuntas das economias de escala, da diferenciação de produto e da concorrência monopolística tendem a expandir a variedade de produtos diferenciados no setor manufatureiro. No modelo-padrão proposto por Grossman e Helpman,[548] as inovações tendem a gerar crescimento autossustentável, sob a forte hipótese de que o setor produtor de *blueprints* exiba retornos crescentes de escala. Neste caso, o que garante o processo de crescimento a longo prazo é a existência de maior variedade de produtos resultante do progresso técnico e os efeitos de *spillovers* desencadeados a partir da difusão de conhecimento tecnológico.

Este modelo-padrão de expansão de variedades de produtos contempla dois casos distintos: no primeiro, concebe-se a tecnologia como um bem cujos resultados são inteiramente apropriados pelos inovadores. Inexiste qualquer possibilidade de que agentes não

---

[548] GROSSMAN, Gene; HELPMAN, Elhanan. *Innovation and growth in the global economy.* Cambridge: The MIT Press, 1991.

inovadores possam ter acesso ao conhecimento tecnológico à medida que este se acumula ao longo do tempo. Neste caso, como não há efeitos de *spillovers,* o setor de P & D funciona com uma função de produção sujeita a retornos constantes de escala. Mas o crescimento econômico se mantém enquanto houver incentivo à criação de novas variedades de produtos. No segundo caso, esta hipótese é relaxada e a tecnologia passa a ser vista como um bem que, em virtude de seus atributos de não rivalidade e não excludência, pode ser parcialmente apropriado enquanto conhecimento pelos demais produtores.

Começo pelo primeiro caso. Como assinalado, a hipótese essencial assume a impossibilidade de difusão dos efeitos de *spillovers* tecnológicos à medida que são introduzidas inovações, que se consubstanciam apenas em ampliação da variedade de produtos ("diferenciação horizontal"). Nesse modelo, os consumidores e produtores comportam-se economicamente de forma convencional. Eles procuram maximizar suas funções de utilidade e de lucro, respectivamente, ao longo de horizonte intertemporal.

Em equilíbrio dinâmico, o modelo prediz a existência de um número ótimo de variedade de produtos: abaixo desta quantidade ótima, os incentivos iniciais à promoção de gastos em P & D cessarão com a redução da taxa de lucratividade da firma. Aumentam-se, assim, os custos de oportunidade do setor inovador; quantidades acima do número ótimo não são sustentáveis no longo prazo, porque configuram níveis infinitos de variedades e um valor infinito para a firma inovadora. Do ponto de vista econômico, esta trajetória é inviável, pois, à medida que a variedade de produtos se expande no mercado, as empresas se defrontam com a redução do volume de vendas por bem produzido, em virtude da concorrência com as demais firmas que produzem bens diferenciados.

Já o segundo caso configura a hipótese que os autores entendem ser mais realista. Embora os inovadores se apropriem de um fluxo de lucros de monopólio como prêmio pelos resultados bem-sucedidos decorrentes dos investimentos realizados em P & D, parte destes

CAPÍTULO IX – A MACROECONOMIA NEOCLÁSSICA DO CRESCIMENTO

serviços (*blueprints*) transborda para o sistema econômico, quer como fluxo de ideias, técnicas e métodos, quer através dos próprios produtos. Isso possibilita a inovação por engenharia reversa e amplia, portanto, o estoque de conhecimento acessível a qualquer agente privado da economia. Como a proliferação de inovações resulta das economias externas criadas e difundidas a partir das inovações originais (efeitos de *spillovers* tecnológicos), o "setor" de conhecimento tecnológico torna-se sujeito a retornos crescentes dinâmicos de escala, que disseminam economias externas marshallianas.

Nesse caso, o aumento da taxa de inovações desencadeia um processo de realocação dos recursos produtivos da economia e conduz à tendência de equilíbrio estável (*steady state*) no longo prazo. Assim, à medida que a taxa de inovações se acelera, os trabalhadores do setor manufatureiro deslocam-se dos segmentos produtores de bens finais diferenciados para o setor de P & D. Como o modelo pressupõe pleno-emprego, o resultado final será menor oferta de bens finais do setor manufatureiro e aumento da taxa de salários neste setor, em virtude da menor disponibilidade de trabalhadores potencialmente disponíveis.

O modelo demonstra que o progresso técnico é o fator responsável pela sustentação do crescimento no longo prazo. Mas o que garante a aceleração do progresso técnico é a ampliação dos recursos produtivos disponíveis, o incremento da produtividade média destes recursos, o menor grau de aversão ao risco por parte dos poupadores e o maior potencial de diferenciação de produtos.

9.2.2 Comércio e crescimento em economias abertas: impactos do livre fluxo de bens, serviços e conhecimento

Cabe agora analisar as inter-relações dinâmicas de inovação, livre comércio e crescimento segundo os modelos propostos por

Grossman e Helpman.[549] O impacto do comércio sobre as trajetórias de crescimento no longo prazo de duas economias que se integram internacionalmente decorre de três efeitos simultâneos. Primeiro, pelo "efeito externalidade", o comércio facilita a transmissão mútua do conhecimento tecnológico. Segundo, pelo "efeito concorrência", estimula a introdução de inovações, seja de processo, seja de produto, evitando a duplicação de bens, ideias e técnicas produtivas. Terceiro, pelo efeito "economias de escala", gera resultado ambíguo sobre o crescimento. Se a ampliação do mercado internacional aumenta o grau de especialização, propiciando o incremento das vendas e dos lucros das firmas, dado o *market-share* preexistente, o confronto com maior número de competidores tende a reduzir a taxa de inovações e, por conseguinte, o crescimento econômico.[550]

Grossman e Helpman[551] argumentam que a integração econômica global tende a imprimir forças ambíguas sobre o processo de crescimento: com o alargamento do mercado, o comércio internacional proporciona maiores oportunidades de lucro e de crescimento. Não obstante, a maior concorrência capitalista em escala global tende a frear a busca por maior variedade de produtos, o que reduz as oportunidades de lucros potenciais e, consequentemente, a taxa de crescimento. A trajetória de crescimento no longo prazo decorre do efeito líquido de ambas as tendências.

Sintetizarei os impactos do comércio sobre o crescimento em dois casos relevantes: o livre-comércio efetivado entre países

---

[549] GROSSMAN, Gene; HELPMAN, Elhanan. *Innovation and growth in the global economy*. Cambridge: The MIT Press, 1991, cap. 9.

[550] Não por acaso, esses três efeitos estão presentes na metodologia de estimação empírica da mudança de produtividade total dos fatores com base em dados de plantas produtivas, proposta por Tybout e Westbrook (TYBOUT, James R.; WESTBROOK, M. Daniel. "Trade liberalization and the dimensions of efficiency change in mexican manufacturing industries". *Journal of International Economics*, n° 39, 1995).

[551] GROSSMAN, Gene; HELPMAN, Elhanan. *Innovation and growth in the global economy*. Cambridge: The MIT Press, 1991.

CAPÍTULO IX – A MACROECONOMIA NEOCLÁSSICA DO CRESCIMENTO

de estruturas produtivas similares; e o realizado entre países de estruturas produtivas e tecnológicas díspares, caso particularmente importante para extrair lições úteis aos países em desenvolvimento. Ilustrarei ambos os casos pressupondo que existam dois países na economia global: Belporto e Belmonte. Pressupõe-se divisão fixa de recursos alocados para os setores manufatureiro e de P&D, de modo que o valor agregado do mercado de ações em cada país permaneça constante. Além disso, admite-se a hipótese de que cada país detenha uma parcela constante do total de produtos diferenciados existentes no mercado global.

Inicialmente, suponho que Belporto e Belmonte disponham da mesma base de recursos produtivos e idênticas tecnologias. Qual o impacto sobre o crescimento de ambos os países no longo prazo, caso se engajem em livre intercâmbio de bens, serviços e conhecimento ("fluxo de ideias e informações")? As equações dinâmicas do modelo levam a um resultado surpreendente: se não houver duplicação de esforços nos laboratórios de pesquisa voltados para a criação de novos produtos em ambos os países, o alargamento do mercado resultante da integração econômica não exerce qualquer efeito líquido sobre a taxa de crescimento de longo prazo das nações! É uma hipótese que parece bastante plausível enquanto tendência de longo prazo, pois a concorrência, em termos globais, tende a fazer com que as firmas optem por lançar produtos até então inexistentes no mercado mundial, em vez de se comportarem como simples imitadoras de suas rivais.

Há ganhos de comércio? Sim, mas não dinâmicos. Os ganhos de comércio são eminentemente estáticos e proporcionados pelo acesso dos consumidores do mercado mundial a maior variedade de produtos. Mas, em termos dinâmicos, ambos os países seguirão crescendo à mesma taxa prevalecente antes da liberalização comercial. Embora o resultado deste modelo seja surpreendente, não é contraintuitivo, pois sugere que, tudo mais permanecendo constante, países idênticos em níveis de desenvolvimento continuarão mantendo iguais padrões de crescimento.

No segundo caso, admitirei, seguindo Grossman e Helpman,[552] que o fluxo de conhecimento não transborda além das fronteiras nacionais, o que impossibilita que seu acúmulo produza efeitos de *spillovers* em termos globais. A despeito de a economia mundial ser caracterizada por estruturas produtivas similares – pressuposição inadmissível pela abordagem heterodoxa neoshumpeteriana, como mostrarei adiante –, o estoque de conhecimento é apropriado privadamente pelos empresários de cada país.

Considerarei também que Belporto mantém ritmo mais acelerado de inovações do que Belmonte. A ideia é que a maior taxa de inovações em Belporto incentiva ainda mais as firmas daquele país a introduzir no mercado novas técnicas redutoras de custos e novos produtos. Consequentemente, a maior concorrência oligopolista internacional não apenas reduz o *market-share* e o incentivo para inovações das firmas de Belmonte, como também amplia ainda mais o *gap* tecnológico de suas indústrias em relação às de Belporto.

Uma vez que as taxas de inovações tecnológicas são desiguais em ambos os países e um deles domina o estado da arte, resultam diferentes as respectivas participações de cada um na demanda mundial de bens diferenciados. As manipulações matemáticas do modelo levam a resultados de equilíbrio dinâmico nada alvissareiros para Belmonte. Caso o ritmo mais acelerado de progresso técnico permita que Belporto domine o mercado de bens inovados, numa situação de livre comércio puro, esse país, maior, tende a apresentar a mesma taxa de crescimento de longo prazo que alcançaria na ausência de comércio internacional ("autarquia").

Contudo, a ampliação do mercado via comércio exterior faz com que Belporto cresça mais rápido do que se estivesse isolado do intercâmbio global de bens e serviços. Note-se que os ganhos de comércio são tipicamente schumpeterianos (dinâmicos), e não

---

[552] GROSSMAN, Gene; HELPMAN, Elhanan. *Innovation and growth in the global economy*. Cambridge: The MIT Press, 1991, cap. 9.

CAPÍTULO IX – A MACROECONOMIA NEOCLÁSSICA DO CRESCIMENTO

ricardianos (estáticos). Eles proporcionam a Belporto, no longo prazo, maiores taxas de crescimento do PIB do que os obtidos por Belmonte.

E o que se pode dizer, segundo o modelo de Grossman e Helpman[553] sobre o futuro de Belmonte, o país de menor mercado, em termos de crescimento e bem-estar? As equações dinâmicas do modelo demonstram que este país não somente assiste à perda de *market-share* no mercado mundial, como também apresenta taxa de crescimento de longo prazo menor em livre-comércio do que numa hipotética situação de autarquia. Como sustentam Grossman e Helpman,[554] a hipótese alternativa de que Belmonte aumente seu *market-share* internacional seria uma contradição em termos. Isso não é possível, pela simples razão de que este país não inova!

Tudo está perdido para Belmonte? Ao menos no curto prazo, não. Referendando as conclusões dos modelos da nova teoria de comércio internacional, em termos estáticos os consumidores deste país podem obter ganhos imediatos (*once and for all*). Estes podem vir da possibilidade de maior acesso a bens diferenciados provenientes de Belporto ou do incremento da taxa de variedade de produtos relativamente à situação de autarquia.

Mas, embora Grossman e Helpman não sejam enfáticos, minha conclusão é que, no longo prazo, há perdas para Belmonte em termos dinâmicos. E não é difícil entender por quê. Em razão dos menores incentivos à pesquisa e desenvolvimento direcionados ao setor manufatureiro, o comércio reduz o nível de bem-estar da sociedade belmontesa no longo prazo. Afinal, enquanto Belporto diversifica sua estrutura produtiva em produtos manufaturados com elevada intensidade tecnológica, geralmente de elevada elasticidade-renda da demanda, Belmonte se especializa em *"commodities"*. Em

---

[553] GROSSMAN, Gene; HELPMAN, Elhanan. *Innovation and growth in the global economy*. Cambridge: The MIT Press, 1991.
[554] GROSSMAN, Gene; HELPMAN, Elhanan. *Innovation and growth in the global economy*. Cambridge: The MIT Press, 1991, p. 250.

outras palavras, numa situação em que o conhecimento tecnológico fica retido no país inovador, mas existe fluxo de comércio de bens e serviços entre os países, os ganhos estáticos obtidos pelo país não inovador podem ser paulatinamente diluídos, por efeito das perdas dinâmicas potenciais a longo prazo. Esse resultado, inquestionável, é o cerne da crítica heterodoxa neoschumpeteriana aos modelos neoclássicos de crescimento endógeno em economias abertas ao comércio internacional, ponto da próxima seção; e um alerta para processos **acelerados** de liberalização comercial nos países em desenvolvimento, como já discutido no Capítulo VII.

9.3 Modelos neoclássicos de crescimento: a crítica desenvolvimentista

Em que pese o imenso esforço teórico neoclássico para elucidar os impactos dos retornos crescentes dinâmicos sobre as trajetórias de crescimento de longo prazo das economias capitalistas, o fato é que essa corrente não consegue mostrar convincentemente como o processo de geração de conhecimento se transforma efetivamente em introdução e/ou incorporação de inovações. Além disso, mesmo quando se supõe a possibilidade de transbordamento do conhecimento no plano internacional, a condição de livre entrada no setor de P & D acaba obscurecendo o fato mais evidente de que os elevados riscos inerentes a essa atividade, decorrentes da incerteza quanto aos retornos futuros, restringem sobremaneira a possibilidade de *catching-up* inovativo dos países tecnologicamente mais atrasados.

Heal,[555] por exemplo, reconhece os interessantes resultados apresentados pela literatura neoclássica a esse respeito, mas não esconde enorme frustração com essa linha de pesquisa. Diz ele:[556]

---

[555] HEAL, Geoffrey. *The Economics of Increasing Returns*. Nova York: Columbia Business School, 1998.

[556] HEAL, Geoffrey. *The Economics of Increasing Returns*. Nova York: Columbia Business School, 1998, p. 4.

CAPÍTULO IX – A MACROECONOMIA NEOCLÁSSICA DO CRESCIMENTO

Embora apresentem resultados claros e robustos, os modelos neoclássicos de crescimento acabam evitando as implicações reais da existência de economias de escala dinâmicas, desviando, assim, a análise da rota originalmente traçada por Adam Smith. [como discutido no Capítulo I].

Acertadamente, ele sugere que, quando o mundo passa a ser dominado por retornos crescentes dinâmicos, a própria possibilidade de equilíbrio, inclusive parcial, fica extremamente comprometida, visto que, a qualquer preço dado, pode haver excesso de demanda para alguns setores e excesso de oferta para outros.

Na análise teórica das inter-relações de mudança tecnológica, comércio internacional e desenvolvimento, a abordagem neoschumpeteriana procura justamente se livrar das armadilhas presentes na literatura de equilíbrio geral sobre o tema. Como advertem Dosi, Pavitt e Soete,[557] embora seja Schumpeter a fonte inspiradora original – sobretudo porque foi ele quem pioneiramente analisou o papel das inovações e do progresso tecnológico como fundamentos da mudança econômica e do processo de destruição criativa –, essa linha de pesquisa também incorpora as contribuições de todos os autores, liberais ou não, que analisaram o problema do desenvolvimento sob perspectiva eminentemente dinâmica. Como quase todos esses autores de linhagem desenvolvimentista (incluindo os neoschumpeterianos propriamente ditos) ousaram romper com o paradigma de equilíbrio geral, Dosi, Pavitt e Soete[558] passaram a denominá-los "heréticos".

---

[557] DOSI, Giovanni; PAVITT, Keith; SOETE, Luc. *The economics of technical change and international trade*. Londres: Harvester Wheastsheaf, 1990.

[558] DOSI, Giovanni; PAVITT, Keith; SOETE, Luc. *The economics of technical change and international trade*. Londres: Harvester Wheastsheaf, 1990.

Sintetizo, então, o modelo "herético" proposto por Dosi, Pavitt e Soete,[559] cujo ponto de partida são as "diferentes capacitações tecnológicas e de inovação entre os países, as quais impactam, também de forma diferenciada, os padrões de comércio internacional e de crescimento".[560] Na abordagem proposta, embora as diferentes tecnologias relativas entre países determinem o padrão de comércio exterior no curto prazo, os mecanismos que atuam dinamicamente no processo de inovação exercem influência preponderante não somente na **mudança** do padrão de comércio, mas também no **potencial de crescimento** futuro da economia.

Uma vez que a mudança tecnológica interfere permanentemente nos mecanismos de coordenação e interdependência de agentes econômicos domésticos e internacionais, o enfoque analítico de Dosi, Pavitt e Soete[561] é preferencialmente dinâmico. Sob esse enfoque, as questões relativas a comércio internacional e crescimento econômico

---

[559] DOSI, Giovanni; PAVITT, Keith; SOETE, Luc. *The economics of technical change and international trade*. Londres: Harvester Wheastsheaf, 1990.

[560] Em contraste, nos modelos de comércio tradicionais, analisados no Capítulo III, as vantagens comparativas são determinadas pelas diferentes produtividades relativas do trabalho, cujas causas estão relacionadas ou a diferentes tecnologias relativas (como no caso ricardiano) ou a diferentes dotações relativas dos fatores (como no modelo H-O-S). Em ambos os casos, as tecnologias não são explicadas, mas tomadas como dadas. Por sinal, na segunda parte do livro, Dosi, Pavitt e Soete (DOSI, Giovanni; PAVITT, Keith; SOETE, Luc. *The economics of technical change and international trade*. Londres: Harvester Wheastsheaf, 1990) apresentaram fartas evidências empíricas relacionadas à economia mundial.

[561] DOSI, Giovanni; PAVITT, Keith; SOETE, Luc. *The economics of technical change and international trade*. Londres: Harvester Wheastsheaf, 1990.

CAPÍTULO IX – A MACROECONOMIA NEOCLÁSSICA DO CRESCIMENTO

no longo prazo, apesar da reconhecida complexidade, são tratadas pelo método evolucionário.[562] Suas premissas são as seguintes:[563]

a) as diferenças tecnológicas entre países e suas distintas capacidades de inovação são fatores preponderantes para explicar as causas e o fluxo de comércio, bem como os respectivos níveis de renda nacional;

b) abandono do método de equilíbrio geral walrasiano em favor de outro que privilegie o papel da mudança tecnológica no fluxo de comércio internacional e no ajustamento dinâmico de economias, cujas taxas de crescimento ficam condicionadas, por hipótese, a restrições do balanço de pagamentos;

c) existência de vantagens absolutas específicas de cada país, em geral, reforçadas pelo progresso tecnológico, que influenciam seu *market share*, tanto setorial quanto total, no mercado mundial de bens e serviços;

---

[562] A concepção evolucionária, bastante alinhada com a visão original de Schumpeter, foi introduzida por Nelson e Winter (NELSON, Richard R.; WINTER, Sidney G. *An evolutionary theory of economic change*. Cambridge: Harvard University Press, 1982). Os autores abandonam a hipótese neoclássica de maximização de lucros, assumindo, em contrapartida, que, num mundo de incerteza e sob pressão competitiva permanente, as empresas procuram tomar decisões relevantes, sejam de curto prazo (por exemplo, o grau de utilização de capacidade instalada) ou de longo prazo (como as decisões de investimento, os gastos em P & D etc.), as quais refletem uma rotina voltada para a consecução do objetivo primordial de expansão no mercado em que atuam. Essa rotina, por paradoxal que pareça, reflete estado de mudança permanente, de modo que, segundo Nelson e Winter (NELSON, Richard R.; WINTER, Sidney G. *An evolutionary theory of economic change*. Cambridge: Harvard University Press, 1982, p. 18), "o problema central da teoria evolucionária consiste em analisar o processo dinâmico por meio do qual os padrões de comportamento da firma e os resultados de mercado são simultaneamente determinados ao longo do tempo".

[563] Estes pressupostos estão em DOSI, Giovanni; PAVITT, Keith; SOETE, Luc. *The economics of technical change and international trade*. Londres: Harvester Wheastsheaf, 1990, p. 26.

d) recusa de a tecnologia ser identificada como um bem transacionado livremente no mercado, como nos modelos neoclássicos de crescimento endógeno;

e) o padrão de especialização pode ter efeitos cumulativos (positivos ou negativos) a longo prazo.Com base nesses pressupostos, exemplificarei com um modelo simplificado (dois países, dois bens e apenas o trabalho como fator de produção), a fim de demonstrar como podem ser extraídas conclusões teóricas distintas da abordagem neoclássica do padrão de comércio internacional, mudança tecnológica e *performance* econômica em termos dinâmicos.[564]

Imaginemos que o setor manufatureiro dos dois países que formam a economia mundial, Belporto e Belmonte, seja constituído pelas indústrias de computadores e automóveis. Suponhamos que ambos os países apresentem idênticas tecnologias, mesmos custos e preços relativos, iguais preferências dos consumidores e taxas de câmbio entre suas moedas iguais a um. Consideremos também que as duas economias operem com algum nível de desemprego involuntário – ou seja, enfrentam uma realidade keynesiana, e não neoclássica. Dados os pressupostos, mesmo que Belporto e Belmonte se abrissem ao livre comércio, de acordo com a teoria tradicional, não se efetivaria qualquer intercâmbio, posto que o comércio internacional só se concretizaria caso se verificassem diferenças nas tecnologias relativas (caso ricardiano clássico) e nos custos relativos e preços relativos (casos ricardiano e do modelo neoclássico padrão).

Admitamos, então, que certa inovação tecnológica em ambas as indústrias de Belporto lhe proporcione vantagem absoluta em custos, mas deixe intactos, nos dois países, a produtividade relativa do trabalho e os preços relativos. De acordo com as predições dos

---

[564] O modelo apresentado é uma adaptação do de DOSI, Giovanni; PAVITT, Keith; SOETE, Luc. *The economics of technical change and international trade.* Londres: Harvester Wheastsheaf, 1990, pp. 29/30.

CAPÍTULO IX – A MACROECONOMIA NEOCLÁSSICA DO CRESCIMENTO

modelos ricardiano e de Heckscher-Ohlin-Samuelson, tampouco haveria qualquer razão para que fosse deflagrado intercâmbio comercial entre os dois países, pois, nesses modelos, o padrão de especialização é sempre determinado pela diferença de custos relativos e/ou preços relativos, independentemente das diferenças absolutas dos perfis tecnológicos de suas indústrias.

O resultado anterior é o que se deve esperar de acordo com o modelo tradicional de comércio internacional. No enfoque dinâmico neoschumpeteriano, no entanto, Belporto conta com custos absolutos mais vantajosos e tende a incrementar sua participação relativa no fluxo de exportações para Belmonte em ambas as indústrias. Belporto aumentaria, consequentemente, o volume líquido de divisas recebido. Em termos dinâmicos, à medida que conseguisse sustentar taxas de crescimento econômico superiores às de seu parceiro, o hiato (*gap*) tecnológico favorável às indústrias belportuenses lhes possibilitaria incrementar a eficiência na produção de ambos os bens, em razão da presença de retornos crescentes, via ampliação do *market-share* internacional, ainda que tenham sido preservados os níveis de eficiência relativa.

Caso se incorpore a hipótese de que ambas as indústrias operam com economias de escala internas à firma e competem em oligopólio, é possível haver equilíbrios múltiplos, mesmo que se efetive algum fluxo de comércio intra-industrial entre os dois países. No entanto, uma vez considerada a existência de *gap* tecnológico favorável a Belporto, as economias de escala não fariam senão reforçá-lo, através de movimento autocumulativo, tendo em vista o maior atraso da capacitação tecnológica de Belmonte, bem como o caráter de *lock-in* das trajetórias tecnológicas, de acordo com a definição de William Brian Arthur,[565] exposta no Capítulo VII.

---

[565] ARTHUR, W. Brian. "Competing technologies, increasing returns, and lock-in by historical events". *The Economic Journal*, vol. 99, mar. 1989.

Considerando a forte influência do progresso técnico sobre o comércio internacional e as taxas de crescimento econômico, Dosi, Tyson e Zysman[566] introduziram o conceito de *eficiência schumpeteriana*. Ele consiste em avaliar os efeitos dinâmicos da alocação de recursos sobre a trajetória e direção da mudança tecnológica, bem como sobre o resultado aleatório, ou seja, imprevisível, do processo inovativo. Adicionalmente, apresentam como critério complementar a *eficiência keynesiana*, que relaciona as máximas taxas de crescimento possíveis da economia, dadas as restrições do balanço de pagamentos.[567]

Os autores não se opõem ao procedimento de avaliar a eficiência econômica pelo critério estático das teorias de vantagens comparativas, como se vê na perspectiva ricardiano-neoclássica, em que os ganhos de comércio são do tipo *once and for all*. Contudo, alertam que, ao submeter o processo de alocação de recursos da economia unicamente a esse requisito, haverá um dilema (*trade-off*) efetivo entre eficiência ricardiana e eficiência schumpeteriana. Dosi, Tyson e Zysman[568] expõem o problema nos seguintes termos:

---

[566] DOSI, Giovanni; TYSON, Laura D'Andrea; ZYSMAN, John. "Trade, technologies, and development: a framework for discussing Japan". *In*: ZYSMAN, John *et al.* (Coord.). *Politics and Productivity*. Nova York: Ballinger, 1989.

[567] Ambos os conceitos aparecem também em DOSI, Giovanni; PAVITT, Keith; SOETE, Luc. *The economics of technical change and international trade*. Londres: Harvester Wheastsheaf, 1990, cap. 8, especialmente na p. 240; DOSI, Giovanni; TYSON, Laura D'Andrea; ZYSMAN, John. "Trade, technologies, and development: a framework for discussing Japan". *In*: ZYSMAN, John *et al.* (Coord.). *Politics and Productivity*. Nova York: Ballinger, 1989, p. 13.

[568] DOSI, Giovanni; TYSON, Laura D'Andrea; ZYSMAN, John. "Trade, technologies, and development: a framework for discussing Japan". *In*: ZYSMAN, John *et al.* (Coord.). *Politics and Productivity*. Nova York: Ballinger, 1989, p. 14.

CAPÍTULO IX – A MACROECONOMIA NEOCLÁSSICA DO CRESCIMENTO

Se o potencial dinâmico de crescimento das atividades econômicas difere entre elas, então um padrão de especialização nacional que seja eficiente, em dado momento, em termos de um dado conjunto de indicadores de mercado, pode não maximizar o bem-estar econômico a longo prazo. Se os agentes privados e autoridades governamentais alocam os recursos de acordo com esses indicadores, a trajetória de desenvolvimento futuro da economia pode ser adversamente afetada. Uma nação poderá engendrar uma alocação eficiente de recursos, especializando-se naquelas indústrias e atividades em que as oportunidades para crescimento e desenvolvimento tecnológico são mínimas.

Para demonstrar analiticamente como o referido *trade-off* poderia emergir, Dosi, Tyson e Zysman[569] alinham-se com a tradição desenvolvimentista. Assim, afastam-se de três hipóteses normalmente implícitas nos modelos neoclássicos de comércio internacional: a primeira, que sejam idênticas às elasticidades-renda da demanda entre produtos e países; a segunda, que as elasticidades-preço da demanda sejam similares e elevadas para todos os produtos;[570] e a terceira, que a tecnologia, em geral, tomada como dado exógeno, seja facilmente transferível internacionalmente.

---

[569] DOSI, Giovanni; TYSON, Laura D'Andrea; ZYSMAN, John. "Trade, technologies, and development: a framework for discussing Japan". *In*: ZYSMAN, John *et al.* (Coord.). *Politics and Productivity*. Nova York: Ballinger, 1989. Ver também Dosi, Pavitt e Soete (DOSI, Giovanni; PAVITT, Keith; SOETE, Luc. *The economics of technical change and international trade*. Londres: Harvester Wheastsheaf, 1990, p. 250).

[570] Como base de sustentação de hipóteses contrárias, Dosi, Pavitt e Soete (DOSI, Giovanni; PAVITT, Keith; SOETE, Luc. *The economics of technical change and international trade*. Londres: Harvester Wheastsheaf, 1990, p. 250) citam estudos empíricos de A.P. Thirlwall, G.Lafay, J. Cornwall e, na tradição da literatura do desenvolvimento, R. Prebisch.

Com relação à inversão da primeira hipótese, Dosi, Tyson e Zysman[571] sustentam que as elasticidades-renda da demanda não apenas são desiguais entre produtos e países, mas também são mais elevadas para os bens provenientes das indústrias e serviços de alta tecnologia.[572] Assumem a regra geral keynesiana de que a economia se defronta com recursos produtivos subutilizados e funciona, portanto, salvo exceção, abaixo do pleno-emprego. Assim sendo, o crescimento econômico a curto prazo depende fundamentalmente da expansão da demanda agregada. Estendida a ideia para a economia mundial (*"considerando o mundo como keynesiano"*),[573] concluem que

> a eficiência no crescimento de um padrão específico de produção e de especialização internacional depende em parte das elasticidades-renda da demanda para diferentes produtos no mercado mundial (...); e (portanto) quanto maior a taxa de expansão da demanda externa dos produtos de uma nação relativamente à variação da renda mundial, maiores as possibilidades de crescimento desta economia, ceteris paribus.

---

[571] DOSI, Giovanni; TYSON, Laura D'Andrea; ZYSMAN, John. "Trade, technologies, and development: a framework for discussing Japan". *In*: ZYSMAN, John *et al.* (Coord.). *Politics and Productivity*. Nova York: Ballinger, 1989.

[572] Embora não exista uma definição precisa, indústrias e serviços de alta tecnologia podem ser conceituados como detentores do maior potencial de crescimento entre os demais setores da economia (ver DOSI, Giovanni; TYSON, Laura D'Andrea; ZYSMAN, John. "Trade, technologies, and development: a framework for discussing Japan". *In*: ZYSMAN, John *et al.* (Coord.). *Politics and Productivity*. Nova York: Ballinger, 1989, p. 14). São também caracterizados por maiores despesas em P & D (em geral, bem acima da média da economia) e pelo maior potencial gerador de externalidades econômicas positivas, em termos intra e intersetoriais.

[573] DOSI, Giovanni; TYSON, Laura D'Andrea; ZYSMAN, John. "Trade, technologies, and development: a framework for discussing Japan". *In*: ZYSMAN, John *et al.* (Coord.). *Politics and Productivity*. Nova York: Ballinger, 1989, p. 15.

CAPÍTULO IX – A MACROECONOMIA NEOCLÁSSICA DO CRESCIMENTO

Resta indagar: por que apenas sinais emitidos pelo mercado (via preços relativos) tendem a falhar na promoção da alocação de recursos eficiente em termos de crescimento econômico a longo prazo? Uma das razões principais reside na incerteza dos agentes quanto ao retorno futuro de suas decisões de investimento. A incerteza, aliada às imperfeições existentes no mercado de capitais, faz com que os recursos financeiros nem sempre sejam alocados nas indústrias que ofereçam os maiores retornos privado e social a longo prazo. Neste caso, segundo os autores,[574]

> as firmas mostram-se habilitadas a aumentar a demanda de recursos financeiros para investimento em indústrias que oferecem elevadas taxas de retorno ao longo de períodos relativamente curtos, mas se mostram incapazes de ampliar a demanda de fundos financeiros para investimento naqueles setores cujo retorno privado, dadas as condições prevalecentes no mercado mundial, é não apenas incerto como, também, somente efetivado a prazo mais longo. Se os mercados nacionais de capitais são "impacientes" e com aversão ao risco, então dificilmente se efetivariam projetos de investimento cujo retorno é altamente incerto e de elevado risco, apesar de seu grande potencial de crescimento a longo prazo.

A inversão da terceira hipótese é de natureza metodológica e é relacionada ao programa de pesquisa neoschumpeteriano, que pressupõe ser endógena a mudança tecnológica. Diferentemente, porém, dos modelos neoclássicos, a tecnologia é concebida como ativo não facilmente transferível entre empresas, setores e, muito menos, países. Ao contrário do conhecimento científico, que se transmite com maior facilidade nas relações internacionais, o conhecimento tecnológico, por depender basicamente das habilidades e experiências

---

[574] DOSI, Giovanni; TYSON, Laura D'Andrea; ZYSMAN, John. "Trade, technologies, and development: a framework for discussing Japan". *In*: ZYSMAN, John *et al.* (Coord.). *Politics and Productivity*. Nova York: Ballinger, 1989, pp. 16/17.

específicas das firmas, das capacitações técnicas já existentes e das características institucionais de cada país, não flui livremente entre fronteiras nacionais!

Neste caso, uma vez que as capacitações tecnológicas das empresas estão intimamente relacionadas aos padrões efetivos de produção no mesmo setor ou em setores correlacionados, o progresso técnico passa a ser fortemente condicionado pelo processo **corrente** de alocação de recursos e de produção em determinado país.[575] Considerando-se ainda que as oportunidades para mudança tecnológica são diferenciadas entre produtos e setores, Dosi, Tyson e Zysman[576] sugerem que a alocação de recursos inteiramente guiada pelos sinais de mercado pode ser eficiente em termos estáticos (eficiência ricardiana), mas ineficiente em termos dinâmicos (eficiência schumpeteriana), vale dizer, em termos da realização do potencial tecnológico e de crescimento a longo prazo da economia.

Este *trade-off* é mais bem elucidado através da descrição das peculiaridades inerentes ao progresso técnico. De acordo com a abordagem evolucionária, as atividades inovativas, em razão de suas características fortemente seletivas e cumulativas, processam-se envolvendo retornos crescentes estáticos e dinâmicos, que operam em várias dimensões. Primeiro, por efeito dos elevados custos de entrada e porque parte significativa dos recursos mobilizados enquadra-se como *sunk cost* (custo não recuperável), as inovações tecnológicas implicam significativas economias estáticas de escala quando introduzidas no processo produtivo. Segundo, à medida que se ganha

---

[575] DOSI, Giovanni; TYSON, Laura D'Andrea; ZYSMAN, John. "Trade, technologies, and development: a framework for discussing Japan". *In*: ZYSMAN, John *et al.* (Coord.). *Politics and Productivity*. Nova York: Ballinger, 1989, pp. 20/21.

[576] DOSI, Giovanni; TYSON, Laura D'Andrea; ZYSMAN, John. "Trade, technologies, and development: a framework for discussing Japan". *In*: ZYSMAN, John *et al.* (Coord.). *Politics and Productivity*. Nova York: Ballinger, 1989, p. 22.

CAPÍTULO IX – A MACROECONOMIA NEOCLÁSSICA DO CRESCIMENTO

maior experiência na sua utilização, emergem economias dinâmicas de escala decorrentes de maior aprimoramento técnico. Terceiro, por causa de seu caráter não-ergódico e cumulativo (*path-dependence*), o êxito dos esforços de busca inovativa são, em grande parte, dependentes dos resultados já acumulados pelas empresas e pelos países com relação à mudança tecnológica. Por último, são as indústrias e serviços de alta tecnologia os principais responsáveis pela geração de efeitos de *spillovers* tecnológicos na economia.

Em suma, à medida que os setores da economia apresentam capacidades diferenciadas para realizar seu potencial de crescimento e desenvolvimento tecnológico, os sinais de mercado tendem a se mostrar insuficientes para promover a alocação de recursos que maximize a potencialidade do retorno social. Neste caso, o *trade-off* entre eficiência ricardiana e schumpeteriana tende a aparecer à medida que preços relativos "corretos", impostos pela livre concorrência internacional, revelam as vantagens comparativas estáticas do país. Isso acontece, porém, às custas de um processo de alocação de recursos que, "incorretamente", é desviado dos setores com maior potencial de crescimento da economia a longo prazo. A incapacidade de contar com taxas de crescimento sustentáveis e relativamente estáveis acabará por conduzir o país à estagnação e ao empobrecimento de sua população no longo prazo.

Considerações finais

Em abordagem explícita de equilíbrio geral, Grossman e Helpman[577] apresentaram diversos modelos dinâmicos em que as condições de apropriação do conhecimento tecnológico variam da total retenção privada por inovadores ao completo transbordamento internacional, assim permitindo-se o *catching-up* pelos imitadores. É verdade que a transmissão do conhecimento não é nem inteiramente

---

[577] GROSSMAN, Gene; HELPMAN, Elhanan. *Innovation and growth in the global economy*. Cambridge: The MIT Press, 1991.

fluida, como supõem os neoclássicos, nem quase totalmente intransponível, como supõem economistas heterodoxos mais radicais.

Entretanto, a pressuposição de total apropriação do estoque de conhecimento por inovadores é forte demais para ser tomada como *proxy* do mundo real. Em alguma medida, é possível haver transmissão internacional do conhecimento. Esta hipótese pode ser corroborada pelas mudanças tecnológicas recentes, que, com a revolução da microeletrônica e da indústria de telecomunicações, acarretaram maior velocidade, facilidade e redução dos custos de transmissão da informação.

Contudo, a maior possibilidade de acesso ao estoque de conhecimento tecnológico não assegura necessariamente a incorporação dos serviços de tecnologia (*blueprints*, para usar o termo neoclássico) relacionados ao estado da arte. Grossman e Helpman[578] chegam a sugerir que o aprofundamento da integração econômica e do conhecimento tecnológico em termos globais pode não se traduzir em maior taxa de inovações nos países com menor dotação relativa de capital humano. A restrição se explicaria porque a maior abundância de trabalho não qualificado nesses países acaba reduzindo seu custo de oportunidade, incentivando, consequentemente, atividades que utilizem intensivamente mão de obra de baixa qualificação.

Com referencial analítico radicalmente distinto, modelos desenvolvimentistas neoschumpeterianos, como os de Dosi, Pavitt e Soete,[579] chegam a conclusões bastante semelhantes. No entanto, em razão da adoção do pressuposto único e irrevogável de existência de *gaps* absolutos entre países, antes mesmo que o comércio se efetive entre eles, as conclusões teóricas dos modelos dinâmicos

---

[578] GROSSMAN, Gene; HELPMAN, Elhanan. *Innovation and growth in the global economy*. Cambridge: The MIT Press, 1991, cap. 9.
[579] DOSI, Giovanni; PAVITT, Keith; SOETE, Luc. *The economics of technical change and international trade*. Londres: Harvester Wheastsheaf, 1990.

CAPÍTULO IX – A MACROECONOMIA NEOCLÁSSICA DO CRESCIMENTO

neoschumpeterianos são bem mais incisivas que as dos neoclássicos. Em especial, o modelo de Dosi, Pavitt e Soete[580] conclui, de maneira contundente, que entre dois países com estruturas produtivas e tecnológicas fortemente desiguais em termos absolutos, a liberalização comercial pode gerar benefícios estáticos mútuos para ambos no curto prazo. Entretanto, ela sempre acabará favorecendo o mais adiantado em termos de maiores oportunidades para realização de seu potencial de progresso técnico e, portanto, de crescimento no longo prazo.

Embora não se tenham ocupado de apontar prováveis implicações normativas emanadas das conclusões teóricas a que chegaram, esses autores sugerem que o processo de liberalização comercial nos países em desenvolvimento deve ser acompanhado de políticas industriais e tecnológicas compensatórias. De fato, as duas abordagens teóricas realçam a importância dos incentivos do governo às atividades privadas de P&D. Grossman e Helpman,[581] por exemplo, chegam a afirmar que, *"ao fortalecer os incentivos para a pesquisa privada, o governo de um país tecnologicamente atrasado pode nivelar o campo de disputa"*. É óbvio que tampouco se pode garantir que programas nacionais de apoio a gastos em P&D eliminem definitivamente *gaps* tecnológicos acumulados no passado. No entanto, contribuem para atenuá-los e, não obstante, aceleram a taxa de crescimento de longo prazo dos países em desenvolvimento.

---

[580] DOSI, Giovanni; PAVITT, Keith; SOETE, Luc. *The economics of technical change and international trade*. Londres: Harvester Wheastsheaf, 1990.

[581] GROSSMAN, Gene; HELPMAN, Elhanan. *Innovation and growth in the global economy*. Cambridge: The MIT Press, 1991, p. 339.

CAPÍTULO X

O CONSENSO DE WASHINGTON E A IDEOLOGIA DO NEOLIBERALISMO

Introdução

O liberalismo abarca, na essência, aspectos não apenas econômicos, mas também políticos, sociológicos e filosóficos. Como foge ao escopo deste livro analisar todos esses aspectos, vou me restringir aos principais traços econômicos. A esse respeito, o liberalismo está fortemente vinculado à defesa do *laissez-faire* – ou seja, a ausência de intervenção governamental no plano doméstico – e do livre comércio de bens e serviços no plano internacional. Note-se que o liberalismo clássico defende o livre comércio de mercadorias e serviços, mas se mostra refratário à liberalização total dos fluxos de capitais financeiros no plano global.

Entre a Revolução Industrial inglesa (século XVIII) e a Primeira Guerra Mundial (1914-1918), o capitalismo foi fortemente influenciado pelas ideias clássicas em defesa do *laissez-faire* e do comércio internacional desregulado. Na prática, porém, como fartamente documentado por Chang,[582] os Estados Unidos e as potências emergentes da Europa Continental adotaram medidas de proteção de sua indústria nascente. Na interpretação de Hobsbawm,[583] a crise do padrão-ouro e a enorme desorganização política, econômica e social observada no período entreguerras (1914-1945) – hiperinflação na Alemanha e Hungria, nazifascismo, Grande Depressão e desemprego em massa na década de 1930 etc. – refletiram o acerto de contas entre o velho capitalismo liberal comandado pelo poder imperial britânico e a nova ordem internacional sob hegemonia dos Estados Unidos no pós-guerra.

A nova ordem econômica internacional, resultante dos acordos de Bretton Woods (1944), teve como pauta um conjunto de regras multilaterais explícitas (e não tácitas, como no sistema do padrão-ouro) nas esferas comercial e financeira, cujo objetivo precípuo era assegurar a estabilidade financeira global. Na essência, Bretton Woods representou a reorganização do sistema monetário internacional baseado em taxas de câmbio fixas, mas reajustáveis, em relação ao dólar americano, que se consolidou como moeda-padrão nas transações comerciais e financeiras globais. Para manter um sistema de taxas de câmbio fixas em nível global, duas regras foram estabelecidas: o compromisso de conversibilidade do dólar em ouro por parte do governo americano, a fim de assegurar a paridade fixa de US$ 35 por onça-ouro, e o controle de capitais.

Diversas instituições multilaterais foram criadas no bojo do Sistema de Bretton Woods, como o Acordo Geral de Tarifas e Comércio (GATT, na sigla em inglês), para estimular a liberalização das transações comerciais de bens e serviços, o Fundo Monetário Internacional (FMI), para zelar pela estabilidade financeira internacional, e o Banco Mundial, destinado a prover financiamento de longo

---

[582] CHANG, Ha-Joon. *Kicking Away the Ladder*: Development Strategy in Historical Perspective. Londres: Anthem Press, 2003.

[583] HOBSBAWM, Eric. *A era dos extremos*: o breve século XX (1914-1991). São Paulo: Companhia das Letras, 1994.

prazo para projetos de infraestrutura física e humana nos países em desenvolvimento. O sistema de Bretton Woods, que funcionou entre o imediato pós-guerra e 1971, procurou, essencialmente, estabelecer regras multilaterais e mecanismos de cooperação entre os países, que fortalecessem o liberalismo econômico.

O sistema de Bretton Woods desmorona em 1971, quando Nixon, em reação às tentativas de ataque especulativo contra o dólar americano, abandona o compromisso de converter dólar em ouro e adota um regime de câmbio flutuante, sendo seguido pelos governos dos demais países desenvolvidos. Assim, a década de 1970 marca a transição para a fase do que se convencionou denominar neoliberalismo, entendido como a extensão das práticas de *laissez-faire* a todos os mercados num sistema capitalista (de bens, serviços, fatores de produção e de capitais financeiros). O ápice do neoliberalismo ocorre entre as décadas de 1980 e 1990, com a liberalização dos fluxos de capitais financeiros de curto prazo no plano global. À exceção de poucos países, como China e Índia, a maioria dos países em desenvolvimento adota a liberalização financeira externa plena.[584]

Embora a ascensão de programas econômicos neoliberais finque raízes na ideologia e retórica do Presidente dos Estados Unidos, Ronald Reagan (1981-1989), e da primeira-ministra da Inglaterra, Margaret Thatcher (1979-1990), cujos discursos enfatizavam a

---

[584] A Índia, antes refratária até mesmo aos investimentos produtivos de empresas multinacionais, liberaliza os fluxos de investimento estrangeiro direto e de capitais acionários a partir de 1991, mas segue proibindo os influxos de capitais de curto prazo, especialmente os de natureza especulativa. Para mais detalhes, veja em Nassif (NASSIF, André. *National innovation system and macroeconomic policies*: Brazil and India in comparative perspective. Genebra: United Nations Conference on Trade and Development (UNCTAD), 2007) e Subbarao (SUBBARAO, Duvvuri. "Capital account management: toward a new consensus?" *In*: AKERLOF, George; BLANCHARD, Olivier; ROMER, David; STIGLITZ, Joseph (Coord.). *What Have We Learned? Macroeconomic Policy after the Crisis*. Cambridge: MIT Press, 2014).

crença no poder autorregulatório do livre mercado, sua difusão na periferia latino-americana acelera-se sob a pressão política do chamado Consenso de Washington. Esta expressão, cunhada por John Williamson,[585] alude à série de recomendações neoliberais dirigidas aos governos dos países latino-americanos em meados da década de 1980, sob consenso das principais instituições sediadas na capital americana (Tesouro dos Estados Unidos, Banco Mundial e Fundo Monetário Internacional – FMI), e orientadas para pretensa superação da tendência à estagnação e para restauração do crescimento econômico sustentado desses países. Nas recomendações originais, incluíam-se medidas como liberalização comercial, privatizações, flexibilização cambial, liberalização do mercado financeiro doméstico e desregulação.

Posteriormente, como acentua Rodrik,[586] o Consenso de Washington "ampliado" adicionou recomendações como independência dos bancos centrais, regimes de metas de inflação e liberalização dos fluxos de capitais. A adesão dos países latino-americanos ao Plano Brady, programa de reestruturação desenhado pelo Tesouro americano e coordenado pelo FMI entre o final da década de 1980 e primeira metade dos anos 1990 (que previa o perdão de parte expressiva da dívida externa dos países do continente) era condicionada à adoção de boa parte das medidas previstas nas duas configurações do Consenso. Ou seja, na prática, a adoção das reformas neoliberais foram claramente impostas pelo poder político norte-americano.

Este capítulo contém duas seções. Na Seção 10.2, analiso a era do liberalismo sob Bretton Woods (1944-1971), período em que os esforços de liberalização do comércio de bens e serviços nos mercados globais não criavam empecilhos à adoção de políticas nacionais

---

[585] WILLIAMSON, John. "What Washington means by policy reform?" *In:* _____. *Latin American adjustment*: how much has happened? Washington: Institute for International Economics, 1990.

[586] RODRIK, Dani. "Goodbye Washington consensus, hello Washington confusion?" *Journal of Economic Literature*, vol. 44, n° 4, dez. 2006.

autônomas em prol do desenvolvimento econômico. Na Seção 10.3, discuto a ascensão e hegemonia do neoliberalismo, mostrando como a adesão dos países periféricos latino-americanos às práticas de política econômica emanadas do Consenso de Washington, a partir da década de 1990, reduziram expressivamente os graus de liberdade dos governos para a adoção de políticas econômicas autônomas. As implicações normativas decorrentes das principais formulações teóricas da corrente liberal neoclássica serão discutidas no capítulo seguinte, conclusivo.

10.1 A era de Bretton Woods e o liberalismo regulado

O sistema de Bretton Woods resultou de negociações multilaterais coordenadas pelos governos dos Estados Unidos e do Reino Unido, representados, respectivamente, por Harry Dexter White e John Maynard Keynes. O objetivo principal das negociações era a formulação de uma nova ordem econômica mundial, pautada por regras e instituições que evitassem as práticas protecionistas destrutivas que imperaram no período entre-guerras, mas que preservassem a autonomia dos governos em adotar políticas públicas em prol do desenvolvimento econômico nacional.

Após três semanas de intensos debates e negociações, a arquitetura de Bretton Woods resultou, resumidamente, nas seguintes regras: i) sistema de taxas de câmbio fixas atreladas à paridade do dólar americano em relação ao ouro (US$35 por onça-*troy*); ii) controle de capitais; iii) possibilidade de ajuste das taxas de câmbio quando os países enfrentassem "desequilíbrios fundamentais" do balanço de pagamentos; iv) uso do dólar como moeda-padrão nas transações comerciais e financeiras globais.

As duas primeiras regras, propostas por Keynes, objetivavam assegurar a estabilidade financeira internacional. Afinal, com taxas de câmbio fixas e controles de capitais, cada país é capaz de adotar políticas autônomas para alcançar os objetivos de crescimento com pleno emprego e estabilidade de preços. Entretanto, Keynes estava ciente de que tais propósitos seriam comprometidos se a disseminação do dólar como moeda-reserva internacional ficasse fora do controle de uma instituição financeira supranacional. Por isso, em vez do dólar, Keynes defendia a criação de uma quase-moeda (o *bancor*), que serviria, exclusivamente, para intermediar as transações comerciais globais e as operações de um banco central que funcionasse como câmara de compensação das posições credoras e devedoras entre os países-membros. Essa proposta foi rechaçada pelo representante americano. Adotou-se então a solução intermediária de criar o Fundo Monetário Internacional (FMI), que se incumbiria de monitorar as operações do sistema monetário e prover financiamento compensatório a países com problemas de balanço de pagamentos.

Como nota Rodrik (2006), a principal marca do sistema de Bretton Woods é o multilateralismo, isso significando que as relações econômicas entre países passariam a ser coordenadas por regras baseadas no princípio da não discriminação. A tríade de instituições multilaterais criadas no bojo desse sistema (FMI, Banco Mundial e GATT) deveria, pelo menos em tese, reforçar e legitimar os princípios da reciprocidade e da não discriminação – embora não fossem totalmente independentes do poder político americano. Assim, Bretton Woods procurava evitar o recrudescimento de políticas do tipo "empobrecer meus parceiros" (*beggar thy neighbour*), tão em voga nos anos 1930. Neste período, os países não hesitavam em recorrer a políticas protecionistas generalizadas e desvalorizações competitivas de suas moedas, com o intuito de transferir seus problemas internos de desemprego aos demais países – e, assim, agravavam e prolongavam o ciclo depressivo.

No tocante ao multilateralismo comercial, as negociações em Bretton Woods previam a instituição da Organização Internacional do Comércio (OIT). Em face do veto do Congresso americano, que temia a intrusão deste organismo nas políticas domésticas dos Estados Unidos, a solução intermediária foi a criação do GATT, que, segundo Matsushita, Schoenbaum e Mavroidis (2006:3), já nascia debilitado, por não deter o poder legal de impor sanções contra os países que violassem as regras negociadas. Apesar disso, a avaliação geral é que, das oito Rodadas de negociações comerciais patrocinadas pelo GATT entre 1947, ano de sua instituição oficial, e 1994, quando se aprovou a criação da Organização Mundial do Comércio (OMC), houve significativo esforço para se promover a liberalização do comércio internacional com base na Cláusula da Nação Mais Favorecida (NMF). Segundo esse princípio, uma parte contratante, ao conceder uma preferência comercial via redução de tarifas de importação ou outro benefício a um parceiro, deve estendê-la a todos os demais.

Além disso, pelo menos até 1995, quando a OMC começou a atuar como instância máxima de regulação do comércio internacional, o GATT não se pautaria por visões fundamentalistas sobre livre-comércio. Seu propósito seria estimular as partes contratantes a reduzirem as alíquotas aduaneiras de importação, ao mesmo tempo que se absteriam de aplicar barreiras quantitativas ao comércio, como quotas, por exemplo. O GATT foi também bem-sucedido em introduzir códigos "antidumping" e as medidas compensatórias (antissubsídios). Como salienta Rodrik,[587] "o propósito do GATT nunca foi maximizar o livre-comércio, mas alcançar o volume máximo de comércio compatível com os diferentes níveis de desenvolvimento entre as nações participantes". Não por acaso, antes da instituição da OMC, os tratados multilaterais negociados pelo GATT preservavam amplo espaço para que os países em desenvolvimento utilizassem instrumentos de política industrial (tarifas de importação, subsídios à produção doméstica, subsídios à exportação etc.), visando ao avanço da industrialização e ao desenvolvimento econômico.

Em que pese o regramento das relações econômicas internacionais desenhado para vigorar após a Segunda Guerra Mundial,

---

[587] RODRIK, Dani. *The globalization paradox*: democracy and the future of the world economy. Nova York: W.W. Norton & Company, 2011, p. 75.

o sistema de Bretton Woods embutia contradições que acabaram levando-o ao colapso no início dos anos 1970. A principal incoerência foi identificada pelo economista Robert Triffin, da Universidade de Yale, ainda no início da década de 1960. Como já comentei, o sistema, nos termos de sua concepção, deveria operar com base na paridade fixa entre o dólar americano e o ouro. As demais moedas fixariam sua respectiva taxa de câmbio em relação ao dólar. Contudo, a confiabilidade e a estabilidade do sistema monetário internacional dependiam de uma condição fundamental: o Federal Reserve, banco central americano, deveria assegurar a conversibilidade dólar-ouro, ofertando o metal quando houvesse pressão por desvalorizar o dólar ou comprando-o quando a moeda americana fosse pressionada a se valorizar.

Como mostrou Triffin,[588] o sistema só poderia se manter estável durante o período de reconstrução europeia e de escassez de dólares no imediato pós-guerra, quando os Estados Unidos concentravam a maior parte dos superávits em conta-corrente globais. A partir de meados da década de 1960, o aumento dos *déficits* em conta-corrente e da inflação nos Estados Unidos (em ambos os casos, agravado por seu envolvimento na Guerra do Vietnã), a expansão econômica europeia e a formação do mercado de eurodólares nas principais praças financeiras da Europa Ocidental – ou seja, a disseminação de ativos financeiros denominados em dólares e outras moedas conversíveis europeias – expuseram a principal contradição do sistema de Bretton Woods: sendo os *déficits* em conta-corrente dos Estados Unidos a principal fonte de liquidez internacional, seu crescimento exponencial acarretava descontrolada abundância de dólares no mercado internacional, minando a confiança na estabilidade da moeda americana na paridade de US$35 por onça-*troy*.

---

[588] TRIFFIN, Robert. *Gold and the dollar crisis*: the future of convertibility. New Haven: Yale University Press, 1960.

Além disso, enquanto os demais países podiam ajustar suas taxas de câmbio em relação ao dólar, o mesmo não podia acontecer com a taxa de câmbio da moeda americana em relação às demais moedas, a não ser que a regra de ouro do sistema (taxa fixa dólar--ouro) fosse violada. A despeito da sobrevalorização do dólar, os *déficits* em conta-corrente dos Estados Unidos não precisavam ser ajustados via câmbio, pois eram financiados pelo resto do mundo através da entrada líquida de capitais. Tal atitude passiva acontecia porque, na expressão cunhada pelo primeiro-Ministro francês Valéry Giscard D'Estaing, em 1960, os Estados Unidos já desfrutavam do "privilégio exorbitante" de serem os emissores da moeda-reserva internacional.[589]

Esse problema ficou conhecido como "dilema de Triffin", pois o governo americano se via pressionado a reduzir os *déficits* em conta-corrente, o que levaria à retração do crescimento mundial, ou a encontrar outro mecanismo de criação e controle da liquidez internacional. Como observa Gilpin,[590]

> atuar como principal ofertante de moeda internacional global conferiu aos Estados Unidos enorme poder e independência (...). Com o passar dos anos, os governantes europeus e japoneses começaram a perceber que o governo americano estava abusando dos privilégios políticos e econômicos proporcionados pela supremacia do dólar (...). Mostravam preocupação crescente com a inflação e a instabilidade monetária decorrentes da enorme expansão da liquidez internacional. Percebiam também que os Estados Unidos procuravam transferir ao resto do mundo os expressivos custos de suas políticas doméstica

---

[589] A expressão tornou-se título de um dos livros do economista Barry Eichengreen (EICHENGREEN, Barry. *Exorbitant privilege*: the rise and fall of the dollar. Nova York: Oxford University Press, 2011).

[590] GILPIN, Robert. *The political economy of international relations*. Princeton: Princeton University Press, 1987, p. 137.

e externa (...). Já os Estados Unidos adotaram uma posição acomodatícia de "negligência benigna" até 1971.

A advertência de Triffin,[591] que inicialmente despertara mera curiosidade acadêmica, transformou-se em profecia autorrealizada em 1971, quando Nixon, em resposta às diversas tentativas de ataque especulativo contra a moeda americana, ordenou a suspensão da conversibilidade dólar-ouro e assim impôs, de forma unilateral, um novo sistema monetário internacional baseado exclusivamente no dólar como moeda-reserva. Também adotou medidas heterodoxas, como aumento das tarifas de importação e controle de preços e salários, para deter a inflação em curso. Apesar da tentativa frustrada de ressuscitar o sistema através do Acordo Smithsoniano (dezembro de 1971), pelo qual o dólar foi reajustado para US$38 por onça-troy e desvalorizado em relação às moedas europeias, Bretton Woods chega oficialmente ao fim em 1973, quando os Estados Unidos deixam sua moeda flutuar livremente contra as demais moedas conversíveis.

É importante ressaltar que, após a ruptura do sistema de Bretton Woods, era notória a decadência tecnológica dos Estados Unidos frente ao Japão que, aparentemente, desafiava a hegemonia econômica e financeira americana. Em seu ensaio clássico "A retomada da hegemonia norte-americana", Maria da Conceição Tavares[592] comenta que

> os movimentos especulativos de capitais sempre denominados em dólar, que dão lugar a um non-system, continuaram minando o dólar como moeda reserva, desestabilizando periodicamente a libra e fortalecendo o marco alemão e o iene japonês como moedas internacionais. Assim, a ordem

---

[591] TRIFFIN, Robert. *Gold and the dollar crisis*: the future of convertibility. New Haven: Yale University Press, 1960.
[592] TAVARES, Maria da Conceição. "A retomada da hegemonia norte-americana". *Revista de Economia Política*, vol. 5, nº 2, abr.-jun. 1985.

monetária internacional caminhava rapidamente para o caos, sobretudo depois do primeiro choque do petróleo e da política recessiva americana de 1974.

Assim, os eventos externos que caracterizam a década de 1970 – ruptura definitiva de Bretton Woods em 1973, dois choques de preços do petróleo (em 1973 e 1979) e o repentino e violento aumento dos juros em 1979, decidido unilateralmente por Paul Volcker, Presidente do Federal Reserve –, além de extremamente perturbadores, delimitam, sobretudo, o período de transição para a retomada da hegemonia americana e a ascensão ideológica do neoliberalismo a partir da década seguinte. Como mostrarei a seguir, diferentemente do liberalismo regulado de Bretton Woods, que conferia amplo grau de liberdade aos países periféricos para executar políticas públicas em prol do desenvolvimento econômico, o neoliberalismo e a adesão às reformas recomendadas pelo Consenso de Washington reduzem demasiadamente, e em algumas esferas, eliminam, a autonomia para a adoção de políticas nacionais de desenvolvimento.

10.2 O Consenso de Washington e a difusão do neoliberalismo

10.2.1 O Consenso de Washington original e ampliado

Após os dois choques do petróleo nos anos 1970, Reagan e Thatcher foram responsáveis pela ascensão da ideologia do neoliberalismo na década seguinte. Através de medidas liberais, como desregulamentação dos mercados, notadamente o financeiro, flexibilização do mercado de trabalho (inclusive mediante legislação para redução do poder dos sindicatos), privatização de empresas estatais (no caso de Thatcher) e redução de gastos públicos (exceto gastos militares), dentre outras, a *reaganomics* e o *thatcherismo* colocam em prática as medidas há muito tempo defendidas por liberais radicais, como Milton Friedman e Friedrich von Hayek. O neoliberalismo deve ser entendido como uma ideologia econômica radical, porque defende a extensão da prática de *laissez-faire* a todos os mercados (de bens, serviços e fatores de produção, incluindo os mercados financeiros, de câmbio e de capitais) nos âmbitos nacional e internacional.

Sejamos claros: o neoliberalismo, cuja largada foi lubrificada pela retórica de Reagan e Thatcher, tem forte viés ideológico porque, na prática, nem todas as recomendações direcionadas ao resto do mundo, notadamente aos países em desenvolvimento, foram por eles seguidas à risca. No caso da *reaganomics*, por exemplo, embora parte da política econômica fosse influenciada pela abordagem clássica e monetarista da economia do lado da oferta (*supply side economics*), na prática a explosão das taxas de juros domésticas, decorrente da política monetária ultrarrestritiva de Volcker, permitiu que os Estados Unidos absorvessem quase a totalidade da liquidez internacional em dólar proveniente dos países com superávits em conta-corrente (Japão, Alemanha e exportadores de petróleo agrupados na OPEP) e da repatriação dos serviços da dívida externa da periferia latino-americana. A consequência imediata foi que a sobrevalorização da moeda americana e a restauração da "diplomacia" do dólar forte permitiram reverter a aceleração inflacionária herdada dos choques do petróleo na década anterior.

Paralelamente, o programa armamentista de Reagan (*Star Wars*), ao mesmo tempo que promove uma revolução tecnológica na indústria fornecedora de artefatos bélicos para a defesa militar americana, opera, na prática, como uma política industrial não declarada, com estímulos a investimentos maciços no complexo eletrônico, aeroespacial e das telecomunicações. Atenta à "retomada da hegemonia norte-americana" no limiar da década de 1980, Maria da Conceição Tavares[593] observava, de forma premonitória que

---

[593] TAVARES, Maria da Conceição. "A retomada da hegemonia norte-americana". *Revista de Economia Política*, vol. 5, nº 2, abr.-jun. 1985, pp. 5 e 9.

Os Estados Unidos estão agora investindo fortemente no setor terciário e nas novas indústrias de tecnologia de ponta. Basta olhar a estrutura de investimentos em 1983 e 1984 para notar a concentração extrema de gastos em investimento nas áreas de informática, biotecnologia e serviços sofisticados. Os Estados Unidos não estão interessados em sustentar sua velha estrutura. Sabem também que não têm capacidade de alcançar um enorme boom a partir de reformas nos setores industriais que lideraram o crescimento econômico mundial no pós-guerra. Ao contrário, os Estados Unidos estão concentrando esforços no desenvolvimento dos setores de ponta e submetendo a velha indústria à concorrência internacional de seus parceiros.

Como mostra Mariana Mazzucato,[594] com detalhada evidência documental em seu clássico livro *The Entrepreneurial State: Debunking Public vs. Private Sector Myths*, o governo americano, mediante alocação de vultoso montante de recursos financeiros subsidiados a diversas áreas de tecnologia de ponta, como defesa avançada, indústria farmacêutica, nanotecnologia, informática-telecomunicações e inovações em pequenas e médias empresas, arca, na prática, com o risco empresarial subjacente à incerteza associada aos investimentos em inovações tecnológicas. Nas palavras da autora,[595] as diversas iniciativas nessas áreas compartilham

> uma abordagem proativa, em que o Estado incentiva e formata o mercado com o objetivo de acelerar as inovações. Isso sugere que, além de configurarem uma sociedade empresarial em que é culturalmente natural iniciar e desenvolver um negócio, os Estados Unidos são também uma economia em que o Estado,

---

[594] MAZZUCATO, Mariana. *The entrepreneurial state*: debunking public vs. private sector myths. Londres: Anthem Press, 2013.

[595] MAZZUCATO, Mariana. *The entrepreneurial state*: debunking public vs. private sector myths. Londres: Anthem Press, 2013, pp. 79/80.

ao investir em novas áreas que deflagram inovações radicais, assume também papel empresarial.

Além disso, para ampliar mercados em setores estratégicos, o governo dos Estados Unidos aplica, com frequência, a Seção 301 de sua legislação de comércio, que permite a adoção de retaliação comercial contra parceiros arredios à abertura de mercados às exportações e aos investimentos externos de empresas americanas. A Seção 301 foi aplicada com bastante frequência contra países desenvolvidos e periféricos ao longo das décadas de 1980 e 1990, período em que as empresas do país deflagravam a revolução tecnológica nos setores microeletrônico, de informática e de telecomunicações.

No tocante à América Latina, o grande ponto de inflexão, no final da década de 1980, foi a formulação e quase imediata implementação do Plano Brady, concebido por James Brady, secretário do Tesouro dos Estados Unidos na ocasião, que previa o deságio de expressiva parcela do estoque da dívida externa dos países do continente, o que representava, na prática, o cancelamento de quase a totalidade dos pagamentos dos serviços vincendos da dívida (principal e juros). Entretanto, havia uma condição *sine qua non* para adesão ao acordo: os governos deveriam se comprometer com a adoção de "reformas econômicas estruturais", expressas num decálogo de recomendações do Tesouro americano, FMI e Banco Mundial.

As dez recomendações originais, descritas na primeira coluna da Tabela 2, foram decodificadas por John Williamson, que as denominou "Consenso de Washington". Posteriormente, os países latino-americanos, por iniciativa própria ou pressionados por aquelas instituições à medida que aderiam ao Plano Brady, adotaram diversas medidas do "Consenso de Washington ampliado", discriminadas na segunda coluna da Tabela 2.

Tabela 2: O Consenso de Washington e a gênese do neoliberalismo

Original	Ampliado
1. Disciplina fiscal	11. Governança corporativa
2. Gastos públicos reorientados prioritariamente para educação, saúde e infraestrutura	12. Medidas anticorrupção
3. Reforma tributária	13. Liberalização ("flexibilização") do mercado de trabalho
4. Liberalização financeira doméstica ("desrepressão financeira")	14. Adesão às regras multilaterais no âmbito da OMC
5. Unificação e flexibilização cambial (regime de câmbio flutuante)	15. Padronização financeira
6. Liberalização comercial	16. Abertura aos fluxos de capitais financeiros (inclusive de curto prazo) do balanço de pagamentos
7. Abertura ao investimento direto estrangeiro (IDE)	17. Total flexibilização do mercado cambial
8. Privatização de empresas estatais	18. Independência do Banco Central
9. Desregulação de mercados	19. Rede de proteção social
10. Direitos de propriedade	20. Mecanismos de combate à pobreza

Fonte: Williamson e Rodrik.[596]

---

[596] WILLIAMSON, John. "What Washington means by policy reform?" In: _____. *Latin American adjustment*: how much has happened? Washington: Institute for International Economics, 1990; RODRIK, Dani. "Goodbye Washington consensus, hello Washington confusion?" *Journal of Economic Literature*, vol. 44, nº 4, dez. 2006, p. 978.

É verdade que algumas recomendações descritas são irrefutáveis. Afinal, poucos analistas seriam contrários à disciplina fiscal, desde que entendida não como adoção de austeridade fiscal permanente, mas como prática em que o orçamento público, do lado das receitas ou das despesas, obedeça a prioridades de política e a política fiscal seja manejada de forma contracíclica, como já discutido no Capítulo V. Poucos também seriam refratários ao reconhecimento dos direitos de propriedade, à existência de redes de proteção social e à aplicação de mecanismos de *corporate governance*, anticorrupção e de combate à pobreza. Nem se oporiam à adoção de reforma tributária em que a carga de tributação seja compatível com o nível de renda per capita do país e sejam adotados critérios de progressividade e eficiência distributiva, de modo que as alíquotas mais elevadas de impostos diretos alcancem as maiores faixas de renda, as alíquotas mais baixas de impostos indiretos incidam sobre bens essenciais e a classe rentista pague impostos sobre dividendos e grandes fortunas.

Entretanto, o Consenso de Washington contém duas flagrantes fragilidades: a primeira é que, embalado pela ideologia de que o livre jogo das forças de mercado e uma estratégia orientada para os mercados externos são suficientes para promover e sustentar o crescimento econômico com estabilidade de preços, recomenda um receituário único de políticas públicas para todos os países do continente latino-americano, ignorando suas peculiaridades históricas, econômicas, sociais e culturais; a segunda é que foram justamente as recomendações com maior carência de suporte teórico ou empírico as que, por terem reduzido a autonomia das políticas econômicas, são responsáveis, indiretamente, pela longa estagnação econômica da periferia latino-americana desde a década de 1990.

Uma vez que "Washington nem sempre pratica o que recomenda ao resto do mundo", como reconhece o próprio John Williamson,[597]

---

[597] WILLIAMSON John. "What Washington means by policy reform?" In: _____. *Latin American adjustment*: how much has happened? Washington: Institute for International Economics, 1990, pp. 17/18.

vou me restringir, na subseção seguinte, à discussão crítica das medidas do Consenso sujeitas ao segundo bloco de fragilidades descritas no parágrafo anterior.

10.2.2 As principais fragilidades do Consenso de Washington

As propostas de liberalização dos mercados financeiros domésticos – incluindo a redução gradual, até a total eliminação, do crédito direcionado por bancos de desenvolvimento estatais e outros bancos públicos – e dos fluxos de capitais financeiros externos constituem-se no cerne das fragilidades do Consenso de Washington e do neoliberalismo.

Essas recomendações inspiram-se em teses de Ronald McKinnon,[598] segundo as quais os mecanismos de "repressão financeira" tendem a afetar adversamente o crescimento econômico no longo prazo, por inibir a livre alocação dos fluxos de poupança ("fundos emprestáveis") no financiamento dos investimentos. Para McKinnon,[599] no plano doméstico, a intervenção dos Bancos Centrais na determinação das taxas de juros de mercado e a prática de juros subsidiados nos financiamentos efetuados por bancos públicos desincentivam a poupança e atuam como uma das principais causas do elevado custo de capital, especialmente nos países em desenvolvimento. No frigir dos ovos, seria a "repressão financeira" o principal fator responsável pelas baixas taxas de investimento bruto (como proporção do PIB) nos países em desenvolvimento.

---

[598] MCKINNON, Ronald I. *Money and capital in economic development.* Washington: Brookings Institution, 1973.
[599] MCKINNON, Ronald I. *Money and capital in economic development.* Washington: Brookings Institution, 1973.

Como observam Arestis e Sawyer,[600] as teses de McKinnon sobre repressão financeira baseiam-se na hipótese de que os fluxos de crédito causam ("precedem") o crescimento, e não o contrário. Os autores fazem uma varredura na literatura empírica e concluem que, embora o desenvolvimento do sistema financeiro e o crescimento econômico sejam fortemente correlacionados, não há uma direção única de causalidade entre ambos. Os fluxos de crédito são, simultaneamente, causa e efeito do crescimento econômico. Além disso, a liberalização financeira nos países em desenvolvimento nas décadas de 1990 e 2000 provocou expressivo aumento da demanda de crédito das famílias e empresas, sem que se observasse incremento das taxas de poupança (como proporção do PIB). E as elevadas taxas de juros reais praticadas no período, lembram Arestis e Sawyer,[601] "falharam completamente em aumentar a poupança ou estimular o investimento – na verdade, ambos se contraíram como proporção do PIB ao longo do período".

A defesa da liberalização financeira não se restringiu ao funcionamento do mercado financeiro doméstico. As teses de McKinnon[602] foram estendidas ao mercado financeiro global. Neste caso, é preciso considerar que os fluxos de capitais financeiros entre países abarcam capitais de curto e de longo prazos. Enquanto estes últimos incluem, além do investimento direto estrangeiro direcionado à criação e/ou expansão de capacidade produtiva no exterior, os empréstimos

---

[600] ARESTIS, Philip; SAWYER, Malcolm. "Financial liberalization and the finance–growth nexus: what have we learned?" In: _____. *Financial Liberalization Beyond Orthodox Concerns*. Nova York: Palgrave McMillan, 2005.

[601] ARESTIS, Philip; SAWYER, Malcolm. "Financial liberalization and the finance–growth nexus: what have we learned?" In: _____. *Financial Liberalization Beyond Orthodox Concerns*. Nova York: Palgrave McMillan, 2005, p. 11.

[602] MCKINNON, Ronald I. *The order of economic liberalization*: financial control in the transition to a market economy. Baltimore: The John Hopkins University Press, 1991.

e financiamentos de longo prazo, os capitais de curto prazo têm natureza fortemente especulativa e são altamente voláteis, pois são destinados às aplicações em carteira de títulos, bônus financeiros e ações com prazo de maturidade de até 1 ano. A teoria neoclássica procura conferir apoio teórico à liberalização dos fluxos de capitais globais, inclusive os de natureza especulativa.

O argumento em prol da liberalização dos fluxos de capitais de longo prazo, sobretudo os destinados a investimentos produtivos, tem raízes na teoria neoclássica do capital. Tome-se o exemplo da existência de dois países: um rico, abundante em capital, e outro pobre, abundante em trabalho. Se as funções de produção de um mesmo produto, nesses países, dão-se em condições similares (retornos constantes de escala e idênticas tecnologias, ou seja, a mesma relação capital/trabalho), mas, ainda assim, a produtividade do trabalho no país rico é maior do que no país pobre, isso acontece porque a produtividade marginal do capital neste último (que é escasso em capital) é maior do que a do primeiro. Logo, a taxa de retorno do capital no país pobre é, na margem, superior à do país rico.[603] Assim sendo, a teoria prediz que, sob livre mobilidade do fluxo internacional de capitais, os capitais fluirão dos países ricos para os países pobres, em busca de maiores taxas de retorno do investimento. Será?

Note-se que, até aqui, a teoria alude aos fluxos de capitais internacionais sob a forma de investimento direto estrangeiro,

---

[603] De acordo com a teoria neoclássica de comércio internacional, que pressupõe ausência de fluxos de capitais entre países, o país pobre poderia solucionar o problema de sua escassez relativa de capital aderindo à práticas de livre-comércio: importaria bens intensivos em capital (por exemplo, bens manufaturados mais sofisticados, como automóveis e bens de capital) e exportaria bens intensivos em trabalho (produtos primários e manufaturados tradicionais, como alimentos processados, vestuário e calçados). Como mostrei no Capítulo III, a escola cepalina rechaça tanto as conclusões quanto as implicações normativas dessa teoria.

consubstanciados nas decisões das multinacionais de estabelecer fábricas e outras operações no exterior. Como nem todos os países pobres ou em desenvolvimento conseguem atrair fluxos satisfatórios de investimento estrangeiro, Lucas (1990) conjectura sobre a razão de os fluxos de capital de longo prazo não fluírem para esses países. Com base num modelo teórico neoclássico, o autor aplica dados observados num país abundante (Estados Unidos) e em alguns países escassos em capital (Índia, Indonésia e Gana). No entanto, ao incorporar o efeito decorrente do grau significativamente maior da qualificação da mão de obra ("capital humano") no país abundante em capital (o país rico), Lucas demostra que a produtividade do trabalho neste último torna-se expressivamente maior do que a observada nos países escassos em capital (físico e, agora, também humano). Ou seja, por decorrência do maior estoque de capital humano existente no país rico, a produtividade marginal do capital e a respectiva taxa de retorno sobre o capital caem consideravelmente nos países pobres. Em resumo, Lucas atribui à escassez de capital humano o menor potencial de atração de investimentos estrangeiros por muitos países pobres ou em desenvolvimento.

Cabe observar que o trabalho anterior foi feito numa época em que a mobilidade internacional de capitais entre países desenvolvidos e em desenvolvimento estava concentrada nos capitais de longo prazo. Ou seja, a conjectura de Lucas foi feita antes da liberalização dos fluxos de capitais de curto prazo, orientados para aplicações em títulos e bônus de curta maturação, de natureza predominantemente especulativa, como já dito. E o que a teoria neoclássica tem a acrescentar sobre a defesa da liberalização desta última modalidade de capital?

Como notam John Eatwell e Lance Taylor,[604] antes que elaborada teoricamente, a liberalização dos fluxos globais de capitais

---

[604] EATWELL, John; TAYLOR, Lance. *Global finance at risk*: the case for international regulation. Nova York: The New Press, 2000, p. 2.

de curto prazo foi, inicialmente, uma consequência do colapso do sistema regulado de Bretton Woods. Em suas palavras,

> sob Bretton Woods, o risco cambial subjacente às transações comerciais e financeiras externas era assumido pelo setor público [pois, afinal, o sistema de taxas de câmbio fixas livrava o setor privado do risco cambial]; com o colapso do sistema, o risco cambial passou a ser assumido pelos atores privados (famílias, empresas, fundos financeiros etc.) diretamente envolvidos nas operações.

Eatwell e Taylor[605] contam que, já em meados dos anos 1970, os governos foram pressionados a liberalizar os fluxos de capitais financeiros de curto prazo. Dizem:[606]

> A desregulação dos fluxos de capitais resultou da necessidade imperiosa de oferecer proteção ao setor privado contra os custos impostos pela livre flutuação cambial. Para reduzir riscos, os *"traders"* que operam nos mercados cambiais passaram a reivindicar plena liberdade para diversificar seus ativos de portfólio denominados em diferentes moedas estrangeiras, negociando-os nos mercados à vista e futuros em função das modificações percebidas em relação ao risco cambial.

Isso sugere que o início do processo de desregulação financeira global não foi precedido de sustentação teórica. Mas logo não tardariam a aparecer argumentos teóricos velhos ou novos em seu favor. O principal é o resgate da hipótese dos mercados financeiros eficientes, de Eugene Fama,[607] da Universidade de Chicago, segundo

---

[605] EATWELL, John; TAYLOR, Lance. *Global finance at risk*: the case for international regulation. Nova York: The New Press, 2000.
[606] EATWELL, John; TAYLOR, Lance. *Global finance at risk*: the case for international regulation. Nova York: The New Press, 2000, p. 2.
[607] FAMA, Eugene Francis. "Efficient capital markets: a review of theory and empirical work". *The Journal of Finance*, vol. 25, n° 2, mai. 1970.

a qual um agente individual não é capaz de antecipar os retornos esperados de determinada aplicação financeira, mas os mercados financeiros contêm todas as informações relevantes (ou seja, são eficientes) para prover à totalidade dos agentes retornos iguais à média esperada pelo mercado.

Posteriormente, como ressalta Ajit Singh,[608] as hipóteses dos mercados eficientes e de expectativas racionais passaram a andar de mãos dadas. A hipótese de expectativas racionais implica que os agentes econômicos são capazes de antecipar o valor esperado médio das variáveis relevantes para suas decisões econômicas. Como observa Singh,[609]

> os economistas ortodoxos subscrevem a hipótese dos mercados eficientes, em que os preços dos ativos são os resultados das ações coletivas de uma multiplicidade de agentes econômicos individuais, cujo comportamento é norteado pela maximização de utilidades e expectativas racionais.

Isso faz com que, se válidas ambas as hipóteses, a interação dos preços de todos os ativos conduz aos preços eficientes e os valores médios observados coincidirão com os resultados esperados pelos agentes. Nada mais irrealista para dar conta dos movimentos observados nos mercados financeiros domésticos e globais. Hipóteses irrealistas apenas são aceitáveis se forem utilizadas para comparar situações abstratamente extremas com as efetivamente existentes no mundo real, como, por exemplo, a concorrência perfeita com o monopólio e o oligopólio.

---

[608] SINGH, Ajit. "Capital Account liberalization, free long-term Capital Flows, financial crises and economic development". *Eastern Economic Journal*, vol. 29, n° 2, 2003.

[609] SINGH, Ajit. "Capital Account liberalization, free long-term Capital Flows, financial crises and economic development". *Eastern Economic Journal*, vol. 29, n° 2, 2003, p. 196.

No caso do *modus operandi* de mercados financeiros desregulados, é essencial analisar a realidade como ela é. E a visão analítica mais poderosa continua sendo a de Keynes,[610] que, no mencionadíssimo trecho do Capítulo XII da *Teoria Geral do Emprego, do Juro e da Moeda*, compara a tendência imanentemente especulativa dos mercados financeiros com os concursos de beleza patrocinados pelos jornais populares de Londres nas edições de domingo. Keynes sugere que os leitores participem de uma competição em que se defrontam com cem fotografias. O vencedor da competição será o que indique não os seis rostos mais belos, segundo sua opinião individual, mas os que coincidam com a preferência média de todos os leitores. Como todos os leitores se defrontam com o mesmo problema, Keynes[611] observa que não se trata de escolher os seis rostos que a opinião média julgue estar entre os mais belos, mas "especular sobre os que a opinião média **espera** que **venham a ser** os escolhidos pela opinião média".

Keynes argumenta que a natureza dos mercados financeiros é essencialmente especulativa. Enquanto na especulação os agentes procuram "estimar a psicologia do mercado", na atividade empresarial os agentes buscam estimar o rendimento esperado de um ativo real [produtivo] ao longo da vida útil. Ainda que ambos os casos envolvam expectativas não probabilísticas, cujo valor médio efetivo é impossível calcular *a priori*, numa economia capitalista com mercados financeiros desregulados, diz ele,[612] "a atividade dos especuladores predomina sobre a dos empresários". Isso não quer

---

[610] KEYNES, John Maynard. *The general theory of employment, interest, and money*. San Diego: Harcourt Brace Jovanovich, Publishers, [1936] 1964.

[611] KEYNES, John Maynard. *The general theory of employment, interest, and money*. San Diego: Harcourt Brace Jovanovich, Publishers, [1936] 1964, p. 156 (grifo do autor).

[612] KEYNES, John Maynard. *The general theory of employment, interest, and money*. San Diego: Harcourt Brace Jovanovich, Publishers, [1936] 1964, p. 158.

dizer que os mercados fiquem permanentemente instáveis, mas que sua estabilidade não depende apenas dos fundamentos econômicos (crescimento, inflação baixa, dívida pública sob controle etc.), mas principalmente da convenção estabelecida por maioria. Como salientam Eatwell e Taylor,[613]

> por mera convenção, os mercados podem permanecer estáveis por períodos razoavelmente longos – independentemente da opinião de cada um, a maioria considera a economia forte e os mercados financeiros fundamentalmente estáveis. Mas se a convenção for questionada ou, pior ainda, alterada bruscamente por quebra de confiança, os preços dos ativos financeiros podem entrar em colapso (...). A estabilidade financeira é eminentemente um problema de convenção. Mas a convenção de estabilidade contém a semente de sua própria destruição.

O trecho citado vale-se do conceito de convenção, proposto por Keynes, e alude à hipótese da instabilidade financeira desenvolvida pelo economista pós-keynesiano Hyman Minsky. Em seu estudo clássico, Minsky[614] argumenta que é justamente no período de estabilidade que germinam os comportamentos que levarão à instabilidade futura. Isso, porque é na fase de *boom* do ciclo econômico que os empresários sustentam a crença de que os lucros médios inerentes às atividades produtivas permanecerão robustos e os especuladores tendem a manter posições compradas de ativos financeiros, acreditando que seus preços futuros continuarão em alta, o que leva à formação de bolhas especulativas. Isso implica, sustenta Minsky,[615] que "a instabilidade fundamental do sistema capitalista ocorre na

---

[613] EATWELL, John; TAYLOR, Lance. *Global finance at risk*: the case for international regulation. Nova York: The New Press, 2000, p. 13.
[614] MINSKY, Hyman. *Can "it" happen again*: essays on instability and finance. Nova York: M.E. Sharpe, 1982.
[615] MINSKY, Hyman. *Can "it" happen again*: essays on instability and finance. Nova York: M.E. Sharpe, 1982, p. 66.

fase de alta", pois, se as expectativas da opinião média forem abruptamente revertidas ante a previsão de queda dos preços dos ativos, a maioria altera seu portfólio para posições vendidas, fazendo com que seus preços colapsem. Assim se engendram as crises financeiras sistêmicas em mercados financeiros desregulados.

A liberalização dos fluxos de capitais globais em mercados financeiros domésticos desregulados deixa praticamente toda a economia mundial à mercê de *crashs* e pânicos financeiros, porque, como alerta Minsky[616] em seu notável livro *Stabilizing an Unstable Economy*,

> o financiamento especulativo aumenta desproporcionalmente em relação ao financiamento das atividades produtivas, o que leva ao incremento dos preços dos ativos [no plano internacional]. Como na fase de bonanza, observa-se aumento dos investimentos, do PIB e do emprego, o engajamento em posições financeiras especulativas atrai não apenas instituições bancárias, mas também empresas e corporações diretamente envolvidas em atividades produtivas. Uma vez que nessa rede complexa de endividamento as dívidas de curto prazo são caracterizadas por financiamento e refinanciamento de posições, na prática as empresas produtivas tendem a se imiscuir em atividades típicas de bancos (*do what banks do*). Por isso, as corporações não financeiras acabam assumindo diversas atribuições de gerenciamento de passivos, como se fossem instituições bancárias.

O problema é que, quando os preços dos ativos colapsam nos principais centros financeiros, como foram os casos do *crash* da Bolsa de Nova York, em 1929, e a crise do *subprime* nos Estados Unidos, em 2007-2008, o choque se transmite, de forma praticamente sincronizada, para quase a totalidade do sistema financeiro

---

[616] MINSKY, Hyman. *Stabilizing an unstable economy*. Nova York: McGraw Hill, [1986] 2008, p. 48 (tradução livre).

mundial. Os efeitos deletérios são bastante conhecidos: se, por um lado, a deterioração da incerteza, aumento da preferência por liquidez e disparada das taxas de juros de longo prazo acarretam dramática contração da demanda agregada e do PIB, além de acentuado incremento das taxas de desemprego, por outro lado, a drástica redução dos fluxos de caixa das empresas não-financeiras comprometem sua capacidade efetiva de pagar os compromissos assumidos no passado.

Como sistemas bancários desregulados estimulam posições financeiras com excesso de alavancagem (isto é, com excessiva proporção de empréstimos em relação ao capital próprio) e engendram enorme descasamento entre o montante de recursos financiados, concentrados no longo prazo, comparativamente ao de captações de recursos financeiros, predominantemente de curto prazo, a queda abrupta e acentuada dos fluxos de caixa das companhias não financeiras tende a produzir efeitos cascata em todo o sistema financeiro. Para evitar que crises financeiras se transformem em grandes e prolongadas depressões, não resta alternativa aos Bancos Centrais e aos Tesouros nacionais senão operarem, respectivamente, como emprestadores (*lenders of last resort*) e compradores (*big governments*) de última instância. Como nota Minsky,[617] operações de salvamento de empresas e bancos "grandes demais para falir" ("*too big to fail*") emergem para evitar o enorme custo social das depressões econômicas.

Até aqui, mostramos como a liberalização dos fluxos de capitais de curto prazo cria instabilidade econômica na economia mundial. E o que dizer de seus impactos sobre os países em desenvolvimento? Vou lembrar o que sugere a interpretação teórica liberal, elaborada de forma independente pelos economistas Robert Mundell[618] e J.

---

[617] MINSKY, Hyman. *Stabilizing an unstable economy*. Nova York: McGraw Hill, [1986] 2008, p. 21.

[618] MUNDELL, Robert A. "The monetary dynamics of international adjustment under fixed and flexible rates". *Quarterly Journal of Economics*, vol. 74, nº 2, mai. 1960.

Marcus Fleming[619] e muito celebrada nos cursos de graduação em Economia. O modelo de Mundell-Fleming procura elucidar como ocorre o ajuste do balanço de pagamentos nos países, tendo em vista o regime de câmbio (fixo ou flutuante) e o grau de abertura ao movimento de capitais (baixo, elevado ou perfeito). Para o que nos interessa, vou me ater ao caso em que um país adota regime de câmbio flutuante e detém elevado grau de abertura aos fluxos de capitais internacionais, situação característica da maioria dos países em desenvolvimento na atualidade – Brasil, inclusive.

O modelo considera as diferentes combinações de taxas de juros reais e níveis de renda agregada que permitem à economia alcançar seu equilíbrio geral. Trata-se de pontos que asseguram, simultaneamente, os equilíbrios interno (investimento igual à poupança e oferta de moeda igual à demanda de moeda) e externo (do balanço de pagamentos). Se a economia se desviar de qualquer situação de equilíbrio macroeconômico, forças automáticas nos mercados de bens e serviços, monetário e cambial são acionadas para propiciar o ajuste para outro ponto de equilíbrio diferente do original. Embora as mudanças ocorram entre um período e outro, o modelo é tipicamente estático ("estática comparativa"), pois não há lugar para a dinâmica ocorrida ao longo do tempo. E, também, não há qualquer papel para as expectativas, já que os agentes esperam que a situação presente se propague indefinidamente no futuro.

O modelo considera que, com ampla abertura ao fluxo de capitais estrangeiros, as políticas monetária e cambial operam de forma independente. Será assim? Pela lógica do modelo, enquanto a política monetária objetiva manter o pleno emprego e a estabilidade de preços, a política cambial, ancorada em regime de câmbio flutuante, promove o ajuste e preserva a estabilidade do balanço de pagamentos no longo prazo.

---

[619] FLEMING, J. Marcus. "Domestic financial policies under fixed and under floating exchange rates". *IMF Staff Papers*, vol. 9, n° 3, nov. 1962.

Tomarei, como exemplo, o caso do Brasil, que, desde 1999, adota regimes de metas de inflação e câmbio flutuante e, desde o início da década de 1990, confere ampla liberdade à entrada e saída de capitais estrangeiros. Considere-se um período de bonança e elevada liquidez internacional como o que ocorreu entre 2005 e meados de 2008. Suponha-se que, diante de um surto inflacionário, o Banco Central aumente as taxas de juros para ancorar expectativas de alta de preços futuros e reduzir a inflação para o centro da meta. O aumento do diferencial de juros interno em relação aos internacionais tende a ampliar a entrada líquida de capitais estrangeiros, parte dos quais será de curto prazo e de natureza especulativa. Este movimento amplia os superávits do balanço de pagamentos do país, contribuindo para a apreciação da moeda doméstica em relação às moedas dos principais parceiros internacionais. Pela lógica do modelo de Mundell-Fleming, a apreciação deveria reduzir as exportações líquidas (exportações menos importações) e, supondo tudo mais constante, promover imediatamente o ajuste do balanço de pagamentos mediante eliminação do superávit. E mais, segundo o argumento de Mundell,[620] os *policy-makers* se defrontam com um "trilema": com livre abertura aos fluxos de capitais externos, só é possível preservar a independência e estabilidade monetárias se, e somente se, o regime de câmbio for flutuante, mas, mesmo assim, às custas da estabilidade cambial. Este são os resultados que a teoria prediz.

No mundo real, porém, o ajuste do balanço de pagamentos não é imediato e automático. Como já discutido no Capítulo VI, a tendência à apreciação amplifica os *déficits* em conta-corrente, aumentando a dependência do país ao financiamento de capitais estrangeiros. Tal tendência pode perdurar durante todo o ciclo de bonança financeira internacional, de modo que, quando este se reverte, ocorre fuga de capitais, intensa depreciação da moeda e aumento da inflação. Para

---

[620] MUNDELL, Robert A. "The monetary dynamics of international adjustment under fixed and flexible rates". *Quarterly Journal of Economics*, vol. 74, n° 2, mai. 1960.

conter novo surto inflacionário, o Banco Central se vê compelido a instaurar novo ciclo de alta das taxas de juros domésticas, o que comprova que, na prática, sua autonomia é bastante reduzida e a política monetária é totalmente dependente da política cambial, ao contrário do que postula o modelo de Mundell-Fleming.

Em celebrado artigo, Hélène Rey[621] aponta fartas evidências empíricas de que o ciclo financeiro global, seja de *boom* ou estouro de bolhas especulativas, é fortemente condicionado pela política monetária do Federal Reserve. Dessa forma, o ciclo financeiro é determinado de forma contracíclica: se nos períodos de baixa das taxas de juros básicas americanas (*Fed funds*), há tendência de expansão dos fluxos de crédito internacional e dos preços dos ativos, bem como de formação de enormes bolhas especulativas, o aumento dos *Fed funds* detona movimento reverso, fazendo com que a maior parte da liquidez internacional reflua para o centro hegemônico principal. Como sustenta Rey,[622] referindo-se ao mundo da globalização financeira,

> ainda que não seja possível deter independência monetária em relação às economias centrais ao longo do ciclo financeiro global quando há livre mobilidade de capitais, o trilema [elucidado por Mundell] se transforma num dilema: independentemente do regime cambial adotado, só é possível alcançar independência monetária se, e somente se, houver controles de capitais.

A reversão do ciclo financeiro global faz com que os países periféricos se defrontem com o pior dos mundos, mesmo contando com fundamentos econômicos relativamente sólidos, como foi o caso

---

621 REY, Hélène. *Dilemma not trilemma*: the global financial cycle and monetary policy independence. Cambridge: National Bureau of Economic, 2015.

622 REY, Hélène. *Dilemma not trilemma*: the global financial cycle and monetary policy independence. Cambridge: National Bureau of Economic, 2015, pp. 18 e 21.

do Brasil no limiar da crise financeira de 2008: maior incerteza, aumento da preferência por liquidez e do risco-país, fuga de capitais e intensa depreciação de suas moedas nacionais. O efeito imediato é a aceleração da inflação. Uma vez que os Bancos Centrais reagem aumentando as taxas de juros básicas, no médio prazo as economias acabam enfrentando desaceleração ou recessão.

Mesmo quando grandes crises financeiras globais originam-se em países desenvolvidos, como foi o caso da de 2008, são os países periféricos que se ressentem dos maiores impactos adversos. A principal razão explicativa para essa contradição é que, como notam Barbara Fritz, Luiz Fernando de Paula e Daniela M. Prates,[623] o sistema monetário internacional funciona de forma hierárquica, em que as moedas são ranqueadas do topo (o dólar, seguido pelo euro e o iene) para a base da pirâmide (as moedas dos países periféricos), de acordo com sua capacidade de serem internacionalmente aceitas como meio de troca, unidade de conta e reserva de valor. Se na fase de *boom* do ciclo financeiro internacional os agentes estrangeiros compensam o grau quase nulo de liquidez das moedas periféricas com as elevadas taxas de retorno financeiras proporcionadas pelos títulos e bônus denominados nessas moedas, quando ocorre a reversão do ciclo a alta incerteza faz com que esses mesmos agentes fujam dessas moedas como o diabo foge da cruz.

Do que foi exposto nesta subseção, é possível extrair uma conclusão importante: os países em desenvolvimento que promoveram abertura à livre movimentação de capitais estrangeiros e entraram de pés firmes na globalização financeira jamais deveriam ter enveredado por tal estratégia. Ou, pelo menos, deveriam tê-lo feito gradualmente, impondo, simultaneamente, controles na entrada, sob a forma de quarentena (prazo mínimo de permanência) de todos os fluxos de

---

[623] FRITZ, Barbara; DE PAULA, Luiz Fernando; PRATES, Daniela Magalhães. "Global currency hierarchy and national policy space: a framework for peripheral economies". *European Journal of Economics and Economic Policies: Intervention*, vol. 15, n° 2, set. 2018.

capitais, inclusive as modalidades de longo prazo.[624] A total conversibilidade da conta capital só deve ser adotada quando a economia alcança nível de pujança econômica e financeira que permita o livre acesso de seu mercado de ações, títulos e bônus a não residentes. Não é por outra razão que países como China e Índia não puseram seus carros na frente dos bois e continuam impondo restrições à entrada de capitais estrangeiros de curto prazo.[625]

Considerações finais

O sistema de Bretton Woods, erigido quase no final da Segunda Guerra Mundial, em 1944, constituiu-se em diversos mecanismos de regulação multilateral das transações comerciais e financeiras internacionais, negociados entre os representantes oficiais de 44 países, liderados por John Maynard Keynes, do Reino Unido, e Harry Dexter White, dos Estados Unidos. Em Bretton Woods,

---

[624] A imposição de controles sobre todo o fluxo de capitais é justificada porque, no caso do Brasil, por exemplo, muitas vezes as empresas multinacionais internalizam capitais externos como "empréstimos intercompanhias", que são registrados na rubrica investimento direto estrangeiro, embora esses recursos possam ser aplicados no mercado de títulos e bônus de curto prazo denominados em moeda doméstica. Diferentemente das aplicações em portfólio, que são influenciadas diretamente pelo diferencial entre as taxas de juros domésticas e internacionais, os capitais de longo prazo tendem a ser menos afetados pelas barreiras sob a forma de quarentena.

[625] A imposição de barreiras à livre movimentação de capitais é sobejamente conhecida no caso da China. Na Índia, a abertura ao fluxo de capitais estrangeiros limitou-se ao investimento direto estrangeiro e ao mercado acionário. No mercado de títulos e bônus, os investidores não-residentes se deparam com diversas barreiras institucionais. Ainda assim, Duvvuri Subbarao, ex-presidente do *Reserve Bank of India* (o Banco Central indiano), reclama, em artigo no Financial Times de 21/06/2021, da pressão exercida pelos expressivos influxos de capitais internacionais destinados ao mercado acionário do país sobre a apreciação da rúpia indiana. O artigo pode ser baixado em: https://www.ft.com/content/30652b8d-8aff-444a-a703-fd8582058c69. Acessado em: 14.07.2022.

prevaleceu o entendimento de que, por ser intrinsecamente instável, o capitalismo necessita de regulação nos mercados de bens, serviços e fatores de produção.

No âmbito do comércio internacional, em vez da defesa intransigente do livre comércio puro, associado a *laissez-faire*, predominaram os esforços para reduzir as barreiras às transações de bens e serviços, mas criando-se mecanismos retaliatórios contra práticas anticompetitivas, como *dumping* e subsídios, e deixando amplo espaço para a adoção de políticas nacionais de desenvolvimento pautadas pelo critério de proteção da indústria nascente, como já analisado no Capítulo VII.

No plano das finanças internacionais, a adoção de um regime de câmbio fixo, porém ajustável em casos de desequilíbrios fundamentais do balanço de pagamentos, só foi possível por força dos controles dos fluxos de capitais. No geral, as políticas de comércio exterior e os mecanismos de regulação dos movimentos de capitais internacionais subordinaram-se aos planos nacionais de desenvolvimento, e não o contrário.

A principal marca distintiva entre o liberalismo regulado e o neoliberalismo é que este, como sugere o próprio termo, procura resgatar o espírito de *laissez-faire* que caracterizou o capitalismo mundial até a Primeira Guerra Mundial. Uma vez que a defesa da liberalização das transações comerciais e financeiras baseia-se em hipóteses totalmente irrealistas, como a prevalência de concorrência perfeita e a existência de mercados financeiros eficientes, o neoliberalismo tem viés fortemente dogmático e ideológico.

A adesão dos países latino-americanos ao neoliberalismo, a partir de meados dos anos 1980, longe de refletir escolhas unilaterais dos governos da região, na verdade, foi imposta pelo Consenso de Washington ampliado, que condicionou a reestruturação com deságio da dívida externa dos países, no bojo do Plano Brady, à liberalização dos mercados financeiros domésticos e abertura ao movimento de capitais de curto prazo. Mostrei como a abertura financeira externa aumentou sobremaneira a vulnerabilidade dos países periféricos e reduziu extremamente a autonomia das políticas macroeconômicas orientadas para sustentar o desenvolvimento econômico e melhorar o bem-estar da população.

CAPÍTULO XI
IMPLICAÇÕES DE POLÍTICA À GUISA DE CONCLUSÃO: FALHAS DE MERCADO COMO CRITÉRIO PARA ADOÇÃO DE POLÍTICAS PÚBLICAS – UMA CRÍTICA AO ARGUMENTO LIBERAL NEOCLÁSSICO

No Capítulo VII extraí as principais conclusões normativas relacionadas à abordagem teórica da corrente desenvolvimentista. Este capítulo também tem cunho conclusivo e apresenta uma nota sobre as implicações de políticas públicas da abordagem neoclássica.

11.1 Falhas de mercado como critério para adoção de políticas públicas: o argumento liberal neoclássico

A perspectiva neoclássica é eminentemente liberal. Seu aparato teórico é construído e sustentado com base na hipótese de que todos os mercados (de bens, trabalho e capitais) funcionam sob condições ideais de concorrência perfeita. Como mostrei nos capítulos anteriores, os modelos neoclássicos são formulados com elevado grau de sofisticação matemática e tratam o funcionamento das economias capitalistas como se fossem economias "puras", sem conferir grande importância aos conflitos de classe e às influências ideológicas.

Se o mundo real replicasse as condições requeridas pelos modelos de concorrência perfeita, o livre mercado e os mecanismos dos preços relativos seriam capazes de prover aos agentes privados (empresas e famílias) todas as informações necessárias para alocar os recursos produtivos eficientemente e igualar os custos e benefícios marginais privados aos sociais. Nessas circunstâncias, as economias capitalistas alcançariam o estado de equilíbrio geral, com todos os mercados alcançando soluções únicas e estáveis para preços e quantidades praticadas. No jargão econômico padrão, diz-se que assim se configuraria o equilíbrio geral walrasiano, em alusão a León Walras,[626] o economista neoclássico francês que imaginou originalmente tal situação.

Tendo atingido essa condição ideal, as economias alcançariam também níveis ótimos de bem-estar social. Na linguagem econômica padrão, elas chegariam ao "ótimo de Pareto", em alusão ao entendimento que o economista Vilfredo Pareto[627] deu à questão. Em resumo, a abordagem neoclássica conclui que se todos os mercados funcionarem em condições perfeitamente competitivas, as economias capitalistas geram o padrão Pareto-ótimo de distribuição de renda. Esta é a situação de máximo bem-estar social. Nela, a melhora do bem-estar de um indivíduo só seria possível às custas de, pelo menos, uma piora no bem-estar de outro.[628]

---

[626] WALRAS, Leon. *Compêndio dos Elementos de Economia Política Pura*. São Paulo: Nova Cultural, [1874] 1986.

[627] PARETO, Vilfredo. *Manual de economia política*. São Paulo: Nova Cultural, [1909] 1996.

[628] Cabe advertir que esse padrão Pareto-ótimo determina o máximo bem-estar social para dada distribuição de renda, mas não está necessariamente associado a maior ou menor desigualdade social.

CAPÍTULO XI – IMPLICAÇÕES DE POLÍTICA À GUISA DE...

Além disso, a teoria neoclássica considera que se a economia mundial replicar as condições ideais de concorrência perfeita, **apenas** o livre comércio e a especialização de cada país na produção dos bens em que detenha vantagem comparativa propiciam uma configuração ótima de equilíbrio internacional consistente com o máximo bem-estar social sob o critério paretiano ("ótimo social"). Assim, os economistas liberais neoclássicos argumentam que se o equilíbrio geral walrasiano proporcionar tanto a alocação ótima dos recursos produtivos quanto o melhor padrão de bem-estar social num determinado momento do tempo (qualquer que seja a distribuição da renda nacional), não há argumento teórico que justifique intervenção governamental, seja para produzir melhora na situação de bem-estar ou para acelerar o crescimento da renda per capita do país ao longo do tempo. Significa dizer que *laissez-faire* e livre comércio são as melhores estratégias de política econômica (o "primeiro melhor" ou *first-best*) e não há qualquer razão para a adoção de políticas nacionais de desenvolvimento similares às propostas no Capítulo VII.

Entretanto, a pergunta que se impõe é: como a corrente liberal neoclássica lida com o fato inquestionável de o padrão competitivo prevalecente nas economias capitalistas não ser a concorrência perfeita, mas a concorrência imperfeita, especialmente o oligopólio? Como essa corrente teórica privilegia o formalismo em detrimento do realismo das hipóteses, o problema não é enfrentado diretamente. Ele é contornado através da ideia, um tanto quanto imaginativa, de que monopólios, duopólios e oligopólios são desvios temporários do sistema capitalista do equilíbrio geral walrasiano. Na gramática neoclássica, são falhas de mercado (*market failures*) que tendem a produzir divergências entre custos e benefícios marginais, privados e sociais. Nesses casos, e somente neles, a corrente liberal neoclássica admite a possibilidade de intervenção governamental nos mercados. Ainda assim, tal intervenção ocorre sob majestosa restrição, segundo o posicionamento do economista neoclássico James Meade:[629] políticas para correção de falhas de mercado são sempre um segundo melhor (*second best*) em relação ao *laissez-faire* e ao livre-comércio.[630]

Os economistas liberais neoclássicos tratam a maioria das políticas públicas como *second best* porque acreditam que, comparativamente ao setor privado, o governo carece de informações suficientes para identificar corretamente a origem das falhas de mercado. Consequentemente, ele é incapaz de escolher o instrumento de política econômica (subsídios, compras públicas, tarifas aduaneiras de importação etc.) mais apropriado para corrigi-las. Em seu tratado sobre política de comércio exterior (*Trade Policy and Economic Welfare*), Corden[631] argumentou que se a divergência entre custos e benefícios marginais, privados e sociais, tiver origem interna, o instrumento de política econômica apropriado deve corrigir esta falha no mercado doméstico (um subsídio à produção, por exemplo). Se a divergência tiver origem no mercado internacional, o instrumento apropriado deve corrigir esta falha cuja fonte é o comércio exterior (uma tarifa de importação, por exemplo).

Ilustrarei o problema com um exemplo baseado em Corden.[632] Admita-se que os produtores brasileiros de PVC, matéria-prima básica do setor químico, se defrontem com perda expressiva de participação no mercado nacional frente ao aumento intempestivo de importações da China. Seguindo o raciocínio de Corden, essa perda de *market share* pode ter causas diversas, como queda temporária de competitividade dos produtores nacionais, salários reais superiores

---

[629] MEADE, James. *Trade and welfare*. Londres: Nova York: Oxford University Press, [1955] 1995.

[630] Meade (MEADE, James. *Trade and welfare*. Londres: Nova York: Oxford University Press, [1955] 1995) elaborou a teoria do *second-best*.

[631] CORDEN, W. Max. *Trade policy and economic welfare*. Oxford: Oxford University Press, 1974.

[632] CORDEN, W. Max. *Trade policy and economic welfare*. Oxford: Oxford University Press, 1974.

CAPÍTULO XI – IMPLICAÇÕES DE POLÍTICA À GUISA DE...

à produtividade, *dumping* dos produtores chineses (ou seja, preços predatórios inferiores aos praticados no mercado interno da China), dentre outras.

Admita-se ainda que o governo, ao suspeitar da existência de *dumping*, abra um processo de investigação e conclua que, de fato, tenha havido prática de concorrência desleal por parte da China e que, seguindo as regras da OMC, pode-se adotar uma tarifa de importação retaliatória (*antidumping*) contra as importações chinesas de PVC. Entretanto, se os danos à indústria nacional tiverem resultado de pressões de custos salariais e não do *dumping*, os neoclássicos alegariam que as falhas do governo que o levaram a avaliar equivocadamente a existência de concorrência desleal podem superar as falhas de mercado.[633] Assim, as **divergências** ("falhas de mercado") causadas pela concorrência imperfeita se transformam em **distorções** (agravamento das "falhas de mercado") criadas pelo próprio governo.[634] No caso ilustrado, em vez do aumento da tarifa de importação, o instrumento mais adequado deveria ter sido um subsídio doméstico, ainda assim que não incidisse sobre o valor total da produção, mas apenas sobre o custo da mão de obra, considerada a fonte primária da divergência entre custos e benefícios marginais privados e sociais.

Em síntese, os economistas neoclássicos são defensores quase incondicionais do livre-comércio, que eles consideram a estratégia

---

[633] Por exemplo, em razão de falhas de informação, o governo pode avaliar a existência de *dumping* com base em dados imprecisos sobre preços domésticos e internacionais, imprescindíveis para identificar a prática anticompetitiva.

[634] Na literatura neoclássica, as **divergências** entre custos e benefícios marginais, privados e sociais, resultam naturalmente das próprias falhas de mercado. Já as **distorções** resultam de impactos adversos das políticas econômicas governamentais adotadas com o intuito de corrigir essas mesmas falhas de mercado. A esse respeito, a referência seminal é Meade (1955 MEADE, James. *Trade and welfare*. Londres: Nova York: Oxford University Press, [1955] 1995).

"first best". Considerando a existência de falhas de mercado, para cada divergência entre custos e benefícios marginais, privados e sociais, haveria uma hierarquia de políticas econômicas subótimas (*second-best, third best* e assim por diante).[635] Como sustentou Corden,[636] quanto mais inapropriados forem os instrumentos utilizados para corrigir falhas de mercado, maiores serão as falhas de governo, que agravam as distorções na produção, ou no consumo, ou no mercado de trabalho, ou no setor exportador etc.

11.1.1 Falhas de mercado: uma crítica ao argumento liberal neoclássico

Já é hora de perguntar se o argumento teórico das falhas de mercado é critério preciso para nortear a elaboração de políticas públicas. A resposta é **não**. Por duas razões. Primeiro, a concorrência imperfeita não é mero afastamento temporário da concorrência perfeita nas economias capitalistas, condição *sine qua non* para se obterem o equilíbrio geral walrasiano e o ótimo de Pareto. A concorrência imperfeita sob forma de monopólios, duopólios e, principalmente, oligopólios é a norma do capitalismo contemporâneo, não a exceção. Segundo porque os economistas neoclássicos concebem a elaboração e aplicação de políticas públicas como se elas fossem, implicitamente, suficientes para promover o retorno das economias

---

[635] O leitor deve ser informado, no entanto, que esse ordenamento está associado ao conjunto das hierarquias de políticas econômicas disponíveis (internas e externas), mas não aos resultados idealmente esperados numa eventual situação em que a economia alcance a eficiência no sentido de Pareto (*solução utópica*, na terminologia original de Meade (MEADE, James. *Trade and welfare*. Londres: Nova York: Oxford University Press, [1955] 1995, p. 8). Ou seja, na teoria do *second best*, o uso de políticas econômicas ativas produz resultados sempre inferiores aos que seriam alcançados em eventual *laissez-faire*, condição suficiente – embora reconhecidamente *utópica* –, para que a economia maximize a eficiência de modo compatível com o critério de Pareto.

[636] CORDEN, W. Max. *Trade policy and economic welfare*. Oxford: Oxford University Press, 1974, pp. 28-31.

CAPÍTULO XI – IMPLICAÇÕES DE POLÍTICA À GUISA DE...

capitalistas à posição de equilíbrio geral. No entanto, essa perspectiva não faz o menor sentido. Tenho de concordar com Mário Possas,[637] que identificou, cirúrgica e criticamente, o ponto frágil da teoria das falhas de mercado:

> Chega-se à situação paradoxal de que a relevância teórica do modelo [de equilíbrio geral] não é ditada por sua aderência ao real, e as respectivas "imperfeições" ou "falhas" de mercado são esmagadoramente mais frequentes que a situação hipotética que corresponde ao modelo ideal. Se a teoria sempre encontra "falhas", em geral significativas, na aplicação de seu modelo ideal, não seria o caso de reconhecer que a falha é dele?

O argumento neoclássico é tão paradoxal que os economistas liberais chegam a aceitar o argumento para proteção da indústria nascente, mas desde que, no espírito de John Stuart Mill,[638] o atraso relativo (*lagging*) de uma indústria nacional em relação à de outro país seja avaliado como decorrência de falhas de mercado.[639] Neste caso, o uso de tarifas aduaneiras, subsídios e/ou outros instrumentos complementares poderia, em princípio, eliminar a desvantagem do país atrasado, se houver expectativas de redução de custos ao longo do tempo, à medida que o conhecimento se acumule dinamicamente

---

[637] POSSAS, Mario Luiz. "Competitividade: fatores sistêmicos e política industrial". *In*: CASTRO, Antonio Barros; POSSAS, Mario Luiz; PROENÇA, Adriano. *Estratégias empresariais na indústria brasileira*: discutindo mudanças. Rio de Janeiro: Forense Universitária, 1996, p. 78.

[638] MILL, John Stuart. *Princípios de economia política*. São Paulo: Abril Cultural, [1848] 1983.

[639] Como mostrei no Capítulo III, o argumento para proteção da indústria nascente foi elaborado pioneiramente pelo economista nacionalista alemão Friedrich List (LIST, Friedrich. *Sistema nacional de economia política*. Trad. Nazionaler System der Volkswirtschaftslehre. São Paulo: Abril, [1841] 1983) e, posteriormente, reconhecido pelo economista liberal clássico John Stuart Mill (MILL, John Stuart. *Princípios de economia política*. São Paulo: Abril, [1848] 1983).

pelo aprendizado (*learning by doing*). Entretanto, frente aos riscos de possível não internalização do *learning by doing* e aparecimento de novas falhas de mercado que poderiam levar a indústria protegida ao fracasso, tais ocorrências acabam se opondo, a exemplo do argumento de Corden,[640] ao recurso de proteção.

Além disso, o critério das falhas de mercado como requisito para a intervenção governamental é eminentemente estático. Ele está associado à melhora da alocação dos recursos produtivos entre dois momentos determinados (estática comparativa). Os economistas liberais neoclássicos têm como principal motivação o alcance do equilíbrio e a sustentação da estabilidade. Já a corrente desenvolvimentista, como mostrei no Capítulo VII, justifica a adoção de políticas públicas mediante proteção, subvenção ou outros estímulos governamentais com argumentos eminentemente dinâmicos.

Assim o é porque, como foi enfatizado por Schumpeter e amplamente exposto no Capítulo I, o desenvolvimento capitalista tem uma forma de reprodução que revoluciona de forma contínua e não linear a base técnico-produtiva. Assim, criam-se e destroem-se tecnologias, empresas e sistemas produtivos. Por isso mesmo, além de intrinsecamente instável, a tendência do capitalismo é produzir e reproduzir desequilíbrios no longo prazo, sendo as inovações o principal condutor do processo de "destruição criativa" nas esferas nacional e global.

Como se não bastasse, os efeitos seguidos da acumulação de capital e do progresso técnico tendem a produzir tecnologias sujeitas a gigantescas economias de escala e a fazer com que o oligopólio, com elevado grau de concentração da produção em favor das maiores empresas, seja o padrão de concorrência usualmente observado. Sendo assim, não faz sentido esperar que intervenções governamentais corrijam falhas de mercado e promovam a convergência das

---

[640] CORDEN, W. Max. *Trade policy and economic welfare*. Oxford: Oxford University Press, 1974, cap. 9.

economias capitalistas para o equilíbrio geral simplesmente porque esse intento é impossível de ser alcançado.

Como mostrou Mariana Mazzucato,[641] os governos mobilizam e subvencionam elevado montante de recursos públicos destinados ao financiamento privado das inovações justamente porque, em razão da enorme incerteza e riscos associados à rentabilidade futura, os retornos sociais esperados tendem a ficar aquém dos retornos privados a elas associados. Neste caso, não é a necessidade de corrigir falhas de mercado a principal justificativa para que o Estado subvencione as inovações, sobretudo nos segmentos de alta tecnologia. Como enfatizou Mazzucato,[642] a principal razão é a premência de induzir o setor privado a "moldar e criar novos mercados". Por essa razão, julgo que os argumentos propostos pela corrente desenvolvimentista em prol da intervenção do Estado são bem mais consistentes do que o argumento liberal neoclássico das falhas de mercado, porque concebem o capitalismo como um sistema dinâmico.

---

[641] MAZZUCATO, Mariana. *The entrepreneurial state*: debunking public vs. private sector myths. Londres: Anthem Press, 2013.

[642] MAZZUCATO, Mariana. *The entrepreneurial state*: debunking public vs. private sector myths. Londres: Anthem Press, 2013, p. 32.

CONCLUSÃO

Pretendi, com este livro, contribuir para o debate que se trava entre as correntes desenvolvimentista e liberal neoclássica, incluindo também as respectivas implicações normativas e recomendações de política econômica. De tudo que analisei, com razoável grau de detalhamento, arrisco-me a extrair uma conclusão geral.

Os economistas desenvolvimentistas se reconhecem na tese de que as economias capitalistas funcionam de acordo com determinadas leis gerais. Entretanto, para essa corrente, tais leis não são absolutas, mas relativas, porque há também a influência da dinâmica da história, dos conflitos entre classes sociais, da ideologia, da cultura e de outros fatores não econômicos. Ademais, essas leis gerais não são imutáveis, pois são passíveis de serem modificadas pela história das sociedades. Os economistas liberais neoclássicos, por sua vez, têm maior apego à ideia de que o funcionamento do sistema capitalista obedece, ou pelo menos deveria obedecer, às leis gerais dos mercados e da livre-concorrência.

Sob a ótica exclusivamente teórica, os pontos de partida e de chegada da análise liberal neoclássica são sempre a concorrência perfeita e o equilíbrio geral walrasiano. Essas premissas são idealizadas e, por serem meras abstrações sem qualquer vínculo com o mundo real, são inconciliáveis com a abordagem desenvolvimentista. Mesmo quando os modelos teóricos neoclássicos reconhecem e incorporam as estruturas de concorrência imperfeita (monopólios, duopólios e oligopólios), tais desvios são analisados como afastamentos transitórios das situações idealizadas. Portanto, esse cenário ideal é tanto o ponto de partida quanto de chegada da corrente liberal neoclássica: em tese, é para este ponto que a economia deveria convergir, ainda que não exista qualquer experiência econômica que reproduza *ipsis litteris* essa situação ideal.

Por essa razão, um imenso rio separa as duas correntes no campo normativo: os desenvolvimentistas defendem a intervenção ativa do Estado, seja para avivar o *animal spirits* empresarial na sustentação de investimentos físicos e em inovações tecnológicas, seja para estimular os segmentos produtivos indutores de progresso técnico. Os liberais neoclássicos são entusiastas do *laissez-faire* e do livre-comércio. Eles admitem, no máximo, intervenção estatal pontual e passiva, restrita a corrigir falhas de mercado. Insisto: corrigir falhas de mercado. O problema é que, no plano teórico, a ideia de correção de falhas de mercado é associada ao objetivo de redirecionar o sistema econômico para a situação ideal de equilíbrio geral. Por isso, a ideologia em defesa do "Estado mínimo" é travestida de argumentos teóricos, destrinchados nos Capítulos X e XI.

A impossibilidade de conciliação entre desenvolvimentistas e neoclássicos, quer no campo teórico, quer no campo normativo, decorre de diversas razões, dentre as quais menciono e sintetizo as principais, conforme discuti neste livro.

i) Os desenvolvimentistas seguem a tradição teórica de Smith, mas conferem especial ênfase a Marx, Keynes e Schumpeter, que conceberam o capitalismo como um sistema dinâmico, sujeito a desequilíbrios contínuos e a mudanças estruturais. Os liberais neoclássicos seguem a tradição de Ricardo, Mill e Walras, que compreendem o capitalismo como um sistema estático em que a solução dos problemas econômicos depende da eficiência ótima com que os recursos produtivos (trabalho, capital, terra etc.) são alocados para produzir situações de equilíbrio entre oferta e demanda em todos os mercados.

ii) Os desenvolvimentistas ("clássicos", cepalinos, furtadianos e novos desenvolvimentistas) concebem o desenvolvimento econômico como um processo de mudanças estruturais decorrentes do progresso técnico. A indústria de transformação, cada vez mais integrada com os serviços *high-tech*, por ser a principal fonte responsável pela geração, difusão e retroalimentação de progresso técnico, sustenta o ritmo de crescimento e o incremento da produtividade média da economia no longo prazo. Mas, não só isso: o desenvolvimento, ao se concretizar como processo schumpeteriano de destruição criativa, implica não apenas contínuas e não lineares mudanças econômicas, mas também transformações políticas, sociais e culturais (basta lembrar que, hoje, relacionamentos afetivos, eleições e revoluções ocorrem, sobretudo, nas redes sociais!). Os liberais neoclássicos entendem que as atividades produtivas no sistema capitalista têm retornos constantes de escala. Mesmo quando se curvam às evidências gritantes de que, em razão dos efeitos cumulativos do progresso técnico e da acumulação de capital, no mundo real imperam retornos crescentes de escala, a "dinâmica" da macroeconomia neoclássica do crescimento modela o sistema econômico com base numa função agregada de produção sujeita a retornos constantes! Tal capitulação decorre do fato de que a corrente neoclássica prefere sacrificar o realismo em favor da elegância matemática e da busca de resultados de equilíbrio. Tudo em nome da abstração teórica.

iii) Com exceção de Lewis e Rosenstein-Rodan, cujos modelos teóricos são muito influenciados pela lei de Say ("toda oferta cria sua própria demanda"), a maioria dos desenvolvimentistas se alinha à hipótese keynesiana de que as expectativas de aumento da demanda agregada no curto e no longo prazo guiam, respectivamente, as decisões de produção corrente e de investimento. Mesmo reconhecendo que a demanda agregada forja inter-relações com a oferta agregada, os desenvolvimentistas não renunciam à hipótese canônica de que a causalidade principal é da primeira para a segunda, não o contrário. Ademais, os desenvolvimentistas seguem o argumento de Kaldor (inspirado em Marx) de que não há forças restritivas do lado da oferta que impeçam a sustentação do desenvolvimento econômico no longuíssimo prazo. Quando o trabalho se manifesta como eventual fator restritivo do lado da oferta, a pressão da concorrência capitalista acelera o progresso técnico que, ao poupar força de trabalho, faz com que este recurso opere, no longuíssimo prazo, como "exército industrial de reserva" *à la* Marx.

Assim, a maioria dos desenvolvimentistas aceita a hipótese de Prebisch, Kaldor e Thirlwall de que o principal fator restritivo à sustentação do desenvolvimento econômico não provém do lado da oferta, mas da demanda, e está associado à restrição externa, isto é, do balanço de pagamentos. Por causa disso, proporcionar uma estrutura de produção doméstica com potencial de gerar excedentes exportáveis líquidos (exportações maiores do que importações, mas não, necessariamente, mercantilismo) é condição essencial para assegurar fluxos de divisas suficientes para custear os pagamentos internacionais comezinhos de qualquer economia, sem depender de financiamentos externos ("poupança externa"). Kaldor[643] tem razão em alegar que eventuais restrições da oferta são observadas no curto prazo, mas não no longo prazo. De todo modo, trabalhos recentes confirmam a hipótese kaldoriana (logo, desenvolvimentista) de que o motor do crescimento econômico no longo prazo é a demanda e que as forças da oferta (por exemplo, a busca de inovações pelas empresas, mediante maiores gastos em P&D) tendem a se acomodar e estabelecer *feedbacks* dinâmicos com as forças da demanda.

---

[643] KALDOR, Nicholas. "Causes of the slow rate of economic growth of the United Kingdom: an inaugural lecture". In: _____. *Further Essays on Economic Theory*. Londres: Duckworth, [1966] 1978.

CONCLUSÃO

Em oposição, os modelos teóricos liberais neoclássicos de crescimento e de comércio internacional são alinhados com a economia do lado da oferta (*"supply-side economics"*). A macroeconomia neoclássica, particularmente, fortemente influenciada pelos macroeconomistas pré-keynesianos (Pigou e Hicks, dentre outros), postula que as forças do lado da oferta determinam o crescimento no longo prazo.

iv) Para os desenvolvimentistas, a desindustrialização prematura é um dos fatores estruturais responsáveis pela estagnação nos países periféricos (especialmente os latino-americanos) nas últimas décadas. No mundo dos retornos crescentes estáticos e dinâmicos de escala, a desindustrialização prematura é elemento estruturalmente ruim. Se a indústria de transformação reduz acentuadamente sua participação no produto agregado prematuramente, ela perde poder de atuar como principal geradora e disseminadora de progresso técnico. Isso acaba levando à interrupção do processo pregresso de *catching up* e à estagnação econômica no longo prazo. Esse problema é quase inteiramente negligenciado pela corrente liberal neoclássica. Por quê? Porque os economistas neoclássicos conferem ao setor industrial e aos serviços *high-tech* a mesma importância relativa da agricultura e demais atividades caracterizadas por menor intensidade de capital com respeito aos impactos agregados sobre o crescimento econômico no longo prazo. A corrente neoclássica reconhece o papel crucial das inovações tecnológicas em assegurar o desenvolvimento, mas não considera seus impactos como diferenciados setorialmente. Tal hipótese é mantida até mesmo nos modelos de crescimento endógeno, porque, nestes, as tecnologias – mensuradas como estoque de conhecimento agregado ou de capital humano –, ainda que sujeitas a retornos crescentes de escala, se disseminam proporcionalmente para todos os setores produtivos. Esse resultado paradoxal só é possível devido à insistência com que, nos modelos neoclássicos de crescimento (inclusive os de crescimento endógeno), o sistema econômico é visto como uma função de produção agregada sujeita a retornos constantes de escala. Sacrifica-se, mais uma vez, o realismo em nome da solução matemática de equilíbrio.

v) No período de vigência do sistema de Bretton Woods (1944-1973), o liberalismo econômico permaneceu restrito, fundamentalmente, às transações comerciais de bens e serviços e aos fluxos de capitais de longo prazo. Em particular, no plano do comércio internacional não se respaldou a defesa do livre-comércio na ausência completa de barreiras comerciais ("livre-comércio teórico"), mas no princípio do multilateralismo e da não-discriminação ("livre-comércio pragmático"). Sob o manto de Bretton Woods, o GATT impelia os países-membros a ampliarem as transações comerciais de mercadorias e serviços, amparando-se no princípio das vantagens comparativas. No tempo em que David Ricardo[644] o formulou, a tese era que **algum** comércio é melhor do que **nenhum** comércio, e não que a melhor estratégia para todos os países deveria ser o engajamento em livre-comércio incondicional, tal como depois reformularam os neoclássicos, notadamente Paul Samuelson.[645] Os arranjos comerciais e monetários de Bretton Woods, enquanto estimulavam a redução das barreiras ao comércio internacional, não fechavam as portas para que os países em desenvolvimento adotassem diversos instrumentos de política econômica (tarifas aduaneiras de importação, subsídios à produção, ao crédito e à exportação etc.) visando promover o desenvolvimento econômico.

---

[644] RICARDO, David. *Princípios de economia política e tributação*. São Paulo: Abril Cultural, [1817] 1982.
[645] SAMUELSON, Paul Anthony. "International trade and the equalization of factor prices". *The Economic Journal*, vol. 58, nº 230, jun. 1948; SAMUELSON, Paul Anthony. "International factor price equalization once again". *The Economic Journal*, vol. 59, nº 234, jun. 1949.

CONCLUSÃO

Essa flexibilidade mudou completamente após a ascensão de Reagan, Thatcher e a difusão do neoliberalismo. Ao defender a prática de *laissez-faire* em todos os mercados – de bens, serviços, trabalho e de capitais financeiros, inclusive os de curto prazo, destinados à diversificação de carteira de títulos, bônus e ações – nos planos doméstico e internacional, o neoliberalismo tornou-se uma ideologia radical. Não faltaram advertências de vozes dissonantes importantes. Já nos anos 1980, economistas como Carlos Diaz-Alejandro[646] e Hyman Minsky,[647] por exemplo, alertavam que a desregulamentação dos mercados financeiros domésticos e a liberalização dos fluxos de capitais internacionais de curto prazo ampliariam a frequência e intensidade de eventos adversos, como formação e estouro de bolhas especulativas e crises financeiras na economia mundial, cujos desdobramentos mostrei no Capítulo X.

A meu juízo, a disseminação das principais reformas econômicas de cunho neoliberal na América Latina a partir da década de 1990, decorreu menos de decisões unilaterais dos governos da região do que da pressão externa vinda do Consenso de Washington. Ela condicionou a reestruturação com deságio da dívida externa dos países, no bojo do Plano Brady, à liberalização dos mercados financeiros domésticos e à abertura ao movimento de capitais de curto prazo. Inicialmente sem base teórica consistente, a liberalização dos fluxos internacionais de curto prazo foi "vendida" aos países do continente como panaceia para dirimir os riscos da flutuação cambial.

Mas não tardaram a aparecer argumentos supostamente teóricos. A literatura ortodoxa procurou justificar a abertura financeira externa nos países periféricos com base em hipotéticos benefícios provenientes de complementarem, com "poupança externa", sua baixa

---

[646] DIAZ-ALEJANDRO, Carlos. "Good-bye financial repression, hello financial crash". *Journal of International Economics*, vol. 19, n° 1-2, set./out. 1985.

[647] MINSKY, Hyman. *Stabilizing an unstable economy*. Nova York: McGraw Hill, [1986] 2008.

taxa de poupança doméstica. A advertência, feita por Minsky,[648] de que parte expressiva desses fluxos de "poupança externa" transita sob a modalidade de capitais de curto ou de curtíssimo prazo, de natureza, sobretudo, especulativa, é contornada com a teoria da eficiência dos mercados financeiros. Para a ortodoxia neoclássica, o risco de pânico e de paradas súbitas dos fluxos de capital (*sudden stops*) pode ser descartado porque os mercados financeiros dispõem de todas as informações relevantes (ou seja, são eficientes) para garantir aos agentes retornos iguais à média esperada pelo mercado.

vi) Na prática, a inserção dos países periféricos latino-americanos na globalização financeira foi balizada pela tese neoclássica de benefícios associados à estratégia de crescimento financiado com "poupança externa". Essa estratégia, adotada pelos governos dos países latino-americanos nas últimas duas décadas, constitui-se em um dos alvos da crítica novo-desenvolvimentista, cujo mérito principal foi ter incorporado a macroeconomia e a política macroeconômica à análise teórica sobre desenvolvimento e estagnação.

No caso do Brasil, o novo desenvolvimentismo acentua que, além da estratégia de "crescimento com poupança externa", duas outras "políticas habituais" contribuem para o prolongamento da estagnação econômica. Por um lado, a ausência de neutralização da doença holandesa. Por outro lado, um arranjo de política macroeconômica pautado em um regime de metas de inflação muito pouco flexível.

Mostrei detalhadamente no Capítulo VI como essas "políticas habituais" amplificam a volatilidade cambial e contribuem para manter a moeda nacional tendencialmente sobrevalorizada no longo prazo. Assim, elas prolongam indefinidamente a estagnação econômica. Os canais de transmissão são, em parte, óbvios. Nos países em desenvolvimento com elevado grau de abertura ao movimento

---

[648] MINSKY, Hyman. *Stabilizing an unstable economy*. Nova York: McGraw Hill, [1986] 2008.

CONCLUSÃO

de capitais, a política monetária tem fraca autonomia para preservar a estabilidade de preços e sustentar o crescimento econômico. Isso acontece porque os ciclos de aumento e queda das taxas de juros básicas de curto prazo acompanham e são subordinados aos ciclos financeiros globais. Em função da hegemonia do dólar como moeda-reserva internacional, estes fluxos são comandados pela política monetária do Federal Reserve. Assim, nos ciclos de elevada liquidez internacional, de expansão econômica nos Estados Unidos e baixa das taxas de juros básicas americanas, o maior diferencial de juros de curto prazo observado nos países periféricos atrai em sua direção excesso de capitais (sobretudo de curto prazo). Em consequência, as moedas periféricas tendem a se apreciar enquanto perdura a bonança internacional. Por um lado, se no curto prazo a queda dos preços dos bens importados e a pressão competitiva exercida pelas importações contribuem para ancorar as taxas de inflação em torno da meta dos países periféricos, por outro lado, é fato que a sobrevalorização cambial provoca uma sucessão de efeitos deletérios em cascata: desloca parte significativa da demanda para bens importados (ou seja, exporta empregos), aumenta artificialmente os salários reais e assim deprime tanto a lucratividade esperada dos investimentos privados quanto o crescimento econômico no longo prazo. Em outras palavras, a sobrevalorização das moedas periféricas acentua e perpetua a estagnação.

Há ainda mais efeitos deletérios: a persistência de níveis crônicos de sobrevalorização cambial por longos períodos amplifica os *déficits* em conta-corrente. Ao se tornarem insustentáveis aos olhos dos investidores internacionais, os *déficits* em conta-corrente deflagram fugas abruptas de capitais, elevada incerteza e excessiva depreciação da moeda nacional, levando o país à crise financeira. Cria-se um círculo vicioso. Os países periféricos alternam ciclos de baixa das taxas de juros e sobrevalorização cambial, seguidos de fugas abruptas de capital, depreciação cambial, pressão inflacionária e elevação dos juros. Como enfatiza o novo desenvolvimentismo, ao caírem na armadilha dos juros elevados e câmbio real sobrevalorizado, os países periféricos não conseguem se livrar da tendência à estagnação econômica, mesmo na presença de políticas industriais e tecnológicas consistentes.

Além disso, o novo desenvolvimentismo atribui à doença holandesa um dos fatores estruturais da estagnação nos países periféricos latino-americanos. Mas, diferentemente da experiência venezuelana, analisada pioneiramente por Celso Furtado,[649] ou do caso clássico na Holanda, teorizado por Corden e Neary,[650] essa nova doença holandesa na periferia latino-americana tem origem na onda de reformas econômicas liberalizantes adotadas sob a forma de tratamento de choque (rápida liberalização cambial, abertura ao movimento de capitais de curto prazo, aversão à política industrial e outros mecanismos de políticas públicas em prol do desenvolvimento etc.). Aliás, como tem destacado o novo desenvolvimentismo, quanto mais se aprofundam reformas liberalizantes radicais, mais grave se torna a doença holandesa.

A análise novo-desenvolvimentista demonstra que a sobrevalorização das moedas periféricas se manifesta, simultaneamente, como causa e efeito do agravamento dessa nova forma de doença holandesa. Como causa, a sobrevalorização cambial aumenta o nível dos preços domésticos em relação ao dos parceiros comerciais externos (expressos em dólar, nos dois casos) e reduz a competitividade dos bens exportáveis da periferia, notadamente dos bens manufaturados

---

[649] FURTADO, Celso. "O desenvolvimento recente da economia venezuelana (exposição de alguns problemas)". *In:* _____. *Ensaios sobre a Venezuela*: subdesenvolvimento com abundância de divisas. Rio de Janeiro: Contraponto, [1957] 2008.

[650] CORDEN, W. Max; NEARY, J. Peter. "Booming sector and de-industrialization in a small open economy". *The Economic Journal*, vol. 92, nº 368, dez. 1982.

CONCLUSÃO

e/ou serviços mais sofisticados tecnologicamente. Como ressaltou Porcile,[651] endossando as proposições novo-desenvolvimentistas,

> a destruição de empresas, atividades e capacitações tecnológicas durante um período relativamente longo de sobrevalorização cambial compromete o aprendizado tecnológico e a disseminação de tecnologias (*technological spillovers*).

Como efeito, o agravamento da doença holandesa acentua a sobrevalorização cambial. De fato, o aumento da concentração da cesta de exportações em produtos primários e bens industrializados intensivos em recursos naturais (ou seja, em *commodities*) nos países periféricos faz com que, na fase de *boom* dos preços internacionais desses produtos, a melhora dos termos de troca amplifique os influxos de divisas estrangeiras. Por consequência, a moeda nacional se aprecia em termos reais e reforça a tendência à estagnação. A taxa de câmbio real apreciada é o liame entre a doença holandesa e a estagnação econômica no longo prazo.

vii) Como, a meu juízo, o papel dos economistas não se restringe a elaborar ou analisar teorias sobre questões econômicas, mas também propor soluções para os problemas econômicos e para melhorar o bem-estar das pessoas, cabe uma pergunta final: o que fazer para sair da armadilha da estagnação e restaurar a trajetória de *catching up* nos países em desenvolvimento? Como argumentei no Capítulo XI, as proposições dos economistas liberais neoclássicos de políticas governamentais orientadas para a correção de falhas de mercado devem ser descartadas. Sendo meros paliativos para eliminar divergências transitórias do funcionamento real dos mercados em relação ao equilíbrio

---

[651] PORCILE, Gabriel. "Latin American structuralism and new structuralism". *In*: ALCORTA, Ludovico; FOSTER-MCGREGOR, Neil; VERSPAGEN, Bart; SZIRMAI, Adam. *New perspectives on structural change*: causes and consequences of structural change in the global economy. Oxford: Oxford University Press, 2021, p. 55.

geral supostamente alcançável no longo prazo, essas proposições seriam incapazes de estancar a estagnação e sustentar o desenvolvimento dos países periféricos.

As medidas de política econômica recomendadas devem estar alinhadas com as discutidas no Capítulo VII. Explico: para restaurar a trajetória de *caching up* dos países em desenvolvimento que se encontram estagnados, a política industrial deve ser concebida de forma sistêmica, articulada com as demais políticas públicas nos âmbitos microeconômico (como as políticas tributária, regulatória e de comércio exterior, dentre outras), mesoeconômico (por exemplo, ciência e tecnologia, educação e treinamento etc.) e macroeconômico (políticas monetária, fiscal e cambial). Nessas circunstâncias, a política industrial deve ser concebida e integrada a planos nacionais de desenvolvimento. O objetivo de manter a estabilidade de preços precisa estar em sintonia com os objetivos de sustentar o crescimento econômico, promover o emprego e reduzir as desigualdades sociais. As políticas macroeconômicas de curto prazo não podem subordinar as políticas estruturais. Não obstante, apenas política macroeconômica de curto prazo não causará, como nunca causou, desenvolvimento econômico.

Além desses objetivos, os planos nacionais de desenvolvimento devem incluir o propósito de paulatina substituição das tecnologias de alta emissão de dióxido de carbono (CO_2) por outras mais eficientes. Não bastassem as razões éticas, o engajamento dos países em desenvolvimento em tecnologias verdes se imporá como requisito econômico: a pressão internacional pela adoção de tecnologias com baixa emissão de CO_2 fará com que os países que não se adaptem à nova economia ambiental fiquem fora do jogo competitivo global. Como não há uma regra de bolso para a solução de problemas de tamanha complexidade, cabe a cada país adotar políticas ajustadas as suas peculiaridades.

Uma vez que a elaboração e consecução de planos nacionais de desenvolvimento envolvem a mobilização de diversos instrumentos de política econômica e a coordenação de instituições de governo, não

CONCLUSÃO

será fácil colocá-los em prática. Entre os desafios impostos ao Brasil e outros países em desenvolvimento, duas questões fundamentais servem de exemplo: como assegurar maior autonomia às políticas macroeconômicas (monetária, fiscal e cambial, principalmente) em contexto de ampla abertura ao movimento de capitais? De acordo com o que discuti no Capítulo X, a resposta é aparentemente simples: com a adoção de controles de capitais. Mas como tomar a decisão de adotar controles *ad hoc* de capitais se essa medida pode ser sabotada pelo poder econômico e político dos agentes que comandam o processo de acumulação e revalorização do capital, atualmente subordinado à lógica da acumulação financeira ("financeirização")?[652] Não tenho resposta simples para essa questão, mas sei que sua solução é de natureza eminentemente política.

Parafraseando Keynes, o neoliberalismo conquistou tão completamente os países periféricos na América Latina (e o Brasil, ainda mais) quanto a Santa Inquisição conquistou a Espanha. Neste sentido, é curioso que as principais forças refratárias à adoção de planos nacionais de desenvolvimento não são apenas de ordem econômico-financeira, mas também político-ideológica. No caso do Brasil, em especial, o resgate das políticas nacionais de desenvolvimento dependerá de um embate no plano das ideias. Isso só ocorrerá quando os atores da sociedade civil (trabalhadores, empresários, banqueiros etc.) forem convencidos de que Estado e mercado não são instituições dicotômicas. Ambos podem e devem atuar, de forma relativamente coordenada, com o objetivo comum de reconstruir os cacos da nação. Só assim o Brasil conseguirá proporcionar ao seu povo democracia, liberdade, riqueza material, bem-estar social e diversidade cultural. E, por que, não? Felicidade!

---

[652] Sobre o problema da financeirização, ver Bruno e Caffe (BRUNO, Miguel; CAFFE, Ricardo. "Estado e financeirização no Brasil: interdependências macroeconômicas e limites estruturais ao desenvolvimento". *Economia e Sociedade*, vol. 26, n. spe, 2017) e Bresser-Pereira, de Paula e Bruno (BRESSER-PEREIRA, Luiz Carlos; DE PAULA, Luiz Fernando; BRUNO, Miguel. "Financialization, coalition of interests and interest rate in Brazil". *Revue de Régulation*, vol. 27, jul. 2020).

REFERÊNCIAS BIBLIOGRÁFICAS

ABRAMOVITZ, Moses. "The search for the sources of growth: areas of ignorance, old and new". *The Journal of Economic History*, vol. 53, n° 2, jun. 1993.

ACEMOGLU, Daron; ROBINSON, James Alan. *Why nations fail*: the origins of power, prosperity, and poverty. Nova York: Crown Business, 2012.

AIGINGER, Karl; RODRIK, Dani. "Rebirth of industrial policy and an agenda for the twenty-first century". *Journal of Industry, Competition and Trade*, vol. 20, n° 2, jun. 2020.

ALESINA, Alberto; ARDAGNA, Silva. "Large changes in fiscal policy: taxes versus spending". *In*: BROWN, Jeffrey R. (Coord.). *Tax Policy and the Economy*. Chicago: University of Chicago Press, 2010.

ALESINA, Alberto; BARBIERO, Omar; FAVERO, Carlo; GIAVAZZI, Francesco; PARADISI, Matteo. "The effects of fiscal consolidations: theory and evidence". *National Bureau of Economic Research*, Cambridge, mai. 2017.

ALESINA, Alberto; FAVERO, Carlo A.; GIAVAZZI, Francesco. "What do we know about the effect of austerity?" *American Economic Review Papers and Proceedings*, vol. 108, mai. 2018.

AMSDEM, Alice H. *Asia's next giant*: South Korea and late industrialization. Oxford: Oxford University Press, 1989.

_____. *The rise of "the Rest"*: challenges to the west from late-industrializing economies. Oxford: Oxford University Press, 2001.

ARAÚJO, Eliane; ARESTIS, Philips. "Lessons from the 20 years of the brazilian inflation targeting regime". *Panoeconomicus*, vol. 66, n° 1, mar. 2019.

ARESTIS, Philip; SAWYER, Malcolm. "Financial liberalization and the finance–growth nexus: what have we learned?" *In*: ARESTIS, Philip; SAWYER, Malcolm. *Financial Liberalization Beyond Orthodox Concerns*. Nova York: Palgrave McMillan, 2005.

ARIDA, Persio; LARA-RESENDE, André. *Inertial inflation and monetary reform in Brazil*. Washington: Institute of International Economics, 1984.

ARTHUR, William Brian. "Competing technologies, increasing returns, and lock-in by historical events". *The Economic Journal*, vol. 99, mar. 1989.

AUERBACH, Alan J.; GORODNICHENKO, Yuriy. "Measuring the output responses to fiscal policy". *American Economic Journal: Economic Policy*, vol. 4, n° 2, mai. 2012.

BACHA, Edmar. *Integrar para crescer 2.0*. n° 36. Rio de Janeiro: Iepe-Casa das Garças, 2016.

BANCO CENTRAL DO BRASIL. "Ancoragem das expectativas de inflação e condução da política monetária". *Estudos Especias do Banco Central*, n° 112, set. 2021. Disponível em: https://www.bcb.gov.br/conteudo/relatorioinflacao/EstudosEspeciais/EE112_ancoragem_expectativas_inflacao_conducao_politica_monetaria.pdf. Acessado em: 03.05.2023.

BAUMOL, William. "Productivity growth, convergence, and welfare: What the long-run data show". *American Economic Review*, vol. 76, n° 5, dez. 1986.

BERG, Andrew; MIAO, Yanliang. "The real exchange rate and growth revisited: the Washington Consensus strikes back?" *IMF*, mar. 2010.

BHAGWATI, Jagdish. "Immiserizing Growth". *Review of Economic Studies*, vol. 25, n° 3, jun. 1958.

_____. *Anatomy and consequences of exchange control regimes*. Cambridge: Ballinger Pub. Company, 1978.

BIANCHI, Patrizio; LABORY, Sandrine. *Industrial policy for the manufacturing revolution*: perspectives on digital globalization. Cheltenham: Edward Elgar, 2018.

REFERÊNCIAS BIBLIOGRÁFICAS

BONELLI, Regis. "Comparações internacionais de produtividade na indústria e tendências setoriais: Brasil e EUA". *In*: BARBOSA, Nelson et al. (Coord.). *Indústria e desenvolvimento produtivo no Brasil*. Rio de Janeiro: Fundação Getúlio Vargas, 2015.

BRESSER-PEREIRA, Luiz Carlos. "5% do produto interno bruto para o investimento público". *Valor Econômico*, dez. 2020. Disponível em: https://valor.globo.com/opiniao/coluna/5-do-produto-interno-bruto-para-o-investimento-publico.ghtml. Acessado em: 28.23.2023.

_____. "A taxa de câmbio no centro da teoria do desenvolvimento". *Estudos Avançados*, vol. 26, ago. 2012.

_____. "From classical developmentalism and post-keynesian macroeconomics to new developmentalism". *Brazilian Journal of Political Economy*, vol. 39, n° 2, abr./jun. 2019.

_____. "Neutralizing the Dutch disease". *Journal of Post Keynesian Economics*, jan. 2020. Disponível em: https://doi.org/10.1080/01603477.2020.1713004. Acessado em: 28.03.2023.

_____. "New developmentalism: development macroeconomics for middle-income countries". *Cambridge Journal of Economics*, vol. 44, n° 3, mai. 2020.

_____. "Os dois métodos e o núcleo duro da teoria econômica". *Revista de Economia Política*, vol. 29, n° 2, abr./jun. 2019.

_____. "The access to demand". *Keynesian Brazilian Review*, vol. 1, n° 1, mai. 2015. Disponível em: https://doi.org/10.33834/bkr.v1i1.14. Acessado em: 04.04.2023.

_____. "The Dutch disease and its neutralization: a Ricardian approach". *Brazilian Journal of Political Economy*, vol. 28, n° 1, jan.-mar. 2008.

_____. *Globalização e competição*: por que alguns países emergentes têm sucesso e outros não. Rio de Janeiro: Elsevier, 2009.

_____. *Macroeconomia da Estagnação*: crítica da ortodoxia convencional no Brasil pós-1994. São Paulo: Editora 34, 2007.

BRESSER-PEREIRA, Luiz Carlos; ARAÚJO, Eliane Cristina; PERES, Samuel Costa. "An alternative to the middle-income trap". *Structural Change and Economic Dynamics*, vol. 52, 2020.

BRESSER-PEREIRA, Luiz Carlos; DE PAULA, Luiz Fernando; BRUNO, Miguel. "Financialization, coalition of interests and interest rate in Brazil". *Revue de Régulation*, vol. 27, jul. 2020.

BRESSER-PEREIRA, Luiz Carlos; GALA, Paulo. "Por que a poupança externa não promove o crescimento?" *Revista de Economia Política*, vol. 27, 2007. Disponível em: http://www.rep.org.br/PDF/105-1. Acessado em: 28.03.2023.

BRESSER-PEREIRA, Luiz Carlos; NAKANO, Yoshiaki. "Crescimento econômico com poupança externa?" *Brazilian Journal of Political Economy*, vol. 23, n° 2, abr./jun. 2003.

_____. "Fatores aceleradores, mantenedores e sancionadores da inflação". *Brazilian Journal of Political Economy*, vol. 4, n° 1, 1984.

BRESSER-PEREIRA, Luiz Carlos; OREIRO, Jose Luiz; MARCONI, Nelson. *Developmental Macroeconomics*: New Developmentalism as a Growth Strategy. Nova York: Routledge, 2014.

_____. *Macroeconomia Desenvolvimentista*: Teoria e Política Econômica do Novo-Desenvolvimentismo. Rio de Janeiro: Elsevier, 2016.

BRESSER-PEREIRA, Luiz Carlos; SILVA, Cleomar Gomes da. "O regime de metas de inflação no Brasil e a armadilha da taxa de juros/taxa de câmbio". *In*: OREIRO, José Luiz; DE PAULA, Luiz Fernando; SOBREIRA, Rogério (Coord.). *Política Monetária, Bancos Centrais e Metas de Inflação*: Teoria e Experiência Brasileira. Rio de Janeiro: FGV, 2009.

BRUNO, Miguel; CAFFE, Ricardo. "Estado e financeirização no Brasil: interdependências macroeconômicas e limites estruturais ao desenvolvimento". *Economia e Sociedade*, vol. 26, n. spe, 2017.

BULMAN, David; EDEN, Maya; NGUYEN, Ha. "Transitioning from low-income growth to high income growth: is there a middle-income trap?" *In*: HUANG, Bihong; MORGAN, Peter J; YOSHINO, Naoyuki (Coord.). *Avoiding the Middle-Income Trap in Asia*: The Role of Trade, Manufacturing and Finance. Tóquio: Asia Development Bank Institute, 2018.

CARNEIRO, Ricardo. *Desenvolvimento em crise*: a economia brasileira no último quartel do século XX. São Paulo: Unesp, 2002.

_____. *Trade and Economic Structure*: Models and Methods. Cambridge: Cambridge University Press, 1960.

CEPAL. *Construir un nuevo futuro*: una recuperación transformadora con igualdad y sostenibilidad. Santiago de Chile: Naciones Unidas; Cepal, 2020.

REFERÊNCIAS BIBLIOGRÁFICAS

_____. *El regionalismo abierto en América Latina y el Caribe*: la integración económica al servicio de la transformación productiva con equidad. Santiago de Chile: Nações Unidas-Cepal, 1994.

_____. *Transformación productiva con equidad*: la tarea prioritaria del desarrollo de América Latina y el Caribe en los años noventa. Santiago de Chile: Naciones Unidas; Cepal, 1990.

CESARIN, Sergio. "Ejes y Estrategias del Desarrollo Económico Chino: Enfoques para América Latina y el Caribe". *In*: MONETA, Carlos; CESARIN, Sergio (Coord.). *China y America Latina*: Nuevos Enfoques Sobre Cooperación y Desarrollo – ¿Una Segunda Ruta de la Seda? Buenos Aires: BID-INTAL, 2005.

CHANG, Ha-Joon. *Kicking Away the Ladder*: Development Strategy in Historical Perspective. Londres: Anthem Press, 2003.

_____. *The political economy of industrial policy*. Londres: MacMillan Press, 1994.

CHENERY, Hollis B.; WATANABE, Tsunehiko. "International comparisons of the structure of production". *Econometrica*, vol. 26, n° 4, out. 1958.

CIMOLI, Mario. "Technological gaps and institutional asymmetries in a North-South model with a continuum of goods". *Metroeconomica*, vol. 39, out. 1988.

CIMOLI, Mario; DOSI, Giovanni; SOETE, Luc. *Innovation diffusion, institutional differences and patterns of trade*: a North-South model. Brighton: University of Sussex Science Policy Research Unit (SPRU), 1986.

CIMOLI, Mario; PORCILE, Gabril. "Specialization, wage bargaining and technology in a multigoods growth model". *Metroeconomica*, vol. 61, fev. 2010.

COATSWORTH, John H.; WILLIAMSON, Jeffrey G. *The roots of Latin American protectionism*: looking before the Great Depression. Cambridge: National Bureau of Economic Research, 2002.

CORDEN, W. Max. *Trade policy and economic welfare*. Oxford: Oxford University Press, 1974.

CORDEN, W. Max; NEARY, J. Peter. "Booming sector and de-industrialization in a small open economy". *The Economic Journal*, vol. 92, n° 368, dez. 1982. Disponível em: https://doi.org/10.2307/2232670. Acessado em: 04.04.2023.

COSTA, Ireci Del Nero da. "História e demografia". *Revista de História*, vol. 55, nº 109, 1977. Disponível em: https://www.revistas.usp.br/revhistoria/issue/view/5929. Acessado em: 23.03.2023.

DELFIM NETTO, Antonio. "Réquiem para a função de produção agregada". *Valor Econômico*, fev. 2016. Disponível em: https://valor.globo.com/brasil/coluna/requiem-para-a-funcao-de-producao-agregada-1.ghtml. Acessado em: 29.03.2023.

DELONG, James Bradford; SUMMERS, Lawrence. "Fiscal policy in a depressed economy". *Brookings Papers on Economic Activity*, vol. 43, 2012.

DI FILIPPO, Amanda. *El desarrollo y la integración de américa latina*: una odisea inconclusa. Santiago: Ediciones Universidad Alberto Hurtado, 2021.

DIAZ-ALEJANDRO, Carlos. "Good-bye financial repression, hello financial crash". *Journal of International Economics*, vol. 19, nº 1-2, set./out. 1985.

_____. "Latin America in the 1930s". *In*: THORPE, Rosemary (Coord.). *Latin America in the 1930s*. Londres: Macmillan, 1984.

DIXON, Robert; THIRLWALL, Anthony P. "A model of regional growth-rate differences on Kaldorian Lines". *Oxford Economic Papers*, vol. 27, nº 2, jul. 1975.

DOLLAR, David; KRAAY, Aart. "Institutions, trade and growth". *Journal of Monetary Economics*, vol. 50, nº 1, jan. 2003.

DOMAR, Evsey. "Capital expansion, rate of growth, and employment". *The Econometric Society*, vol. 14, nº 2, abr. 1946.

DOSI, Giovanni; ORSENIGO, L. "Coordination and transformation: an overview of structures, behaviour and change in evolutionary environments". *In*: DOSI, Giovanni *et al*. *Technical Change and Economic Theory*. Londres: Pinter Publishers, 1988.

DOSI, Giovanni; PAVITT, Keith; SOETE, Luc. *The economics of technical change and international trade*. Londres: Harvester Wheastsheaf, 1990.

DOSI, Giovanni; TYSON, Laura D'Andrea; ZYSMAN, John. "Trade, technologies, and development: a framework for discussing Japan". *In*: ZYSMAN, John *et al*. (Coord.). *Politics and Productivity*. Nova York: Ballinger, 1989.

REFERÊNCIAS BIBLIOGRÁFICAS

EATWELL, John; TAYLOR, Lance. *Global finance at risk*: the case for international regulation. Nova York: The New Press, 2000.

EICHENGREEN, Barry. *Exorbitant privilege*: the rise and fall of the dollar. Nova York: Oxford University Press, 2011.

EVANS, Peter. "The state as problem and solution: prédation, embedded autonomy, and structural change". *In*: HAGGARD, Stephan; KAUFMAN, Robert R. (Coord.). *The Politics of Economic Adjustment*: International Constraints, Distributive Conflicts, and the State. Nova Jersey: Princeton University Press, 1992.

FAJNZYLBER, Fernando. *Industrialización en América Latina*: de la "Caja Negra" al "Casillero Vacío". Cuadernos de la Cepal. n° 60. Santiago de Chile: Naciones Unidas; Cepal, 1990.

_____. *La industrialización trunca de América Latina*. México: Nueva Imagen, 1983.

FAMA, Eugene Francis. "Efficient capital markets: a review of theory and empirical work". *The Journal of Finance*, vol. 25, n° 2, mai. 1970.

FAZZARI, Steven; FERRI, Piero; VARIATO, Anna Maria. "Demand-led growth and accommodating supply". *Cambridge Journal of Economics*, vol. 44, n° 3, mai. 2020.

FEENSTRA, Robert Christopher. *Advanced international trade*: theory and evidence. Princeton: Princeton University Press, 2004.

_____. *One country, two systems*: implications of WTO entry for China. Califórnia: Department of Economics; University of California; Davis, 1998.

FELDSTEIN, Martin; HORIOKA, Charles. "Domestic savings and international capital flows". *The Economic Journal*, vol. 90, n° 358, jun. 1980.

FELIPE, Jesus; MCCOMBIE, John S. L. *The aggregate production function and the measurement of technical change*: "Not Even Wrong". Northampton: Edward Elgar Publishing, 2013.

FFRENCH-DAVIS, Ricardo. "Chile since 1999: from counter-cyclical to pro-cyclical macroeconomics". *Comparative Economic Studies*, vol. 57, n° 3, abr. 2015.

FISHER, Irving. *The theory of interest*. Nova York: The Macmillan Company, [1907] 1930.

FLAM, Harry; FLANDERS, June. *Heckscher-Ohlin trade theory*. Cambridge: The MIT Press, 1991.

FLEMING, J. Marcus. "Domestic financial policies under fixed and under floating exchange rates". *IMF Staff Papers*, vol. 9, n° 3, nov. 1962.

FRIEDMAN, Milton. "The quantity theory of money – a re-statement". In: _____. (Coord.). *Studies in the Quantity Theory of Money*. Chicago: Chicago University Press, 1956.

_____. "The role of monetary policy". *American Economic Review*, vol. 57, mar. 1968.

_____. *Inflation*: Causes and Consequences. Mumbai: Asia Publishing House, 1963.

FRITZ, Barbara; DE PAULA, Luiz Fernando; PRATES, Daniela Magalhães. "Global currency hierarchy and national policy space: a framework for peripheral economies". *European Journal of Economics and Economic Policies: Intervention*, vol. 15, n° 2, set. 2018.

FURMAN, Jason; SUMMERS, Lawrence. "A reconsideration of fiscal policy in the era of low interest rates". *Harvard Kennedy*, nov. 2020. Disponível em: https://www.hks.harvard.edu/centers/mrcbg/programs/growthpolicy/reconsideration-fiscal-policy-era-low-interest-rates-jason. Acessado em: 29.03.2023.

FURTADO, Celso. "Formação de capital e desenvolvimento econômico". *Revista Brasileira de Economia*, vol. 6, n° 3, set. 1952.

_____. "Notas sobre a economia venezuelana e suas perspectivas atuais". In: _____. *Ensaios sobre a Venezuela*: subdesenvolvimento com abundância de divisas. Rio de Janeiro: Contraponto, [1974] 2008.

_____. "O desenvolvimento recente da economia venezuelana (exposição de alguns problemas)". In: _____. *Ensaios sobre a Venezuela*: subdesenvolvimento com abundância de divisas. Rio de Janeiro: Contraponto, [1957] 2008.

_____. *A Fantasia Organizada*. 2ª ed. Rio de Janeiro: Paz e Terra, 1985.

_____. *Correspondência intelectual*: 1949-2004. São Paulo: Companhia das Letras, 2021.

_____. *Desenvolvimento e Subdesenvolvimento*. Rio de Janeiro: Contraponto, [1961] 2009.

_____. *Formação econômica do Brasil*. 18ª ed. São Paulo: Companhia Editora Nacional, 1959.

_____. *O longo amanhecer*. 2ª ed. São Paulo: Paz e Terra, 1999.

REFERÊNCIAS BIBLIOGRÁFICAS

_____. *Os ares do Mundo*. 2ª ed. São Paulo: Paz e Terra, 1992.

_____. *Teoria e política do desenvolvimento econômico*. São Paulo: Abril Cultural, [1967] 1983.

GALA, Paulo. "Real exchange rate levels and economic development: theoretical analysis and econometric evidence". *Cambridge Journal of Economics*, vol. 32, n° 2, mar. 2008.

GILL, Indermit; KHARAS, Homi. *An East Asian renaissance*: ideas for economic growth. Washington: The World Bank, 2007.

GILPIN, Robert. *The political economy of international relations*. Princeton: Princeton University Press, 1987.

GOMES, Leonard. *Foreign trade and the national economy*: mercantilist and classical perspectives. Londres: MacMillan Press, 1987.

GRAHAM, Frank D. "Some aspects of protection further considered". *Quarterly Journal of Economics*, vol. 37, n° 2, fev. 1923.

GROSSMAN, Gene Michael; HELPMAN, Elhanan. "Trade, innovation and growth". *The American Economic Review*, vol. 80, n° 2, mai. 1990.

_____. *Innovation and growth in the global economy*. Cambridge: The MIT Press, 1991.

GUANZIROLI, Carlos. "Evolución de la política agrícola brasileña: 1980-2010". *Mundo Agrário*, vol. 15, n° 29, ago. 2014. Disponível em: https://www.mundoagrario.unlp.edu.ar/article/view/MAv15n29a07/6011. Acessado em: 29.03.2023.

HAMILTON, Alexandre. "Report on the subject of manufactures". *In*: SYRETT, Harold C. (Coord.). *Papers of Alexander Hamilton*. Nova York: Columbia University Press, [1791] 1966.

HARROD, Roy Forbes. "An essay in dynamic theory". *The Economic Journal*, vol. 49, n° 193, mar. 1939.

HAUSMANN, Ricardo; HIDALGO, César. *Country diversification, product ubiquity, and economic divergence*. Cambridge: Center for International Development at Harvard University, 2010.

HAUSMANN, Ricardo; HWANG, Jason; RODRIK, Dani. *What you export matters*. Cambridge: National Bureau of Economic Research, 2005.

HEAL, Geoffrey. *The Economics of Increasing Returns*. Nova York: Columbia Business School, 1998.

HECKSCHER, Eli Filip. "The Effect of Foreign Trade on the Distribution of National Income". *In*: FLAM, Harry; FLANDERS, June (Coord.). *Heckscher-Ohlin Trade Theory*. Cambridge: The MIT Press, [1919] 1991.

HELPMAN, Elhanan. "A simple theory of international trade with multinational corporations". *Journal of Political Economy*, vol. 92, n° 3, jun. 1984.

_____. *Understanding global trade*. Cambridge: Harvard University Press, 2011.

HELPMAN, Elhanan; KRUGMAN, Paul R. *Market Structure and foreign trade*. Cambridge: The MIT Press, 1985.

HICKS, John. *The theory of wages*. Londres: Macmillan, 1932.

HIRSCHMAN, Albert. "The political economy of import substituting industrialization in Latin America". *Quarterly Journal of Economics*, vol. LXXXII, n° 1, fev. 1968.

_____. *The strategy of economic development*. New Haven: Yale University Press, 1958.

HOBSBAWM, Eric. *A era dos extremos*: o breve século XX (1914-1991). São Paulo: Companhia das Letras, 1994.

HOECKMAN, Bernard M.; KOSTECKI, Michel M. *The political economy of the world trading system*: the wto and beyond. 30ª ed. Nova York: Oxford University Press, 2009.

HUANG, Bihong; MORGAN, Peter J.; YOSHINO, Naoyuki. *Avoiding the Middle-Income Trap in Asia*: The Role of Trade, Manufacturing and Finance. Tóquio: Asia Development Bank Institute, 2018.

_____. "Introduction". *In*: _____. *Avoiding the Middle-Income Trap in Asia*: The Role of Trade, Manufacturing and Finance. Tóquio: Asia Development Bank Institute, 2018.

HUME, David. "Of interest". *In*: MILLER, Eugene F. *Essays, Moral, Political and Literary*. Indianápolis: Liberty Classics, [1752] 1952.

_____. "Of money". *In*: MILLER, Eugene F. *Essays, Moral, Political and Literary*. Indianápolis: Liberty Classics, [1752] 1952.

_____. "Of the balance of trade, political discourses". *In*: ROTWEIN, Eugene (Coord.). *Writings on Economics*. Edimburgo: Nelson [1752] 1955.

REFERÊNCIAS BIBLIOGRÁFICAS

IMF. *World Economic Outlook*: a Survey by the Staff of the International Monetary Fund. Washington: International Monetary Fund, 1994. Disponível em: https://www.elibrary.imf.org/doc/IMF081/08001-9781557753854/08001-9781557753854/Other_formats/Source_PDF/08001-9781455279876.pdf. Acessado em: 29.03.2023.

INTER-AMERICAN DEVELOPMENT BANK. *The emergence of China*: opportunities and challenges for Latin America and the Caribbean. Washington: Inter-American Development Bank, 2004.

JOHNSON, Chalmers. *MITI and the Japanese Miracle*: the Growth of Industrial Policy, 1925-1975. Stanford: Stanford University Press, 1982.

JONES, Ronald W.; NEARY, J. Peter. "The positive theory of international trade". *In*: JONES, Ronald W.; KENEN, Peter B. (Coord.). *Handbook of international economics*. vol. 1. Amsterdam: Elsevier, 1984.

KAHN, R. "The relation of Home investment to unemployment". *The Economic Journal*, vol. 41, n° 162, jun. 1931.

KALDOR, Nicholas. "A model of economic growth". *In*: _____. *Essays on Economic Stability and Growth*. 2ª ed. Londres: Duckworth, 1957.

_____. "Causes of the slow rate of economic growth of the United Kingdom: an inaugural lecture". *In*: _____. *Further Essays on Economic Theory*. Londres: Duckworth, [1966] 1978.

_____. "Productivity and growth in manufacturing industry: a reply". *Economica*, vol. 35, n° 140, nov. 1968.

_____. "The case for regional policies". *In*: _____. *Further Essays on Economic Theory*. Londres: Duckworth, [1970] 1978.

_____. *Strategic Factors in Economic Development*. Nova York: Cornell University, 1967.

KALECKI, Michael. *Teoria da dinâmica econômica*: ensaios sobre as mudanças cíclicas e a longo prazo da economia capitalista. São Paulo: Abril, [1954] 1977.

KELTON, Stephanie. *The deficit myth*: modern monetary theory and the birth of the people's economy. Nova York: Public Affairs, 2020.

KEYNES, John Maynard. "The Collected Writings of John Maynard Keynes". *In*: MOGGRIDGE, D.; JOHNSON, E. (Coord.). *Activities 1940-1946*: shaping the post-ward world, employment and commodities. vol. 27. Londres: Macmillan to Royal Economic Society, 1982.

_____. "The general theory of employment". *The Quarterly Journal of Economics*, vol. 51, n° 2, fev. 1937.

_____. *A teoria geral do emprego, do juro e da moeda*. São Paulo: Abril, 1996.

_____. *The general theory of employment, interest, and money*. San Diego: Harcourt Brace Jovanovich, Publishers, [1936] 1964.

KOUTSOYIANNIS, Anna. *Modern microeconomics*. 2ª ed. Londres: MacMillan Education, 1979.

KRUEGER, Anne Osborn. "The political economy of the rent-seeking society". *The American Economic Review*, vol. 64, n° 3, jun. 1974.

KRUGMAN, Paul Robin. "Import protection as export promotion: international competition in the presence of oligopoly and economics of scale". In: _____. *Rethinking international trade*. Cambridge: The MIT Press: 1984.

_____. "Increasing returns and the theory of international trade". In: _____. *Rethinking international trade*. Cambridge: Cambridge University Press, 1990.

_____. "Increasing returns, monopolistic competition, and international trade". *Journal of International Economics*, vol. 9, n° 4, nov. 1979.

_____. "Intraindustry specialization and the gains from trade". *Journal of Political Economy*, vol. 89, n° 5, out. 1981.

_____. "New trade theory and the less developed countries". In: CALVO, Guillermo (Coord.). *Debt, stabilization and development*: essays in honor of Díaz-Alejandro. Nova Jersey: Blackwell Pub, 1989.

_____. "Scale economies, product differentiation, and the pattern of trade". In: _____. *Rethinking International Trade*. Cambridge: The MIT Press, [1980] 1990.

_____. "Technology and international competition: a historical perspective". In: HARRIS, Martha; MOORE, Gordon E. *Linking trade and technology policies*. Washington: National Academy Press, 1992.

_____. *Geograph and trade*. Cambridge: The MIT Press, 1991.

_____. *Toward a counter-counterrevolution in development theory*. Washington: The World Bank, 1993.

KRUGMAN, Paul Robin; OBSTFELD, Maurice; MELITZ, Marc. *Economia internacional*. 10ª ed. São Paulo: Pearson, 2015.

REFERÊNCIAS BIBLIOGRÁFICAS

LALL, Sanjaya. *The technological structure and performance of developing country manufactured exports, 1985-1998*. Oxford: University of Oxford, 2000.

LANDES, David. *The Unbound prometheus*: technological change and industrial development in Western Europe from 1750 to the present. Cambridge: Cambridge University Press, 1969.

LEWIS, William Arthur. "Economic development with unlimited supplies of labor". *The Manchester School*, vol. 22, n° 2, mai. 1954.

_____. "O desenvolvimento econômico com oferta ilimitada de mão de obra". *In*: AGARWALA, A. N. e SINGH, S. P. (Coord.). *A economia do subdesenvolvimento*. 2ª ed. Rio de Janeiro: Contraponto, 1953.

LIN, Justin. "Answer to chang". *In*: LIN, Justin; CHANG, Ha-Joon. *Should industrial policy in developing countries conform to comparative advantage or defy it?* a debate between Justin Lin and Ha-Joon Chang. *Development Policy Review*, n° 27, ago. 2009.

LINDER, Staffan. *An essay on trade and transformation*. Nova York: Wiley, 1961.

LIST, Friedrich. *Sistema nacional de economia política*. Trad. Nazionaler System der Volkswirtschaftslehre. São Paulo: Abril, [1841] 1983.

LUCAS JUNIOR, Robert E. "On the mechanics of economic development". *Journal of Monetary Economics*, vol. 22, n° 1, jul. 1988.

_____. "Why doesn't capital flow from rich to poor countries?" *The American Economic Review*, vol. 80, n° 2, mai. 1990.

MARCONI, Nelson. "The industrial equilibrium exchange rate in Brazil: an estimation". *Brazilian Journal of Political Economy*, São Paulo, vol. 32, n° 4, 2012.

MARCONI, Nelson; MAGACHO, Guilherme; ROCHA, Igor. "Estrutura produtiva e a dinâmica econômica nos BRICs: uma análise insumo-produto". *Revista Economia Ensaios*, n° 29, dez. 2014.

MARKUSEN, James R. "Multinationals, multi-plant economies and the gains from trade". *Journal of International Economics*, n° 16, 1984.

MARSHALL, Alfred. *Princípios de Economia Política*. vol. I e II. São Paulo: Abril, [1890] 1982.

MARTÍNEZ-GARCÍA, Enrique; COULTER, Jarod; GROSSMAN, Valerie. "Fed's new inflation targeting policy seeks to maintain well-anchored expectations". *Federal Reserve Bank of Dallas*, abr. 2021. Disponível em: https://www.dallasfed.org/research/economics/2021/0406. Acessado em: 28.03.2023.

MARX, Karl. *O Capital*: crítica da economia política – o processo de produção do capital. Livro I. São Paulo: Boitempo, [1867] 2011.

_____. *O Capital*: crítica da economia política – o processo de circulação do capital. Livro II. São Paulo: Boitempo, [1885] 2014.

_____. *O Capital*: crítica da economia política – o processo global da produção capitalista. Livro III. São Paulo: Boitempo, [1894] 2017.

MATSUSHITA, Matsushita; SCHOENBAUM, Thomas J.; MAVROIDIS, Petros C.; HAHN, Michael. *The world trade organization*: law, practice, and policy. 2ª ed. Oxford: Oxford University Press, 2006.

MAZZUCATO, Mariana. *The entrepreneurial state*: debunking public vs. private sector myths. Londres: Anthem Press, 2013.

MCCOMBIE, John S. L.; THIRLWALL, Anthony P. *Economic growth and the balance-of-payments constraint*. Londres: St Martin's Press, 1994.

MCKINNON, Ronald. *Money and capital in economic development*. Washington: Brookings Institution, 1973.

_____. *The order of economic liberalization*: financial control in the transition to a market economy. Baltimore: The John Hopkins University Press, 1991.

MEADE, James. *Trade and welfare*. Londres: Nova York: Oxford University Press, [1955] 1995.

MEDEIROS, Carlos Aguiar. "A structuralist and institutionalist developmental assessment of and reaction to new developmentalism". *Review of Keynesian Economics*, vol. 8, n° 2, abr. 2020.

_____. "Celso Furtado na Venezuela". *In*: FURTADO, Celso. *Ensaios sobre a Venezuela*: subdesenvolvimento com abundância de divisas. Rio de Janeiro: Contraponto, 2008.

MELITZ, Marc. "The impact of trade on intra-industry reallocations and aggregate industry productivity". *Econometrica*, vol. 71, n° 6, nov. 2003.

MELITZ, Marc; TREFFLER, Daniel. "Gains from trade when firms matter". *Journal of Economic Perspectives*, vol. 26, n° 2, 2012.

MICHAELY, Michael; PAPAGEORGIU, Demetris; CHOSKI, Armeane M. *Liberalizing foreign trade*: lessons of experience in the developing world. vol. 7. Cambridge: Basil Blackwell, 1991.

REFERÊNCIAS BIBLIOGRÁFICAS

MILL, John Stuart. *Princípios de economia política*. São Paulo: Abril, [1848] 1983.

MINSKY, Hyman. *Can "it" happen again*: essays on instability and finance. Nova York: M. E. Sharpe, 1982.

_____. *Stabilizing an unstable economy*. Nova York: McGraw Hill, [1986] 2008.

MORCEIRO, Paulo; GUILHOTO, Joaquim. *Desindustrialização setorial no Brasil*. São Paulo: Instituto de Estudos para o Desenvolvimento Industrial (IEDI), 2019. Disponível em: https://iedi.org.br/media/site/artigos/20190418_desindustrializacao_t3rPaHz.pdf. Acessado em: 05.04.2023.

MOREIRA, Maurício Mesquita. *Industrialization, trade and market failures*: the role of government intervention in Brazil and South Korea. Londres: Macmillan Press, 1995.

MUNDELL, Robert A. "The monetary dynamics of international adjustment under fixed and flexible rates". *Quarterly Journal of Economics*, vol. 74, n° 2, mai. 1960.

MYRDAL, Gunnar. *Teoria económica y regiones subdesarrolladas*. México: Fondo de Cultura Económica, [1957] 1959.

NASSIF, André. "Brazil and India in the global economic crisis: Immediate impacts and economic policy responses". *In*: DULLIEN, Sebastian *et al.* (Coord.). *The Financial and Economic Crisis of 2008-2009 and Developing Countries*. Nova York: UNCTAD-United Nations, 2010.

_____. "O Brasil é um país fechado ou um país protegido?" *Valor Econômico*, mai. 2018. Disponível em: https://valor.globo.com/opiniao/coluna/o-brasil-e-um-pais-fechado-ou-um-pais-protegido.ghtml. Acessado em: 29.03.2023.

_____. "Política industrial e desenvolvimento econômico: teoria e propostas para o Brasil na era da economia digital". *In*: FEIJO, Carmem; ARAÚJO Eliana (Coord.). *Macroeconomia moderna*: lições de Keynes para economias em desenvolvimento. Rio de Janeiro: Elsevier, 2019.

_____. *Liberalização comercial e eficiência econômica*: a experiência brasileira. Rio de Janeiro: UFRJ, 2003. (Tese de Doutorado).

_____. *National innovation system and macroeconomic policies*: Brazil and India in comparative perspective. Genebra: United Nations Conference on Trade and Development (UNCTAD), 2007.

NASSIF, André; BRESSER-PEREIRA, Luiz Carlos; FEIJÓ, Carmem. "The case for reindustrialisation in developing countries: towards the connection between the macroeconomic regime and the industrial policy in Brazil". *Cambridge Journal of Economics*, vol. 42, n° 2, mar. 2018.

NASSIF, André; CASTILHO, Marta. "Trade patterns in a globalised world: Brazil as a case of regressive specialization". *Cambridge Journal of Economics*, vol. 44, n° 3, mai. 2020.

NASSIF, André; FEIJÓ, Carmem; ARAÚJO, Eliane. "A structuralist-Keynesian model for determining the 'optimum' real exchange rate for Brazil's economic development process (1999–2015)". *CEPAL Review*, n° 123, dez. 2017. Disponível em: https://repositorio.cepal.org/bitstream/handle/11362/43447/4/RVI123_en.pdf. Acessado em: 20.04.2023.

_____. "Macroeconomic policies in Brazil before and after the 2008 global financial crisis: Brazilian policy-makers still trapped in the New Macroeconomic Consensus guidelines". *Cambridge Journal of Economics*, vol. 44, n° 4, jul. 2020.

_____. "Structural change, catching up and falling behind in the BRICS: a comparative analysis based on trade patterns and Thirlwall's law". *PSL Quarterly Review*, vol. 69 n° 278, dez. 2016.

_____. *The long-term "optimal" real exchange rate and the currency overvaluation trend in open emerging economies*: the case of Brazil. Genebra: United Nations Conference on Trade and Development, 2011.

NASSIF, André; MORCEIRO, Paulo César. "Industrial policy for prematurely deindustrialized economies after the Covid-19 pandemic crisis: Integrating economic, social and environmental goals with policy proposals for Brazil". *Texto para Discussão 351*. Niterói: Faculdade de Economia, Universidade Federal Fluminense, nov, 2021.

NELSON, Richard R. "Research on productivity growth and productivity differences: dead ends and new departures". *Journal of Economic Literature*, vol. 19, n° 3, set. [1981] 2020.

NELSON, Richard R.; WINTER, Sidney G. *An evolutionary theory of economic change*. Cambridge: Harvard University Press, 1982.

NORTH, Douglass. *Institutions, institutional change, and economic performance*. Cambridge: Cambridge University Press, 1990.

NURKSE, Ragnar. "Formação de capital e desenvolvimento econômico". *Revista Brasileira de Economia*, vol. 5, n° 4, dez. 1951.

_____. "Problemas da formação de capitais em países subdesenvolvidos". *Revista Brasileira de Economia*, vol. 5, n° 5, 1951.

OCAMPO, José Antonio; MALAGÓN, Jonathan. "Colombian monetary and exchange rate policy over the past decade". *Comparative Economic Studies*, vol. 57, n° 3, set. 2015.

OCAMPO, Jose Antonio; PARRA, María Angela. "The terms of trade for commodities in the twentieth century". *Cepal Review*, n° 79, 2003.

OHLIN, B. *A Theory of Trade*. Stockholm School of Economics, 1924. (Ph.D. Dissertation).

_____. *Interregional and International Trade*. Cambridge: Harvard University Press, [1933] 1968.

PALLEY, Thomas. "The economics of new developmentalism: a critical assessment". *Investigación Económica*, vol. 80, n° 317, jul./set. 2021.

PALMA, José Gabriel. "Four sources of de-industrialisation and a new concept of the Dutch disease". *In*: OCAMPO, José Antonio (Coord.). *Beyond Reforms*. Palo Alto: Stanford University Press, 2005.

PARETO, Vilfredo. *Manual de economia política*. São Paulo: Nova Cultural, [1909] 1996.

PAUS, Eva. "The middle-income trap: lessons from Latin America". *In*: HUANG, Bihong; MORGAN, Peter J.; YOSHINO, Naoyuki (Coord.). *Avoiding the Middle-Income Trap in Asia*: the Role of Trade, Manufacturing and Finance. Tóquio: Asia Development Bank Institute, 2018.

PAVITT, Keith. "Sectoral patterns of technical change: towards a taxonomy and a theory". *Research Policy*, vol. 13, n° 6, dez. 1984.

PENROSE, Edith. *The theory of the growth of the firm*. Oxford: Oxford University Press, 1959.

PINDYCK, Robert; RUBINFELD, Daniel. *Microeconomia*. 8ª ed. São Paulo: Pearson Education, 2014.

PORCILE, Gabriel. "Latin American structuralism and new structuralism". *In*: ALCORTA, Ludovico; FOSTER-MCGREGOR, Neil; VERSPAGEN, Bart; SZIRMAI, Adam. *New perspectives on structural change*: causes and consequences of structural change in the global economy. Oxford: Oxford University Press, 2021.

PORTER, Michael. *A vantagem competitiva das nações*. Rio de Janeiro: Campus, 1989.

_____. *Competitive strategy*. Nova York: Free Press, 1980.

_____. "International trade and technical change". *Oxford Economic Papers*, vol. 13, n° 3, out. 1961.

POSSAS, Mario Luiz. "Competitividade: fatores sistêmicos e política industrial". *In*: CASTRO, Antonio Barros; POSSAS, Mario Luiz; PROENÇA, Adriano. *Estratégias empresariais na indústria brasileira*: discutindo mudanças. Rio de Janeiro: Forense Universitária, 1996.

_____. *Dinâmica e concorrência capitalista*: uma Interpretação a partir de Marx. São Paulo: Hucitec, 1989.

PRASAD, Eswar; RAJAN, Raghuram; SUBRAMANIAM, Arvind. *Foreign capital and economic growth*. Washington: IMF Research Department, 2006.

PREBISCH, Raúl. "Commercial policy in the underdeveloped countries (from the point of view of Latin America)". *American Economic Review*, vol. 49, n° 2, mai. 1959.

_____. *El desarrollo económico de la América Latina y algunos de sus principales problemas*. Santiago: Naciones Unidas; Cepal, 1949.

_____. *Problemas teóricos y prácticos del crecimiento económico*. Santiago: Naciones Unidas; Cepal, [1952] 1973.

RANGEL, Ignacio. "A Inflação Brasileira". *In*: BENJAMIN, César. *Os desenvolvimentistas*: obras reunidas – Ignácio Rangel. vol. I. Rio de Janeiro: BNDES, [1963] 2005.

_____. "Dualidade básica da economia brasileira". *In*: BENJAMIN, César. *Os desenvolvimentistas*: obras reunidas – Ignácio Rangel. vol. I. Rio de Janeiro: BNDES, [1957] 2005.

RASMUSSEN, Poul Norregaard. *Studies in Inter-sectoral relations*. Amsterdã: Einar Harcks, 1957.

RAZIN, Ofair; COLLINS, Susan M. "Real exchange rate misalignments and growth". *In*: RAZIN, Assaf; SADKA, Efraim (Coord.). *The economics of globalization*: policy perspectives from public economics. Cambridge: Cambridge University Press, 1999.

REINERT, Erik. *How rich countries got rich... and why poor countries stay poor*. Londres: Constable, 2008.

RESENDE, André Lara. "A camisa de força ideológica da Macroeconomia". *Valor Econômico*, fev. 2022. Disponível em: https://valor.globo.com/eu-e/noticia/2022/02/11/andre-lara-resende-a-camisa-de-forca-ideologica-da-macroeconomia.ghtml. Acessado em: 29.03.2023.

_____. *Devagar e simples*: Economia, Estado e vida contemporânea. São Paulo: Companhia das Letras, 2015.

REY, Hélène. *Dilemma not trilemma*: the global financial cycle and monetary policy independence. Cambridge: National Bureau of Economic,

2015. Disponível em: http://www.nber.org/papers/w21162.pdf. Acessado em: 06.04.2023.

RICARDO, David. "An essay on lhe influence of a low price of corn on the profits of stock". *In*: RICARDO, David. editado por P. Sraffa e M. Dobb. *Works and correspondence of David Ricardo.* vol. 4. Cambridge: Cambridge University Press, [1815] 1951-1973.

_____. *Princípios de economia política e tributação.* São Paulo: Abril Cultural, [1817] 1982.

ROBINSON, Joan. *Contributions to Modern Economics.* Trad. livre. Nova York: Academic Press, 1978.

RODRIK, Dani. "Goodbye Washington consensus, hello Washington confusion?" *Journal of Economic Literature*, vol. 44, n° 4, dez. 2006.

_____. "Industrial policy: don't ask why, ask how". *Middle East Development Journal*, vol. 1, n° 1, 2008.

_____. "Industrial Policy for the Twenty-First Century". *CEPR Discussion Papers*, 2004.

_____. "The real exchange rate and economic growth". *Brookings Papers on Economic Activity*, vol. 39. n° 2, set. 2008. Disponível em: http://inctpped.ie.ufrj.br/spiderweb/pdf_2/6_%20frenkel_real_exchange.pdf. Acessado em: 26.04.2023.

_____. *The globalization paradox*: democracy and the future of the world economy. Nova York: W.W. Norton & Company, 2011.

ROGERS, Colin. *Money, interest and capital*: a study in the foundations of monetary theory. Cambridge: Cambridge University Press, 1989.

ROMER, Paul M. "Increasing returns and long-run growth". *Journal of Political Economy*, vol. 94, n° 5, out. 1986.

ROS, Jaime. "Central bank policies in Mexico: targets, instruments, and performance". *Comparative Economic Studies*, vol. 57, n° 3, mar. 2015.

_____. *Rethinking economic development, growth, and institutions.* Oxford: Oxford University Press, 2013.

ROSENSTEIN-RODAN, Paul Narcyz. "Notes on the Theory of the Big Push". *In*: ELLIS, Howard; WALLICH, Henry (Coord.). *Economic of Development for Latin America.* Nova York: Saint-Martin's Press, 1961.

_____. "Problemas de industrialização da Europa do Leste e do Sudeste". *In*: AGARWALA, Amar Narain; SINGH, Sampat Paul (Coord.). *A economia do subdesenvolvimento*. 2ª ed. Rio de Janeiro: Contraponto, [1943] 2010.

ROWTHORN, Robert. "What remains of Kaldor's laws?" *The Economic Journal*, vol. 85, n° 337, mar. 1975.

ROWTHORN, Robert; RAMASWAMY, Ramana. "Growth, trade and deindustrialization". *IMF Staff Papers*, vol. 46, n° 1, mar. 1999.

RYBCZYNSKI, Tadeusz Mieczysław. "Factor endowment and the relative commodity prices". *Económica*, vol. 22, n° 88, nov. 1955.

SACHS, Jeffrey David; WARNER, Andrew M. *Natural resource abundance and economic growth*. Cambridge: National Bureau of Economic Research, 1995.

SAMUELSON, Paul Anthony. "International factor price equalization once again". *The Economic Journal*, n° 234, jun. 1949.

_____. "International trade and the equalization of factor prices". *The Economic Journal*, vol. 58, n° 230, jun. 1948.

SCHERER, Frederic Michael; ROSS, David. *Industrial market structure and economic performance*. 30ª ed. Boston: Houghton Mifflin Company, 1990.

SCHUMPETER, Joseph. *A Teoria do Desenvolvimento Econômico*: uma Investigação sobre Lucros, Capital, Crédito, Juro e o Ciclo Econômico. São Paulo: Abril Cultural, [1911] 1982.

_____. *Capitalismo, socialismo e democracia*. Rio de Janeiro: Zahar, [1942] 1984.

SCOTT, Maurice FitzGerald. *A New View of Economic Growth*. Oxford: Clarendon, 1989.

SEN, Amartya. *Desenvolvimento econômico como liberdade*. São Paulo: Companhia das Letras, 2000.

SHAIKH, Anwar. "Laws of production and laws of algebra: the humbug production function". *Review of Economics and Statistics*, vol. 56, n° 1, fev. 1974.

SHAPIRO, Adam; WILSON, Daniel John. "The evolution of the FOMC's explicit inflation target". *FRBSF Economic Letter*, abr. 2019. Disponível em: https://www.frbsf.org/economic-research/publications/economic-letter/2019/april/evolution-of-fomc-explicit-inflation-target/. Acessado em: 20.04.2023.

REFERÊNCIAS BIBLIOGRÁFICAS

SILVA, Julio Castro Alves de Lima; PRADO, Luiz Carlos Delorme; TORRACCA, Julia Ferreira. "Um novo olhar sobre um antigo debate: a tese de Prebisch-Singer é, ainda, válida?" *Economia Aplicada*, vol. 20, n° 2, jun. 2016.

SILVA, Sérgio. *Expansão cafeeira e origens da indústria no Brasil*. São Paulo: Alfa-Omega, 1976.

SIMON, Herbert Alexandre. "On parsimonious explanations of production relations". *The Scandinavian Journal of Economics*, vol. 81, n° 4, 1979.

SIMONSEN, Mário Henrique; CYSNE, Rubens Penha. *Macroeconomia*. 4ª ed. São Paulo: Atlas, 2009.

SINGER, Hans Wolfgang. "The distribution of gains between investing and borrowing countries". *The American Economic Review*, vol. 40, n° 2, mai. 1950.

SINGH, Ajit. "Capital Account liberalization, free long-term Capital Flows, financial crises and economic development". *Eastern Economic Journal*, vol. 29, n° 2, 2003.

SKIDELSKY, Robert. *Keynes*. Rio de Janeiro: Zahar, 1999.

SMITH, Adam. *A riqueza das nações*. vol. I e II. (Série Os Economistas). São Paulo: Abril Cultural, [1776] 1983.

SOBREIRA, Rogério; OREIRO, José Luiz. "Metas inflacionárias, fragilidade financeira e ciclo de negócios: uma abordagem pós-keynesiana". *In*: OREIRO, José Luiz; DE PAULA, Luiz Fernando; SOBREIRA, Rogério (Coord.). *Política monetária, bancos centrais e metas de inflação*: teoria e experiência brasileira. Rio de Janeiro: FGV, 2009.

SOLOW, Robert Merton. "A contribution to the theory of economic growth". *Quarterly Journal of Economics*, vol. 70, n° 1, fev. 1956.

SOUZA, Geraldo da Silva; GOMES, Eliane Gonçalves; ALVES, Eliseu Roberto de Andrade. "Uma visão da agricultura brasileira com base em dados recentes do Censo Agropecuário". *In*: VIEIRA FILHO, José Eustáquio Ribeiro; GASQUES, José Garcia. *Uma jornada pelos contrastes do Brasil*: cem anos do censo agropecuário. Brasília: Instituto de Pesquisa Econômica Aplicada (IPEA), 2020.

SRAFFA, Piero. "The laws of returns under competitive conditions". *The Economic Journal*, vol. 36, n° 144, dez. 1926.

SUBBARAO, Duvvuri. "Capital account management: toward a new consensus?" *In*: AKERLOF, George; BLANCHARD, Olivier; ROMER, David; STIGLITZ, Joseph (Coord.). *What Have We Learned? Macroeconomic Policy after the Crisis*. Cambridge: MIT Press, 2014.

SUZIGAN, Wilson; FURTADO, João. "Política industrial e desenvolvimento". *Revista de Economia Política*, vol. 26, n° 2, abr./jun. 2006.

SZIRMAI, Adam. "Industrialisation as an engine of growth in developing countries, 1950-2005". *Structural Change and Economic Dynamics*, vol. 23, n° 2, dez. 2012.

TAVARES, Maria da Conceição. "A retomada da hegemonia norte-americana". *Revista de Economia Política*, vol. 5, n° 2, abr.-jun. 1985.

_____. "Auge e declínio do processo de substituições de importações no Brasil". In: _____. *Da substituição de importações ao capitalismo financeiro*: ensaios sobre economia brasileira. Rio de Janeiro: Zahar, [1963] 1982.

TAYLOR, John. "Discretion versus policy rule in practice". *Carnegie-Rochester Series on Public Policy*, vol. 39, dez. 1993.

_____. *Maynard's revenge*: the collapse of free market macroeconomics. Cambridge: Harvard University Press, 2010.

THE ECONOMIST. "The dutch disease". *The Economist*, nov. 1977.

THIRLWALL, Anthony Phillips. "A plain man's guide to Kaldor's growth laws". *Journal of Post Keynesian Economics*, vol. 5, n° 3, 1983.

_____. "Balance of Payments Constrained Growth Models: History and Overview". *PSL Quarterly Review*, vol. 64, n° 259, 2011.

_____. "The balance of payments constraint as an explanation of international growth rate differences". *PSL Quarterly Review*, vol. 64, n° 259, [1979] 2011.

TRIFFIN, Robert. *Gold and the dollar crisis*: the future of convertibility. New Haven: Yale University Press, 1960.

TYBOUT, James R.; WESTBROOK, M. Daniel. "Trade liberalization and the dimensions of efficiency change in mexican manufacturing industries". *Journal of International Economics*, n° 39, 1995.

UNCTAD. *Trade and development report 2018*: power, platforms and the free trade desilusion. Nova York; Genebra: United Nations, 2018.

VANEK, Jaroslav. "The factor proportions theory: the N-factor case". *Kyklos*, vol. 21, n° 2, nov. 1968.

VARIAN, Hal Ronald. *Microeconomia*: princípios básicos. 7ª ed. Rio de Janeiro: Elsevier/Campus, 2003.

VERDOORN, Petrus Johannes "Fattori che regolano lo sviluppo della produttivitá del lavoro". *L'Industria*, n° 1, 1949.

VIEIRA FILHO, José Eustáquio Ribeiro. "Ganhar tempo foi possível?" In: VIEIRA FILHO, José Eustáquio Ribeiro; GASQUES, José Gárcia.

REFERÊNCIAS BIBLIOGRÁFICAS

Uma jornada pelos contrastes do Brasil: cem anos do censo agropecuário. Brasília: Instituto de Pesquisa Econômica Aplicada (IPEA), 2020.

WADE, Robert Hunter. "The role of industrial policy in developing countries". *In*: CALGAGNO, Alfredo *et al.* (Coord.). *Rethinking development strategies after the financial crisis*: making the case for policy space. vol. I. Genebra: United Nations Conference on Trade and Development, 2015.

_____. *Governing the market*: economic theory and the role of government in East Asian industrialization. 2ª ed. Princeton: Princeton University Press, [1990] 2004.

WALRAS, Leon. *Compêndio dos Elementos de Economia Política Pura*. São Paulo: Nova Cultural, [1874] 1986.

WICKSELL, Knut. *Interest and Prices*. Londres: Macmillan, [1898] 1936.

_____. *Lectures in Political Economy*. vol. II. Londres: Routledge, [1901] 1935.

WILLIAMSON, John. "Estimates of FEERs". *In*: _____. (Coord.). *Estimating equilibrium exchange rates*. Washington: Institute of International Economics, 1995.

_____. "What Washington means by policy reform?" *In*: _____. *Latin American adjustment*: how much has happened? Washington: Institute for International Economics, 1990.

_____. *Exchange rate economics*. Washington: Peterson Institute for International Economics, 2008.

WRAY, Larry Randal. *Understanding modern money*: the key to full employment and price stability. Cheltenham: Edward Elgar Publishing, 1998.

YOUNG, Allyn Abbot. "Increasing returns and economic progress". *The Economic Journal*, vol. XXXVIII, n° 152, dez. 1928.

ZYSMAN, John *et al.* "Services with everything: the ICT-enabled digital transformation of services". *In*: BREZNITZ, Dan; ZYSMAN, Jhon (Coord.). *The third globalization*: can wealth nations stay rich in the twenty-first century? Nova York: Oxford University Press, 2013.

ZYSMAN, John; BREZNITZ, Dan. *The third globalization*: can wealthy nations stay rich in the twenty-first century? Nova York: Oxford University Press, 2013.

A Editora Contracorrente se preocupa com todos os detalhes de suas obras! Aos curiosos, informamos que este livro foi impresso no mês de julho de 2023, em papel Pólen Natural 80g, pela Gráfica Grafilar.